BARDACHD GHAIDHLIG

BARDACHD GHAIDHLIG

(SECOND EDITION)

SPECIMENS OF GAELIC POETRY
1550 - 1900

WILLIAM J. WATSON
M.A., D.Litt.Celt., LL.D.

PROFESSOR OF CELTIC LANGUAGES, ETC.

IN THE

UNIVERSITY OF EDINBURGH

AN COMUNN GAIDHEALACH

212 WEST GEORGE STREET, GLASGOW

STIRLING :

A. LEARMONTH & SON

9 KING STREET

—

1932

PREFACE.

THIS collection of Modern Gaelic Poetry was first published in 1918 as a companion volume to *Rosg Gàidhlig* (1915; 2nd edn. 1929). In the present edition the entire work has been revised, and the Notes and Vocabulary extended. Indices of Place Names, Personal Names, and Names of Authors, which were omitted from the first edition owing to scarcity of paper at the time, have been added.

It is satisfactory to know that the book has been widely used and appreciated. It is hoped that in the revised and enlarged form it will be found of still greater service.

At the present time, when so much of our excellent Gaelic poetry is out of print and inaccessible to students and to the Gaelic people, nothing is more urgently needed than a comprehensive scheme of republication. We want a Scottish Gaelic Text Society or its equivalent. No language can live without a literature, and what is essential for the preservation of Gaelic as a living tongue is that its speakers should become also its readers.

It is a pleasure to thank the Printers for the care and patience with which they have executed the difficult work of alterations and additions in regard to Notes and Vocabulary.

W. J. W.

FINCASTLE,
PITLOCHRY, *September*, 1932.

CONTENTS.

ERRATA.

Intro. p. liii, l. 19—*for* intial *read* initial.

p. lv, l. 14—*for* comhachadh *read* comhdachadh.

Text l. 375—*for* abhaist *read* àbhaist.

l. 419—*for* dòl *read* dol.

l. 475—*for* feumdhuinn *read* feum dhuinn.

l. 502—*for* rim' bheò *read* ri m' bheò.

l. 620—*for* Sgur *read* Sguir.

l. 1382—*for* óg *read* òg.

l. 1439—*for* oirm *read* orm.

l. 1793—*for* eildean *read* éildean.

l. 1844—*for* mhór *read* mór.

l. 2513—*for* 'dan *read* d'an.

l. 3030—*for* coilish *read* coilich.

l. 4027—*for* tairgneach *read* tairgneachd.

l. 4431—*for* ann san *read* anns an.

Notes p. 289, l. 22—*for* Sandford *read* Sanford.

AN CLAR-INNSIDH.

* The figures within parenthesis refer to the number of the poem as described
in the section on metres.

* See note on line 6020.

* This version is in *Séadna Bachach* 2 (8_2+5^1) $_2+_4$

LIST OF ABBREVIATIONS.

A.M.—Alexander MacDonald's Poems; Edinburgh: Maclachlan & Stewart.

Aur.—Auraicept na nEces; George Calder; Edinburgh: John Grant.

Celt. Rev.—The Celtic Review, 1904-1916; Edinburgh: T. & A. Constable.

Cl. na C.—Clàrsach na Coille; Rev. A. Maclean Sinclair; Glasgow: 1881; 2nd edn., 1928: Glasgow.

C.D.—Clàrsach an Doire; Neil MacLeod; Edinburgh: Norman Macleod.

C.P.N.S.—History of the Celtic Place-names of Scotland; William J. Watson; Edinburgh: William Blackwood & Sons, Ltd.: 1926.

D.G.—Dàin Ghaisge: Poems of Ossian, Oran & Ullin; Hugh and John MacCallum; Montrose: 1816.

D.M.—Duncan Macintyre's Songs, ed. George Calder; Edinburgh: 1912.

Din.—Irish-English Dictionary; Rev. Patrick S. Dinneen: Irish Texts Society.

Duan.—An Duanaire; Donald Macpherson; Edinburgh: 1868.

E.—Collection of Gaelic Poetry; Ranald MacDonald; Edinburgh: 1776. (The Eigg Collection).

Folk-Song Jo.—Journal of the Folk-Song Society, No. 16; Miss Frances Tolmie's Collection of Gaelic Folk-Song (words and music); London: 1911.

G.—Gillies' Collection of Ancient and Modern Gaelic Poems and Songs; Perth: 1786.

G.B.—Gaelic Bards, 1411-1715, and 1715-1765; Rev. A. Maclean Sinclair; Montreal and Edinburgh: 1890.

Gael.—An Gàidheal, 6 vols.; 1871-1877.

Glen B.—The Glen Bard Collection of Gaelic Poetry; Rev. A. Maclean Sinclair: 1888.

H.P.—Highland Papers, 2 vols., ed. J. N. R. Macphail: Scottish History Society.

Inv. G.S. Tr.—Transactions of the Gaelic Society of Inverness.

L. na F.—Leabhar na Féinne; J. F. Campbell.

LU : Lebor na Huidre—(" Book of the Dun Cow ") : R. I. Best & O. Bergin : Dublin : (printed edn.) : 1929.

McN.—The MacNicol Gaelic MSS.

McL.—The Maclagan Gaelic MSS. in Glasgow University.

M.C.—The MacDonald Collection of Gaelic Poetry ; Rev. A. Mac-Donald, Kiltarlity, and Rev. A. J. MacDonald, Killearnan ; Inverness : 1911.

Mitch.—History of the Highlands and Gaelic Scotland ; Dugald Mitchell.

P.N.R.C.—Place-names of Ross and Cromarty ; W. J. Watson ; Inverness : 1904.

R.C.—Reliquiæ Celticæ, 2 vols. ; Inverness : 1892.

R.G.—Rosg Gàidhlig : Specimens of Gaelic Prose ; W. J. Watson ; Inverness : 1915 : 2nd edn., 1929.

S.—Collection of Gaelic Poetry ; Alexander and Donald Stewart ; Edinburgh : 1804.

S.O.—Sàr Obair nam Bard Gàidhealach : The Beauties of Gaelic Poetry ; John Mackenzie (1st ed. 1841).

S.M.L.—Wonder Tales from Scottish Myth and Legend ; Donald A. Mackenzie ; Blackie & Son : 1917.

Sil. Gad.—Silva Gadelica, 2 vols. ; S. H. O'Grady ; Williams & Norgate : 1892.

S.H.—Sketches of the Highlanders of Scotland, 2 vols ; General David Stewart of Garth.

T.—Turner's Collection of Gaelic Poetry ; Edinburgh : 1813.

T. MS.—The Turner MSS. in the National Library, Edinburgh.

U.B.—Uist Bards ; Rev. Archd. MacDonald, Kiltarlity ; Glasgow, &c. : 1894.

W.H.T.—Tales of the West Highlands, 4 vols. ; J. F. Campbell, Edinburgh : 1860 ; 2nd edn., Alex. Gardner, Paisley : 1890.

W.R.—Poems of William Ross ; Edinburgh : Maclachlan & Stewart.

INTRODUCTION.

I.—THE CLASSIC POETS.

GAELIC poetry, both in Scotland and in Ireland, falls into two great divisions, the older, or classic, poetry, and the modern. The classic poetry, so far as it has come down to us, is more or less continuous from about A.D. 800 or earlier to about 1730. Its earliest form was based on the early Latin hymns; its distinctive features, borrowed from them, were syllabic structure and rhyme at the end of each line or couplet. From this beginning there developed a huge system of metres, about three hundred of which are known to us, many of them extremely complex and difficult. The makers of the poetry were, as a rule, men who had received a long and rigorous training in language, phonetics, and metres; they were also learned in Gaelic history, literature, genealogy and tradition. They wrote in the Irish script, which is simply the old Latin hand, and they used a literary style which, though it changed with the changes of the language, was always more archaic than the vernacular of their day. These trained poets and men of learning occupied an honoured position in the social system. Their recompense, always liberal and often munificent, was derived partly from grants of land, partly from dues and privileges, and partly from the fees to which they were entitled for their compositions. They were in close touch with the chief

B

or lord, sat in his council, preserved the history of his family, and on due occasion celebrated his praises. The office of poet, like other offices among the Gael, tended to be hereditary in a family. This family represented learning and culture in the tribe, as the chief represented authority. Its poet-historians through successive generations kept alive the pride of race, and ministered to it, especially by panegyrics.

In the beginning of the sixteenth century, when James MacGregor, Dean of Lismore, compiled his *Book*, this class of poetry was in full vigour from Lewis to Kintyre, and to a considerable extent, doubtless, on the eastern side of Gaelic Scotland. Yet already, by the downfall of the Lord of the Isles in 1494, the social system on which it depended had received a shock from which it was not to recover. The West and North were now slowly, reluctantly, but surely attracted into the orbit of the central government, and the change in social organisation, which went on steadily through the seventeenth century, was finally accomplished by the measures that followed on the Risings of the Fifteen and the Forty-five. Of the Gaelic chiefs, some became anglicised, others were removed by death, banishment, or confiscation. The new system had no place for poets or historians; these representatives of the ancient culture passed away with the system of which they formed an integral part. The last of the learned bards in Scotland was Donald Mac Vurich, of Staoiligearry, in South Uist, who died some time after 1722.[1]

[1] Some verses in Edin. MS. LII. 52, a, b, have the docket : "Wrote by Donald Macvurich, son of Lauchlan, son of Nial Mor, is witness to a letter dated Benbecula, 1722."

II.—THE MODERN POETS.

As the fall of the MacDonalds was the rise of the smaller clans whom they had overshadowed, so the decay of the professional poets proved the beginning of a new and brilliant school of untrained bards. Modern Gaelic poetry, as we know it, starts from about 1600; its most fruitful period is from 1640 to about 1830, a period truly remarkable for the number of composers and the quantity and excellence of their output. There has never, perhaps, been a finer manifestation of national genius than was given by Gaelic Scotland in those two centuries. The poets of the new school were born, not made: they sang because they must sing, and they sang of things in which they were keenly interested. Their poetry is spontaneous; it has the notes of freedom, freshness, sincerity. It has great beauty of form, and the style is direct and clear. There is, besides, the charm of the language itself, so copious, so flexible, and so adequate, possessing also a vocalic system difficult to match for compass and melody. The poetry needs careful study before it can be fully appreciated. Knowledge of the language comes, of course, first, but one has to become familiar with the mental attitude of the poets, their historic background, and their standards of value. These are among the things that go to make them *Gaelic* poets, and they are very different from what English-speaking people of the present day are accustomed to. In fact, the poets' outlook on things and the qualities that appealed to them —race, physical beauty, manly accomplishments, freehanded generosity, wisdom in council—are more akin to what is found in Homer and Pindar. They

reflect, and with great ability, the conditions of
a comparatively simple and unsophisticated society.

The modern poets represent all classes. A number
belong to the old ruling families, which, indeed, had
always produced men and women who could turn a
vigorous and pointed poem. Archibald MacDonald,
an Ciaran Mabach (fl. 1650), was brother of Sir James
MacDonald of Sleat. Another Archibald MacDonald,
his contemporary, was head of the MacDonalds of
Keppoch. His daughter Silis (Celia, Cicely, Julia), a
highly gifted poetess, was wife of a landed gentleman,
Alexander Gordon of Beldornie, on the upper Deveron,
in Aberdeenshire. John MacDonald, *Iain Lom*, was
the great-grandson of Iain Aluinn, a chief of Keppoch.
Duncan Macrae, who wrote the Fernaig Manuscript,
an ingenious man and a capable poet, was head of the
Inverinate branch of the Macraes, on Loch Duich side.
His brother, also a poet, was minister of Kintail.
Alexander Mackenzie and his son Murdoch, *Murchadh
Mór mac Mhic Mhurchaidh*, were lairds of Achilty in
Ross-shire. Others, apart from the circumstance of
birth, were educated men. Alexander MacDonald,
Mac Mhaighistir Alasdair, was a clergyman's son, and
a student of Glasgow University. William Ross was
educated at the Grammar School of Forres. Ewen
MacLachlan (1773[1]-1822), of Lochaber and Aberdeen,
was one of the most scholarly men of his time. Many
clergymen also were poets, such as John Maclean

[1] Mr. P. J. Anderson says : "All previous accounts of Mac-
Lachlan, including the two monumental inscriptions, have given
1775 as the year of his birth. But the date of his baptism, 15th
March, 1773, is conclusive."—*Aberdeen Univ. Bulletin*, May,
1918.

(d. 1756) of Cill Naoinein in Mull, a younger son of
Maclean of Treshnish; Dr. James MacGregor of
Comrie and Nova Scotia (1769-1830); James Maclagan
of Blair Atholl (1728-1805), who made the collection
of Gaelic poetry known as the Maclagan MSS.; and
Dr. Duncan Black Blair of Strachur and Nova Scotia.
Others, men and women of strong and original minds,
were unlettered, though far from being illiterate.
Three of these stand out conspicuous: Mary Macleod,
Màiri Nighean Alasdair Ruaidh, the brilliant poetess of
Harris and Skye; Duncan Macintyre of Glenorchy and
Edinburgh; and Rob Donn of the Reay Country, in
the north of Sutherland. As regards geographical
distribution, we find no poets south of Forth and Clyde:
Gaelic was becoming obsolescent in Galloway and
Ayrshire by the beginning of the modern period.[1] From
the great district between Findhorn and Forth, once
all Gaelic speaking, we have the fine religious poems
of Peter Grant of Strath Spey,[2] some good Braemar
poetry, and the poem, "Is mór mo mhulad," by the
Laird of Crandart in Glen Isla, Forfarshire. North and
West Perthshire, Argyll, Inverness-shire, Ross, and
Sutherland are well represented. Lewis has a number
of minor poets;[3] Harris, besides Mary MacLeod, has

[1] Dr. T. M. Murray Lyon, Edinburgh, has informed me of a
note left by his father, as follows: "My grand-aunt, Jean
MacMurray, who died in 1836 at the age of 87, informed me that
Margaret MacMurray, the representative of the elder branch of
the MacMurrays of Cultzeon, near Maybole, who died at a very
advanced age about the year 1760, was long talked of as having
been the last Gaelic-speaking native of Carrick." Robert Burns
was born near Ayr in 1759—"upon the Carrick border."

[2] *Nuadh Dhàin Spioradail;* 1818.

[3] *Bardachd Leodhais*, Iain N. MacLeoid; 1916.

John Morrison, *Iain Gobha*,[1] the poet blacksmith of
Rodel. The actual number of poets, some at least of
whose works have survived, is striking. A list of names
compiled by an authority gives a total of one hundred
and thirty between 1645 and 1830. "Most of these
were really good poets, while some of them were poets
of really great ability."[2] With this verdict all who
know the facts will agree.[3]

III.—THE MODERN POETRY : (*a*) LANGUAGE.

The language of the modern poets is the current
Gaelic of their day, the modern form, as developed in
Scotland, of the ancient language which for so many
centuries was common to Scotland and Ireland. In
their use of the vernacular, they broke away, as did
the modern Irish poets, from the literary dialect of the
classical school, which contained many words and
expressions already obsolete in common speech. This
literary language was, of course, familiar to the trained
professional bards—it formed part of their education—
and it was also understood by the ruling families, to
whom so much of the poetry composed therein was
addressed, but it could not have been very intelligible
to the people generally. We possess, for instance,
three elegies on Sir Norman MacLeod of Bernera
(d. 1705), two of them in the classic style, the third
in the vernacular. To anyone who knows Scottish
Gaelic, this last presents no special difficulty to-day;

[1] *Dain Iain Ghobha* (2 vols.); George Henderson, 1893.

[2] The Rev. A. Maclean Sinclair, D.D., *Inv. G.S. Tr.* 24, pp.
264-266.

[3] *The Poetry of Badenoch* has been collected and translated
by the Rev. Thomas Sinton; 1906. Much valuable Gaelic poetry,
otherwise unpublished, is contained in the *Transactions of the
Gaelic Society of Inverness* (32 vols.).

the others demand a very competent knowledge of the old style.[1] In short, the classic poetry was addressed to the aristocracy of birth and of learning; the modern poetry is addressed to the people.

IV.—THE MODERN POETRY : (b) CONTENT.

Though all our vernacular poetry is rightly termed modern, the older part of it, belonging chiefly to the seventeenth century, is on the whole allied in spirit to the style of the professional bards. An excellent example of this is Mary MacLeod, *Màiri Nighean Alasdair Ruaidh*, whose poems, so far as they have come down to us, consist entirely of panegyrics or elegies on nobles of the Houses with which she was connected. *Iain Lom's* scope is wider, for he was interested in national or, at least, political questions. Still it is difficult to conceive of either Mary MacLeod or *Iain Lom* setting about a poem on natural scenery,or on such a subject as the Seasons.

The man who definitely and deliberately widened the horizon of the modern poetry by introducing fresh subjects and fresh treatment was the great original genius, Alexander MacDonald, *Alasdair mac Mhaighistir Alasdair*. He saw clearly that if Gaelic poetry was to flourish, a new start was necessary. The language itself he held to be the noblest and most

---

[1] The opening quatrain of the longer of the classic elegies is :
> Do thurn aoibhneas Innse Gall,
>   damhna dobróin da thadhal;
> othar is amhghar gan cheilt
>   an dochar adhbhal oirdheirc.

"Gone is the joy of Innse Gall (the Isles), a cause of woe is haunting it; sickness and affliction without hiding is the great conspicuous injury." There are here five obsolete words, and one, *oirdheirc*, used in a sense now obsolete in Scottish Gaelic.

copious in existence, adequate for any subject. He proceeded consciously to apply it to fresh themes, and in this enterprise his success and his influence upon his contemporaries and successors was very great. His poems on Summer and on Winter, and his description of *Allt an t-Siùcair*, his poem on a dove, his poems after the fashion of a pìobaireachd, his *Smeòrach Chlann Raghnaill*, as well as other poems, all stirred others to attempt the like subjects. A remarkable instance of his influence, which does not appear to have been noted hitherto, is the case of Rob Donn, whose *Oran a' Gheamhraidh* is an exact counterpart, line for line and phrase for phrase, of MacDonald's *Oran an t-Samhraidh*—a notable illustration of the mental grasp of Rob Donn, if, as we are told, he could not read the original on which he worked. Space does not permit us to trace Alexander MacDonald's influence on Duncan Macintyre, John MacCodrum, and others of the modern school. The last to compose a *Smeòrach* was Donald MacLeod of Skye, father of the distinguished poet, Neil MacLeod, whose *Smeòrach nan Leòdach* has its share of the old fire and feeling.

The range of modern poetry is quite unrestricted. It has indeed produced nothing in the way of drama or epic, if we except the Ossianic poetry put together by James Macpherson : these forms were never practised by the Gael. A more remarkable feature is the absence of the ballad, though the old ballads continued to be recited. Further, Gaelic poetry, as a rule, deals with phenomena without seeking to analyse or explain them ; it is objective, not introspective ; concrete, not abstract. That the Gael appreciated the

beauties of nature there is ample evidence, but his
appreciation is shown by incidental allusion or by
deliberate enumeration, not by reflection on the "soul"
of nature. For his views on the problems of life and
conduct, again, we must consult his proverbs rather
than his poetry. Still, when these qualifications have
been made, there remains a wide field of subject:
eulogy and satire, love and war, politics, the hill and
the sea, descriptions of nature, clan poetry—the
intensely patriotic expression of love for and pride in
a too narrow *patria*, social subjects, convival poetry,
and the remarkable body of poems connected with
labour—*iorram*, oar-chant; *òran-luadhaidh*, fulling
song; *òran brathann*, quern song; *òran maistridh*,
churning song; *tàladh*, lullaby or cradle song. Graver
poetry of the religious type is represented by Dugald
Buchanan of Rannoch (1716-1768), and by many
writers of hymns, from MacCulloch of Park (end of
sixteenth century) to the present day.

V.—THE MODERN POETRY: (c) CHARACTERISTICS.

The tone of modern Gaelic poetry is clean and virile.
In the case of the serious dignified compositions, known
as *Orain Mhóra*, we cannot help feeling that the authors
are high-minded men of very considerable power, who
would utter nothing base. These poems may be tender
or fierce, but they are always elevated, instinct with
the feelings of *cruadal*, hardihood, *gaisge*, valour, and
that sentiment for which English has no name, but
which in Greek is αἰδώς and in Gaelic *nàire*. It is in
less serious productions, *Orain Aotrom*, that we meet
the qualities of wit and, less often, humour. Gaelic

humour in the old sagas, such as *Fled Bricrend*, is often broad, grim, ironical; in the modern poetry it is usually quieter. Perhaps this quality is most common in Duncan Macintyre, *e.g.*, in his naïve account of the sheep which he received as a gift, its tragic end, and the shifts to which he was driven thereby. Another example of genuine humour is the *Sgiobaireachd* of Gille-easbuig na Ciotaig (p. 38). Humour must be kindly, or at least tolerant. Wit at the expense of others is sarcasm, and it must be admitted that there is an element of this even in such usually good-natured poets as Duncan Macintyre and Rob Donn. Gaelic satire is often merely sarcasm. John MacDonald, *Iain Lom*, is often termed a satirist: he is neither satirical nor, as a rule, sarcastic, but simply bitter against *sliochd nam beul cam*, the Campbells. Again, the Gael is no prude: there are passages and poems which we could do well without. The great poets, with one exception, never sin in this respect. The one exception is the greatest of them all, Alexander MacDonald, who, by some strange twist in one or two of his poems, appears to have deliberately aimed at being shocking, in imitation, probably, of certain much older examples. But when all is said, the total amount of Gaelic poetry unfit *virginibus puerisque* is so small that we are left with a strong sense of the clean-mindedness and good taste of its composers. In this connection, it is relevant to note the evident popularity of religious poetry throughout the whole of our period. Some of it is beautiful: the poem, for instance, composed by Duncan MacRyrie on the day of his death (p. 236) is absolutely perfect in its simplicity. Dugald Buchanan's spiritual

poems, composed, be it noted at the time when
Alexander MacDonald and others were breathing
warfare and defiance, indicate an aspect of Gaelic
thought which has to be kept in view in forming a
general estimate.

There is one general principle which informs and
pervades all Gaelic artistry, the principle, namely, of
precision, definiteness, completeness. Its working is
admirably exemplified in the extraordinary meticulous-
ness and symmetry of the old legal system known as
the Brehon Laws. It is seen not less strikingly in
the native Gaelic art of Ireland and Scotland as applied
to the illuminated manuscripts and the sculptured
stones. Here the instinct manifests itself in four ways :
(1) The artist pushes his art to its utmost limits
technically; the work of the illuminations in the Book
of Kells is so fine that it has to be studied with a
microscope. (2) The artist leaves no part of the surface
of his material untouched; whether the material is
stone or vellum, he will ornament every square inch of
it. (3) His choice of subject is restricted to one which
it is possible to exhaust thoroughly to his satisfaction.
(4) He is not anxious for originality in design; his aim
is fineness of technique. The poetry of the classical
period shows exactly the same characteristics. There
are many patterns of *rann*, but the framework of each
is fixed absolutely. Having selected his framework,
the poet proceeds to embellish it to the limit of his
technique, guided by rule as much as the sculptor of
the geometrical patterns was guided. Neither poet nor
sculptor had, or cared to have, much initiative in this
respect. This ornament is applied to each line of the

rann, and the *rann* stands out as complete in itself
as a panel of a sculptured stone. In dealing with his
subject, the poet seeks always to exhaust it, and his
subject is such as can be so dealt with. To express
thought under the complex conditions of the classic
poetry was immensely difficult. The modern poets
achieved freedom of expression by discarding the
shackles of tradition, even when, as often, they utilised
the old structure. But in their work also, the instinct
for precision and completeness asserts itself in their
choice of subject and in their treatment. The Gaelic
poet works methodically and thoroughly on a small
canvass. The two longest Gaelic poems, Macintyre's
Beinn Dobhrain and MacDonald's *Birlinn,* contain each
fewer than 600 lines. Each of them proceeds
methodically to deal with various aspects of the subject
till the poet is satisfied that he has covered the ground,
and the poem stands a complete, finished whole; there
is no more to be said. Here is the secret of much that
is good and of some things that are faulty in Gaelic
poetry. The poet strongly desires completeness and
definiteness of detail; he is intolerant of haziness.
There is hence danger of overdoing description. The
two great poems above mentioned may be criticised in
this respect; most readers, however, will feel that the
poets' artistic judgment was sound, and that little, if
anything, can be taken away with advantage. The
charming delineation of Eriskay by Father Allan Mac-
Donald is another good example of wise artistry; readers
will judge others for themselves. There is, however,
a tendency, which is already very evident in the prose
literature of Middle Irish, to attempt absolutely to

exhaust the details of a description by piling up a
succession of descriptive adjectives. In English it has
been tried by Southey in his description of the cataract
of Lodore. In Gaelic it was a well recognised form,
and it should not be condemned too hastily. The test
is whether the epithets add to the clearness and vivid-
ness of the description. If they do, the poet is justified;
if they do not, or if they are merely a heaping up of
synonyms, the art is bad. Good examples for
consideration occur in the poems on *Coire an Easa*
(p. 119) and *Moladh Chinn-tìre* (p. 183); another is
Alexander MacDonald's *Fàilte na Mòirthir*. This some-
what risky method of minute description by adjectives
is not very common in our period. Most poems follow
the ordinary lines, and when, as often happens, the
poet combines warm sympathy with his subject and
artistic judgment sufficient to control his taste for
detail, and to enable him to select the details that
really matter, the result is a picture richly coloured and
suggestive. Some of the most pleasing Gaelic poetry
owes its charm not to the number of details, but to
their suggestiveness. As an example may be taken
the charming description of life in a *bothan àirigh*,
shieling hut, beginning at l. 5192; here we have what
has been aptly styled "the unelaborate magic of the
Celt." Another example touching in its utter
simplicity is Duncan MacRyrie's death-bed hymn on
p. 236, already alluded to. Instances of happily
suggestive phrasing are not uncommon: *Arasaig dhubh-
ghorm a' bharraich; Cill Mo-Ruibhe fo sgéith a'
chuain; na fiùrana o ghleannaibh Chnòideart*, and many
other delightful touches are quite in the Homeric

manner. Some of these can be traced to no particular author: they are the common property of a nature-loving people.

VI.—EXTERNAL INFLUENCES.

How far has modern Gaelic poetry been affected by external influences? To outsiders, such as the German scholars, the peculiar interest of the old Gaelic literature is that it represents the thought of a people who, alone in Western Europe, were practically uninfluenced by Latin culture. For us, of course, it has, or ought to have, the additional and still stronger interest that we find therein the expression of our own ancestors. Much of this double interest attaches to the modern literature also. It, too, expresses the content of the minds of our own people, and up till about the end of the eighteenth century it represents on the whole the old Gaelic tradition and culture, with little foreign admixture. That tradition was common to Ireland and Scotland till about the time of the Reformation; thereafter the tie between the "sea-divided Gael" became gradually looser, and Gaelic Scotland continued the old tradition independently of Ireland.

In Scotland the Gael came early in contact with two Teutonic peoples, the Saxons (*c.* 600 onwards) and the Norse (800-1266). The traces of Norse influence in our modern poetry are slight, and are confined to two points, the presence of Norse loan-words and references to Norse descent. The loan-words form a very small part of the total Gaelic vocabulary; their importance is often exaggerated.[1] The one great clan which boasts Norse descent is the MacLeods. It is repeatedly asserted by Mary MacLeod:—

> Lochlannaich threun toiseach bhur sgéil,
> Sliochd solta bh'air freumh Mhànuis.

"Mighty Norsemen are the start of your tale, a stout stock from the root of Magnus." The MacLeods are

> De shloinneadh nan rìghrean
> Leis na chìosaicheadh Manainn

—"of the name of the kings who put Man under tribute." They are

> sliochd Olghair is Ochraidh
> O bhaile na Boirbhe

—"the descendants of Olghar and of Ochra from the city of Bergen" (*Boirbhe* is used *metri causa*, instead of the usual *Beirbhe*). The classic poetry has the same tradition: MacLeod is "úa Maghnuis ó mhúr Manuinn," scion of Magnus from the rampart of Man. It does not mention Ochra, and Olghar is with the classic poets Olbhur, which is likely to be nearer the original form, representing the Norse name Olver.

Saxon influence is seen in loan-words borrowed from the early periods onwards, but it has little, if any, effect on the literature till the eighteenth century. English or Lowland Scots tunes are stated to be used

---

[1] "Very few of the Irish words for ships, parts of a ship, and seafaring, are of Celtic origin"—Alexander Bugge, Norse Loans in Irish : *Miscellany to Kuno Meyer*, p. 291. How far this statement is true of Scottish Gaelic may be tested by an analysis of the vocabulary of our sea-poems, *e.g.*, Macdonald's *Birlinn*. It will be found that the proportion of Norse terms to pure Gaelic terms is small. In Iain Lom's *Iorram* (p. 186 of text). cf the terms for a ship and parts thereof, 13 are pure Gaelic, 3 are English loans, 2 are Norse loans. The *Duanag Ullamh* (p. 259) has 11 such terms of pure Gaelic origin, and 2 Norse loans.

for Gaelic words in the Fernaig Manuscript (1688-1693),
Rel. Celt., II., pp. 70, 117, 120; they might be intro-
duced by drovers and by Highland soldiers who took
part in Montrose's campaigns and subsequent wars in
England and Scotland. Of the thirty-one poems in
Alexander MacDonald's first edition (1751), twelve have
English or Scots airs assigned to them. Duncan Mac-
intyre uses only one, "The Flowers of the Forest,"[1] in
Cumha Choire a' Cheathaich. MacDonald's poems on
Summer and Winter[2] were almost certainly suggested by
James Thomson's "Seasons"; they are, however, quite
different in style and treatment. The opening stanza
of *Oran an t-Samhraidh* proves him to have known the
poems of Allan Ramsay. Dugald Buchanan's religious
poetry was influenced, as Professor D. Maclean has
pointed out,[3] by Young's *Night Thoughts.* The Rev.
John Maclean wrote his congratulatory poem to Edward
Lhuyd in the heroic couplet of Dryden and Pope.
William Ross, like Alexander MacDonald, is fond of
classical divinities — Flora, Bacchus, Phœbus, Cupid,
etc. MacDonald's elaborate invocation to the Muses,
in which he names them all conscientiously, is
probably a reminiscence of his classical studies. But
while there is thus clear evidence that the educated
Gaelic poets of the eighteenth century knew English
and read the works of English poets, the total effect on

[1] Wrongly given in all editions as "The Flowers of Edinburgh"
—the well-known dance tune.

[2] Cf. *Ancient Irish Poetry* (translated by Kuno Meyer), which
contains four such poems ("Summer has Come," "Song of
Summer," "Summer is Gone," "A Song of Winter") belonging
to the ninth and tenth centuries.

[3] *Songs of Dugald Buchanan.*

their way of thinking was very slight: that remained Gaelic. The poetry of the nineteenth century, with some exceptions such as Alexander Mackinnon and Allan MacDougall, shows increasing English influence in style, thought, and metre. Much of this later poetry is pretty and witty, but it has little of the old fire and virility; often, not without reason, it expresses the wail of a dejected and harassed people. It is at this stage, and at no other, that the famous "Celtic Gloom" is to be found in the literature, when the social revolution was complete, and the Gaelic people were left dependent, intellectually and economically, on what was to them a foreign and distasteful culture. The poetry that was inspired by the infamies of Culloden and the Clearances could not be other than gloomy. It is the more remarkable to note the spirit of resilience that even still flares up from time to time to remind us that the old battling buoyancy is not gone after all.

VII.—THE BEGINNINGS OF MODERN POETRY.

The classic poetry was syllabic; the modern poetry is usually[1] regulated by stress, each line having a fixed number of stressed syllables, or, in other words, a certain rhythm. It has been held hitherto that the new poetry originated with Mary MacLeod, *Màiri Nighean Alasdair Ruaidh*, who quite suddenly, without precedent or tuition, burst the fetters of tradition, and invented rhythms of her own.[2] This view will not stand the test of historical enquiry.

[1] Not *always*, as will appear later.
[2] Cf. Dr. M. Maclean, *Literature of the Celts*, p. 266; Rev. D. Maclean, *Literature of the Scottish Gael*, p. 18.

(1) Mary MacLeod's period has been ante-dated. She is said to have been born in 1569, and to have died in 1674;[1] according to another account her period was 1588 to 1693.[2] As a matter of fact, she was alive in 1705, when she composed the lament for Sir Norman MacLeod of Bernera, who died on the third day of March of that year.[3] The earliest of the extant poems ascribed to her is that on the death of Roderick Mackenzie of Applecross, *Marbhrann do Fhear na Comraich*, who died in 1646. This gives her an active period of fifty-nine years. The dates of her birth and death are unknown; tradition, according to John Mackenzie, gives her a life of 105 years. I would put her tentatively as from *circa* 1615 to 1707.

(2) John MacDonald, *Iain Lom*, is credited with a poem to Sir Donald Gorm of Sleat, which must have been composed some time before Sir Donald's death in 1643. He was a well-known bard in 1645, the date of the battle of Inverlochy, which he celebrates with such bitterness. Iain Lom must therefore have been born at least as early as 1620, probably earlier; he died about 1710. He was therefore a full contemporary of Mary MacLeod. All the poems ascribed to him are in stressed metre, and the two earliest (pp. 223, 228 below) are in the very metre which Mary is alleged to

---

[1] John Mackenzie, *Sàr Obair ; Literature of the Celts*, p. 267.

[2] Alex. Mackenzie, *History of the Macleods*, p. 105; *Tr. of Inv. Gael. Soc.*, 22, 48.

[3] Elegies on Sir Norman Macleod, *Rel. Celt.* II., 274, and in the Advocates' Library, Edinburgh, the latter unpublished. These contain a dating *rann*, and, in addition, the heading of one of them states that Sir Norman died on 3rd March, 1705, at 10 o'clock. Cf. l. 4264 of text.

have invented. Of the two, therefore, John Mac-
Donald has the better claim to originality.

(3) Poems were composed in stressed metre before
the time of John MacDonald and Mary MacLeod.
Specimens of these are given later; the earliest, if the
tradition of its origin is correct, dates from some time
well before 1550.[1]

On the evidence we are not entitled to ascribe the
beginnings of the new poetry to any particular person.
With regard to Ireland, Professor Douglas Hyde writes:
"The earliest intimations of the new school which I
have been able to come across occur towards the very
close of the sixteenth century."[2] The movement
appears to have been practically simultaneous in
Ireland and Scotland. It is therefore reasonable to
suppose that similar causes were at work in both
countries. One of these was the decay of the trained
professional poets and of the bardic schools, and the
correspondingly increased importance of untrained or
only partly trained poets, who, when they used the
structure of the syllabic metres, would disregard the
refinements. Another factor was the strongly stressed
songs of labour, the *iorram*, &c., which, whether based
on the older metres (as some at least undoubtedly
were), or independent of them, must have had great
popular vogue. Concurrently with these circum-

---

[1] P. xliii. To these may be added a poem to Sir Roderick
Macleod of Dunvegan (d. 1626), beginning—

> Soraidh no dhà le dùrachd bhuam
> Gu cuirtear deas a cheoil,
> Gu guala thréin nan lùirichean
> Is nam bratach cùbhraidh sròil.
> —*Inv. G.S. Tr.* 26, 235.

[2] *History of Irish Literature,* p. 544.

stances, there is reason to believe that in the language itself the principal stress, both in words and in phrases, was asserting itself increasingly at the expense of the lightly stressed syllables and words. This effect of the principal stress is strongly marked in modern Gaelic, even more, I think, in Scottish Gaelic than in Irish Gaelic.[1] In the older language, while stress played a great part, it was more evenly distributed: an unstressed syllable was duly sounded; it might even be long, as in certain parts of Ireland is still the case in certain words, e.g., *amadán*. In modern Scottish Gaelic, the sole trace left of the *ā* or *á*[2] in unstressed position is that it is sounded open, a true *a*, not a dull sound like *u*. It was, as I believe, in the latter part of the sixteenth century that this tendency came into decisive prominence, since when it has gone on increasing. In time it would have sufficed of itself to upset the old syllabic system, as the latter grew more and more out of harmony with the spoken language. While all these appear to be true causes which conditioned the change, it is fairly certain that more light might be thrown on it by close study of the metres, both Scottish and Irish.

VIII.—THE METRES: (a) DAN DIREACH.

The classic metres (*Dán Díreach*) have two general characteristics: (1) a fixed number of syllables in each line; (2) end-rhyme or consonance.

---

[1] E.g. for *maith dh'fhaoidte* the regular Lewis pronunciation is *mait*. The same process is at work in English.

[2] i.e., either *a* long or *a* short, but originally bearing a stress, as in *Conghlais*, a stream name; *conghlas*, a muzzle (both with open *a*), from *glais*, a stream, and *glas*, a lock, respectively.

1. The unit is the *rann*, which for our purposes may be understood as quatrain. Each *rann* consists of two couplets, *leathrann*. Each line in the *rann* should approximate to independent sense; in the couplet the approach to full sense is nearer; the quatrain is always complete and self-contained.

2. End-rhyme or consonance, *comhardadh*, may exist either between the final words of each line, or between the final words of the two couplets.

3. Internal rhyme, *uaithne*, may occur between any word in the first line of a couplet and any word in the second line of the same couplet. The *uaithne* that occurs between the last word of the first line of a couplet and a word in the second line of the same couplet is called by the special name, *aichill*, "anticipation"; a quatrain in which this sort of *uaithne* occurs is called *aichleach*.

4. Alliteration, *uaim*, occurs between words beginning with the same consonant, or with a vowel. *Fioruaim* demands that the alliterating words shall come together at the end of a line (a short unstressed word between does not count).

5. Elision, *bàdhadh*, is not obligatory in the earliest classical poetry, but in the later stages, it is regular, though not invariable. In other words, *hiatus* (the separate pronunciation of two vowels, one at the end of a word and the other at the beginning of the following word) is not usual. The vowels in question, however, are always written in full.

The following highly embellished quatrain, from the elegy on Sir Duncan Campbell of Glenorchy, who died in 1603, illustrates all these points:—

> Dob líonmhur ar leirg an locha
> laoch láidir is óigfhear oll:
> iomdha um thríath Tatha taóiseach
> sgíath flatha agus craóiseach corr.[1]

Here, *oll*: *corr* are in consonance. The first couplet has no internal rhyme; the second has *thriath*: *sgiath*; *Tatha*: *flatha*; *taóiseach*: *craóiseach* (aichill). The alliteration is obvious (in the second line *óigfhear*: *oll* alliterate). In the third line there is hiatus between *iomdha* and *um*; in the fourth line *agus* must be read *'gus*. The odd lines contain each eight syllables and end on a dissyllable; the even lines contain seven syllables and end on a monosyllable. This metre, called *Séadna*, is extraordinarily complex and difficult, though the finished *rann* looks simplicity itself. It may be represented by the formula $2 (8^2 + 7^1)$, $2+4$, meaning that each *rann* consists of *two* couplets, containing each a line of *eight* syllables ending on a *dissyllable* and a line of *seven* syllabes ending on a *monosyllable*, and that the *second* and *fourth* lines of the *rann* have end-rhyme.

6. To have a proper ending *dùnadh*, a poem must repeat at the end the word, or part of the word, with which it began. This device satisfied the desire for completeness, and also indicated, in the closely written lines of a manuscript, where one poem ended and another began.

The classic metres of the above type represented in the text are the following:—

---

[1] Numerous on the lake side were the stalwart heroes and tall young men; around the lord of Tay was many a leader, many a shield of prince and taper spear.

1. *Rannaigheacht dialtach mhór* (Great one-syllabled versification), in which each line contains seven syllables and ends on a monosyllable. The couplets rhyme. Its scheme is 2 $(7^1 + 7^1)$ $2 + 4$. It occurs in the poems (1-8) beginning on pp. 123, 176, 179, 230, 233, 234, 236; on pp. 251, 252, etc., of *Oran na Comhachaig*, and in a number of quatrains of *Seanfhocail agus Comhadan* (29). All these have *aichill* in both couplets, and little or no alliteration. As an example of an exactly constructed and freely embellished *rann*, we may compare the following from Cathal MacMhuirich's welcome to Donald of Moidart, written in *c.* 1650:—

> Binne na ceól crot do sgéal,
> a ghiolla gan *lot* gan *león*:
> at*aoi* mar orghán ós fh*ion*,
> ma's comhrádh f*ior* do bh*aoi* ad bh*eoil*.[1]

2. *Rannaigheacht recomarcach bheag* (Little two-syllabled versification):—2 $(7^2 + 7^2)$ $2 + 4$. Each line contains seven syllables and ends on a dissyllable. The couplets rhyme.

(9) P. 192, *Gur e m'anam is m' eudail*, may be read as stressed, but it is rather to be read as syllabic metre; e.g., 1. 5198 is plainly not stressed.

(10) P. 82, *Iain Mhic Eachainn o'n dh'eug thu.* Here the final dissyllable of the syllabic metre is replaced by penultimate stress.

(11) P. 94, *So deoch slàinte mo ghaisgich.* These latter are both good examples of a classic syllabic metre converted into a stressed metre, and are to be

[1] Sweeter than the music of lyres thy tale, thou lad without wound or hurt : thou art as organs over wine, if 'tis true talk that is in thy mouth.

contrasted with the following fine *rann* in the old style, from an elegy on Lord Macdonell and Aros of Glengarry, who died in 1680:—

> Níor ghlac clíath colg no gunna
> sgíath re linn no lann tana
> cothrom cruais do ghleo an ghiolla,
> eo Sionna ó'n Bhuais ó'n Bhanna.[1]

In the first couplet *c : c, l : l* alliterate; *cliath : sgiath* rhyme. In the second couplet *c : c, gh : gh, Bh : Bh* alliterate; *cruais : Bhuais, ghleo : eo, ghiolla : Sionna* rhyme. The end rhymes are *tana : Bhanna.*

3. *Rannaigheacht bheag mhór:* 2 (8^2 + 8^2) 2 + 4.

Each line has eight syllables and ends on a dissyllable. The couplets rhyme. Good specimens are:

(12) P. 119, *Mi an diugh a' fàgail na tìre.*

(13) P. 183, *Soraidh soir uam gu Cinn-tìre.*

(31) P. 236, *Shaoghail, is diombuan do mhuirn,* all except the first *rann.*

(8) *Oran na Comhachaig,* quatrains with dissyllabic ending.

Influenced by stress in a degree greater or less, it appears in

(14) P. 25, *Air mios deireannach an fhoghair.*

(15) P. 115, *Dul a chaidh mi dheanamh aodaich.*

(16) P. 71, *Tapadh leat, a Dhomh'aill mhic Fhionnlaigh.*

(17) P. 128, *Alasdair a Gleanna Garadh;* except 3470-3473.

---

[1] There grasped not pike sword or gun, shield, in his time, or thin blade, the match in hardihood for the prowess of the lad, salmon of Shannon, from Bush from Bann (indicating his claim to Irish, and in particular to Ultonian, descent, Bush and Bann being rivers of Ulster).—*Adv. Lib. MS.* LII., 34a.

(18) P. 131, *Slàn a chaoidh le ceòl na clàrsaich.*
In all of which penultimate stress replaces at will the
dissyllabic ending. It appears also in three stanzas of
(19) P. 61, *Rainn Ghearradh-arm.*

4. *Sneadhbhairdne (Snedbairdne):* 2 (8^2 + 4^2) $2+4$.

The couplet consists of a line of eight syllables
ending on a dissyllable *plus* a line of four syllables
ending on a dissyllable. The couplets rhyme. The
best specimens are:—

(20) P. 259, *An Duanag Ullamh.*

(21) P. 172, *Tha sgeul agam dhuibh ri innseadh.*

Less accurate are:—

(19) P. 61, *Chunnaic mi an diugh a' chlach
bhuadhach.*

(22) P. 209, *Is fhada tha mise ann mo chodal.*

(23) P. 9, *A Thì mhóir a chruthaich na dùilean.*
The last is influenced strongly by stress. All, how-
ever, are excellent poems. Most of Alexander
MacDonald's *Birlinn* is in this metre.

For comparison we may take two quatrains from
an ancient poem ascribed to Colum Cille:—

> Mellach lem bhith ind ucht ailiuin
>   for beind cairrge,
> conacind and ar a mheinci
>   féth na fairrci.
>
> Conacind a tonda troma
>   uas ler lethan,
> amail canait ceól dia n-athair
>   for seól bethad.[1]

[1] Pleasant, methinks, to be on an isle's breast, on a pinnacle
of rock, that I might see there in its frequency the ocean's
aspect. So that I might see its weighty billows over the broad
sea, how they sing music to their Father, throughout life's
course.

5. *Dechnad mrechtfelesach* or *crō cummaisc etir rannaigheacht mhór agus sruth di aill*: $2 (8^1 + 4^1)$ (1+3) 2+4).

The odd lines have eight syllables and end on a monosyllable; the even lines have four syllables and end on a monosyllable. The odd lines rhyme, and the even lines rhyme. Our only example is:

(24) P. 86, *M'ionmhainn   m'annsachd   is   mo thlachd.* It is irregular.

6. *Cummasc etir rannaigheacht mhór agus leath-rannaigheacht*: $2 (7^1 + 5^1)$ 2+4. The only example is:

(25) P. 102, *Is tuirseach mo sgeul ri luaidh.*
The execution shows that Alexander Macdonald knew the requirements of the old metre. He rhymes his odd lines as well as his even lines.

7. *Crō cummaisc etir casbairdne agus leathrann-aigheacht*: $2 (7^3 + 5^1)$ 2+4.

(26) P. 38, *A' falbh a Loch nam Madadh dhuinn.*

(27) P. 144, *Marbhphaisg air a mhulad sin.*
Though here the short line has six syllables, there can be no doubt as to the origin. The odd lines have ante-penultimate stress at will instead of ending on a tri-syllable, but the poet is often content with penultimate stress or a dissyllabic word.

8. *Crō cummaisc etir rindaird agus leathrannaigh-eacht*: $2 (6^2 + 5^1)$ 2+4. Compare:

(28) P. 97, *Gur h-ì as crìoch araid.*
Most of the odd lines have only five syllables.

9. *Séadna*: $2 (8^2 + 7^1)$ 2+4.

This metre has been described on p. xxxviii.

(29) P. 244, *Moch maduinn air latha Lùnasd'.*
This poem is often irregular in number of syllables,

and doubtless corrupt. A good example of *Séadna*
structure in modern poetry occurs in the poems of
Murdo MacLeod (b. 1881, d. 1907), a native of Harris
and a sailor:—

> 'S gach neach tha an dùthaich nan Gàidheal,
>   d'fhìor fhuil nan sàr bu mhaith b*each*d,
> c'ar son a sgap sibh bho ch*éi*le
>   's a chaill sibh bhur l*éi*rsinn 's bhur n*eart*?[1]

Except that this has *aichill* in both couplets, as usual
in modern poetry, and has no alliteration, it can hardly
be distinguished from the work of a trained bard who
wrote between 1715 and 1725:—

> Is uaisle *f*hearainn *f*huinn Alban
>   a muigh o'n *i*nmhe gan *i*ocht,
> nach iongnadh 's a *tt*oil ri *t*il*l*eadh
>   nach bhfhuigh iad *s*ireadh le *s*eirc?[2]

Alexander Macdonald has one *Séadna* poem, beginning
(p. 78 of 1874 edn.):—

> Is éibhinn leam fhìn, tha e *tigh*inn,
>   Mac an righ dhl*igh*ich tha bh*ua*inn:
> Slios mór rìoghail do'n tig arm*àch*d,
>   Claidheamh is t*arg*aid nan d*ua*l.

This also has double *aichill*, and no alliteration.

10. *Deibhidhe*: $2 \, (7^x + 7^{x+1}) \, _{3+4}^{1+2}$

Each couplet consists of two lines of seven syllables,
and the last word of the second line must contain one
syllable more than the last word of the first line. There
is end-rhyme between the two lines of each couplet, but
as the rhyming syllable of the second line is unstressed,
the rhyme is unrhythmic.

---

[1] *Laoidhean agus Dàin Spioradail* (Edinburgh: N. Macleod,
1908), p. 28.

[2] *Reliquiæ Celticæ*, II., 280.

(30) P. 221, *Sgeula leat, a ghaoth a deas.*

There is internal rhyme in the second couplet of each *rann*, e.g., in r. 1, *fhuaim: chuan, sithe: Sgithe;* but there is no regular alliteration.

(31) P. 236, *Shaoghail, is diombuan do mhuirn.*

The first *rann*; the rest is in a different metre. The following well-wrought quatrain is from an elegy by a professional poet on Sir Norman Macleod (d. 1705):—

> Iarbhúa Chonuire agus Chuinn,
> úa Maghnuis ó mhúr Manuinn:
> fada a éag a ccuimhne cháigh,
> béad ós gach duilghe a dhíoghbháil.[1]

Alliteration—*Ch : Ch ; M : mh : M ; cc : ch ; d : dh.*

(32) P. 29, *An uair a chailleas neach a mhaoin.*

This poem is a conglomerate, or possibly a mosaic, of quatrains in different metres:—

$7^1 + 7^1$: stanzas 1, 7, 9, 11, 14, 16 (irregular), 25, 29, 31, 32, 34, 41, 42.

$8^2 + 8^2$: stanzas 2, 8, 13, 15, 20, 28, 38, 39, 43.

$7^2 + 7^2$: stanzas 21, 26, 37.

$6^1 + 6^2$: stanza 22.

$6^2 + 6^2$: stanza 27.

$8^1 + 7^2$: stanza 30.

$7^1 + 7^2$: stanza 35 (not Deibhidhe).

Séadna: stanzas 3, 4, 5, 6, 10, 12, 23, 36, 40.

Irregular: stanzas 17, 18, 19, 24, 33.

IX.—THE METRES : *(b)* STROPHIC MEASURES.

Besides the ordinary four-line *rann*, the old poetry has another kind of metrical structure, which we shall

---

[1] Descendant of Conaire and of Conn (early kings of Ireland), scion of Magnus from the rampart of Man, long is his death in all men's minds, a misfortune surpassing every grief is the loss of him.—*Adv. Lib. MS.*

call strophic. In it we have a series of similarly con-
structed lines (or "phrases") ended off by a shorter
line of different structure. This forms a half-strophe;
the other half is constructed to correspond. In certain
cases the similarly constructed lines, or phrases, have
end-rhyme, and the last word of the first part rhymes
with the last word of the second part. Strophic
measures are well represented in the modern poetry of
Ireland and Scotland.[1] They lent themselves readily
to rhythm, and were probably the first of the syllabic
metres to be adapted to stress. With us, these
measures are used chiefly in labour songs, especially
iorram, boat-chant, and in *cumha*, laments. They are
naturally suited for both purposes, and that the *cumha*
and the *iorram* should often be identical in form is
easily understood: the noble dead were usually
conveyed to their last rest—often in Iona—by sea,
and the oar-chant was the lament also.[2] In several
cases given below the connection between these metres
and the old syllabic verse is clear; in others it is not
traceable directly, partly, no doubt, because the old
strophic measures have not been fully recorded, partly
because the modern measures, once they came into
vogue, developed independently.

[1] E.g., D. O'Bruadair (d. 1698); Egan O'Rahilly (d. *circa* 1740);
Raftery (d. 1835). Almost one-fifth of Rob Donn's total is
strophic; with Duncan Macintyre the proportion is even larger;
in the case of Alexander Macdonald, it is less than 1-23rd of
the whole. Macdonald probably agreed with O'Bruadair
(III., 142) in reckoning this form of metre to be more suited to
a *sráidéigeas* (strolling bard) than to a poet who took himself
seriously. It is certainly among the easiest and most straight-
forward of the metres.

[2] Since this was written, I have come across a very similar
statement in Pattison's *Modern Gaelic Bards*, p. 12, note.

What is perhaps our earliest specimen of stressed metre is a strophic *iorram*, entitled traditionally *Caismeachd Ailean nan Sop*,[1] and dating, if the tradition is correct, to well before 1550. It begins:—

Is mithich dhùinne   mar bhun ùmhlachd
    dàn bùrdain a   chasgairt dhuit,
A fhleasgaich bhrìoghmhoir   fhliuchas pìosan
    le d' dhibh phrìseil   neartmhoraich.

The first strophe consists of a double-stressed *ù*-phrase thrice repeated, with its final stress penultimate, followed by an *a*-phrase of three syllables with antepenultimate stress, represented shortly—

        3 (is míthich dhúinne) chásgairt dhuit.

The second strophe is exactly similar, except that its distinctive vowel is *i*, and so on.[2]

A hymn by MacCulloch of Park, near Strathpeffer, who died about 1600, shows similar structure—

Iosa molaim   an crann toraidh
    tha 'ga fhuran   féin gach lò
Air gach duine   bheir dha urram
    bhìos gu soilleir   cinnteach dhò.[3]

represented as

        3 (Iósa mólaim) féin gach ló,
        3 (áir gach dúine) cínnteach dhó.

Similarly in a hymn by Alexander Munro, teacher in Strathnaver, who died before 22nd December, 1653—

Claon toil m' fheòla   mo bhaoithe is m' òige
    an saoghal fòs 's na   deamhna
Strì gu calma   sìor chlaoidh m' anma
    chaoidh gu damnadh   siorruidh.[4]

[1] *Gael*, IV., 76; *Gaelic Bards*, 1411-1715.

[2] By a *ù*-phrase, *à*-phrase, etc., is meant a phrase whose final stressed vowel is *ù* or *à*, etc.

[3] *Reliquiæ Celticæ*, II., 12.   [4] *ib.*, 20.

In the old strophic metre called *Ochtfhoclach mór* (great eight-phrased poetry) the longer lines end on dissyllables : $(3 \times 6^2) + 5^1$. The following example is from the Book of Leinster, compiled c. 1150, but the verse is older : —

> Cid Domnall na *Carpre*
> na Niaman án *airgne*,
> cid iat lucht na *bairddne*
> rot fíat-su cen *acht*.
> Fonaisc latt ar M*crand*,
> mad aill leat a *chomall*,
> naisc Carpre mín M*anand*
> is naisc ar dá *mac*.[1]

The next example shows this measure applied to a labour chant, in this case an *Oran Brathann*, quern-song : —

> Tha s*eall*adh aig mo shùilean
> Thug *eall*ach dhiom is dùiseal,
> 'S tha m' *aire* nis air sùgradh
> Le cùirteir nam flath.
> Tha m' fh*aireachadh* air dùsgadh,
> Cha ch*aill*each ach bean ùr mi,
> Mo gh*ean* air aiseag lùis dhomh
> S mo rùn air an t-srath.[2]

[1] (Meave, Queen of Connacht, speaks to the hero Ferdiad, to whom she has made certain offers, for the fulfilment of which he demands pledges). "Though it be Domnall or Carpre, or brilliant wide-spoiling Niaman, though it be the folk of poesy, thou shalt have them without hesitation. Bind it in thy interest on Moran, if thou wilt have it fulfilled, bind Carpre of the smooth of Manau, and bind our two sons." *Mín Manand* was in Connacht; compare the old province of Manau, about the head of the Firth of Forth, whence Slamannan = *Sliabh Manann*, and Clackmannan = *Clach Manann*.

[2] *Macdonald Collection*, p. 334. The poem begins—
> Bràth, bràth, bleith, O, bràth, bràth, bleith,
like the Greek grinding-chant—
> ἄλει, μυλά, ἄλει
"Grind, thou mill, grind." It is by far the most remarkable of our quern-songs. Miss Frances Tolmie gives the words and air of a waulking-song which is evidently closely connected.—*Folk-Song Journal*, No. 16, p. 228.

Here the long lines contain seven syllables. In the first three phrases the syllables that bear the first stress rhyme with each other, as do also the syllables that bear the second stress. There is *aichill* between the third and fourth phrases.

(33) Compare p. 63, *Is duilich leam an càradh.*
The scheme of such poems may be given compendiously as

3 (Is dùilich leam an cáradh) 's a' Bhráigh so thall, and described, in this case, as a double-stressed *à*-phrase thrice repeated, with its final stress penultimate, followed by a double-stressed *à*-phrase with final stress ultimate. The last stressed vowel of the strophe rhymes with the corresponding vowel of the following fifteen strophes, which are therefore all *à*-strophes.

(34) P. 40, *Fhuair mi naidheachd ro-mhaith leam,* is very similar.

Ochtfhoclach mór corranach is a sixteen-line variety of the above. It is represented in

(35) P. 76, *Beir mo shoraidh le dùrachd.*
Here the final stressed syllables of the first four strophes rhyme together, the four strophes thus forming a *rann*, each line of which is a strophe.

Ochtfhoclach beag is of the form $(3 \times 5^2) + 4^1.$ It also has a *corranach* form of sixteen lines or four strophes, represented in modern poetry by

(36) P.14 :

Gu bheil mi am ònrachd   's a choille ghruamaich
mo chridhe luaineach   cha tog mi fonn.

This is *cumha.* The metre is that of Duncan Macintyre's *Coire Cheathaich.* The *rann* consists of four strophes, each the equivalent of a line, the final words of the strophes rhyming in each *rann*.

Another *corranach* measure is

(37) P. 1:

> Is fhada o thugadh   dhutsa an urram
>   aig a' Phrionnsa   Tearlach,

a double-stressed *u*-phrase thrice repeated, with its final stress penultimate, followed by a single-stressed *o*-phrase with penultimate stress, the whole repeated four times to form a *rann*. Or,

> 4 [3 (*Is fhada o thúgadh*) *Teárlach*].

The famous *cumha* beginning *A chuachag nan craobh,* wrongly ascribed to William Ross, is of similar structure, but in it each of the longer lines has its final stress ultimate.

(38) P. 53:

> Is mór mo mhulad   's cha lugha m' éislean
>   ge b'e dh' éisdeadh   rium.

> Scheme: 3 (*'S mór mo mhúlad*) *riúm*.

It resembles *Caismeachd Ailean nan Sop*, but there each strophe ends on a phrase of three syllables with ante-penultimate stress.

The following (39-49) are examples of *iorram*, some of them being also *cumha*. All but the last belong to the seventeenth century. This metre was a special favourite with Iain Lom: —

(39) P. 223:

> A Dhomhnuill an Dùin   mhic Ghille-easbuig
>   nan tùr
>   chaidh t' eineach 's do chliù   thar chàch.

This may be described as a strophe consisting of a double-stressed *ū*-phrase thrice repeated, with final stress on the last syllable, followed by an $\bar{a}$-phrase of two syllables, with single stress, and that on the last syllable. Or, more briefly, the strophe consists of a triple double-stressed $\bar{u}$-phrase, with its final stress ultimate, followed by an $\bar{a}$-phrase of two syllables with single ultimate stress. This $\bar{a}$-phrase is repeated throughout the poem, which may therefore be called an a-poem. The form of this and the following ten examples may be represented compendiously:—

> 3 (*A Dhómhnuill an Dúin*) *thar chàch.*

This fine swinging measure has been copied with success in the English *iorram*, "Over the Sea to Skye."

> Loud the winds howl,   loud the waves roar,
>   Thunder clouds rend   the air;
> Baffled our foes   stand by the shore,
>   Follow they will   not dare.

The changes of measure in the course of this poem and similar poems indicate changes of stroke in the rowing. Quite often the opening strophes of an *iorram* show imperfect assonance as compared with the rest of the poem, reflecting probably the movement of the oars before the crew have got properly together in their swing; compare the opening of *Iorram na Truaighe*, p. 201, with the following stanzas.

(40) P. 226:

> Nan dubhadh an sli*a*bh   's gun cromadh a' ghri*a*n
> leam bu mhithich bhith tri*a*ll   air chuairt.

A triple double-stressed *ia*-phrase with its final stress ultimate, followed by a *ua*-phrase of two syllables with single ultimate stress. A *ua*-poem.

(41) P. 239, *A mhic an fhir ruaidh*, etc.

Similar to the above, but the final phrase, of three

syllables, has ante-penultimate stress, except in the first strophe, where it is penultimate. The measure changes in course of the poem.

(42) P. 217, *Tha mise fo ghruaim,* etc.
An ò-poem. It is not necessary to repeat the description, which, *mutatis mutandis,* is similar for all these poems.

(43) P. 211, *Gu ma slàn 's gu ma h-éibhinn.*
An ò-poem; the first strophe is on *é.*

(44) P. 186, *Moch 's mi 'g éirigh 's a' mhaduinn,* etc. Here there is double assonance, *i.e.,* the vowels that bear the first stress assonate in each strophe, as well as those that bear the second stress. An *à*-poem.

(45) P. 168, *An ainm an àigh ni mi tùs,* etc. There is double assonance, which becomes more fully developed after the opening strophes. The final phrase of four syllables has ante-penultimate stress. An *é*-poem.

The following are the seventeenth century specimens of *cumha* in this metre:—

(46) P. 228, *Righ, gur mór mo chuid mhulaid,* etc. An *à*-poem.

(47) P. 198:

Ri f*ua*im, an t-saimh   's *uai*gneach mo ghean;
bha mis' *uai*r nach b'e sud   m' àbhaist.

An *à*-poem, with double assonance after the first stanza.

(48) P. 181, *Gur muladach thà mi,* etc.
An ò-poem, with double assonance in most of the strophes.

(49) P. 91, *O gur mis th'air mo chràdh,* etc.
An *é*-poem, with double assonance.

In certain poems the rhyming phrases of the strophe are repeated six times or more. Of the six examples that follow, five are *cumha*.

(50) P. 133:

  8 *(Is goirt leam gáoir nam ban Múileach)* 's na bláraibh.

A double-stressed *u*-phrase is repeated eight times, with final stress penultimate; followed by a two-syllable *à*-phrase with penultimate stress. An *à*-poem.

(51) P. 141:

  8 *(Och a Mhúire mo dhúnaidh) do dhiol.*

Similar to above, except that the final phrase has ultimate stress. An *i*-poem.

(52) P. 157:

  6 *(Cha súrd cádail) éisdeachd.*

  7 *(Mo néart 's mo thréoir) na h-Eireann.*

A double-stressed *ù-a*-phrase, six times repeated, followed by an *é*-phrase of two syllables, with single penultimate stress. The strophes vary between the above and a form consisting of a double-stressed phrase six (or seven) times repeated, with final stress ultimate, followed by a phrase of three syllables with single penultimate stress. An *é*-poem.

These are poems of the early eighteenth century; the rest belong to the seventeenth century.

(53) P. 165:

  7 *(Ach 's e an sámhradh a chúar sinn) mu'n chrò.*

Similar to (2). An *ò*-poem.

(53) P. 205:

  7 *(Thriall bhur búnadh gu Pháro) theachd beó.*

An *ò*-poem. In the first strophe *Phàro* does not make complete assonance with the following liquid rhymes. In the other strophes, the number of phrases varies between five and eight—if the text is sound.

(55) P. 189: The structure of all the strophes except the first is:

5 *(Am fear nach dúraig a h-ól (a)) fhir cháoimh.*
An *i*-poem. The first strophe has an extra phrase, with final stress ultimate.

Note.—In these strophic metres the phrases have two stresses, all except the last phrase of the strophe, which is sometimes double-stressed, at the other times single-stressed. All the phrases of each strophe have end-rhyme with each other, except the last phrase, which usually, but not always, rhymes with the corresponding final phrases all through the poem. The imperfect assonance which is so common at the beginning of strophic poems, reflects their vogue as labour poems; the halting rhythm indicates the intial stiffness of the quern, oars, etc.

X.—MODERN MEASURES OF NON-CLASSIC ORIGIN.

In Irish poetry the modern measures are divided into *amhran*, song or lyric metre, and *caoineadh* or *cumha*, lament. Both *amhran* and *caoineadh* are in the form of quatrains.[1]

In *amhran* each line has usually four stresses, and the vowels that are stressed in the first line of the *rann* are repeated in the same order in each line of

---

[1] In Scottish Gaelic *òran* is the literary term for song, but in the spoken Gaelic of the North Highlands *amhran* is regular.

the *rann.*   Often the same vowel scheme extends over
a number of consecutive ranns, or over a whole poem.
Example :

> O's *a*nfadh a mbl*ia*dhna d'fhi*a*nnaibh *e*inge
>   Fh*é*idhlim
> Is b*a*gar na sc*ia*n gach d*ia* ar a mu*iné*alaibh
> Is m*a*irg nach f*ia*daid tr*ia*ithe chlo*i*nne *E*ibhir
> *A*ithris ar r*ia*ghail Bhr*ia*in mhic Cinn*é*ide.[1]

The scheme of this five-stress *rann* is :

(—) a — — ia — ia — i é —

There are just two quatrains of *amhran* in the above
sense in this book, that on p. 48 (see below) and the
Ceangal, "binding," on p. 234 : —

> M'*a*nam do Chr*i*osd mar sgr*i*obh na h-*a*stail gu l*é*ir
> M'*a*nam a r*i*sd do bhr*i*gh a' bh*a*istidh o'n chl*é*ir
> An t-*a*ran 's f*i*on 's am p*i*os an c*à*ithrichear *é*ad
> Is lughaide m'fhiamh go m'*a*nam a dh*i*on a p*é*in.[2]

Other specimens of genuine *amhran* in Scottish Gaelic
may be seen in T., pp. 108, 114 : it is by no means
common.

Caoineadh is satisfied if the same end-rhyme is
preserved.   Example :

> Amhail rug an t-iolair an t-ionad i ne*ó*laibh
> 'S an m*í*ol muiridhe i gcrioslachaibh b*ó*chna
> Amhail rug ceannas ar cheathraibh an le*ó*ghan
> Rug mo laoch-sa ar ghr*é*as an r*ó*d leis.[3]

A four-stress *ó*-rann.

---

[1] *Poems of David O'Bruadair*, III., 120.

[2] The original in the Fernaig MS. is :—
> Manimb i Christ mir skrijw nj hostle gj leir
> Manimb i rjjst vri vaistj vo nj chleir
> Tarran si fyn si phrjs i kayrigir ead,
> Sleid i mijive go manimb i zhijn a pein.

[3] *ib.*, II., 226.

A good example of *caoineadh* occurs on p. 223, again in a *Ceangal* :

> Thàinig plàigh air dàimh nan clàrsach binn,
> Tha gàir-bhàite an àite sìol Chuinn ;
> Tha mnài cràiteach mu d'fhàgail 'sa chill :
> 'S i mo ghràdh do làmh làidir leis am b'àbhaist bhith
> leinn.

Here the poet goes beyond the requirements of *caoineadh,* which would have been satisfied with the final *i*-rhyme. The best known examples in Scottish Gaelic are the two laments connected with the name of MacCrimmon.[1] The following is a *rann* from the *Cumha* ascribed to MacCrimmon himself :—

> Soraidh bhuan do'n gheal cheò a tha comhachadh
> Chuilinn,
> Slàn leis gach blàth shùil th'air an Dùn 's iad a'
> tuireadh ;
> Soraidh bhuan do'n luchd-ciuil 's tric chuir sunnd
> orm is tioma :
> Sheòl MacCriomain thar sàil is gu bràth cha till
> tuilleadh.

The *tuireadh* said to have been by MacCrimmon's sweetheart, begins :—

> Dh'iadh ceò nan stùc mu eudann Chuilinn.
> Is sheinn a' bhean-shìth a torman mulaid ;
> Tha sùilean gorm ciuin 'san Dùn a' sileadh
> O'n thriall thu uainn 's nach till thu tuilleadh.

Rob Donn uses this style once :—

> A chridhe na féile, a bhéil na tàbhachd,
> A cheann na céille 's an fhoghluim chràbhaidh,
> A làmh gun ghanntair anns an tàbhairn
> An uachdar a' bhùird, a ghnùis na fàilte.[2]

---

[1] *Scottish Celtic Review*, pp. 157, 159.
[2] *Orain le Rob Donn*, p. 35 (1871 edn.).

The poems dealt with below are divided into *Cumha* and *Amhran* or *Oran.*

CUMHA.

We have very little poetry of the type of the Irish *caoineadh* as described above. The earliest specimen known to me of a *cumha* in modern Gaelic is one stated to be by Mary, daughter of Angus MacDonald of Dùn Naomhaig in Islay, for the death of her husband, Sir Donald MacDonald of Cranranald, who died in 1618. It begins:—

> Moch 'sa mhaduinn 's mi 'g *éi*righ
> Gur ruiteach mo dh*eur* air mo ghr*ua*idh,
> Nach freagair thu m'*éi*gheach,
> A lùb cheanalta tr*eu*n a dh'fhàs s*uairc* :
> Is e chuir mo shùilean o l*éi*rsinn
> Bhith càradh na l*éi*ne mu d' th*ua*irms';
> Ach, a Mhuire, mo sg*eu*la,
> Cha'n *éi*rich thu f*éi*n gu là l*ua*in.[1]

Though printed as an octave, this is really a quatrain, consisting of four long lines, each with five stresses. The final stress in each line is on *ua*: the quatrain is therefore *ua*-quatrain. In each line the second and fourth stresses fall on the vowel *è*.

This is the measure used by Ewen MacLachlan in his lament for his friend, Professor Beattie, which follows.

(56) P. 20:

> *Och nan och mar atá mi thréig mo shùgradh mo
> mhánran 's mo cheól.*

[1] *Macdonald Collection*, p. 26. The language is almost startlingly modern, but the internal evidence as to the occasion of the poem is quite clear. An inferior and shorter version in Margaret Cameron's *Orain Nuadh Ghaidhealach* (Inverness, 1805), p. 58, is ascribed to the wife of Macdonald of Kinlochmoidart, wrongly.

Each long line[1] has five stresses; the first and third
stressed vowels are indefinite; the second and fourth
rhyme; the final stressed vowels rhyme throughout the
rann. Scheme of the first *rann* :—

```
— — o — — à —    — ù — — à — — ò
— — a — — à —    — è — — à — — ò
— — à — — ua—    — a — — ua— — ò
— — a — — à —    — ao— — à — — ò
```

A poem by the Irish poet, Raftery, a contemporary of
MacLachlan's, in similar metre, begins :—

> Is é Tomás O Dálaigh
> D'fhág fán agus sgap ar aois óig,
> Is ó dh'imir an bás air
> Na grása go dtugaidh Dia dhó, etc.[2]

(57) P. 48: *Sóraidh bhúan do'n t-Súaithneas Bhán.*

A four-stress poem; the scheme of the first *rann* is
regular *amhran*, the rest is *cumha*, the final stressed
vowels of each *rann* rhyming. Scheme of the first
rann :—

a — ua — ua — à

(58) P. 87:

*Gura mór mo chuis mhúlaid   bhith 'g amharc na
gúin ata 'm thir.*

A five-stress poem, of the same form as that on p. 20.

(59) P. 161:

*Tha ácaid 'g am thádhal   dh'fhag tréaghaid am
chliabh gu góirt.*

Each long line has five stresses. The first stressed
vowel of each line usually, but not always, rhymes with

---

[1] "Long line" is here and subsequently used in the sense
indicated in the preceding section.

[2] Douglas Hyde, *Abhráin an Reachtuire*, p. 60.

the third stressed vowel, and the second with the fourth; the final stressed vowels rhyme in each *rann*. In l. 4354 read *ad dheaghaidh-sa* to rhyme with *aghart* in the previous line. Scheme of the first *rann*, reading *meas* as *mios*:—

— a	— — a —		— a	— — ia	— o
— i	— — a —		— a	— — ia	— o
— i	— — ó		— i	— — ò	— — o
— a	— — à		— a	— — à	— o

(60) P. 194:

> 'S mi 'm shúidhe air an túlaich   fo mhúlad 's fo imcheist.

A four-stress poem, in which the second and third stressed vowels rhyme in each line, while the final stressed vowels rhyme throughout the *rann*. In form and in spirit it is rather *amhran* than *cumha*. The final line of each *rann* is repeated as the first line of the next *rann*. This may be regarded as an extension of *conchlann*, "a grasp," a term used to denote the repetition of the final word of a *rann*, as the first word of the next. Scheme of the first *rann*:—

— — ui	— —u —		— u	— — i —	
— — oi	— — ì —		— —	ì — — a —	
— —ua	— —ao—		— —	ao — — a —	
— i	— — ao —		— —	iù — — a —	

(61) P. 201:

> 'S i so iorram na truaighe ...... tha 'san úair so 'ga h-éigheach.

A four-stress *iorram-cumha*. In the first *rann* the lines are of four stresses, the first stressed vowel being indefinite, the second and third rhyming in each line,

and the stress vowels rhyming throughout the *rann.*
In all the other stanzas the lines have five stresses,
and the second and third, or second and fourth, stressed
vowels rhyme in each line.

(62) P. 237:

Tha múlad, tha múlad, tha múlad 'gam lionadh.
Each line has four stresses. The second and third
stressed syllables assonate, and the final rhyme is on *i*
(aoi, ao). In 6326 the rhyme requires *foill* for *feall.*

(63) P. 242:

'S mi súidhe an so 'm ónar air cómhnard an ráthaid.
Similar to the above (p. 237); the final rhyme is on *a*
throughout.

AMHRAN OR ORAN.

(64) P. 45:

O mòsglamaid gu súilbhir áit le súnndachd ghásda
  is éireamaid.
There are six stresses in each long line, and the final
stress is ante-penultimate. The third and fifth stressed
vowels rhyme in each line; the final stressed vowels
rhyme throughout the stanza. In 1213, 1214, the rhyme
is *suthain; bhruthainn:* there is no proper rhyme in
1215, 1216, where *nèimh: fial* should rhyme.

(65) P. 50:

Cha dirich mi .brúthach 's cha síubhail mi
  móinteach.
Each long line has four stresses. The second and third
stressed vowels rhyme in each line, except 1391-2,
aigne: furtaich; 1407-8 *cuideachd: thaghainn;* the first
three lines have the same end-rhyme, but the last line
is independent, and has its final stress ultimate, while

the other lines have final stress penultimate. Scheme
of first *rann*: —

```
    — ì — — u —      — n — — ò —
      a — — ì        — ì — ò —
    — a — — ua       — ua — ò —
    — i — — ì —      — ì — ù
```

(66) P. 54:

*'S a' cháor a fhuair mi o Shiúsaidh gun an cúinn a
dhol g'a cheánnach.*

Each long line has four stresses. The second and
third stressed syllables rhyme, and the poem has *a*-end-
rhyme throughout, being therefore an *a*-poem. Being
an *òran-luathaidh*, it is not in quatrains.

(67) P. 68:

Tha mi cráiteach tínn 's tha mi sgíth lan dóchair.

An intricate metre. Each line has four stresses, two
of which assonate. In the third and fifth lines, the
assonance is between the second and fourth stressed
syllables; in the other lines, it is between the second
and third. In the fourth line, the second and third
assonances agree with the second and fourth of the
third line. The lines of each stanza have the same
end-rhyme, except the third, which rhymes with two
words in the next line. In l. 1842, for *nach 'eil* we
should probably read *nach bhfhuil*, to rhyme in quality
though not in quantity with *giùlan*, *lùthmhor*. Scheme
of first stanza, which is less regular than the others: —

```
    — — à — ì — — ì — o —
    a — — — ui — è — — o —
    a — — — ì (u) — e — ì
    ui — — — ì — ì — o —
    — à — — a — — — o — a —
    a — — — à — — — — à — a —
```

(68) P. 104:

> *'S iomadh báintighearn' bha spéiseil mu'n chéile*
> *bh'aig Móraig.*

A complicated metre. Each long line has four stresses.
In the first two lines the vowel sequence is the same,
except in the first stressed syllable. The third and
fifth lines are homogeneous, *i.e.*, they have the same
vowel sequence. The fourth and sixth lines have each
a syllable rhyming with the final stressed syllable of
the previous line. The final stressed syllables rhyme
throughout the stanza. By arrangement of the stress
in the third and fifth lines, the poet obtains a staccato
effect resembling the phrasing of part of a pibroch.
Scheme of the first stanza:—

```
(1) — — a — — é — — é — — ó —
(2)   — à — — é — — é — — ò —
(3) — — ì — — ì — — ì — ò —
(4)   — ua — — ó — — a — — ò —
(5) — — ì — — ì — — ì — ò —
(6) — — o — — ò — — o — — ò —
```

(69) P. 111:

> *Bfheárr leam breacan úallach mu'm ghúaillibh 's a*
> *chúr fo m' áchlais.*

Each long line has four stresses. The third and fourth
stressed syllables assonate, and final *a*-rhyme is main-
tained throughout. In 3015, *ghloic* must be pronounced
glaoic (as in fact it is now) to rhyme with *saighdeir*.
In 3039, *coibhreadh* rhymes with *coill' thu*.

(70) P. 125: *Tha múlad tha grúaim orm tha brón.*
The first, second, and last lines of each stanza have
three stresses and the same end-rhyme, with ultimate
final stress. The two short lines may be regarded as
one long line with four stresses, and with assonance

between the second and fourth stressed syllables, the
final stress being penultimate, and the final stressed
syllable rhyming with the second stressed syllable of
the last line. Cf. the third line of John MacCodrum's
poem, p. 68.

(71) P. 149:

'S i so 'n áimsir a dheárbhar an táirgneachd dhúinn.
Each long line has four stresses. The second and third
stressed syllables assonate; in the last line always, and
in the other lines often, the first, second, and third
stressed syllables assonate. The final stressed syllables
rhyme throughout the stanza. Scheme of first *rann*: —

```
(—) — a    — — a    —    a    — — ù
    — a    — — a    — — a    — — ù
    — é    — — é    — — é    — — ù
    — — eirg — — airg — — eirbh — — ù
```

(72) P. 155:

*Air téachd o'n Spáin do shliochd an Gháoidhil
    ghláis.*

The heroic rhymed couplet of Pope and Dryden.

(73) P. 213: *An cuala sibhse an tionndadh dúineil.*
Amhran, with three stresses in each line. The first
stressed vowel is indefinite; the second was meant to
rhyme in the four lines of each *rann*, but the purpose is
very incompletely fulfilled; the third rhymes through-
out each *rann*. Scheme of the first *rann*: —

```
(—) — — i    — a — i —
    u — a — — — — i —
    a — —    a — — i —
    u — —    — à — i —
```

The best quatrains are Nos. 2, 3, 4, 8; the most
imperfect are Nos. 7, 10, 12, 15, 16, 19, 20, 21.

(74) P. 220:

Diomhain bhur dlúth chiabh air túiteam chon láir.
Amhran, with four stresses in each line. The second
and third stressed vowels rhyme in three lines, except
in l. 5866; but in fourth line, *aon ni (? éin-ni)* does
not rhyme with *thigeas*.

(75) P. 246: *Nàile bho hì... nàile bho h-àrd.*

This poem, says Miss Frances Tolmie, was originally
an *iorram*, but became eventually a waulking song.
The lines have each four stresses, and each of the
various *sections*, apart from the openings, has end-
rhyme, the same throughout the section.

(76) P. 140: *Súd an t-slainte chúramach.*

Three lines each with two stresses and similar ante-
penultimate end-rhyme, followed by a fourth line of
two stresses with final stress penultimate on *é* repeated
throughout the poem. The first stressed syllable of
the fourth line rhymes with the last stressed syllable
of the previous line. The arrangement closely
resembles the strophic metres.

BARDACHD GHAIDHLIG

EILEAN NA H-OIGE.

An t-Athair Urramach Ailean MacDhomhnaill.

1859—1905.

Ged a gheibhinn-se mo thagha
B'e mo rogha de'n Eòrpa
Aite tuinidh an cois na tuinne
An Eilean grinn na h-Oige;
5   Lom e dhuilleach, lom e mhuran,
Lom e churrac eòrna,
Air a luimead gura lurach
Leamsa a h-uile fòd dheth.

Is fhada o thugadh dhutsa an urram
10   Aig a' Phrionnsa Tearlach:
Is ann bha fuireach an sàr-dhuine
Chuir gu'm fulang Leòdaich;
Is Iain Mùideartach an curaidh
Dh'iomair cluich air Lòchaidh,
15   Thug iad uile greiseag annad:
Fir an diugh 'ga thòrachd.

Chan 'eil ionad anns a' chruinne
As inntinniche òigridh;
Sunndach cridheil fonn nan nighean
20   As binne sheinneas òran.

1

Ar cuid bhodach, is iad tha frogail,
Mór tha thogail còmh riuth :
Sùrd na caileig air a' chaillich,
Is mear an aigne tha fòipe.

25   Fuaim nam feadan feadh nan creagan,
Leinibh bheaga a' dannsadh ;
Luchd na mara a' sàr-tharruing
Canabhas ri cranntaibh ;
Eigh nan gillean sìos mu'n linnidh,
30   Iad ag iomairt trang ann :
Tràigh as gile, cnuic as grinne,
Rogha suidhe samhraidh.

Là na gaillinn gura fallain
Gaoth na mara greanntaidh ;
35   Gasda an sealladh muir a' stealladh
Sad mu mhullach bheannta ;
Marcan-sìne bharr na Sgrìnne
Nuas 'na mhill 's 'na dheann ruith ;
Muir gach ama caochladh greanna
40   Ris na meallan geamhraidh.

Gasda am faram aig a' bhannal
Tha air an teanal thall ud ;
Luadhadh daingean air na maidean,
Chuireas plaid an teanntachd ;
45   Trom am buille, treun an ruighe,
Trang a' bhuidheann bhaindidh ;
An clò 'na shiubhal dol an tiughad,
Rann cur ruith gun taing air.

Thall mu'n teallach faic a' chailleach
50   Cur 'na deannaibh cuibhle;
Fear an tighe, is math a làmhan,
Dubhan cam 'g a rìghleadh.
Tigh a' Bhealaich, is mór an tathaich
Tha ann de fhearaibh is nìonag,
55   Is fear d'am b'aithne le sàr-anail
Gabhail rann na Féinne.

Piob 'ga spreigeadh, binn a fead leam,
Is cha b'e sgread na fìdhle;
Cridhe toirt breab as, 's e 'ga freagairt
60   Ann am beadradh inntinn.
Air an fheasgar bhiodh na fleasgaich
Ag comh-fhreagairt tìm dhi:
Leam bu ghasda bhith 'nam faisge
Dol an teas an rìghlidh.

65   Fir a' tarruing mach a caladh,
Gum b'e an sealladh éibhinn;
Togail chranna, buill 'gan snaimeadh
Ann an gramaibh gleusta;
Siuil ag crathadh, chluinnte am farum,
70   Gus am faighte réidh iad;
Is mach air chabhaig thun na mara,
Is cop ri darach déideig.

Na lìn fhada is na lìn sgadain
Ann am badaibh réidh ac';
75   H-uile h-ullachas dhìth culaidh
Bhios a' ruith an éisg ac'.

Dia na tuinne gur e am bun e:
Ciod è ni duine as eugmhais?
Toradh mara a cuilidh Mhoire—
80   Is e tha cumail éis bhuap'.

Gum bu laghach toiseach foghair
Corra thadhal dorghaich,
Leigeil dhubhan thun a' ghrunna
Muigh air iola eòlaich.
85   Bodaich bheaga ag ith an graide,
Mucan creige ag corbadh,
Is beadag cudaige tighinn chugainn
D'an robh an criomadh seòlta.

Tòrachd cobhartaich ri reothart
90   Muigh air oitir treud dhiubh;
Dh'aindeoin crosgag bhog na rosaid
Gheibhte sochair éisg ann.
Nuas 'nar fochair gun dad dochuinn
Thigeadh socair léabag;
95   Is bioraich mhosach, thoill an crochadh,
Is tric bha crios dhiùbh fhéin ann.

Feasgar foghair draghadh mhaghar
Gum b'i an fhaghaid ghrinn i;
Iasg a' riobadh, gun fhois tiota,
100   Togail diogal inntinn';
Sliopraich slapraich aig na slatan
Cumail cath an teinn riu;
Beairt 'ga bogadh is beairt 'ga togail
Is beairt 'ga sgobadh innte.

105   An ám na Callainn' feadh nan carraig
Bhiodh na feara greòd dhiubh;
Là gun dad aca 'gan ragach'
Is latha sgait gu leoir ann.
Fear a' pronnadh is fear a' solladh,
110   Tional pobull ghòrag;
Tàbh 'ga thomadh thun an todhair,
Sin 'ga thogail fòpa.

Fir 'nan deannaibh tarruing eallach
Stigh o'n chaladh Hanna
115   Dh' iasg na mara a réir an ama,
Cumail thall na teanntachd;
Smearaich thapaidh ruith 'nam feachdaibh
Feadh nan leac an traingead,
Tìoradh langa, dhaibh is aithne,
120   Air an sgallaidh 's t-samhradh.

Bharr gach bearraidh, stigh gach bealach,
Chithear deannan nìonag,
Eallach connaidh cùl an droma
Nuas o'n mhonadh Sgrìne.
125   Bodaich throma an cas air sgonnan
Chas-a-croma, sgìos dhiubh,
Sruth de'n fhallus air am malaidh,
Toirt air talamh strìochdadh.

Luingeas bhioran aig na giullain
130   Air gach linne an snàmh iad;
Fear 'gan leigeadh, fear 'gan tilleadh
Air gach iomall bàghain.

Sud an iorram nach dean ciorram,
Chuireas mire air àite—
135   Coimhling loinneil ud na cloinne:
Leam bu toil bhith 'm pàirt riu.

H-uile h-eag am bonn nan creagan
Bothag bheag aig cloinn ann;
Sreathan shlige, bloighean phige,
140   Badan riobag, loinn leo:
Buain nam bileagan bu ghrinne
Ann am mire soighneis,
Togail luinneag air gach coileig,
Leigeil ruith le 'n aoibhneas.

145   Ogain gheala feadh nam bealach,
Gur e an teanal grinn iad:
Sud iad agaibh feadh nan laga
Ann am baidean cruinn iad.
Nall am mullach thar an tulaich,
150   Dhaibh is ullamh sìnteag;
Dìreadh chnoc, gearradh bhoc,
Saor o lochd 's o mhìghean.

Ròn le a chuilean air an t-siubhal;
Co nach luthaig spéis dha?
155   Is e cho measail air an isean,
Mun dean clibisd beud air.
Ri ám cunnairt, sud air mhuin e,
Falbh an t-sruth gu réidh leis;
Gum bu tubaisdeach do'n duine
160   Chuireadh gunna air ghleus ris.

Sùlair amaiseach a's t-earrach
Stigh an caraibh tìr e,
Tighinn an caise, sgiathan paisgte,
Fear nach caisgte a chiocras.
165 Thall 's a bhos iad, chan 'eil fois ac',
Sloistreadh crosd' gun sgìos ac';
Cromadh, tomadh fo na tonnan,
Lìonadh bhronnan shìos iad.

Corr chas-fhada, stob bun chladaich,
170 An riochd bhith ragaicht' reòta;
An ann fo gheasaibh tha i seasamh?
Am bi i feasd 'san t-seòl ud?
Cailleach ghlic i, cha do chleachd i
Cluich an cuideachd ghòraich;
175 Rogha suthain bhith gun duine
An cuid rith 'g grunnach lònain.

An sgarbh odhar, air tha fothail,
Caradh fodha an clisgeadh;
D' eoin na mara chan 'eil fear ann
180 Fhuair a char 'san uisge.
Aghaidh Staca ris na leacaibh
Chithear feachd ri fois diubh:
Sud 'san uisge iad, ma ni musgaid
Losgadh clis 'nam faisge.

185 H-uile cinneadh muigh air linnidh
A ni imeachd tuinn deth;
Bun-a-bhuachaille a' mhuineil,
Binn a bhurral ciuil leam;

Crannlach 's learga bhràghada dearga,
190   Annlag fairge, eoin-bhùchain,
Iall de lachaibh am fiath a' chladaich,
Riagh de chearcaill umpa.

Ach b'e m'ulaidh-sa dhiubh uile
Té gun lurachd gann di,
195   Bòdhag chuimir cheuma grinne
Sheasadh ionad baintighearn.
Is i tha furachail m'a culaidh,
Mun toir fliuchadh greann di :
Coltas silidh a bhith tighinn,
200   Tillidh i 'na teannruith.

Is tric a shuidh mi am barr na beinne
Ag amharc luingeas Ghallda,
Le 'n cuid canabhas ri crannaibh,
Gum b'e an sealladh greannmhor :
205   Sgoth a' tilleadh, an ealta mire,
Cromadh sireadh annlainn :
Gum b'e sonas a bhith fuireach
Anns an innis sheannsail.

Is minig theireadh fear an inisg
210   Gun robh an t-eilean staimhnte,
H-uile duine bh'ann a thuineadh,
Ann an ionad fainge :
Ach 's e chuir air barrachd lurachd,
Air gach tulach 's gleann deth,
215   Dìon na tuinne a bhi uime
Cumail muigh na h-anntlachd.

EAS NIAGARA.

An t-Urramach Donnchadh B. Blar.

1815—1893.

A Thi mhóir a chruthaich na dùilean,
    Is a shocraich an cruinne
Le d' ghàirdean cumhachdach neartmhor
220   Air a bhunait;

Is glòrmhor an obair a rinn thu,
    Niagara ainmeil,
An t-eas mór a rinn thu chumadh
    'San t-seann aimsir.

225   Sud an t-eas iongantach lòghmhor,
    Eas mór na gàirich,
Eas ceòthranach liathghlas na smùidrich
    Is na bùirich ghàbhaidh;

Eas fuaimearra labhar na beucail,
230   A' leum 'na steallaibh
Thar bhile nan creagan aosmhor
    'Na chaoiribh geala,

Gu srideagach sradagach sneachdgheal
    Is a dhreach soilleir,
235   A' tèarnadh o bhràighe gu iochdar
    Le dian bhoile;

Sruth uaine briseadh m'a mhullach,
    Is e ruith 'n a dheannaibh
Thar bhearradh nan stacan àrda
240   Le gàir mhaireann:

Le slachdraich ghailbhich a' tuiteam
        An slugan domhain,
Gu linneachaibh dubhghorm doilleir
        Ag goil mar choire.

245   An t-aigeal 'ga thionntadh o'n iochdar
        Le fìor ainneart,
Is an glas uisge brùchdadh an uachdar
        Le luas saighde ;

An linne 'ga sloistreadh 's 'ga maistreadh
250   Troimhe chéile,
Is i fosgladh a broillich ghlasduibh
        Ris na speuraibh.

B' iongantach an sealladh bhith faicinn
        Deataich liathghlais
255 Ag éirigh an àird anns an athar
        Ri là grianach ;

An uair shealladh tu fada air astar
        Air an ionghnadh,
Is e theireadh tu gur bàta-toite
260   A bh'ann le smùidrich.

Ach 'nuair thigeadh tu am fagus da,
        Ghabhail beachd air,
Throm-fhliuchadh an cathadh caoirgheal
        Le braonaibh dealt thu ;

265 Is chitheadh tu am bogha froise
        Le dhathaibh sgiamhach,
Ged bhiodh sìde thioram sheasgair
        Anns an iarmailt.

Am mìn-uisge tuiteam mun cuairt duit
270   Air an àilean,
Is an fhaiche gu h-ùrail uaine
    Mar a b'àill leat;

Na craobhan ag cinntinn dosrach,
    Is lusan ùrghorm
275 A' fàs le feartaibh na gréine
    Gu réidh fo'n driùchd ud.

Na liosan a tha mu d'thimchioll
    Chan iarr uisge,
Chan aithne dhoibh idir tiormachd
280   Ri aimsir loisgich.

Cha tuigear leo ciod as ciall
    Bhith gun fhliche,
Ged theannaicheadh gach àit mun cuairt daibh
    Mar chruas cloiche.

285 Tha an t-athar gun ghoinne gun chaomhnadh
    A' taomadh fheartan
A stòras do-thraoghadh na h-aibhne
    Gu saoibhir beartach.

Dh' fhàg sud aghaidh an fhuinn ud,
290   Dh' oidhche is a latha,
Gu h-ùrail uain fheurach àluinn
    A' fàs gu fallain.

An uair thèarnadh tu sìos do'n t-slugan
    Gu oir an uisge,
295 Bhodhradh an tormanaich uamhaidh
    Do chluasan buileach.

An uair shealladh tu an sin mun cuairt duit
    Air a' chasshruth,
Chuireadh e do cheann 'na thuaineal
300   Is tu 'nad bhreislich.

Is 'n uair a thigeadh tu am fagus
    Do'n phlaide liathghlais,
Tha an crochadh ri aghaidh na creige,
    Bhiodh geilt is fiamh ort.

305 An uair shéideadh a' ghaoth gu làidir
    Is an t-uisge frasach
'Ga chathadh gu fiadhaich ad aodann
    Gach taobh g'an teich thu.

Mar latha gailbheach 'san fhaoiltich
310   Le gaoith is uisge,
A fhliuchadh am priobadh na sùl' thu
    Is a dhrùidheadh tur ort.

Mar osaig o inneal-séididh
    Fùirneis iaruinn,
315 Is amhlaidh ghaoth sgalanta chruaidh ud
    Thig le dian neart

Eadar a' charraig 'san steall atà
    Nuas a' tuiteam;
An comhdach tha air do cheann
320   Is gann gum fuirich.

Shaoileadh tu gun d'éirich doinionn
    Anns an iarmailt,
Ged tha an t-sìde ciuin mar bha i,
    Dearrsach grianach.

325 Ach trian chan urrainn mi aithris
         De gach ionghnadh
     A tha r'a fhaicinn air an eas ud,
         An t-eas cliuiteach;

     Bu mhóralach greadhnach an sealladh
330   E gun teagamh:
     Ma tha iongantais air an t-saoghal
         Is aon diubh esan.

     Miltean tunna gach mionaid
         A' tuiteam còmhla
335 Thar bhile na creige do'n linne
         'Na aon mhórshruth.

     Is dlùth air ochd fichead troighean
         Anns an leum ud,
     O bhràighe gu iochdar na creige
340   'Na seasamh dìreach.

     Is a' chreag ud gu h-àrd aig a mullach
         Air chumadh leathchruinn,
     Cosmhuil ri crudha an eich charbaid
         No leth cearcaill.

345 An t-uisge a' spùtadh 'na steallaibh
         Mach gu fada
     O bhonn na creige 'san linne,
         Fichead slat uaip.

     Chluinneadh tu an torman seachd mìle
350   Uaith air astar,
     Mar thàirneanach anns na speuraibh
         Ri beucaich neartmhor.

Is 'nuair bhiodh tu 'nad sheasamh làimh ris,
  B' amhlaidh tartar
355 Is mìle carbad air cabhsair
  'Nan deann dol seachad.

Gun critheadh an t-athar mun cuairt duit
  Leis na buillibh
Tha an t-uisge trom a' sìor-bhualadh
360 Air o'n mhullach.

Is maothchrith air an talamh throm
  Fo bhonn do chasan,
Mar mhothaichear latha stoirmeil
  Tigh 'ga chrathadh.

365 Ach ged bhiodh mìle teanga am bheul
  Chan innsinn uile
Na h-iongantais a th'air an eas ud:
  Mar sin sguiream.

AM BARD AN CANADA.

Iain Mac Ghille-Eathain.

1787—1848.

Gu bheil mi am ònrachd 'sa' choille ghruamaich,
370 Mo smaointinn luaineach, cha tog mi fonn:
Fhuair mi an t-àit so an aghaidh nàduir,
Gun thréig gach tàlanta bha 'nam cheann.
Cha dèan mi òran a chur air dòigh ann,
An uair nì mi tòiseachadh bidh mi trom;
375 Chaill mi a' Ghàidhlig seach mar a b' abhaist dhomh
An uair a bha mi 'san dùthaich thall.

Chan fhaigh mi m'inntinn leam ann an òrdugh,
Ged bha mi eòlach air dèanamh rann;
Is e mheudaich bròn dhomh 's a lùghdaich sòlas
380   Gun duine còmhla rium a nì rium cainnt.
Gach là is oidhche is gach car a nì mi
Gum bi mi cuimhneachadh anns gach ám
An tìr a dh' fhàg mi tha an taic an t-sàile,
Ged tha mi an dràsd ann am bràighe ghleann.

385 Chan ionghnadh dhomhsa ged tha mi brònach,
Is ann tha mo chòmhnuidh air cùl nam beann,
Am meadhon fàsaich air Abhainn Bhàrnaidh
Gun dad as fearr na buntàta lom.
Mun dean mi àiteach 's mun tog mi barr ann
390   Is a' choille ghàbhaidh chur as a bonn
Le neart mo ghàirdein gum bi mi sàraichte,
Is treas air fàillinn mum fàs a' chlann.

Is i so an dùthaich 's a bheil an cruadal
Gun fhios do'n t-sluagh a tha tighinn a nall;
395   Gur h-olc a fhuaras oirnn luchd a' bhuairidh
A rinn le an tuairisgeul ar toirt ann.
Ma nì iad buannachd cha mhair i buan dhaibh;
Cha dèan i suas iad 's chan ionghnadh leam,
Is gach mallachd truaghain a bhios 'gan ruagadh
400   Bho'n chaidh am fuadach a chur fo'n ceann.

Bidh gealladh làidir 'ga thoirt an tràth sìn,
Bidh cliù an àite 'ga chur am meud;
Bidh iad ag ràitinn gu bheil bhur cairdean
Gu sona saoibhir gun dad a dh' éis.

405 Gach naigheachd mheallta 'ga toirt gu'r n-ionnsaigh-se
     Feuch an sanntaich sibh dol 'nan déidh;
     Ma thig sibh sàbhailt, 'n uair chì sibh àdsan,
     Chan fhearr na stàtachan na sibh féin.

     An uair théid na dròbhairean sin g'ur n-iarraidh
410 Is ann leis na breugan a nì iad feum,
     Gun fhacal firinne bhith 'ga innse,
     Is an cridhe a' dìteadh na their am beul.
     Ri cur am fiachaibh gu bheil 'san tìr so
     Gach nì as prìseile tha fo'n ghréin;
415 An uair thig sibh innte gur beag a chì sibh.
     Ach coille dhìreach toirt dhibh an speur.

     An uair thig an geamhradh is àm na dùbhlachd
     Bidh sneachd a' dlùthadh ri cùl nan geug,
     Is gu domhain dùmhail dòl thar na glùine,
420 Is ge maith an triùbhsair cha dèan i feum,
     Gun stocain dhùbailt 's a' mhocais chlùdaich
     Bhios air a dùnadh gu dlùth le éill:
     B'e am fasan ùr dhuinn a cosg le fionntach
     Mar chaidh a rùsgadh de'n bhrùid an dé.

425 Mar bi mi eòlach air son mo chòmhdaich
     Gum faigh mi reòta mo shròn 's mo bheul,
     Le gaoith a tuath a bhios neimheil fuaraidh
     Gum bi mo chluasan an cunnart geur.
     Tha an reothadh fuathasach, cha seas an tuagh ris,
430 Gum mill e a' chruaidh ged a bha i geur;
     Mur toir mi blàs di, gum brist an stàilinn,
     Is gun dol do'n cheardaich cha ghearr i beum.

An uair thig an samhradh 's am mìosa céitein
Bidh teas na gréine 'gam fhàgail fann;
435 Gun cuir i spéirid 's a h-uile creutair
A bhios fo éislean air feadh nan toll.
Na mathain bhéisteil gun dèan iad éirigh
Dhol feadh an treud, is gur mór an call;
Is a' chuileag ìneach gu socach puinseanta
440 'Gam lọt gu lìonmhor le roinn a lainn.

Gun dèan i m'aodann gu h-olc a chaobadh,
Chan fhaic mi an saoghal, 'sann bhios mi dall;
Gun at mo shùilean le neart a cungaidh,
Ro-ghuineach drùidheach tha sùgh a teang'.
445 Chan fhaigh mi àireamh dhuibh ann an dànachd
Gach beathach gràineil a thogas ceann;
Is cho liutha plàigh ann 's a bha air righ Phàro
Air son nan tràillean 'nuair bhàth e an camp.

Gur h-iomadh caochladh tighinn air an t-saoghal,
450 Is ro-bheag a shaoil mi an uair bha mi thall;
Bu bheachd dhomh 'nuair sin mun d'rinn mi gluasad
Gum fàsainn uasal 'nuair thiginn ann.
An car a fhuair mi cha b'ann gu m' bhuannachd,
Tighinn thar a' chuain air a' chuairt bha meallt',
455 Gu tìr nan craobh anns nach 'eil an t-saorsann,
Gun mhart gun chaora is mi dh' aodach gann.

Gur h-iomadh ceum anns am bi mi an déis-làimh
Mun dèan mi saoibhir mo theachd-an-tìr;
Bidh m' obair éigneach mun toir mi feum aisd',
460 Is mun dèan mi réiteach air son a' chroinn:

2

Cur sgonn nan teinntean air muin a chéile
Gun do lasaich féithean a bha 'nam dhruim,
Is a h-uile ball dhiom cho dubh a' sealltainn,
Bidh mi 'gam shamhlachadh ris an t-sùip.

465 Ge mór an seanchas a bh'aca an Albainn,
Tha a' chùis a' dearbhadh nach robh e fìor;
Na dolair ghorma chan fhaic mi falbh iad,
Ged bha iad ainmeil a bhith 'san tìr.
Ma nìtear bargain chan fhaighear airgiod,
470 Ged 's éiginn ainmeachadh anns a' phrìs;
Ma gheibhear cunnradh air feadh nam bùithean
Gum pàighear null e le flùr no ìm.

Chan fhaic mi margadh no latha féille
No iomain feudalach ann an dròbh,
475 No nì ni feumdhuinn am measg a chéile:
Tha an sluagh 'nan éiginn 'sa h-uile dòigh.
Cha chulaidh fharmaid iad leis an ainbheach,
A reic na shealbhaicheas iad an còir;
Bidh fear nam fiachan is cromadh cinn air
480 'Ga chur do'n phrìosan mur dìol e an stòr.

Mun tig na cùisean a tigh na cùirte,
Gun téid an dùblachadh aig a' mhòd;
Tha an lagh ag giùlan o làimh na *jury*
Gun téid a spùinneadh 's nach fiù e an còrr.
485 Bidh earraid siubhlach air feadh na dùthcha
'Gan ruith le cunntasaibh air an tòir;
Gur mór mo chùram gun tig e am ionnsaigh:
Cha ghabh e diùltadh 's bidh diùbhail oirnn.

Chan fhaigh mi innseadh dhuibh anns an dàn so,
490 Cha dèan mo nàdur a chur air dòigh
Gach fios a b' àill leam thoirt do mo chàirdean
'San tìr a dh'fhàg mi, rinn m' àrach òg.
Gach aon a leughas e, tuigibh reusan,
Is na tugaibh éisdeachd do luchd a' bhòsd,
495 Na fàidhean bréige a bhios 'gur teumadh,
Gun aca spéis dhibh ach déigh bhur n-òir.

Ged bhithinn dìchiollach ann an sgrìobhadh
Gun gabhainn mìosa ris agus còrr,
M'un cuirinn crìoch air na bheil air m' inntinn
500 Is mun tugainn dhùibh e le cainnt mo bheoil.
Tha mulad dìomhair an déidh mo lìonadh
O'n is éiginn strìochdadh an so rim' bheò,
Air bheag thoil-inntinn 'sa' choille chruinn so,
Gun duine faighneachd an seinn mi ceòl.

505 Cha b'e sin m'àbhaist an tùs mo làithean,
Is ann bhithinn ràbhartach aig gach bòrd,
Gu cridheil sunndach an comunn cùirteil
A' ruith ar n-ùine gun chùram oirnn.
An uair thug mi cùl ribh bha mi 'gar n-ionndrainn,
510 Gun shil mo shùilean gu dlùth le deoir,
Air moch Diar-daoin a' dol seach an caolas
Is an long fo h-aodach 's a' ghaoth o'n chòrs'.

MARBHRANN DO MHR. SEUMAS BEATTIE

EOGHAN MACLACHLAINN.

1773—1822.

Och nan och, mar atà mi,
Thréig mo shùgradh mo mhànran 's mo cheòl;
515   Is trom an acaid tha am chràdhlot,
Is goirt am beum a rinn sgàinteach am fheoil;
Mi mar ànrach nan cuaintean
A chailleas astar feadh stuadhan 's a' cheò,
O'n bhuail teachdair a' bhàis thu,
520 A charaid chaoimh bu neo-fhàilteumach glòir.

A ghaoil, a ghaoil de na fearaibh,
Is fuar a nochd air an darach do chreubh;
Is fuar a nochd air a' bhord thu,
Fhiùrain uasail bu stòilde ann ad bheus.
525   An làmh gheal fhuranach chàirdeil
As tric a ghlac mi le fàilte gun phléid,
Ri d' thaobh 'san anairt 'na sìneadh,
'Na meall fuar crèadha fo chìs aig an eug.

A' mhìogshuil donn bu tlà sealladh
530 A nis air tionndadh gun lannair ad cheann;
Is sàmhach binnghuth nan ealaidh,
Is dùinte am beul ud o'm b' annasach cainnt.
An cridhe fìrinneach soilleir,
Leis am bu spìdeil duais foille no sannt,
535   A nochd gun phlosg air an déile :
Sian mo dhosguinn nach breugach an rann.

Gun smid tha an ceann anns na tharmaich
Bladh gach eòlais a b'àirde ann am miadh,
Gliocas eagnaidh na Gréige,
540 Is na thuig an Eadailt bu gheurfhaclaich brìgh;
Is balbh fear-réitich gach teagaimh
Anns a' bheurla chruaidh spreigearra ghrinn;
An uair bhios luchd-foghluim fo dhubhar,
Co 'na t'ionad-sa dh'fhuasglas an t-snaidhm?

545 Is balbh an labhraiche pongail;
Bu tearc r'a fhaotainn a chompanach beoil,
Am briathran snaidhte sgèimh-dhealbhach
A chur na h-ealaidh no an t-seanchais air n-eoil.
Ge b'e bàrd an dàin cheutaich
550 Mu chian astar Enéas o Thròi,
Is fìrinn cheart nach bu diù leis
E féin thoirt mar ughdair do sgeoil.

Gun smid tha an gliocair a b' eòlach
Air fad na cruitheachd a dh' òrdaich Mac Dhé;
555 Gach gnè an saoghal na fairge,
'Sa' mhachair chomhnaird no'n garbhlaich an t-sléibh;
Gach bileag ghorm a tha lùbadh
Fo throm eallaich nan driùchd ris a' ghréin;
'San rìoghachd mheatailtich b' àghmhor
560 Do phurp ag innse dhuinn nàdur gach seud.

Is balbh fear aithne nan ràidean
A shoillsich aingil is fàidhean o thùs;
Is soisgeul glòrmhor na slàinte,
Thug fios air tròcairean àrd Rìgh nan dùl;

565   An stéidh gach teagaisg bu ghràsmhoir'
Is tearc pears-eaglais thug barr ort, a rùin;
    Dòchas t'anma bu làidir
'San fhuil a dhòirteadh gu Pàrras thoirt dhuinn.

      Riaghlaich t'eòlas 's do ghiùlan
570 Modh na foirfeachd a b' iuil duit 's gach ceum;
    Do mhór-chridhe uasal gun tnùth ann,
Gun ghoimh gun uabhar gun lùban gun bhreug;
    Cha b' uaillse tholgach an fhasain,
Cha dealradh saoibhreis a dh' atadh do spéis;
575   Is i an inntinn fhiorghlan a b' fhiù leat,
Is foghlum dìchill 'ga stiuireadh le céill.

      Mo chreach léir! an tigh mùirneach
'Sam faicte a' ghreadhain gu sunntach mu'n bhòrd;
    Dreòs na céire toirt soillse,
580 Gach fion bu taitniche faoileas fo chròic;
    Do chuilm bu chonaltrach fàilteach,
B' aiseag slàinte dhuinn mànran do bheoil;
    Bu bhinn a thogail na téis thu
Is a' chruit fhonnmhor 'ga gleusadh gu ceòl.

585   An uair dh'éireadh còisridh bu choinnealt
A dhanns' gu lùthmhor ri pronnadh nam pong,
    Gum b'éibhinn cridhe do mhnà-comuinn
Do chròilein mhaoith, 's iad gu tomanach donn;
    A ghearradh leum air bhòrd loma,
590 Dol seach a chéile mar ghoireadh am fonn;
    Ach dh'fhalbh sud uile mar bhruadar,
No bristeadh builgein air uachdar nan tonn.

A rìgh, gur cianail mo smaointean
Ri linn do t'àros bhi faontrach gun mhùirn;
595   Sguir a' chuilm 's an ceòl-gàire,
Chaidh meòghail ghreadhnach is mànran air cùl;
     Chinn an talla fuar fàsail,
Is e chuir mullach na fàrdaich 'na smùr
     Ceann na dìdinn 's na riaghailt
600 A bhith 's a' chadal throm shìorruidh nach dùisg.

Do bhanntrach bhochd mar eun tiamhaidh,
Ri truagh thùirse, 's a sgiathan mu h-àl;
     A neadan creachta, is i dòineach
M'a gaol a sholair an lòn doibh gach tràth;
605   O'n dh'imich fìreun na h-ealtainn
Tha an t-searbh dhìle tighinn thart as gach àird;
     A rìgh nan aingeal, bi d'dhìon doibh
Is tionndaidh ascaoin na sìne gu tlàths.

Is iomadh sùil atà silteach
610 A thaobh ùidh nam fear glic gun bhi buan:
     Tha mìltean ùrnuigh 'gad leantainn
Le mìltean dùrachd is beannachd gu t'uaigh;
     A liuthad diùlannach ainnis
A dh'àrdaich t'ionnsachadh ainneamh gu uaill,
615   Is gach là bhios càirdeas air faoineachd,
A Bheattie chliuitich, bi cuimhne air do luach.

Rinn t'eug sinn uile gun sòlas,
Tha teach nan innleachd 'san òigridh fo phràmh;
     Chaidh Alba buileach fo éislein,
620 Sgur na Ceòlraidhean Greugach de'n dàn;

Thàinig dallbhrat na h-oidhche oirnn
O'n chaidh lòchran na soillse 'na smàl:
    B'e sud an crithreothadh céitein,
A mhill am fochann bu cheutaiche barr.

625   Bu tu craobh-abhall a' ghàraidh,
A chaoidh cha chinnich na's àillidh fo'n ghréin;
    Dealt an t-samhraidh m'a blàthaibh,
Luisreadh dhuilleag air chràcaibh a geug;
    Ach thilg dubh dhoirionn a' gheamhraidh
630 A' bheithir theinntidh le srann as an speur;
    Thuit an gallan ùr rìomhach,
Is uile mhaise ghrad-chrìon air an fheur.

    A Thì tha stiuireadh na cruinne,
Is tu leig d'ar n-ionnsaigh a' bhuille bha cruaidh;
635   Sinne chaill an t-sàr ulaidh,
Neamhnuid prìseil nan iomadaidh buaidh;
    Dh'fhalbh a' chombaisd 's na siuil oirnn,
Chaidh an gasraidh 's an fhiùbhaidh 'nam bruan,
    Gach creag 'na cunnart do'n iùbhraich,
640 O laigh duibhre air reul-iuil an taobh tuath.

    Och nan och, mar atà mi!
Mo chridhe an impis bhith sgàinte le bròn;
    Tha an caraid-cùirte an déidh m' fhàgail,
A sheasadh dùrachdach dàna air mo chòir;
645   Bidh sud am chliabh 'na bheum-cnàmhain
Gus an uair anns an tàr mi fo'n fhòd;
    Ach 's glic an t-Aon a thug cìs dhinn,
Is d'a òrdugh naomh biomaid striochdta gach lò.

BLAR NA H-OLAIND.

ALASDAIR MACFHIONGHUIN.

1770—1814.

Air mìos deireannach an fhoghair
650   An dara latha, is math mo chuimhne,
Ghluais na Breatunnaich o'n fhaiche
    Dh'ionnsaigh tachairt ris na nàimhdean.
Thug Eabarcrombaidh taobh na mara
    Dhiùbh le'n canain, 's mi 'gan cluinntinn;
655 Bha fòirne aig Mùr gu daingean
    Cumail aingil ris na Frangaich.

Thriall Eabarcrombaidh 's Mùr na féile
    Le'n laoich euchdach thun na batailt;
Tharruing iad gu h-eòlach treubhach
660   Luchd na beurla ri uchd catha;
An uair a dhlùith na h-airm r'a chéile,
    Dhubhadh na speuran le'n deathaich;
Is bu lìonmhor fear a bha 'san éisdeachd
    Nach do ghluais leis féin an athoidhch'.

665 Dh'fhàg iad sinne mar a b'annsa
    Fo cheannardachd Mhoirear Hunndaidh,
An t-òg smiorail fearail nàimhdeil
    Nan teannadh ainneart g'ar n-ionnsaigh;
Le bhrataichean sìoda a' strannraich
670   Ri'n cuid crann a' danns' le mùiseig,
Is na fir a' togairt thun nam Frangach:
    B'iad mo rùin-s' a' chlann nach diùltadh.

Bha an leómhann colgarra gun ghealtachd
 Le mhìle fear sgairteil làmh ruinn,
675 An Camshronach garg o'n Eireachd
 Mar ursainn chatha 'sna blàraibh;
Dh'aontaich sinn maraon 's a' bhatailt
 Le faobhar lann sgaiteach stàilinn;
Cha bu ghnìomh le'r laoich gun taise
680 Fantainn air an ais 'san làmhach.

Bhrùchd na nàimhdean le'n trom làdach
 Air muin chàich a' bàrcadh teine;
An uair fhuair Sasunnaich droch chàradh
 Phill iad o'n àraich 'nar coinne.
685 Ghlaodh Eabarcrombaidh r'a chuid armunn:
 "Greasaibh na Gàidheil mu'n coinne,
Is tionndaidh iad an ruaig mar b'àbhaist,
 An dream àrdanach neo-fhoilleil."

Grad air an aghairt 'san àraich
690 Ghluais na saighdearan nach pillte,
Mar iolairean guineach gun choibhneas
 Nach b'fhurasda claoidh le mìomhodh.
Thug iad sgrios orra mar bhoillsgeadh
 Dealanaich ri oidhche dhìlinn,
695 Ri sìor iomain rompa nan nàimhdean,
 Is neul na fala air roinn nam pìcean.

An uair a dh'ionndrainn a chonnspuinn
 Moirear Gordon o uchd buailte,
Is a chual iad gu robh e leointe,
700 Dh'ùraich iad le deoin an tuasaid;

Mar mhaoim de thuil nam beann móra
 Brùchdadh o na neoil mu'r guaillibh,
Lean iad an ruaig le cruaidh spòltadh
 Gu fuilteach mórbhuilleach gruamach.

705 Bha Camshronaich an tùs a' chatha
 Air an losgadh mar an ciadna;
Leònadh an ceann-feadhna sgairteil
 Ri còmhrag bhatailtean a liath e;
B'eòlach a stiùradh e an dearcag
710 Fo na neoil nach taise na'n t-iarunn;
Mun chrom a' ghrian fo a cleòca tàisgte
 Phàidh sinn air an ais na fiachan.

Ged bha na Rìoghalaich o Albainn,
 Na fir ainmeil mheanmnach phrìseil,
715 Fada bhuainn ri uair a' gharbh chath,
 Is buaidh a b'ainm dhoibh ri uchd mhìltean;
Ghreas iad air aghaidh gu colgail,
 An uair a chual iad stoirm nam pìcean;
Mo chreach! luchd nam breacan ballbhreac
720 Bhith le lasair marbh 'nan sìneadh.

Tha na Frangaich math air teine
 Gus an teannar goirid uapa;
Is ann mar sin a fhrois iad sinne
 Rè deich mionaidean na h-uarach.
725 Ach 'nuair a fhuair ar laoich gun tioma
 Dhol an àite buille bhualadh,
Bha roinnean stàilinne biorach
 Sàthadh guineideach mu'n tuairmeas.

Gum b'i sin an tuairmeas smiorail
730   Chinnteach amaiseach gun dearmad,
Thug na leómhainn bhorba nimheil,
      Bu cholgail sealladh fo'n armaibh;
Ri sgiùrsadh nàimhdean mar fhalasg,
      Is driùchdan fallais air gach calg dhiubh;
735 Is bha na Frangaich brùchdadh fala,
      Is an cùl ri talamh 's a' ghainmhich.

Mar neoil fhuilteach air an riasladh
      Le gaoith a b'iargalta séideadh,
Ruith 'nam badaibh ceigeach liathghorm
740   An déidh an cliathadh as a chéile,
Chìte na nàimhdean gun riaghailt
      Teicheadh gu dìan o uchd streupa,
Is iad a leaghadh air am bialaibh
      Mar shneachd am fianuis na gréine.

745 Ged a phill sinn o an dùthaich
      Cha do mhill sinn ar cliù an cruadal;
Bha sinn gach latha 'gan sgiùrsadh
      Mar chaoirich aig cù 'gan ruagadh.
Dh'aindeoin an cuid slòigh gun chunntas
750   Tighinn o'n Fhraing as ùr g'ar bualadh,
Bu leisg ar gaisgich gu tionndadh
      An uair a chòrd an Diùc r'an uaislean.

An uair chuireadh a' bhatailt seachad
      Is a dh'àirmheadh ar gaisgich threubhach,
755 Bha iomadh Gàidheal 's an deachamh,
      Le meud am braise 'san streupa;

Fuil a' ruith air lotaibh frasach
   O' luchd nam breacanan féilidh,
Is i sìor thaomadh leis na glacan:
760   Is truagh nach d'fhaod ar gaisgich éirigh.

Is bochd gun sian orra o luaidhe
   O'n a bha iad cruaidh 'nan nàdur,
Fulangach a dhol 'san tuasaid.
    Guineideach 'nuair ghluaist' an àrdan.
765 Cha robh math d'an nàmhaid gluasad
   Dh'iarraidh buaidh orra 'sna blàraibh;
Chaill iad air an tràigh seachd uairean
    Tuilleadh na bha bhuainn 'san àraich.

A nis o'n chuir iad sinn do Shasunn
770   Ghabhail ar cairtealan geamhraidh,
Far am faigh sinn leann am pailteas,
   Ged tha mac-na-praisich gann oirnn,
Olar leinn deoch-slàinte a' Mharcuis
   Ar gualann-taice 's ar Ceannard;
775 Tha sinn cho ullamh 's a b'ait leis
   Dhìon a bhrataichean o ainneart.

SEANFHOCAIL AGUS COMHADAN.

DONNCHADH LOUDIN.

c. 1750—*c.* 1830.

An uair a chailleas neach a mhaoin,
   Is gnothach faoin bhi ag iarraidh meas;
Ge do labhair e le céill,
780   Is beag a gheibh e dh'éisdeas ris.

Is beag sgoinn de mhòintich am monadh,
    Is beag sgoinn de choille am fàsach;
Is lugha meas tha de dhuine falamh
    An uair tha earras an déidh fhàgail.

785   Is iomadh caraid tha aig fear saoibhear,
        Tha daoine bochda gun phrìs;
    Is gann a dh'aidicheas an càirdean
        Gum buin iad daibh is iad bhith an dìth.

Is fearr a bhith bochd na bhith breugach,
790   Is fearr fheuchainn na bhith 'san dùil;
Is fearr am fear a chostas beagan
        Na am fear a theicheas ann an cùil.

Tha an fhìrinn gu cliuiteach sona,
    Cha chron air duine bhith fial;
795   Is fearr beagan anns an onoir
        Na an donas is ceithir chiad.

Is ainmig a dh'éireas fortan
    Le fear crosda bhios gun chéill;
Is fearr do dhuine fuireach sàmhach
800   Na droch dhàn a chur an céill.

Eiridh tonn air uisge balbh;
    Gheibhear cearb air duine glic;
Eiridh gnothach le fear mall;
    Bristidh am fear tha call gu tric.

805   Tha a ghaineamh féin anns gach sruthan;
    Chan 'eil tuil air nach tig tràghadh;
Is dona an càirdeas gun a chumail
    Is chan fhaighear duine gun fhàillinn.

Is coltach fear tha ris an fhoill
810   Is nach 'eil sgoinn aig de'n chòir,
Ris an duine a thaisg an luaidh
        Agus a thilg uaith an t-òr.

Is dona thig maighdean gun bhith beusach;
        Cha dèan fear gun ghéire dàn;
815 Cha dèan fear gun fhoghlum leughadh,
        Is cha tig léigh gu duine slàn.

Is math bhith sìothchail anns gach ball;
        Caillidh duine dall an t-iùl;
Is sona neach a bhios gun bheud,
820   Ach caillidh luchd nam breug an cliù.

Smuainich mun dèan thu labhairt,
        Ma's àill leat do ghnothach bhith réidh;
Is fearr dhuit sealltainn beagan romhad
        Na sealltainn fada air do dhéidh.

825 Is trom snighe air tigh gun tughadh;
        Is trom tubaist air na dràicean;
Is duilich do mhnaoi beanas-tighe
        Dhèanamh air na fraighibh fàsa.

Cha trom leis an loch an lach,
830   Cha trom leis an each an t-srian;
Cha trom leis a' chaor a h-olann,
        'S cha truimide colann ciall.

Cha trom leis an fhiadh a chabar,
        Cha trom leis a' choileach a chìrein;
835 Nì mheasas aon neach mar leathtrom
        Chì neach eile mar thoil-inntinn.

Tha an neach tha gleidheadh seanchais dhiomhain
    Is a leigeas diadhachd fo a bhonn,
Mar bha an té a thog a' chàth
840   Is a dh'fhàg an cruithneachd air an tom.

Caillear mart an droch mhuthaich
    Seachd bliadhna roimh a mithich;
Tha sud a' feuchainn is a' dearbhadh
    Gun tig an t-earchall le mifheairt.

845 Chan fhuirich muir ri uallach,
    Is cha dèan bean luath maorach;
Cha dèan bean gun nàire cugann,
    Is cha dèan bean gun fhuras aodach.

Far am bi bó bidh bean,
850   Is far am bi bean bidh buaireadh;
Far am bi fearg bidh bruidheann,
    Is as a' bhruidhinn thig tuasaid.

Am fear a bhrathas is e mharbhas;
    Cha dèanar dearbhadh gun deuchainn;
855 Is gann dh'aithnicheas tu do charaid
    Gus an tachair dhuit bhith ad éiginn.

Chan 'eil saoi gun a choimeas,
    Chan 'eil coille gun chrìonaich;
Is fearr beagan a mhathadh
860   Na sean fhalachd a dhìoladh.

Is math caraid anns a' chùirt
    Ma thig neach gu trioblaid;
Is fearr aon eun 'san làimh
    Na dhà dheug air iteig.

865   Leig t'eallach air làr mun lag thu,
        Ma dh'aithnicheas tu t'eallach trom;
    Is mór gur fearr an cù a ruitheas
        Na an cù a shuidheas air tom.

    Bean thlachdmhor gun ghnìomh gun ghleidheadh,
870   Ge do thaitinn i ri t'shùil,
    Ciod am feum atà an lann
        Mur bi làmh air a cùl?

    Pigheid chaileig air bheag céill
        Ged robh eudail aic is stòr,
875   Chan fhaod a fear a bhith sona,
        Ma bhios i gnogach anns an t-sròin.

    Bean gun nàire gun ghliocas,
        Bean mhisgeach, gun bheusaibh,
    B'fhearr dhuit cù a chur mu t'amhaich
880   Na do cheangal ri té dhiubh.

    Bean ardanach labhar,
        Bean ghabhannach chéilidheach,
    Is tùs trioblaid is aimbeairt
        Dol gu d'cheangal ri té dhiubh.

885   Am fear a gheallas 's e dh'ìocas,
        Is e am fear a dh'iarras a phàidheas;
    Cha chòir do neach a bhith ullamh
        Gu dol an cunnart no an gàbhadh.

    Am fear nach dèan àr ri latha fuar
890   Cha dèan e buain ri latha teth;
    Am fear nach dèan obair no gnìomh
        Chan fhaigh e biadh feadh nam preas.

Is fearr sìth á preas na strì ri glais ;
   Bi faicilleach mu d'ghiùlan ;
895 Is furas seasamh an gnothach ceart,
   Ged théid gach cùis gu dùbhlan.

Is tùs a' ghliocais eagal Dé ;
   Cha dèan eucoir do chur suas ;
Co dhiùbh is math no is olc ad chré,
900   Is ann d' a réir a gheibh thu duais.

Is fearr an ceartas glan na an t-òr ;
   Is beag air duine còir an fhoill ;
An neach a mheallas tu o d'chùl,
   Chuir e a dhùil an cuid an doill.

905 Is ciatach gnothach follaiseach,
   Is dona comunn cealgach ;
An rud a gheibhear aig ceann an Deamhain,
   Caillear e aig a earball.

Is olc an toiseach cogaidh geilt ;
910   Chan ionann sgeul do'n chreich 's do'n tòir ;
Is searbh glòir an fhir a theich,
   Is am fear a dh'fhuirich ni e bòsd.

Is fearr bhith tais na bhith ro bhras,
   O'n 's e as lugha cùram ;
915 Is fearr suidhe an tigh a' bhròin
   Na an tigh a' cheoil 's an t-sùgraidh.

Cha toir neach air éiginn beartas ;
   Is duilich droch chleachd a chur fàs ;
Bheir gach Domhnach leis an t-seachdain,
920   Is bheir am peacadh am bàs.

Na bi ealamh air troda
   Is na bi toileach air tuasaid;
Ach ma's toigh leat do leanabh
   Na bi leisg air a bhualadh.

925   Bi an comhnuidh air taobh na sìothchaint
   Is na bi dìochaisg air bheag aobhair;
Is fearr dhuit amadan a bhreugadh
   Na dol g'a fheuchainn an caonnaig.

Na bi talach air do chuibhrinn,
930   Ged a robh i baileach sòmhail;
Is fearr greim tioram le sìothchaint
   Na tigh làn ìobairt le còimhstri.

Dol a strì ri rud gun choslas,
   Chan 'eil ann ach gnothach faoin;
935   Chan tig feur troimh na clochan,
   Is cha tig folt troimh chloigeann aosd'.

Tha e cruaidh air duine lag
   Dol ri bruthach cas 'na steud;
Tha e tearc am measg an t-sluaigh
940   An neach sin a gheibh buaidh air fhéin.

Na bi ag cur na cionta air càch,
   Ma tha an fhàillinn agad fhéin;
Is duilich neach a rib' an slaod
   Is ceann an taoid aige fhéin.

945   Neach tha gu math is còir dha fuireach
   Gun bhith strì ri rud nach iomchuidh;
Is tric bha call an déidh an turuis,
   Ach 's buidhe le amadan imrich.

Is fearr cù beò na leómhann marbh;
950   Is fearr min gharbh na bhith gun bhleth;
An rud a chì thu thogas fearg,
        Na dèan dearmad air a chleth.

Thoir aire ciamar ghluaiseas tu;
        Cha toir thu buaidh le farmad;
955   Is tric le gnothach mìorunach
        Gun crìochnaich e neo-shealbhmhor.

Bi eòlach mu dhuine an tùs
        Mun innis thu do rùn g'a cheann;
Na cuir do chlàr air a thaobh
960   Do neach nach saoil thu chuireadh ann.

Na gabh farmad ri neach idir,
        Ged shaoil thu a staid bhith mór;
A' bheinn as àirde tha 'san tìr
        Is ann oirre as trice chì thu an ceò.

965   Is math an gille-greasaidh an t-eagal;
        Tha rud air theagamh duilich innseadh;
Is fearr dhuit teicheadh le onoir
        Na dol thoirt oidhirp neo-chinnteach.

An uair a théid thu do'n tigh-leanna
970   Na iarr a bhith ag amhailt na pàirti;
Is mithich druideadh chòir an doruis
        An uair a theannas an sporan ri àicheadh.

Is dìomhain duit a bhith toirt teagaisg
        Do neach a chuir cùl ri eòlas;
975   Mar thionndaidheas a' chòmhla air a bannaibh
        Pillidh an t-amadan r'a ghòraich.

Ged a robh thu dripeil,
    Is còir dhuit a bhith air t'fhaicill;
Is iad na toimhsean trice
980   Nì na toimhsean cearta.

Tha ar n-ùine a' ruith gun stad
    Ceart co luath 's thig clach le gleann;
Nì i stad 'n uair ruigear lag,
    Is bidh a h-astar aig a cheann.

985 Ceart mar thig gaillionn nan sian
    An uair nach miann leat a bhith ann;
Is amhluidh sin a thig an t-aog,
    Ged a shaoil thu nach b'e an t-ám.

Ceart mar a sgaoileas an ceò
990   An uair thig teas air o'n ghréin,
Is amhluidh sin a shiubhlas glòir
    Is iomadh dòchas air bheag fheum.

Cha b'e comunn an dà ghamhna
    A bha shannt orm dhèanamh riut,
995 Ach rud bhiodh agad ghabhail uat,
    Is an rud bhiodh uat a thabhairt dhuit.

Nach b'e sud an comunn saor,
    Is cha b'e comunn nam maor mu'n chlàr;
B'e an comunn-sa bhith toirt a null
1000   Is cha chomunn ach a null 's a nall.

Ma's fìor gach sean fhocal
    A labhradh le luchd géire,
Bheir fòid breithe agus bàis
    Duine air athadh 's air éiginn.

SGIOBAIREACHD.

GILLE-EASBUIG MACDHOMHNAILL.

(Gille na Ciotaig)

c. 1750—*c.* 1815.

1005
A' falbh a Loch nam Madadh dhuinn
Le sgrìob de ghaoith an iar,
A' togail a cuid aodaich rith'
Chan fhacas aogas riamh :
Bu lìonmhoire dhuit sracadh ann
1010
Na cunntas shlat an cliabh ;
Is ar leam féin gum b' amadan
Thug anam innte sios.

Sgiobair làidir aineolach
Ro bharaileach mu ghnìomh,
1015
Gum b'olc gu cunntas fearainn i,
Is i ainsheasgar 'na gnìomh ;
Dà thobhta is dh'ith na giùrain iad,
Na crainn air an cùl sìos :
B'e cuid de'n fhasan ùr an cur
1020
An taobh nach robh iad riamh.

B'e sud na crainn 's bu neònach iad,
Gun dad ach seòrsa ràmh,
Gun dad de shnaidheadh orr'
Ach an liagh thoirt dhiùbh le tàl ;
1025
Spreòd de bhun slat-iasgaich
Mar a thogas fianuis chàich :
Is gur iomadh uair a shìolamaid
Mur bhitheadh Dia nan gràs.

1030

Na cuplaichean gun sùghadh annt',
Is an stagh 's a dhùil ri falbh;
Na crainn a' bagairt lùbaidh
An uair a thigeadh tuirling gharbh;
Deich laimhrigean a chunnt mi
Is mi 'nam chrùban air a calg,
1035 Is mi greimeachadh le m' iongnan
Ann an àit nach dìreadh sgarbh.

Is e mo rùn an Domhnallach
Bha còmhla rium 's a' bhàt,
An robh spionnadh agus cruadal
1040 Air a gualainn leis an ràmh;
Dol sìos gu Rudha Lìrinis
Gu tìr mhic Raghnaill Bhàin,
Bha fear an sin 'n a éiginn
Is gun air féin ach an aon làmh.

1045 Bu chruaidh eadar dà Eigneig i,
Is am muir ag éirigh searbh,
Is a' ghaoth a bha 's na speuraibh
Cur an céill gu robh i garbh:
An uair ràinig sinn Rudha Eubhadh
1050 Is bha h-uile beud air falbh,
Gun d' fhuair sinn làn na gloine
Chuireadh anam am fear marbh.

Dh' fhalbh sinn agus fras ann;
Cha bu stad dhuinn 's cha bu tàmh,
1055 Gus 'n do ràinig sinn an cladach
'S an robh acarsaid an àigh:

Sean teadhair a bh'air capull
Chuir iad oirre i air son càbaill;
Fulag air son acair:
1060　Cha robh aca-san ni b'fhearr.

ORAN DO FHEAR AN EIREACHD.

GILLE-EASBUIG MACDHOMHNAILL.

Fhuair mi naidheachd ro mhaith leam
Air Coirnealair Ailean,
D'an dùthchas an t-Eireachd
　O chionn tamuill is cian;
1065　Is e do dhualchas bhith fearail,
Is e do bheus a bhith smiorail,
Is e do cheutfaidh chuir all' ort
　Thaobh barrachd do ghnìomh.

Bha thu treun an tìr aineoil
1070　An uair a dh'éireadh a' charraid;
Bha thu gleusda an ám tarruing
　Nan lann tana 'san strì;
Bha thu làidir le ceannas
Anns gach ruaig agus deannal:
1075　Bhiodh do nàimhdean ag gearan
　Le aithreachas sgìth.

Tha an uiread de bhuaidh ort,
Tha gach duine ann an luaidh ort,
Tha thu urramach suairce,
1080　　Tha thu uasal ro ghrinn;
Tha thu furanach truacant',
Is blàth do chridhe ge cruaidh e;
Làmh a dhìoladh nan duaisean
　Bheireadh uat iad neo-chrìon.

1085 Uasal foisdeanach stàtail,
  Ghleidheas meas anns gach àite,
  Mór-inntinneach àghmhor,
    Is ann an tàbhachd gu cinnt;
  Gabhail foghluim gach ceàrna,
1090 Agus cleachdadh mhic àrmuinn:
  Chan 'eil aon ann de'n àl so
    Gheibh barr ort 's na gill.

  Is mór t'onoir 's cha neònach;
  Is leat deagh ghean Rìgh Deòrsa,
1095 Nam flaitheanan òga,
    Is luchd steòrnaidh nan crìoch.
  Thog thu Reisimeid chòmhlan
  De spealpairean spòrsail,
  Gillean sgiolta 'n an còmhdach,
1100   Clis còmhnard nach clì.

  Fiùrain sheasmhach, làn cruadail,
  Anns gach ball ni iad buannachd;
  Bidh srann aig an luaidhe
    Dol le luathas ann an gnìomh;
1105 Bidh ar nàimhdean am bruaillean,
  Bidh an t-eagal 'g am buaireadh;
  Le faobhar bhur cruaidh lann
    Théid fuathas gu dìth.

  Leat dh'éirich na conspuinn
1110 Is na treun laoich tha leómhannt';
  Cha nì furas an leònadh,
    Fir chròdha gun chlaoidh.

Meanmnach urranta seòlta,
Garg fuileachdach stròiceach,
1115 Searbh-bhuilleach 'n am tòiseach'
 Chuir gach fòirneart gu dìth.

An uair a rùisgeas iad claidheamh
Ri aodann a' chatha,
Bidh gach cùise leo rathail
1120 Is neul flatha air gach saoi.
Chluinntear fuaim ri sìor sgathadh
Air luchd diombaidh 'nan laighe ;
Bidh cuid diubh 'n am bloighibh,
 Brisear cnàimhean is cinn.

1125 Comunn anabarrach treubhach,
An aon àite cha ghéill iad ;
Is iad bhuaileas na spéicean
 Gun déistinn gun sgìos.
Bheir an Rìoghachd dhoibh urram,
1130 Nach facas an tionnail
'G an cur cruinn aig aon duine
 Cho ullamh le spìd.

Na h-oifigich òrdail
Is iad uile air deagh fhoghlum ;
1135 Clann Ghille Eathain nan sròl leat
 Is buidheann Lòchaidh 'nan still.
Gaisgich mhear' de Chloinn Dòmhnaill,
Fial farumach còimhstritheach ;
An uair chromas iad còmhla,
1140 Is beag théid beò as an lìon.

So i an Reisimeid thoirteil
Bhios ainmeil gu cosnadh;
Chuir thu féin air a cois i
    Gun chostas do'n Rìgh.
1145   Gun uiread is sgillinn
Iarraidh no shireadh,
Airm aodach no inneal,
    Cha robh sin ort a dhìth.

Rinn thu an earradh gu sàr mhaith
1150   Le deiseachan sgàrlaid,
Cha d'thug thu dhoibh tàmailt:
    Am màdar cha b'fhiach.
Chan aithnichear air sràid iad
Seach na h-uaislean as àirde,
1155   Le féilichean àluinn
    Is osan gearr air chois chruinn.

Bu tu cridhe na féile,
Bu tu ulaidh nam feumach,
Bu tu fuasgladh nan déirceach,
1160   Bidh Mac Dhé riut an sìth.
Leis na thug thu do bhochdaibh
Chuir an ùrnuigh an stoc thu,
Guidhe anmoch is moch leat
    Thu bhith an sonas 's am prìs.

1165   Gur ioma leth-pàidheadh
Rinn thu ghleidheadh 's a theàrnadh,
Do thruaghan gun chàirdean
    Air an d'fhàillinn gach nì.

An uair a ruigeadh iad t'fhàrdoch,
1170   B'e sud ionad a bhlàis doibh;
Bu mheasa na plàigh dhoibh
    Gum fàsadh tu tinn.

Chan 'eil buaidh bha air duine
Nach do ghlaodh riut gu buileach;
1175   Tha thu d'shealgair 's a' mhunadh,
    Nì thu fuil anns an fhrìth;
An uair théid thu air t'uilinn,
Is a bheumas tu chorrag,
Bidh damh céirgheal a' mhullaich
1180   Leis a' bhuille ud a dhìth.

Grad leumaidh do chuilean
Gu beurra 'na mhuineal;
Is e is éiginn da fuireach,
    Is cha b'fhuras a chlaoidh.
1185   Chan éirich e tuille,
Chan 'eil feum 'n a chuid luinneag:
Sgionnan geura aig gach curaidh,
    Toirt a chulaidh o dhruim.

Buaidh is piseach gu bràth leat
1190   Gu gleidheadh gach làraich;
Is gu seasamh nan càirdean
    Far an àlaichear sibh.
Meas sìorruidh gun àicheadh
Bhith leibh anns gach àite;
1195   Na dhìricheadh càch oirbh,
    Na robh fàillinn 'nur spìd.

Ach bhith buinig le h-àbhachd
Air gach turus gu stàtail,
Gu fulangach dàna
    Cur gach làrach fo'r cìs.
Urram onoir is càirdeas
A bhith 'g ur leantainn 's gach àite,
Is bidh mo ghuth-sa 's na dànaibh
    Gu bràth ar bhur tì.

1200

ORAN AN T-SAMHRAIDH.

UILLEAM ROS.

1762—1790.

O mosglamaid gu suilbhir ait,
    Le sunndachd ghasda, is éireamaid;
Tha a' mhaduinn so le furan caomh
    Toirt cuiridh fhaoiltich éibhinn duinn.
Cuireamaid fàilte air an lò
    Le cruitean ceòlmhor teudbhinneach,
Is biodh ar cridhe a' deachdadh fuinn
    Is ar beoil a' seinn le spéirid dha.

Nach cluinn thu biothfhuaim suthain sèimh
    'S a' bhruthainn sgiamhail bhlàidhealtraich,
Is beannachdan a nuas o nèimh
    A' dòrtadh fial gu làr aca?
Tha nàdur a' caochladh tuair
    Le caomhchruth cuanta pàirt-dhathach,
Is an cruinne iomlan mu'n iadh a' ghrian
    A' tarruing fiamhan gràsail air.

1205

1210

1215

1220

Nach cluinn thu còisridh stòlda suairc
　　'S an doire ud shuas le'n òranaibh,
A' seinn cliù d'an Cruthadair féin
　　Le laoidhean ceutach sòlasach,
1225　Air chorraibh an sgiath gun tàmh
　　Air meangain àrd nan ròchranna,
Le'n ceileirean toirt molaidh bhinn
　　D'an Tì dh'ath-phill am beòtachd riu?

Gum b'fhearr na bhith an cadal an tàmh
1230　　Air leabaidh stàta chlòimhitich,
Eirigh moch 's a' mhaduinn Mhàigh
　　Gu falbh nam fàsach feoirneineach;
Ruaig a thoirt air bharr an driùchd
　　Gu doire dlùth nan smeòraichean,
1235　Am bi tùis as cùbhraidhe na fìon
　　Le fàile ciatach ròsanan.

Tha feartan toirbheartach neo-ghann
　　'S an ám so gun ghreann dubhlachdach,
Cur trusgain thromdhaite air gach raon,
1240　　Le dealt 's le braon 'gan ùrachadh.
Tha Flora comhdachadh gach cluain,
　　Gach glaice is bruaich le flùraichean;
Is bidh neoinean ròsan 's lili bhàn
　　Fo'n dìthean àluinn chùlmhaiseach.

1245　Tha Phœbus féin le lòchrann àigh
　　Ag òradh àrd nam beanntaichean,
Is a' taomadh nuas a ghathan tlàth,
　　Cur dreach air blàth nan gleanntanan;

Gach innseag is gach coirean fraoich
1250 A' tarruing faoilt' na Bealltuinn air,
Gach fireach gach tulach 's gach tom
Le foirm cur fonn an t-samhraidh air.

Tha caoine is ciuine air muir 's air tìr,
Air machair mhìn 's air gairbhshleibhtibh;
1255 Tha cùirnean driùchd 'na thùir air làr
Ri àird 's ri àin na gealghréine;
Bidh coille is pòr is fraoch is feur,
Gach iasg, gach eun 's na h-ainmhidhean
Ri teachd gu'n gnàsalachd 's gu nòs,
1260 'Nan gnè is 'nan dòigh, 's an aimsir so.

Gur éibhinn àbhachd nìonag òg
Air ghasgan feoir 's na h-aonaichean,
An gleanntaibh fàsaich 's iad gu suairc
A' falbh le buar 'gan saodachadh,
1265 Gu h-ùrail fallain gun sgìos,
Gu maiseach fialaidh faoilteachail,
Gu neoichiontach, gun cheilg, is gràs
Nan gaol a' snàmh 'nan aodannan.

Uainn gach mìghean sgìos is gruaim
1270 'S na bìomaid uair fo'n ainneartan;
Crathamaid air chùl gach bròn
Le fonn 's le ceòl 's le canntaireachd;
Is binne an tathaich sud mar cheud
Na gleadhraich éitigh chabhsairean,
1275 Is mi am pillein cùbhraidh cùlghorm fraoich
'S na bruthaichean, saor o'n champaraid.

Biodh easlaint eitigeach gun chlì
   An dìdean rìomhach sheòmraichean ;
Biodh eucailean gun spéis gun bhrìgh
1280   An aitribh rìghrean 's mhóruaislean ;
Biodh slàinte chunbhalach gach ial
   Am bùthaibh fial gun stròidhealachd
Aig Gàidheil ghasda an éididh ghearr,
   Fir spéiseil chàirdeil ròigheanach.

AN SUAITHNEAS BAN

UILLEAM ROS

1285   Soraidh bhuan do'n t-Suaithneas Bhàn,
    Gu là luain cha ghluais o'n bhàs ;
    Ghlac an uaigh an Suaithneas Bàn :
    Is leacan fuaraidh tuaim a thàmh.

    Air bhith dhomhsa triall thar druim
1290   Air Di-dòmhnaich is còmhlan leam,
    Leughas litir naidheachd linn,
    Is cha sgeul ait a thachair innt'.

    Albainn àrsaidh, is fathunn bròin
    Gach aon mhuir-bhàit' tha bàrcadh oirnn,
1295   T' oighre rìoghail bhith 'san Ròimh
    Tirte an caol chist lìomhta bhòrd.

    Is trom leam m' osnaich anns gach là,
    Is tric mo smuaintean fada o làimh :
    Cluain an domhain, truagh an dàl
1300   Gur cobhartach gach feoil do'n bhàs.

Tha mo chridhe gu briste fann,
Is deoir mo shùl a' ruith mar allt;
Ge do cheilinn sud air ám,
Bhrùchd e mach 's cha mhisde leam.

1305   Bha mi seal am barail chruaidh
Gun cluinnte caismeachd mun cuairt,
Cabhlach Thearlaich thighinn air chuan;
Ach thréig an dàil mi gu là luain.

Is lìonmhor laoch is mìlidh treun
1310   Tha an diugh an Albainn as do dhéidh,
Iad os n-ìosal sileadh dheur,
Rachadh dian leat anns an t-streup.

Is gur neo-shubhach dubhach sgìth
Do threud ionmhuinn anns gach tìr;
1315   Buidheann mheanmnach bu gharg clì,
Ullamh armchleasach 'san t-strìth.

Nis cromaidh na cruiteirean binn
Am barraibh dhos fo sprochd an cinn;
Gach beò bhiodh ann an srath no'm beinn
1320   Ag caoidh an comh-dhosgainn leinn.

Tha gach beinn gach cnoc 's gach sliabh
Air am faca sinn thu triall,
Nis air call an dreach 's am fiamh,
O nach tig thu chaoidh nan cian.

1325   Bha an t-àl òg nach fac thu riamh
Ag altrum gràidh dhut agus miadh;
Ach thuit an cridhe nis 'nan cliabh,
O na chaidil thu gu sìor.

4

Ach biodh ar n-ùrnuigh moch gach là
1330 Ris an Tì as àirde atà,
Gun e dhìoladh oirnn gu bràth
Ar n-eucoir air an t-Suaithneas Bhàn.

Ach is eagal leam ge math a' chléir,
Is gach sonas gheallar dhuinn le'm beul,
1335 Gum faicear sinn a' sileadh dheur
A chionn an Suaithneas Bàn a thréig.

Cuireamaid soraidh uainn gu réidh,
Leis na dh' imicheas an céin,
Dh'ionnsaigh an àit 'na laigh an reul,
1340 Dh'fhògradh uainn gach gruaim is neul.

Is bìomaid toilicht' leis na thà,
O nach fhaod sinn bhith na's fearr;
Cha bhi ar cuairt an so ach gearr
Is leanaidh sinn an Suaithneas Bàn.

1345   Soraidh bhuan do'n t-Suaithneas Bhàn,
Gu là luain cha ghluais o'n bhàs;
Ghlac an uaigh an Suaithneas Bàn:
Is leacan fuaraidh tuaim a thàmh.

AN GILLE DUBH CIARDHUBH.
ante 1776.

Cha dìrich mi bruthach
1350   Is cha siubhail mi mòinteach,
Dh'fhalbh mo ghuth-cinn
Is cha seinn mi òran;
Cha chaidil mi uair
O Luain gu Domhnach,
1355 Is an gille dubh ciardhubh
Ag tighinn fo m' ùidh.

Is truagh nach robh mi
    Is an gille dubh ciardhubh
An aodann na beinne
1360   Fo shileadh nan siantan,
An lagan beag fàsaich
    No an àiteigin diamhair,
Is cha ghabhainn fear liath,
    Is tu tighinn fo m' ùidh.

1365   Dh'òlainn deoch-slàinte
    A' ghille dhuibh chiardhuibh
D'uisge dubh an lòin
    Cho deònach 's ge b'fhìon e;
Ged tha mi gun stòras
1370   Tha na's leóir tighinn gu m' iarraidh,
Is cha ghabh mi fear liath
    Is tu tighinn fo m' ùidh.

B' éibhinn leam còir
    Air a' ghille dhubh chiardhubh,
1375   Fhaotainn r'a phòsadh,
    Nan deònaicheadh Dia e;
Rachainn leat do'n Olaind,
    Ochòn b'e mo mhiann e,
Is cha ghabh mi fear liath
1380   Is tu tighinn fo m' ùidh.

Brìodal beoil thu,
    Gràdh nan ban òg thu;
Pòitear fìon thu,
    Is an saoi nach sòradh;

1385
    Is tu fearail fearrabhuilleach,
       Sealgair air mòintich,
    Is cha ghabh mi fear liath
       Is tu tighinn fo m' ùidh.

    Is luaineach mo chadal
1390
       O mhaduinn Di-ciadaoin;
    Is bruaidleineach m' aigne,
       Mur furtaich thu, Dhia, orm;
    Mi an raoir air dhroch leabaidh,
       Chan fhada gu'n liath mi,
1395
    Is an gille dubh ciardhubh
       Ag tighinn fo m' ùidh.

    Mo ghille dubh bòidheach,
       Ge gòrach le càch thu,
    Dhèanainn do phòsadh
1400
       Gun deoin mo chàirdean;
    Shiubhlainn leat fada
       Feadh laganan fàsaich,
    Is an gille dubh ciardhubh
       Ag tighinn fo m' ùidh.

1405
    Mo ghille dubh laghach,
       Is neo-roghainn leam t'fhàgail;
    Nam faicinn an cuideachd thu,
       Thaghainn roimh chàch thu:
    Ged fhaicinn cóig mìle,
1410
       Air chinnt gur tu b'fhearr leam,
    Is an gille dubh ciardhubh
       Ag tighinn fo m' ùidh.

ORAN GAOIL.
SEUMAS MACSHITHICH.
circa 1750.

Is mór mo mhulad 's cha lugha m' éislean,
  Ge b'e dh'éisdeadh rium;
1415 Is tric mi 'g amharc thar a' bhealach
  Is m' aire air dol a nunn.
Is ioma oidhche anmoch a mhol mo mheanma
  Dhomh dol do'n ghleann ud thall,
Far am biodh a' ghruagach shùlghorm
1420   Is i gu cùlbhuidhe cruinn.
Shiùbhlainn giùthsach ri oidhche dhubh-dhoirch
  Ge do bhiodh an driùchda trom:
Shnàmhainn thairis gun ràmh gun darach,
  Nam biodh mo leannan thall.
1425 Sruth d'a chaisid cha chum air m'ais mi,
  Ge do bhiodh mo leac fo thuinn.
Bheirinns' dìth-sin a' phaltog rìomhach
  Is sìod air bun a dùirn,
Is bheireadh ise dhomhsa an criosan dìsneach
1430   Air am bu lìonmhoire buill.
Gaol na rìghinn a rinn mo lìonadh,
  Is i bean nam mìonrosg mall;
Ged rach' mi leaba chan fhaigh mi cadal
  O chan 'eil m'aigne leam.
1435 Is tric mi t'fhaicsin ann am bruadar,
  A bhean a' chuailein duinn.
Do shlios mar fhaoilinn, do ghruaidh mar chaorrunn
  Do mhala chaol fo thuinn;
Do bheul lurach ag cur oirm furain,
1440   A ghaoil, cha duilich leam.

Anna bhòidheach as geanaile cheòlmhoire,
　　O is truagh nach pòsda thu rium.
Is mis' tha brònach 's thu dol a phòsadh,
　　Is mi bhith chòir nam beann.
1445　Gun bheàrn am dheudaich gun chais am eudainn,
　　Tha uchd mo chléibh gun srann.
Cha b'e lughad m' eudail thug ort mo thréigeadh,
　　Ach comunn geur nan Gall.
Ge nach 'eil mise eòlach mu chur an eòrna,
1450　Gun gleidhinn duit feoil nam mang;
Fiadh a fireach is breac a linne
　　Is boc biorach donn nan carn;
An lachag riabhach, gèadh glas nan Iarinns',
　　Is eala as ciataiche snàmh;
1455　Eun ruadh nan ciarmhon', mac criosgheal liathchirc,
　　Is cabair rìomhach coill.
Ge bu leamsa gu Loch-abar
　　Is ni b'fhaide thall,
Eilginn Muireibh 's Dun-éideann mar ris
1460　Is na bheil de fhearann ann,
Chuirinn suarach na rinn mi luaidh ort,
　　Mun tugainn uam an geall.

────────────

ORAN DO CHAORA A FHUARADH A GHIBHT O MHNAOI UASAIL ARAIDH.

DONNCHADH MAC AN T-SAOIR.

1724—1812.

Is a' chaora fhuair mi o Shiùsaidh
Gun an cùinn a dhol g'a ceannach.

1465　Gum bu slàn do'n t-sàr mhnaoi-uasail,
　　O'n d'fhuaradh a' chaora cheannfhionn.

Cuimhnichidh mi do dheoch-slàinte
'S a h-uile àite an òl mi drama.

Chaora thàinig a Coire-uanain,
1470   Pàirt d'a suanaich mar an canach.

Bha cuid dhith air dath na carnaid,
Is cuid eile mar bharr a' bhealaidh.

Is ann bu choslach ris an t-sìoda
Caora mhìn nan casa geala.

1475   Is iomadh cuileag chun an iasgaich
Thàinig riamh as a cùl cannach.

Cungaidh mhaith nam breacan daora
Anns a h-uile taobh d'a falluing.

Cuiridh iad i air na clàdaibh,
1480   Is àlainn i an uair théid a tarruing.

Is i bu mholaiche na 'n lìon
As fhearr tha cinntinn aig na Gallaibh.

Bhiodh aice dà uan 's a' bhliadhna,
Is bha h-uile h-aon riamh dhiubh fallain.

1485   Is 'n uair a thigeadh mìos roimh Bhealltuinn,
B'fheàirrde mi na bh'aice bhainne.

Chumadh i rium gruth is uachdar,
Air fhuairid 's gum biodh an t-earrach.

Dh'fhoghnadh i dhomh fad an t-samhraidh
1490   Cumail annlain rium is arain.

Cha robh leithid chun an eadraidh
Am fad as freagradh do MhacCailein.

Bhiodh i air thoiseach an t-sealbhain,
A' tighinn 's a' falbh o'n bhailè.

1495 Is mise fhuair an sgobadh creachaidh
An là a leag iad i 'san raithnich.

Is tric tha mi 'g amharc an àite
An robh i blàth, 's i call a fala.

Is anns an fhraoch aig taobh Uillt Ghartain
1500 Rinn i an cadal as nach d'fhairich.

Is diombach mi de'n ghille-mhàrtuinn
Bha cho dàna is dol 'n a caraibh.

Feudaidh na h-eunlaith bhi ròiceil
Ag itheadh a feòla is a saille.

1505 Chan 'eil eun a laigh air fulachd
Nach robh umad ann an cabhaig.

Am fear ruadh a chuir gu bàs i,
Thug e pàirt dhith chum a gharaidh.

An uair a ràinig mise an àraich,
1510 Cha robh làthair dhiot ach faileas.

Bha na cnàimhean air an lomadh,
Is bha an olann air a pealladh.

O'n a chaill mi nis mo chaora,
Is coslach do m' aodach a bhith tana.

1515 Cia leis a nìthear dhomh còta,
O nach beò a' chaora cheannfhionn?

H-uile bean a th' anns an dùthaich,
Tha mi an dùil an dùrachd mhath dhomh.

Is théid mi dh'iarraidh na faoighe-chlòimhe
1520   Air mnathan còire an fhearainn.

Tadhlaidh mi air Inbhir-ghinneachd
Is innsidh mi na bhios air m' aire.

Gheibh mi tlàm de chlòimh nan caorach,
O'n a tha mi dh'aodach falamh.

1525   Gheibh mi rùsg an Tigh na Sròine
O'n mhnaoi chòir a bha 'san Arthar.

An Gleann Ceitilein an fheoir
Gheibh mi na rùisg mhóra gheala.

Gheibh mi làn na slige-chreachainn
1530   O nighean Domhnaill ghlais an drama.

Cuiridh mi sud thar mo rùchan,
Is fheàirrde a ghiùlaineas mi an eallach.

Ruigidh mi bean Cheann Loch Eite,
Tha mi am éiginn 's cha bu mhath leath'.

1535   Gheibh mi uaipe tlàm de fhaoighe,
Tlàm eile a thaobh mi bhith am charaid.

Their an té tha an Guala-chuilinn:
"Is mór as duilich leam do ghearan."

Bheir i nuas an t-uisge-beatha,
1540   Dh'fheuchainn an crath e dhiom an smalan.

Their gach té tha an Druim a' Chothuis:
Tha mi an dùil an dùrachd mhath dhomh.

An uair a théid mi dh'Inbhir-charnain,
Cha leig aon té th'ann mi falamh.

1545   An uair théid mi 'n bhaile tha làimh ris,
Gheibh mi tlàman anns gach talla.

Chan 'eil té tha an Dail an Easa
Nach téid mi am freasdal a ceanail.

Thig mi dhachaidh leis na gheibh mi,
1550   Is tomad deth cho mór ri gearran.

Foghnaidh sud domh còrr is bliadhna,
Chumail snìomh ri nighinn a' bharain.

Is 'n uair a théid e fo na spàlaibh,
Nì i fàbhar rium a' bhainfhigheach.

1555   Is ioma té nì eudach guamach,
Ach cha luaidh i e gun cheathrar.

H-uile gruagach tha an Gleann Eite,
Dh'fheumainn-sa iad a thighinn do'n bhaile.

Is 'n uair a chuireas mi air seòl iad,
1560   Is ann a théid an clò a theannadh.

An uair a theannas iad ri fùcadh,
Cha bhi tùchadh air an anail.

An uair a shuidheas iad air cléith,
Gun cluinnte an éigheach thar na beannaibh.

1565   An uair a sheinneas iad na h-òrain,
Cuiridh iad na h-eoin an crannaibh.

An uair a theannas iad ri luinneag,
Is binne iad na guileag na h-eala.

Is mór as binne fuaim nan nìonag
1570   Na ceòl pìoba air thùs a' phannail.

Bidh a tùrn an làimh gach té dhiubh,
Is bidh a beul a' seinn na h-ealaidh.

Té ri burn, is té ri mòine,
Té ag cur seòl air an aingeal.

1575 Té 'ga phostadh ann an tuba,
Té 'ga luidreadh, té 'ga ghlanadh.

Dithis 'ga shlacadh gu làidir,
Dithis 'ga fhàsgadh gu gramail.

Ach mun cuir iad as an làimh e,
1580 Is cinnteach mi gum fàs e daingeann.

Théid a thiormachadh air bràighe
Gàradh-càil air am bi barran.

Mur tig e am ionnsaigh an tàillear,
Is nàr dha e, is gun tug sinn bean da.

1585 Is ann an sin a théid mo chòmhdach
Leis a chlòimh a rinn mi theanal.

Gura mise tha gu dubhach
Ri cumha do'n chaora cheannfhinn.

Is beag an t-iongnadh dhomh bhith duilich,
1590 Mulad a bhith orm is farran.

An uair a shuidheas mi air tulaich,
Is turraman a bhios air m' aire;

Ag cuimhneachadh coslas na caorach
Nach robh h-aogas anns an fhearann.

1595 Bha i riabhach, 's bha i lachdunn,
Bha i caisfhionn, 's bha i ceannfhionn.

Bha i croidhfhionn, 's bha i bòtach;
Bha geal mór air barr a breamain.

An uair théid mi shealltainn nan caorach,
1600   Ionndraichidh mi a' chaora cheannfhionn.

Is misde mi gun d'rinn i m'fhàgail,
Is b'fheàirrde mi am fad 's a dh'fhan i.

Cha do leig i riamh an fhàilinn
Ann am fhàrdaich 'n fhad 's a mhair i.

1605   An uair a rachainn chum na h-àirigh
Chuireadh i na tràithean tharum.

Is ro mhath thogadh i na pàisdean:
Bhiodh iad sàthach 'n uair bu mhath leam.

Is mise bha air bheagan saothrach
1610   Am fad 's a bha mo chaora maireann.

O'n a thàinig ceann a saoghail,
Is éiginn domh bhith daor 's a' cheannachd.

Gu ma slàn do'n chàta chaorach,
As an tàin' a' chaora cheannfhionn.

1615   Is an té o'n d'fhuair mi i an toiseach,
Is ro mhaith choisinn i mo bheannachd.

Beannachd leis an rud a dh'fhalbhas
Chan e as fhearr dhuinn ach na dh'fhanas.

Is fhearr bhith cridheil leis na dh'fhuiricheas,
1620   Na bhith tuirseach mu na chailleas.

RAINN GEARRADH-ARM.
Donnchadh Mac an t-Saoir.

Chunnaic mi an diugh a' chlach bhuadhach
    Is an leug àlainn,
Ceanglaichean de'n òr mun cuairt dhith
    'Na chruinn mhàille;
1625 Bannan tha daingean air suaicheantas
    Mo chàirdean,
A lean greamail r'an seann dualchas
    Mar a b'àbhaist.

Inneal gu imeachd troimh chruadal
1630   Le sluagh làidir,
Fir nach gabh giorag no fuathas
    Le fuaim làmhaich;
Fine as minig a ghluais ann
    An ruaig nàmhaid,
1635 Nach sireadh tilleadh gun bhuannachd
    No buaidh làrach.

Bha sibh uair gu grinn a' seòladh
    Air tuinn sàile,
Chaidh tarrang a aon de bhòrdaibh
1640   Druim a' bhàta;
Leis a' chabhaig sparr e an òrdag
    Sìos 'na h-àite,
Is bhuail e gu teann leis an òrd i,
    Is ceann di fhàgail.

1645 An onoir a fhuair an saor Sléiteach
    Leis gach treuntas a dh'fhàs ann,
Ghléidheadh fathast d'a shliochd féin i
    Dh'aindeoin eucorach gach nàmhaid;

Na h-airm ghaisge ghasda ghleusda
1650   Dh' òrduich an rìgh gu feum dhàsan,
Cho math 's a th'aig duine de 'n dream threun sin,
     De shliochd Cholla Cheud-chathaich Spàintich.

Dòrn an claidheamh 's làmh duine-uasail
     Le crois-tàraidh,
1655 Iolairean le 'n sgiathaibh luatha,
     Gu cruas gàbhaidh,
Long ag imeachd air druim chuantan
     Le siuil àrda,
Gearradh-arm Mhic-Shaoir o Chruachan,
1660   Aonach uachdarach Earra-Ghàidheal.

Tha do dhaoine tric air fairge,
     Sgiobairean calma neo-sgàthach;
Tha an aogas cumachdail dealbhach,
     Is iomadh armailt a bheil pàirt dhiubh:
1665 Thug iad gaol do shiubhal garbhlaich
     Moch is anmoch a' sealg fàsaich;
Cuid eile dhiubh 'nan daoine-uaisle,
     Is tha cuid dhiubh 'nan tuath ri àiteach.

Is rìoghail an eachdraidh na chualas
1670   Riamh mu d' phàirtidh,
Is lìonmhor an taic, na tha suas diubh,
     Nam biodh càs ort:
Tha gach buaidh eile d'a réir sin
     An Gleann Nodha féin an tàmhachd,
1675   Pìob is bratach is neart aig Seumas,
     An ceann-cinnidh nach tréig gu bràth sinn.

CUMHA CHOIRE A' CHEATHAICH.

Air Fonn—"The Flowers of the Forest."

DONNCHADH MAC AN T-SAOIR.

Is duilich leam an càradh
Th'air coire gorm an fhàsaich,
An robh mi greis am àrach
  'S a' Bhràighe so thall;
Is iomadh fear a bharr orm
A thaitneadh e r'a nàdur,
Nam biodh e mar a bha e
  An uair dh'fhàg mi e nall.

Gunnaireachd is làmhach
Spurt is aobhar gàire,
Chleachd bhith aig na h-àrmuinn
  A b'àbhaist bhith 's a' ghleann.
Rinn na fir ud fhàgail,
Is Mac Eoghainn t'ann an dràsda,
Mar chlach an ionad càbaig
  An àite na bh'ann.

Tha an coire air dol am fàillinn,
Ged ithear thun a' bhlàir e,
Gun duine aig a bheil càs deth
  Mu'n àit anns an am.
Na féidh a bh'ann air fhàgail,
Cha d'fhuirich gin air àruinn,
Is chan 'eil an àite tàmha
  Mar bha e 's a' ghleann.

Tha am baran air a shàrach',
Is dh'fhairtlich air an tàladh,
Gun sgil aig air an nàdur
  Ged thàinig e ann:

1705
B'fheàrr dha bhith mar b'àbhaist,
Os cionn an t-soithich chàtha,
Is a làmhan a bhith làn dith,
　　　'Ga fàsgadh gu teann.

Is e mùthadh air an t-saoghal
1710
An coire laghach gaolach
A dhol a nis air faondradh,
　　　Is am maor a theachd ann:
Is gur h-e bu chleachdainn riamh dha
Bhith trusadh nan cearc biata;
1715
Gur tric a rinn iad sianail
　　　Le pianadh do làmh;

Is iad 'nam baidnibh riabhach
Mu t'amhaich 's ann ad sgiathan:
Bhiodh itealaich is sgiabail
1720
　　　Mu t'fhiaclan 's an am.
Bu ghiobach thu ri riaghailt
Mu chidsin tigh an Iarla,
Gar nach b'e do mhiann
　　　Bhith cur bhian air an staing.

1725
Ged tha thu nis 's a' Bhràighe
Cha chompanach le càch thu,
Is tha h-uile duine tàir ort
　　　O'n thàinig thu ann.
Is éiginn duit am fàgail
1730
Na's miosa na mar thàinig;
Cha taitinn thu r'an nàdur
　　　Le cnàmhan 's le cainnt.

Ged fhaiceadh tu ghreigh uallach,
An uair rachadh tu mun cuairt daibh,
1735   Cha dèan thu ach am fuadach'
      Suas feadh nam beann,
Leis a' ghunna nach robh buadhmhor
Is a' mheirg air a toll-cluaise:
Chan eirmis i na cruachan,
1740   An cuaille dubh cam.

Is e an coire chaidh an déislaimh
O'n tha e nis gun fhéidh ann,
Gun duine aig a bheil spéis diubh
      Nì feum air an cùl.
1745   O'n tha iad gun fhear-gléidhte
Chan fhuirich iad r'a chéile,
Is ann ghabh iad an ratreuta
      Seach réidhlean nan Lùb.

Chan 'eil prìs an ruadh-bhuic
1750   An coille no air fuaran,
Nach b'éiginn da bhith gluasad
      Le ruaig feadh na dùthch';
Is chan 'eil a nis mun cuairt da
Aon spurt a dhèanadh suairceas,
1755   No thaitneadh ri duine uasal
      Ged fhuasgladh e chù.

Tha choille bh'anns an fhrìth ud
'Na cuislean fada dìreach,
Air tuiteam is air crìonadh
1760   Sìos as an rùsg.

Na prisein a bha brìoghmhor
'Nan dosaibh tiugha lìonmhor,
Air seacadh mar gun splont' iad
    A nìos as an ùir.

1765   Na failleanan bu bhòidhche,
Na slatan is na h-ògain,
Is an t-àit am biodh an smeòrach
    Gu mòdhar a' seinn ciuil,
Tha iad uile air caochladh,
1770   Cha d'fhuirich fiodh no fraoch ann;
Tha am mullach bharr gach craoibhe
    Is am maor 'ga thoirt diùbh.

Tha uisge Srath na Dìge
'Na shruthladh dubh gun sìoladh,
1775   Le barraig uaine lìghlais
    Gu mì-bhlasda grannd.
Feurlochain is tàchair
An cinn an duilleag-bhàite,
Chan 'eil gnè tuille fàs anns
1780   An àit ud 'san àm.

Glumagan a' chàthair
'Na ghlugaibh domhain sàmhach,
Cho tiugh ri sùghan càtha
    'Na làthaich 's 'na phlam.
1785   Sean bhurn salach ruadhain
Cha ghlaine ghrunnd na uachdar:
Gur coslach ri muir ruaidh e,
    'Na ruaimle feadh stang.

Tha 'n t-àit an robh na fuarain
1790   Air fàs 'na chroitean cruaidhe,

Gun sobhrach, gun dail-chuaich,
  Gun lus uasal air carn.
An sliabh an robh na h-eildean,
An àite laighe is éirigh
1795 Cho lom ri cabhsair féille,
  Is am feur, chinn e gann.

Chuir Alasdair le ghéisgeil
A' ghreigh ud as a chéile;
Is ar leam gur mór an eucoir
1800   An eudail a chall.
Cha lugha an t-aobhar mìothlachd,
Am fear a chleachd bhith tìorail,
A' tèarnadh is a' dìreadh
  Ri frìth nan damh seang.

1805 Ach ma's duine de shliochd Phàruig
A théid a nis do'n àite,
Is gun cuir e as a làraich
  An tàcharan a th'ann,
Bidh 'n coire mar a bha e,
1810 Bidh laoigh is aighean dàra ann,
Bidh daimh a' dol 's an dàmhair
  Air fàsach nam beann.

Bidh buic 's na badan blàtha,
Na bric 'san abhainn làimh riu,
1815 Is na féidh air Srath na Làirce
  Ag àrach nam mang.
Thig gach uile nì g'a àbhaist
Le aighear is le àbhachd,
An uair gheibh am baran bàirlinn
1820   Sud fhàgail gun taing.

ORAN MU'N EIDEADH GHAIDHEALACH AN DEIDH BLIADHNA THEARLAICH.

Iain MacCodrum.

c. 1710—1796.

Tha mi cràiteach tinn 's tha mi sgìth làn dochair,
Ceangal air mo bhuill, cha dèan mi ceum coiseachd;
Mallachd air an rìgh thug na breacain dhinn,
    Guidheam air beul sìos o'n a shìn e an t-osan.
1825 Ged tha an stocainn fada is i 'na cochull farsaing,
B'annsa an t-osan gearr nach biodh réis o'n t-sàil an
    gartan.

Luthaig thu ar còta 'na sgeòd farsaing
Is luthaig thu ar brògan na's leoir phailte;
Mheudaich thu ar cìs is lùghdaich thu ar nì,
1830   Is dh'fhàg thu sinn gun phrìs: chan 'eil dìreadh
    againn.
Thug thu dhuinn a' bhriogais, theannaich thu ar
    n-iosgaid:
B'annsa am breacan sgaoilte, an t-aodach aotrom
    sgiobalt.

Is olc a' chulaidh oidhche bhith an luib na casaig;
Chan fhaigh mi cas a shìneadh, chan fhaigh mi cadal;
1835 B'fhearr an sòlas inntinn na deich slatan singilte
    Chuirinn anns an fhéile an àm éirigh 's a' mhaduinn.
Sud an t-aodach dreachmhor chumadh gaoth is fras
    uam:
Mallachd an dà shaoghal air aon fhear chuir as e.

Chan 'eil culaidh shamhraidh as fearr na am
breacan;

1840 Tha e aotrom fonnmhor an ám an t-sneachda;
Bha e cleachdte r'an cumhdach air na gaisgich
lùthmhor:
Is acaid air an giùlan nach 'eil e aca.
Chulaidh bha cur fasgaidh air na Gàidheil ghasda,
Rìgh, gur mhór am beud le pléid a chur a fasan.

1845 Chan fhaca tu mac màthar air sràid no faiche
As deise na mac Gàidheil le shàr phearsain:
Breacain air am féile is a chlaidheamh air chùl sgéithe,
Le dhagaichean cho gleusda nach éisd iad sradag;
Sgiath air gual a' ghaisgich, claidheamh caol 'na
achlais:
1850 Chan 'eil Gall 'san t-saoghal nach caochladh roimh
fhaicinn.

Is maith thig boineid ghorm air chùl borb an
cocadh,
Còta gearr is féile air sléisnean nochdte,
Dhol an làthair cruadail gu fuilteach nimheil buailt-
each,
A' leadairt nam fear ruadha, bhiodh smuais 'ga
fhosgladh:
1855 Neart treun nan curaidh, cur nan lann gu fulang,
Bhiodh luchd nan casag millte is an cinn de am
muineil.

An uair chruinnicheas na Gàidheil an làthair troda
Le'n geur lannan Spàinnteach 's an dearrsadh chlogad,
Pàidhidh iad gu daor ann am fuil 's an gaorr,
1860 Is cha bhi bonn gun dìoladh de bhlàr Chùil-lodair.

Chan 'eil urra chaidh a chreachadh no urra chaidh a
    ghlacadh
Nach faigh iad luchd am mìoruin gu'n rogha dìol
    thoirt asda.

An uair chluinneas fir na h-Alba do dhearbh
    chaismeachd,
Théid iad gu neo-chearbach fo d' dhealbh bhrataich;
1865 Domhnallaich bu dual, as dàine théid 'san ruaig,
    Tàillearan chlò ruaidh, ged nach fuaigh ach sracadh;
Le 'n cruaidh lannan sgaiteach snaidheadh chluais is
    chlaigeann,
Is gum bi àireamh cheann air a h-uile ball 's a'
    bhreacan.

Gur h-oil leam ar n-éideadh bhith air caochladh
    cumaidh,
1870 Ach chì mi bhith 'ga dhìoladh mu gheata Lunnainn,
Leis na fleasgaich bhòidheach chluicheas mar na
    leómhainn,
    Chuireas geilt air Deòrsa is nach faod e fuireach.
Théid rìgh Deòrsa dhachaidh 's am Prionnsa òg a
    ghlacadh,
Is bidh Tearlach 'na rìgh 's is fèairrde prìs nam breacan.

1875 Is ionann 's a bhith am prìosan bhith dhìth a'
    bhreacain,
Dèanamaid ùrnuigh dhìchiollach 's gheibh sinn taice;
An uair thig iad a nall oirnn cóig ceud mìle Frangach
    Bidh Tearlach air an ceann, bidh am ball fo'n casan.
    Sud an sluagh beachdail chuireas an gleò reachdmhor,
1880   Armailteach gu leoir, a luaidheas an clò Catach;

Is 'nuair théid a' mhuc a dhathadh 's a cuid uircean
    fhaileadh,
Air claidheamh no air breacan cha bhi tuilleadh
    bacaidh.

MOLADH CHLOINN DOMHNAILL.

IAIN MACCODRUM.

Tapadh leat, a Dhomh'aill mhic Fhionnlaigh;
    Dhùisg thu mi le pàirt de d' chòmhradh;
1885 Air bheagan eòlais a's dùthaich
    Tha cunntas gur gille còir thu.
Chuir thu de chomaine romhad,
    Is feàirrde do ghnothach an còmhnuidh;
Is cinnteach gura leat ar bàidse:
1890   Is leat ar càirdeas 'm fad as beò thu.

Mhol thu ar daoine is ar fearann,
    Ar mnathan baile, is bu chòir dhuit;
Cha d' rinn thu dìochuimhn no mearachd:
    Mhol thu gach sean is gach òg dhiubh.
1895 Mhol thu an uaislean, mhol thu an ìslean,
    Dh'fhàg thu shìos air aon dòigh iad:
Na bheil d'an ealain r'a chluinntinn
    Cha chion dìchill a dh'fhàg sgòd oirr'.

Teannadh ri moladh ar daoine,
1900   Cha robh e saothaireach air aon dòigh:
An gleus an gaisge is an teòmachd,
    Air aon aobhar thig 'nan còmhdhail.

Nochdadh an eudann ri gradan,
    Cha robh gaiseadh anns a' phòr ud:
1905 Cliù is pailteas, maise is tàbhachd;
    Ciod e an càs nach faighte air chòir iad?

Cha bu mhisd' thu mise làimh riut
    An ám bhith ag àireamh nan conspunn,
Gu innse am maise is an uaisle
1910   An gaisge is cruadal 'n ám trógbhail.
B'iad sud na fir a bha fearail,
    Thilleadh ainsheasgair an tòrachd,
Is a dh'fhàgadh salach an àraich
    Nam fanadh an nàmhad ri'n comhrag.

1915 Ach nam faiceadh tu na fir ud
    Ri uchd teine is iad an òrdon,
Coslas fiadhaich ag dol sìos orr'
    A' falbh gu dian air bheagan stòldachd;
Claidheamh rùisgte an làimh gach aoinfhir,
1920   Fearg 'nan aodann 's faobhar gleois orr',
Iad cho nimheil ris an iolair,
    Is iad cho frioghail ris na leómhainn.

Cha mhór a thionnail nan daoine ud
    Bha r'a fhaotainn 's an Roinn Eòrpa;
1925 Bha iad fearail an ám caonnaig,
    Gu fuilteach faobharach stròiceach.
Nam faigheadh tu iad an gliocas
    Mar a bha am misneach 's am mórchuis,
C'àite am feudadh tu àireamh
1930   Aon fhine b'fhearr na Clann Domhnaill?

Bha iad treubhach fearail foinnidh,
   Gu neo-lomarra mu'n stòras;
Bha iad cunbhalach 'nan gealladh,
   Gun fheall gun charachd gun ròidean.
1935 Ge do iarrta nuas an sinnsre
   O mhullach an cinn gu am brògan,
An donas cron a bha ri innse orr',
   Ach an rìoghalachd mar sheòrsa.

Ach ma mhol thu ar daoine-uaisle,
1940   C'uim nach do luaidh thu Mac Dhomhnaill?
Aon Mhac Dhé bhith air 'na bhuachaill'
   'G a ghléidheadh buan duinn 'na bheòshlaint!
O is curaidh a choisneas buaidh e,
   Leanas r'a dhualchas an còmhnuidh,
1945 Nach deachaidh neach riamh 'na thuasaid
   Rinn dad buannachd air an còimhstri.

C'àite an d'fhàg thu Mac MhicAilein,
   An uair a thionaileadh e mhór shluagh?
Na fir mhóra bu mhór alladh
1950   Ri linn Alasdair 's Mhontròsa.
Is mairg a dhùisgeadh rùin bhur n-aisith,
   No thionndadh taobh ascaoin bhur cleòca,
Ge b'e sùil a bhiodh 'g an amharc
   Cromadh sìos gu abhainn Lòcha.

1955 Ach ma chaidh thu 'nan sealbhaibh,
   C'uim nach do sheanchais thu air chòir iad?
Teaghlach uasal Ghlinne Garadh
   Is na fiùrana o ghleannaibh Chnòideart?

Is iomadh curaidh làidir uaibhreach
1960   Sheasadh cruaidh 's a bhuaileadh stròicean,
O cheann Loch Shubhairn nam fuar bheann
     Gu Bun na Stuaidhe am Mórar.

An d'fhàg thu teaghlach na Ceapaich?
     Is mór a' chreach nach 'eil iad còmhlan,
1965   Dh' éireadh leinn suas an aisith
     Le'm pìob 's le'm brataiche sròlta;
MacIain a Gleanna Comhann
     Fir chothanta an am na còimhstri,
Daoine foinnidh fearail feardha,
1970   Rùsgadh arm is fearg ri'n srònaibh?

Dh'fhàg thu MacDhùghaill a Latharn,
     Bu mhùirneach gabhail a chòmhlain,
Cuide ri uaislean Chinn-tìre,
     O'n Roinn Ilich 's Mhaol na h-Odha.
1975   Dh'fhàg thu Iarla Antrum a h-Eirinn,
     Rinn an t-euchd am blàr na Bòinne:
An uair a dhlùthaicheadh iad r'a chéile,
     Co chunntadh féich air Chlann Domhnaill?

Alba, ge bu mhór r'a innse e,
1980   Roinn iad ì o thuinn gu mòintich:
Is iomadh urra mhór bha innte
     Fhuair an còir o làimh Chloinn Domhnaill.
Fhuair iad a rithis an Rùta,
     Cunntaidh Antrum ge bu mhór i;
1985   Sgrios iad as an nàimhdean uile,
     Is thuit MacUibhilin 'san tòrachd.

Bhuidhinn iad baile is leth Alba :
    Is e an claidheamh a shealbhaich còir dhoibh ;
Bhuidhinn iad latha Chath Gairbheach :
1990   Rinn iad an argumaid a chòmhdach.
Air bheagan còmhnaidh gu trioblaid
    Thug iad am bristeadh a móran,
Mac Ghille Eathain ann le cuideachd
    Is Lachlann cutach Mac an Tòisich.

1995 Nan tigeadh feum air Sir Seumas,
    Gun éireadh iad uile còmhluath
O Roinn Ghallaibh gu Roinn Ile,
    Gach fear thug a shinnsre còir dhoibh.
Thigeadh MacCoinnich a Brathainn,
2000   MacAoidh Srath Nabhair 's Diùc Gordon,
Thigeadh Barraich 's thigeadh Bànaich,
    Rothaich is Tàilich is Ròsaich.

Ar luchd dàimh 's ar càirdean dìleas
    Dh'éireadh leinne sìos an còimhstri :
2005 Thigeadh uaisle Chloinn Ghille Eathain
    Mun cuairt cho daingeann ri d' chòta ;
Iad fo ghruaim an uair a' chatha,
    Cruaidh 'nan làmhan sgathadh feòla,
Tarruing Spàinneach làidir lìomharr'
2010   Sgoilteadh dìreach cinn gu brògan.

Buidheann fhuilteach ghlan nan geur lann,
    Thigeadh réisimeid nan Leòdach,
Thigeadh réisimeid nan Niallach
    Le loingeas lìonmhor 's le seòltaibh.

2015 Foirbisich 's Frisealaich dh' éireadh
    Is thigeadh Clann Reubhair an òrdugh:
An uair a dhùisgeadh fir na h-Iùbhraich,
    Co thigeadh air tùs ach Tòmas?

CEAD FHIR BHIOGUIS DO'N FHRITH.

ROB DONN.

1714—1778.

    Beir mo shoraidh le dùrachd
2020   Gu ceann eile na dùthcha
    Far an robh mi gu sunndach
        Eadar Tunga is am Parbh.
    An ám direadh na h-uchdaich
    Ge do chanadh fear, Ochain,
2025   Is ann leam-sa bu shocrach
        Bhith an soc nam meall garbh.
    Far am faicte am fear buidhe
    Is e 'na chaol ruith le bruthach,
    Agus mìolchoin 'n an siubhal
2030   Is iad ag cluiche r'a chalg,
    Air faobhar a' chadha
    An déidh clàistinn an spreadhaidh,
    Is gum bu phàirt sud de m'aighir
        Mac na h-aighe bhith marbh.

2035   Ach, a Mhaighistir Mhìodhraidh,
    Gu bheil aighear aig t'inntinn,
    Aig feabhas do mhuinntir
        Is a' bheinn ann ad chòir;

O dhorus do rùma,
2040 Fa chomhair do shùla,
Na tha eadar an Dùnan
    Agus cnùicean Meall Horn.
Is e mo smuaintean gach maduinn
An uair sin a bh' againn—
2045 Dhol uaibhse cho fada
    A chuir fadalachd orm;
B'e mo dhùrachd bhith faicinn
An ùdlaich a' feacadh,
Agus fùdar a' lasadh
2050   Eadar clach agus òrd.

Beir mo shoraidh gu càirdeach
A dh'ionnsaigh mo bhràthar;
Is gun luaidh air mo chàirdeas
    Gum bu nàbuidh dhuit mì.
2055 Ge do thearbadh air fuinn sinn
Bu tric anns a' bheinn sinn,
Is gur h-ainmig le m'inntinn
    Bhith cuidhte agus ì.
Tha t'àit-sa mar thachair,
2060 'Na bhràighe is 'na mhachair,
'Na àite cho tlachdmhor
    'S a chuir tlachd air do thìr.
Is na tha dh'anabarr air t'aitreabh
Is mór m'fharmad ri t'fhasan
2065 Gur soirbh dhuit gach seachdain,
    Is tu bhith faicinn na frìth'.

Beir mo shoraidh a rithis
Gu pàidhear na dibhe,
Is làmh dhèanamh na sithinn,
2070   Is gu cridhe gun fhiamh:

Far a bheil Iain MacEachainn,
Is mi tamull gun fhaicinn,
Mo dheagh chòmhlan deas duineil,
　　Bu tu eascaraid fhiadh.
2075　An ám nan cuilean a chasgadh,
'Gan cumail is 'gan glacadh,
Ni b'fhearr a thoirt facail
　　Chan fhaca mi riamh.
Bu shealbhach ar tadhal
2080　Air sealgach nan aighean;
Bu tu sgaoileadh an fhaghaid,
　　Is a chuireadh gadhair gu gnìomh.

Beir mo shoraidh-sa comhluath
Gu Domhnall Mac Dhomhnaill,
2085　Sàr chompanach comhnard
　　O'm faighte comhradh gun sgìos;
Is gus na h-uaislean d'am b'àbhaist
Bhith aig Fuaran a' Bhàird leinn,
Chumadh coinne r'an càirdean,
2090　　Aig do thàbhairn gach mìos.
Bhiodh geanachas grathuinn
Aig na fir fa do chomhair,
Is 'nuair a b'àill leo, bu domhain
　　Air thomhas nam pìos.
2095　Is tric m'inntinn fo luasgan
Mu gach pung bha 'san uair sin,
Is cha bu mhìorun do'n t-sluagh sin,
　　A chuir air luathair mi sìos.

Beir an t-soraidh so suas uam
2100　Far bheil càch de na h-uaislean,
Agus h-aon diubh gu luath
　　Gu Aonghas ruadh mac MhicAoidh;

Bha e an uiridh chaidh seachad
Is e mar rium am Faisbheinn,
2105   Is ged thréig mise am fasan,
      Tha an cleachdadh air m'ùidh;
Gum bu chasg sud air m' airtneal
Bhith a measg nam fear tapaidh,
Agus uisge mu m' chasan
2110   Tighinn dachaidh á beinn;
Bu lughad mo mhulad
Bhith treis am Beinn-spionnaidh,
Agus tamull a' fuireach
      Mu bhun Carn an Rìgh.

2115   Gum bu dòrn sud air mholadh
Do'n òganach ealamh,
A dheònaicheadh fanadh
      Ri talamh 's ri gaoith.
Is ged bu chinnteach á chuid e
2120   An uair thigeadh e chugainn,
Is e nach milleadh an obair
      Air cuideachd a chaoidh.
Bha a làmh is a fhradharc
Air an dèanamh 'n aon fhaghairt,
2125   An uair a shiubhladh na h-aighean
      A stigh air a' bheinn.
Le cuilbheir na sraide
Is làmh chuimseach na graide,
Nach iomralladh eadar
2130   An claigionn 's an cuing.

B'e ar fasan car grathuinn
Gum bu phrosbaig dhuinn t'amharc,
Mun cuairt duinn is romhainn,
      Is tu coimhead 's a' falbh;

2135 Is ged bhiodh iad 'nan seasamh
Air luimead na creachainn,
Is nach b'urrainn duinn fhaicinn
    Ach aiteal de'n calg;
Is ann an sin theireadh Aonghas,
2140 "Ge deacair an ruigheachd,
Is leoir fhad 's a tha sinne
    Gun sithionn gun sealg;
Theid sinne gu socrach
Air ionnsaigh nam procach,
2145 Is o neimhnid ar n-acfhuinn
    Bidh an aisnichean dearg."

Beir m' iomchorc chòmhnard
Gu Domhnall mac Sheòrais,
Is ged thréig mise an t-eòlas
2150   Is ann bu deoin leam a bhith;
Ri aithris, mar 's còir dhuinn,
Is duine tairis gu leoir e,
Is 'nuair a thogas a shròn air
    Ris nach còir a bhith strì.
2155 An uair bhiodh a' ghaoth oirnn a' tionndadh
Is a' mhaoiseach 'na teann ruith,
An ám sgaoilidh nan contaod
    Bu chall bhith 'ga dhìth.
Gu dìreadh nam fuar bheann
2160 Leis na sàr cheumaibh buadhach,
Chuireadh an céill gu neo-uaibhreach
    Nach bu shuarach do chlì.

An t-soraidh chliuiteach-sa air falbh uam
Gu mac Hùisdein do'n Bhorghlaidh;
2165 Tha do chùisean duit seasmhach
    Is gu dearbh chan 'eil càs;

Is e mo bharail air t'uaisle
Nach fear masguill no fuaim thu;
Gheibhear cunbhalach buan thu,
2170 Gus an uair 'n tig do bhàs.
Pòitear inntinneach measail
Os cionn fheara do stuic thu;
Is a riamh cha b'àirde bhiodh misg ort
  Na bhiodh do ghliocas a' fàs.
2175 Bheireadh t' inntinn ort eirmseachd
Air an fhìrinn d'a seirbhead,
Is cha bhiodh strì ri do thoirmeasg
  Gus an teirgeadh do bhlàths.

Is ann an rudhachaibh Sheannabhaid
2180 Tha an Sutharlach ainmeil,
Gus an luthaiginn m' iomchorc
  Iomchar a suas;
Is ri innse mar 's cubhaidh,
Is fìor gheanail 'na shuidhe
2185 Am fear tighearnail cridheil,
  As ceann-uidhe dhaoine uails'.
Sàr ghìomanach gunna,
Làmh bhiadhadh nan cuilean,
Agus iarrtaiche tunna,
2190 Ann an cumadh gun chruas;
Dhuinn a b'àbhaist bhi tathaich
Air na h-àbhaich 'n àm laighe;
Is ged dh'fhàg mise a chathair
  Leam is deacair a luaths.

MARBHRANN IAIN MHIC-EACHAINN.

ROB DONN.

(*After* 1759.)

2195 Iain MhicEachainn, o'n dh'eug thu
        C'àit an téid sinn a dh'fhaotainn
Duine sheasas 'nad fhine,
        An rathad tionail no sgaoilidh?
Is nì tha cinnt' gur beart chunnairt
2200   Nach dèan duine tha aosda e,
Is ged a bheirt' de'n àl òg e
        Is tearc tha beò dhinne chì e.

Dearbh cha b' ionann do bheatha
        Is do fhir tha fathast an caomhnadh,
2205 Thionail airgiod is fearann
        Bhios buidheann eile 'g a sgaoileadh;
Bhios féin air an gearradh
        Gun ghuth caraid 'gan caoineadh,
Air nach ruig dad de mholadh
2210   Ach "Seall sibh fearann a shaor e."

Tha iad laghail gu litireil,
        Is tha iad 'nan deibhtearan geura,
Is iad a' pàidheadh gu moltach
        Na bhios aca air a chéile;
2215 Ach an còrr, théid a thasgaidh,
        Ged 's cruaidh a cheiltinn o'n fhéile,
Is tha an sporan 's an sùilean
        Ceart cho dùinte air an fheumnach.

Leis an leth-onoir riataich-s'
2220   Tha na ceudan diubh faomadh,
Leis an fhearr bhith am fiachaibh
     Fada aig Dia na aig daoinibh;
Thig fo chall air nach beir iad;
     Is e ceann mu dheireadh an dìtidh,
2225   "C'uim nach d'thug sibh do n' bochdaibh
     Am biadh an deoch is an t-aodach?"

Ach nam b'urrainn mi dhùraiginn
     Do chliù-s' chur an òrdugh
Ann an litrichibh soilleir,
2230   Air chor 's gum beir na daoine òga air;
Oir tha t'iomradh-s' cho feumail
     Do an neach a théid ann do ròidibh
Is a bha do chuid, fhad 's bu mhaireann,
     Do an neach bu ghainne 'n a stòras.

2235 Fhir tha an latha is an comas,
     Ma's àill leat alladh tha fiùghail,
So an tìom mu do choinne
     An còir dhuit greimeachadh dlùth ris;
Tha thu am baiteal a' bhàis
2240   A thug an t-àrmunn-s' do'n ùir uainn;
Glacadh gach fear agaibh a oifig,
     Is mo làmh-s' gu'n cothaich e cliù dhuibh.

Oir ged tha cuid a bhios fachaid
     Air an neach a tha fialaidh,
2245 Is i mo bharail-s' gu h-achdaidh
     Bu chòir an athchuing' so iarraidh:—

Gum bu luath thig na linnean
  Nì chuid as sine dhinn ciallach,
Nach dèan sinn ìobairt de bhithbhuantachd
2250 Air son trì fichead de bhliadhnaibh.

Is lìonmhor neach bha gun socair
  A chuir thu an stoc le do dhéilig,
Agus bàth-ghiullan gòrach
  Thionail eòlas le d' éisdeachd;
2255 Dearbh chan aithne dhomh aon neach,
  Mach o ùmaidhean spréidhe,
Nach 'eil an inntinn fo chudthrom
  Air son do chuid no do chéille.

Fhir nach d'ith mìr le taitneas
2260 Nam b' eòl duit acrach 'san t-saoghal;
Fhir a chitheadh am feumnach
  Gun an éigh aige a chluinntinn;
B'fhearr leat punnd de do chuid uat
  Na unnsa chudthrom air t' inntinn:
2265 Thilg thu t' aran air uisgeach'
  Is gheibh do shliochd iomadh-fillte e.

Chì mi an t-aimbeartach uasal
  Is e làn gruamain 's fo airtneal,
Is e gun airgiod 'na phòcaid
2270 Air an òsdthigh dol seachad;
Chì mi banntrach bhochd dheurach,
  Chì mi an déirceach làn acrais,
Chì mi an dìlleachdan dearg rùisgt',
  Is e falbh anns na racaibh.

2275
    Chì mi an ceòlair' gun mheas air,
        Call a ghibht do chion cleachdaidh;
    Chì mi feumnach na comhairl'
        Ag call a ghnothuich 's a thapaidh.
    Nam biodh aire agam fhìarachd
2280
        Ciod e as ciall do'n mhór acain-s',
    Is e their iad gu léir rium,
        "Och! nach d'eug Iain MacEachainn!"

    Chì mi an t-iomadaidh sluaigh so
        'Nan culaidh-thruaighs' chionn 's nach beò thu;
2285
    Is ged e an call-sa tha an uachdar
        Chì mi buannachd nan òlach;—
    O'n a thaisbein dhomh 'm bliadhna
        Iomadh biadhtach nach b' eòl domh,
    Mar na rionnagan réalta
2290
        An déidh do'n ghréin a dhol fodha.

    Is tric le marbhrannaibh moltach,
        A bhios cleachdach 's na dùthchaibh-s',
    Gum bi coimeasgadh masguill
        Tighinn a steach annt 'n a dhrùchdaibh;
2295
    Ach ged bhithinn-se air mo mhionnan
        Do'n Tì tha cumail nan dùl rium,
    Cha do luaidh mi mu'n duine-sa
        Ach buaidh a chunnaic mo shùil air.

MOLADH COILLE CHROS.

EACHANN MacLEOID.

floruit 1750.

M'ionmhainn m'annsachd is mo thlachd
2300   G'an d'thug mi toirt;
Chan àicheadhainn do'n chléir nach dèanainn stad
    'Sa' choille sin Chros.

Is binn cruit cheòlmhor is clàrsach cheart
    Is pìob le cuid dos,
2305 Ach is binne na h-eoin a' seinn mu seach
    'Sa' choille sin Chros.

Dh'aon innleachd d'an d'fhuaradh a mach
    Gu ar dìon o'n olc,
B'fheàrr dubhar nan craobh le smuaintean ceart
2310   'Sa' choille sin Chros.

Ged bhiodh tu gun radharc sùl, gun lùth do chos,
    Ann ad dheoiridh bochd,
Nam bu mhath leat do shlàinte philleadh air ais,
    Ruig coille Chros.

2315 Aig àilleachd a luis is mìsleachd a meas
    Is aig feabhas a blais,
Chan iarradh tu shòlas nam biodh tu glic
    Ach coille Chros.

A bheil ceòl-cluaise 'san t-saoghal-sa bhos
2320   Cho binn is cho bras
Ri sìor-bhòrcadh stoirmeil an eas
    Ri taobh coille Chros?

Tèarnadh na buinne le creig
  Gun uireasbhaidh neirt,
2325 Nach traogh is nach tràigh is nach fàs beag,
  Nach reodh is nach stad.
Is lìonmhor bradan tarrgheal druimbhreac
  A leumas ris;
Cho luath 's a thàras iad as
2330 Ag comhruith bho'n eas.

LATHA CHUIL-LODAIR AGUS COR NAN GAIDHEAL.

Iain Ruadh Stiubhart.

floruit 1745.

Gura mór mo chùis mhulaid
Bhith ag amharc na guin atà am thìr.
A Rìgh! bi làidir, 's tu as urrainn
Chasg nan nàimhdean tha dhuinne 's gach taoibh.
2335 Oirnne is làidir Diùc Uilleam,
An rag mhéirleach, tha guin aige dhuinn:
B'e sud salchar nan sgeallag
Tighinn an uachdar air chruithneachd an fhuinn.

Mo chreach Tearlach Ruadh bòidheach
2340 Bhith 'ga dhìteadh aig Deòrsa nam biasd;
B'e sud dìteadh na còrach,
An fhìrinn 'sa beoil foipe sios.
Ach, a Rìgh, ma's a deoin leat,
Cuir an rìoghachd air seòl a chaidh dhinn;
2345 Cuir rìgh dligheach na còrach
Ri linn na tha beò os ar cinn.

Mo chreach armailt nam breacan
Air an sgaoil' 's air an sgapadh 's gach àit,
Aig fìor bhalgairean Shasunn
2350 Nach do ghnàthaich bonn ceartais 'nan dàil;
Ge do bhuannaich iad baiteal,
Cha b'ann d'an cruadal no an tapadh a bhà,
Ach gaoth an iar agus frasachd
Thighinn an iar oirnn bharr machair nan Gall.

2355 Is truagh nach robh sinn an Sasunn
Gun bhìth cho teann air ar dachaidh 's a bhà;
Is cha do sgaoil sinn cho aithghearr,
Bhiodh ar dìchioll ri seasamh na b'fhearr.
Ach 's droch dhraoidheachd is dreachdan
2360 Rinneadh dhuinn mun deachas 'nan dàil;
Air na frìthean eòlach do sgap sinn,
Is bu mhi-chòmhdhail gun d'fhairtlich iad oirnn.

Mo chreach mhór na cuirp ghlégheal
Tha 'nan sìn' air na sléibhtean ud thall,
2365 Gun chiste gun léintean,
Gun adhlacadh fhéin anns na tuill;
Chuid tha beò dhiubh an déidh sgaoilidh
Is iad a' bruithe a chéile air na luing;
Fhuair a' Chuigse an toil féin dinn
2370 Is cha chan iad ach reubaltaich ruinn.

Fhuair na Goill sinn fo'n casan,
Is mór an nàire 's am masladh sud leinn;
An déidh ar dùthcha 's ar n-àite
A spùilleadh 's gun bhlàths againn ann;

2375   Caisteal Dhùnaidh an déidh a losgaidh,
     Is e 'na làraich thuirseach gun mhiadh:
     Gum b'e an caochaileadh goirt e
     Gun do chaill sinn gach sochair a b'fhiach.

     Cha do shaoil mi le m' shùilean
2380   Gum faicinn gach cùis mar a thà;
     Mar spùtadh nam faoilleach
     An àm nan luibhean a sgaoileadh air blàr;
     Thug a' chuibhle car tionntaidh
     Is tha iomadh fear gu h-aimcheart an càs;
2385   A Rìgh, seall le do choibhneas
     Air na fir tha aig nàimhdean an sàs.

     Is mór eucoir 'n luchd òrduigh
     An fhuil ud a dhòrtadh le foill;
     Mo sheachd mallachd air Mhoirear Deòrsa:
2390   Fhuair e an là ud air òrdugh dha féin.
     Bha an dà chuid air a mheoiribh,
     Móran gìogan gun tròcair le foill;
     Mheall e sinne le chòmhradh,
     Is gu robh ar barail ro-mhór air r'a linn.

2395   Ach fhad 's is beò sinn r'ar latha
     Bidh sinn caoidh na ceathairn chaidh dhinn,
     Na fir threubhach bha sgairteil,
     Dhèanadh feum le claidheamh 's le sgiath;
     Mur bhiodh sìontan 'nar n-aghaidh,
2400   Bha sinn sìos air ar n-adhairt gu dian,
     Is bhiodh luchd beurla 'nan laighe
     Tòn thar cheann: b'e sud m'aighear 's mo mhiann.

Och nan och, 's mi fo sprochd,
Is mi an so ag osnaich leam féin,
2405 Ag amharc reismeid an Rosaich
Ag ithe feur agus cruithneachd an fhuinn;
Rothaich iargalt is Cataich
Tighinn a nall oirnn le luchd chasag is lonn;
Iad mar mhìolchoin aig acras,
2410 Siubhal chrìoch, charn chlach, agus tholl.

Mo chreach an dùthaich air an d'thàinig:
Rinn sibh nis clàr réidh dhith cho lom,
Gun choirce gun ghnàiseach,
Gun sìol taghte am fàsach nam fonn;
2415 Prìs nan cearc air an spàrdan
Gu ruige na spàinean thoirt uainn;
Ach sgrìos na craoibhe f'a blàth oirbh,
Air a crìonadh f'a barr gu a bonn.

Tha ar cinn fo'n choille,
2420 Is éiginn beanntan is gleanntan thoirt oirnn;
Sinn gun sùgradh gun mhacnus,
Gun éisdeachd ri binneas no ceòl;
Air bheag bìdh no teine
Air na stùcan air am bi an ceò,
2425 Mar chomhachaig eile,
Ag éisdeachd ri deireas gach lò.

LATHA CHUIL-LODAIR.

IAIN RUADH STIUBHART.

O gur mis th'air mo chràdh,
Thuit mo chridhe gu làr,
Is tric snighe gu m' shàil om' léirsinn.

2430 Dh'fhalbh mo chlàistinneachd uam,
Cha chluinn mi 'san uair
Gu mall no gu luath ni's éibhinn.

Mu Thearlach mo rùin,
Oighre airidh a' chrùin
2435 Is e gun fhios ciod an taobh gu'n téid e.

Fuil rìoghail nam buadh
Bhith 'ga dìobairt 'san uair,
Is mac dìolain le a shluagh ag éirigh.

Sìol nan cuilean gun bhàidh,
2440 'G an ro-mhath chinnich an t-àl:
Chuir iad sinne an càs na h-éiginn.

Ge do bhuainich sibh blàr
Cha b'ann d'ur cruadal a bhà,
Ach gun ar sluaghainn bhith 'n dàil a chéile.

2445 Iarla Chrombaidh le shlòigh,
Agus Bàrasdal òg,
Is Mac MhicAilein le sheoid nach géilleadh.

Clann Ghriogair nan Gleann,
Buidheann ghiobach nan lann,
2450 Is iad a thigeadh a nall nan éight' iad.

Clann Mhuirich nam buadh,
Iadsan uile bhith uainn,
Gur h-e sud m'iomadan truagh r'a leughadh.

A Chlann Domhnaill mo ghaoil,
2455 'Gam bu shuaicheantas fraoch,
Mo chreach uile nach d'fhaod sibh éirigh.

An fhuil uaibhreach gun mheang
Bha buan cruadalach ann,
Ged chaidh bhur bualadh an ám na teugmhail.

2460 Dream eile, mo chreach,
Fhuair an làimhseachadh goirt,
D'an ceann am Frisealach gasda treubhach.

Clann Fhionnlaigh Bhràigh Mharr,
Buidheann cheannsgalach gharg,
2465 'Nuair a ghlaoidhte adbhans 's iad dh'éireadh.

Mo chreach uile is mo bhròn
Na fir ghasd' tha fo leòn,
Clann Chatain an t-sròil bhith dhéidhlaimh.

Chaill sin Domhnall donn suairc
2470 O Dhùn Chrombaidh so shuas,
Mar ri Alasdair ruadh na féile.

Chaill sinn Raibeart an àigh,
Is cha bu sgrubaire e,
Measg chaigneachadh lann is bhéigneid.

2475 Is ann thuit na rionnagan gasd,
Bu mhath àluinn an dreach;
Cha bu phàidheadh leinn mairt 'nan éirig.

Air thùs an latha dol sìos
Bha gaoth ag cathadh nan sìon:
2480   As an adhar bha trian ar léiridh.

Dh'fhàs an talamh cho trom,
Gach fraoch fearann is fonn.
Is nach bu chothrom dhuinn lom an t-sléibhe.

Lasair theine nan Gall
2485   Frasadh pheileir mu'r ceann;
Mhill sud eireachdas lann 's bu bheud e.

Ma's fìor an dàna g'a cheann,
Gun robh Achan 'sa' champ:
Dearg mhéirleach nan rabhd 's nam breugan.

2490   Is e sin an Seanalair mór,
Gràin is mallachd an t-slòigh:
Chreic e onoir 's a chleòc air eucoir.

Thionndaidh e choileir 's a chleòc
Air son an sporain bu mhò:
2495   Rinn sud dolaidh do sheoid Rìgh Seumas.

Ach thig cuibheall an fhortain mun cuairt,
Car o dheas no o thuath,
Is gheibh ar n-eascaraid duais na h-eucoir.

Is gum bi Uilleam mac Dheòrs'
2500   Mar chraoibh gun duilleach fo leòn,
Gun mheur, gun mheangan, gun mheoirean géige.

Gu ma lom bhios do leac,
Gun bhean, gun bhràthair, gun mhac,
Gun fhuaim clàrsaich gun lasair chéire.

2505   Gun sòlas sonas no seanns,
            Ach dòlas dona mu d' cheann,
            Mar bha air ginealach clann na h-Eiphte

            Is chì sinn fhathast do cheann
            Dol 'san adhar ri crann,
2510   Is eoin an adhair 'ga theann reubadh.

            Is bidh sinn uile fa-dheòidh,
            Araon sean agus òg,
            Do'n Rìgh dhligheach 'dan còir ag géilleadh.

DO DHOMHNALL BAN MAC DHOMHNAILL DUIBH.

Alasdair Camshron.

floruit 1745.

            So deoch-slàinte mo ghaisgich,
2515   Is còir a faicinn 'ga lìonadh,
            Is a cumail an cleachdadh
            Mar fhasan da rìreadh ;
            H-uile fear leis nach ait i
            Fàgam esan an iotadh :
2520   Bhith 'ga h-òl gur h-e b'annsa
            Ma's branndaidh no fìon i.

            Ma's branndaidh math cruaidh i
            Druid a nuas i 'ga feuchainn,
            Is gun cuirinn làn cuaich dhith
2525   A suas fo chlàr m' eudainn ;
            Is olc an obair do chàirdean
            Bhith mi-ghràdhach do chèile,
            'S a h-uile fear leis an àill i :
            So deoch-slàinte nan reubal.

2530
Is a Dhomhnaill òig Abraich,
Do shlàinte gum faic mi mun cuairt i;
An t-òg fìrinneach smachdail
Nach robh tais an àm cruadail;
Is beag iongnadh an t-àrdan
2535
Bhith gu h-àrd ann do ghruaidhean,
Is a liuthad fuil rìoghail
Tha sìoladh mu d' ghuaillibh.

Gur lìonmhor fuil fhrasach
Tha air a pasgadh fo d' léinidh,
2540
O shliochd Mhànuis Mhic Cairbre
Bha gu h-armailteach treubhach,
Le sgiathaibh breac dùbailt
Is le'n lùirichean treuna:
An àm dhoibh dol anns an iomairt
2545
Cha b'e tilleadh bu bheus doibh.

Gur lìonmhor do chàirdean
Ann an Albainn r'am feuchainn;
Is car' thu d'oighre na Dreòllainn
Is do Shir Domhnall a Sléite;
2550
Do Mac Shimidh nam bratach
Nach robh tais an àm feuma;
Dh'éireadh Eoghan òg Chluainidh
Is a shluagh leat gun euradh.

Gun éireadh Diùc Pheairt leat
2555
Is àrd Mharcus na h-Einne,
Mar sud is Clann Chatain
Le'n glas lannaibh geura;

Mac MhicRaghnaill na Ceapaich
Le phrasgan glan treubhach,
2560   Is Mac Iain Stiubhairt o'n Apuinn:
Ceannard feachd e nach géilleadh.

Is tha thu cinnteach ad chinneadh
Anns gach ionad an téid thu;
Is mairg dh'fheuchadh an ascaoin,
2565   Cha bu tais an ám feum iad;
Gu h-armach acfhuinneach rìoghail,
Is chan e strìochdadh bu bheus doibh;
Is le farum an làmhaich
Gum biodh an nàimhdean gun éirigh.

2570   Is dearbhadh air sin Sliabh a' Chlamhain
Gun d'fhuair sibh barrachd an cruadal;
Thug thu an dùthchas o d' sheanair:
B'àrd cheannard air sluagh e;
Tha mo dhùil anns an Trianaid,
2575   Ma's nì thig gu buaidh e,
Gum faic mi thu ad Dhiùca
An déidh an crùn ud a bhuannachd.

Là na h-Eaglais bh'aig Hàlaidh
Thug sibh barr air a' bhuidhinn;
2580   An uair a thionndaidh na nàimhdean
'Nan sia rancan 'sa' bhruthach;
Dhuit cha b'iomrall an cruadal,
Ghlac thu an dualchas bu chubhaidh:
An uair theann do chinneadh r'a chéile
2585   Ghabh na béisdean mu shiubhal.

Cha b'e siubhal na slàinte
Bh'aig a' ghràisg ud a' teicheadh;
Is iomadh còta ruadh màduir
Bh'anns an àraich gun leithcheann,
2590   Agus slinnein o'n ghualainn
Agus cnuac chaidh a leagail
Le lùths nam fear làidir,
Ghabh an t-àrdan gun eagal.

Is mairg a tharladh riu crasgach
2595   An am tachairt ri nàmhaid;
Is mo ghaol-sa air an tòiseach,
Craobh-chosgairt a' bhlàir thu;
An uair a thogte do bhratach
Le fir ghasda neo-sgàthach,
2600   Is ann le lùthas bhur gaoirdein
Bhiodh luchd beurla anns an àraich.

MOLADH NA SEAN CHANAIN GAIDHLIG.

ALASDAIR MACDHOMHNAILL.

c. 1700—*c.* 1770.

Gur h-ì as crìoch àraid
Do gach cainnt fo'n ghréin,
Gu ar smuainte fhàsmhor
2605   A phàirteachadh r'a chéil';

Ar n-inntinnean a rùsgadh,
Agus rùn ar crì,
Le'r gnìomh 's le'r giùlan
Sùrd chur air ar dìth.

7

2610
    Is gu laoigh ar beoil
    Dh'ìobradh do Dhia nan dùl;
    Is i h-ard chrìoch mhór
    Gu bhith toirt dòsan cliù.

    Is e an duine féin
2615
    As aon chreutair reusanta ann:
    Gun d'thug toil Dé dha
    Gibht le bheul bhith cainnt.

    Gun chum e so
    O'n uile bhrùid gu léir;
2620
    O ghibht mhór phrìseil-s'
    Dheilbh 'na ìomhaigh féin!

    Nam beirte balbh e
    Is a theanga marbh 'na cheann,
    B'i an iargain shearbh e;
2625
    B'fhearr bhith marbh na ann.

     Is ge h-iomadh cànain
    O linn Bhabeil fhuair
    An sliochd sin Adhaimh,
    Is i Ghàidhlig a thug buaidh.

2630
    Do'n labhradh dhàicheil
    An urram àrd gun tuairms',
    Gun mheang gun fhàillinn
    As urra càch a luaidh.

    Bha a' Ghàidhlig ullamh,
2635
    'Na glòir fìor-ghuineach cruaidh,
    Air feadh a' chruinne
    Mun thuilich an Tuil-ruadh.

Mhair i fòs,
Is cha téid a glòir air chall
2640 Dh'aindeoin gò
Is mìoruin mhóir nan Gall.

Is i labhair Alba
Is gallbhodaich féin,
Ar flaith, ar prionnsaidhe
2645 Is ar diùcanna gun éis.

An tigh-comhairle an rìgh
An uair shuidheadh air binn a' chùirt,
Is i a' Ghàidhlig lìomhtha
Dh'fhuasgladh snaidhm gach cùis.

2650 Is i labhair Calum
Allail a' chinn mhóir,
Gach mith is maith
Bha an Alba, beag is mór.

Is i labhair Goill is Gàidheil,
2655 Neo-chléirich is cléir,
Gach fear is bean
A ghluaiseadh teanga am beul.

Is i labhair Adhamh
Ann a phàrras féin,
2660 Is bu shiubhlach Gàidhlig
O bheul àluinn Eubh.

Och tha bhuil ann!
Is uireasbhach gann fo dhìth
Glòir gach teanga
2665 A labhras cainnt seach ì.

Tha Laidionn coimhliont,
Torrach teann na's leoir;
Ach sgalag thràilleil
I do'n Ghàidhlig chòir.

2670
'S an Aithne mhóir
Bha a' Ghreugais còrr 'na tìm,
Ach b'ion di h-òrdag
Chur fa h-òirchrios grinn.

Is ge mìn slìm bòidheach
2675
Cùirteil ro-bhog lìomhth'
An Fhraingis lòghmhor
Am pailis mór gach rìgh,

Ma thagras càch oirre
Pàirt d'an ainbheach féin,
2680
Is ro-bheag a dh'fhàgas
Iad de àgh 'na cré.

Is i an aon chànain
Am beul nam bàrd 's nan éisg
As fearr gu càineadh
2685
O linn Bhabeil féin.

Is i as fearr gu moladh,
Is as torrunnaiche gleus
Gu rann no laoidh
A tharruing gaoth troimh bheul.

2690
Is i as fearr gu comhairl'
Is gu gnothuch chur gu feum
Na aon teanga Eòrpach,
Dh'aindeoin bòsd nan Greug.

Is i as fearr gu rosg
2695   Is air chosaibh a chur duain,
Is ri cruaidh uchd cosgair
Bhrosnachadh an t-sluaigh.

Mu choinne bàr
Is i as tàbhachdaich bheir buaidh,
2700   Gu toirt a' bhàis
Do'n eucoir dhàicheil chruaidh.

Cainnt làidir ruithteach
As neo-liotach fuaim;
Is i seaghail sliochdmhor
2705   Briosg-ghlorach mall luath.

Chan fheum i iasad
Is cha mhó dh'iarras uath';
O, an t-sean mhathair chiatach,
Làn de chiadaibh buaidh!

2710   Tha i féin daonnan
Saoibhir maoineach slàn,
A tighean-taisge
Dh'fhaclaibh gasda làn.

A' chanain sgapach,
2715   Thapaidh bhlasda ghrinn,
Thig le tartar
Neartmhor a beul cinn.

An labhairt shìolmhor
Lìonmhor, 's mìlteach buaidh;
2720   Shultmhor bhrìoghmhor
Fhìorghlan, chaoidh nach truaill!

B'i an teanga mhilis
Bhinnfhoclach 'san dàn,
Gu spreigeil tioram
2725   Ioraltach, 's i làn.

A' chànain cheòlmhor
Shòghmhor, 's glòrmhor blas,
A labhair móirshliochd
Scota is Gàidheil ghlais;

2730   Is a réir Mhic Comb,
An t-ughdar mór ri luaidh,
Is i as freumhach òir
Is ciad ghràmair glòir gach sluaigh.

MARBHRANN DO PHEATA COLUIM.

Alasdair MacDhomhnaill.

Is tùirseach mo sgeul ri luaidh,
2735   Is gun chàch dad chaoidh,
Mu bhàs an fhir bu leanbail tuar,
Is bu mheanbh r'a chlaoidh.

Is oil leam bàs a' choluim chaoimh,
Nach b'anagrach gnàs,
2740   A thuiteam le madadh d'am beus
Dobhran nan càrn.

Is tu as truaigh leinn de bhàs nan eun,
Mo chràdh nach beò;
Fhir a b'iteagach miotagach triall,
2745   Ge bu mheirbh do threoir.

B'fheumail' do Naoi na càch
    An ám bhàrcadh nan stuadh;
Bu tu an teachdaire gun seacharan dà,
    An uair thràigh an cuan.

2750   A dh'fhidreachdainn an d'fhalbh an tuil,
        Litir gach fear,
Dùghall is Colum gun chuir
    Deagh Naoi thar lear.

Ach chaidh Dùghall air seacharan-cuain
2755   Is cha do phill e riamh;
Ach phill Colum le iteagaich luath,
    Is a fhreagradh 'n a bhial.

Air thùs cha d'fhuair e ionad d'a bhonn
    An seasadh e ann,
2760   Gus do thiormaich dìle nan tonn
    Bharr mullach nam beann.

Is an sin a litir-san leugh an duine bha glic
    Gun thiormaich a' bhailc,
Is gu faigheadh a mhuirichinn cobhair 'nan teirc'
2765   Agus fuasgladh 'nan airc.

Le neart cha spùillte do nead,
    Ge do thigte dad shlad;
Bhiodh do chaisteal fo bhearraibh nan creag
    Ann an daingnichibh rag.

2770   Cha do chuir thu dùil an airgiod no spréidh
    No féisd am biodh sùgh,
Ach spioladh is criomadh an t-sìl le d' bheul,
    Is ag òl a' bhùirn.

Aodach no anart, sìoda no sròl,
2775   Cha cheannaicheadh tu am bùth:
Bhiodh t'éididh de mhìn iteacha gorm,
   Air nach drùidheadh an driùchd.

Cha do ghabh thu riamh paidir no creud
   A ghuidhe nan dùl;
2780 Gidheadh chan 'eil t'anam am péin
   O chaidh thu null.

Chan e gun chiste no anart bhith comhdach do chré
   Fo lic anns an ùir,
Tha mise, ge cruaidh e, an diugh 'g acain gu léir,
2785   Ach do thuitim le cù.

MOLADH AIR PIOB-MHOIR MHIC CRUIMEIN.

ALASDAIR MACDHOMHNAILL.

Is iomadh baintighearn' bha spéiseil
Mu'n chéile bh'aig Móraig;
Gun àirmhear mi féin diubh
Is gach té tha de m' sheòrsa:
2790 Mhol e phìob anns gach grìd
Am b'fhearr a prìs cheòlmhor,
'Na buadhanna móra,
'Na gaisge ri comhrag;
O, fhad bhios bìog no aon dìorr,
2795 No gné chlì am chomhradh-s',
Is gun an fhorc a bhith am' mheoiribh,
Gu mol mi ri m' bheò thu.

Leam is mùirneach 'n ám éirigh
Cruaidh sgal éibhinn do sgòrnain;
2800 Anail beatha do chreubhaig
D' a séideadh troimh d' phòraibh;
Cinnidh as port nach tais,
Làn de thlachd sòghràdhach,
Is e fonnmhor mear bòidheach,
2805 Gu h-inntinneach lòghmhor;
Ceart is blas, caismeachd bhras,
Is ùrlar cas comhnard,
Gun rasgaich gun chrònan,
Gun slaodaireachd mheoirean.

2810 An ám do'n ghréin dol 'na h-éididh
Is tric leat éirigh a d' sheòmar,
Gu trusganach ceutach,
Is ribein gléghrinn de'n t-sròl ort;
T' àrd ghlaodh suas, sgairteil fuaim,
2815 Maduinn fhuar reòta,
Dol 'san ruaig chomhraig
Bheirte sluagh beò leat;
Gur spreòdadh cruaidh t' *alarm*-sa luath
Neach is tuar gleois air;
2820 Gun toir mi-fhìn bóidean
Gu mol mi ri m' bheò thu.

Corp mìn-chraicneach glé-ghlan
Làn de shéideagan cruadail,
Do cheud sgairt neartmhor eutrom
2825 Mosglaidh ceudan o'm fuarghreann;
Le mór sgairt théid gu grad
An arm 's am brat buailte,

Le foirmealachd uallaich
Is craobh-fheirge 'nan gruaidhibh;
2830   Spàinneach glas cùil nan clais
Siar gach bac-cruachain,
Grad ullamh gu tuasaid,
Le sgal sionnsair d'am buaireadh.

Is mór tha mhaise is de mhisnich
2835   Is de dheagh ghibhtean 'na t'ùrluinn;
Pròiseil sturtail, fìor sgibidh,
Is gur neo-mheata cur giuig ort;
Goic nam buadh as àghmhor gruaim,
A dh'fhàgas sluagh creuchdach;
2840   Gu marbhadh is gu reubadh
Le caithream nan geur lann:
Pìob 's i suas as dìonach nuall
Miarchruinn luath leumnach;
Toirm thrileanta bhlasda,
2845   As fìor bhasdalach beucail.

An uair a nochdar a' bhratach,
B'ait leam basgar do shionnsair;
Le d'bhras-shiùbhlaichean cnapach
Teachd le cneatraich o d' chrunnluath:
2850   Caismeachd dhlùth as pronnmhion lùth,
Teachd le rùn reubaidh,
Ghearradh smùis agus fhéithean
Le d'sgalghaoir ag éigheach.
Có de'n t-sluagh nach cinn luath
2855   Fo do spor cruaidh gleusta?
Chan 'eil anam an creubhaig
Làn de mhisnich nach séid thu.

Chuireadh cnapraich do bhras-mheur
Gach aon aigne gu cruadal:
2860 Do thorman dìonach le lasgar,
Aird-bhinn chaismeachd an fhuathais.
Lùths is spìd, luas le clì,
Is mór neart fìor-chuanta,
Gu sàthadh 's gu bualadh
2865 Is gu cuirp chur an uaighibh:
Beuc nam pìob 's i cur dhìth,
Sìorsgrios gnìomh-luaineach:
Riamh ri h-uchd bualaidh
Is crann àghmhor 'san ruaig thu.

2870 Molam ceòl agus caismeachd,
Crann taitneach mo rùin-s' thu;
Chuireadh t'iolach fo d'bhratbhréid
Rinn-cholg gaisge 'nar sùilean.
Rìgh nan ceòl, 'n ám na slòigh
2875 Bhith 'nam mór éididh,
Gu stròiceadh 's gu reubadh,
Chur chorp as a chéile:
Ri h-uchd gleois is bras do mheoir
Le t' anfhadh glòir-ghleusda,
2880 Dol air 'n adhart gu sgairteil
Is leanailt bhras 's an retreuta.

Rinn thu òinid de'n chlàrsaich,
Searbh mar ràcadal fìdhlean:
Ciuil bhochd mhosgaideach phràmhail
2885 Air son shean daoine is nìonag:
Ri h-uchd goil' b'fhearr aon sgal
O d'thuill mheara fhìnealt

D'am brosnadh 's d'an grìosadh,
Ann an caithream thoirt grìosaich;
2890 Toirm do tholl phronnadh phong
Cruinn-chruaidh lom-dhìonach;
B'fhearr 'san ám sin do bhrothluinn
Na uile oirfeid na crìostachd.

Torman siùbhlach dhos fàinneach
2895 As milis gàirich is crònan;
Bùirein cuilc is binn ardghaoir,
Teachd o fhàslaichean ceòlchaol;
Sionnsair donn as foirmeil fonn,
Sgiamhach bonn, ro-ghrinn,
2900 Gun ghaiseadh, gun fhòtus,
Is rifeid gheur chomhnard:
Brat mìn trom, plabraich crom,
Shìoda lom cròidhearg,
Mar shuaicheantas comhraig
2905 Is e srannraich ri mórghaoith.

B'ait bhith 'g amharc 'na t'eudann
An am bhith séideadh do shròine;
Tha Mars gaisgeil 'na éididh
Ri sìor-shéitrich fo d' chòtan:
2910 An uair chuirear suas do ghlaodh cruaidh
Roimh an bhràs-shluagh choimhstritheach,
Cinnidh daoine 'nan leómhannaibh
Fuileachdach beòdha.
Bidh bras ruaim, ghuineach ruadh,
2915 Anns gach gruaidh fheòlmhoir;
Is le mór lasgar do bhrasphort
Chan ath iad bhith deònach.

B'e sud an gothadh fìor-laghach
A' dol air 'n adhart 's a' mhàrsail;
2920 Ann d' chorp cumail stadhaidh
A' dol am fradharc do nàmhad;
Is iomadh fear bheir fa-near
T'fhacail mhear ghràsmhor,
D'an spreòdadh 'sna blàraibh
2925 Le mear ghaoith do mhàla:
Is rabhadh trom gach aon phong
Thig o d'chom gàireach,
Sìor bhrosnachadh teine,
Is tarruing sgoinneil air chlàidhean.

2930 Chuireadh tusa le d' bhuaidhean
Gaoir dhearg chruadail 's gach inntinn;
Shiubhladh tu le d'thoirm uallaich
Gach ball uasal 's cha dìbir;
Dhannsadh bras air thoirt as,
2935 Le fìor bheachd mìochuis,
Gach cridhe a bhios rìoghail
'Nan comaibh gun dìbleachd:
Théid air ghleus gach aon chré
Le misg-chath' ghéir dhìlis;
2940 Is le brosdadh do bhrasphort
Gun casgradh iad mìltean.

Gura suibsec fìor thorrach
Corp soghràdhach na pìoba,
Lomlàn loinne mu broilleach
2945 Sìos gu coileir a fìdeig;
Buill do chuirp sheinneas puirt
Le ceòl-stuirt bhìogail;

Troimh t'ochd uinneagan fìnealt'
Thig arm-chaismeachd nam mìlidh;
2950   Is toirm do bhruit ri sìor-chluich
Am barr do dhuis rìomhaich:
Seoid a mhosgladh nan gaisgeach
Le foirm bhrasphort d'an grìosadh.

Is comh-tiugh gach orraichean séitreach
2955   Mu d' ghnùis cheutaich a' bòrcadh,
Ri meanbhchuileagan céitein
Mu bhoc a' réiceil air lònan:
Gràdh do chom choisneas bonn
Le d' shreath tholl òrdail,
2960   Teachd 'na thailmrich bhinn bhòidhich
Troimh ochd dhorsa do sheòmair;
Muineal crom phronnas pronn
Puirt, le fonn comhraig;
Cliath as tartarach tadhal,
2965   Breabraich, stadhadh 's mòisin.

Suas 'nuair nìtear do spalpadh
Ann an achlais do chéile,
Troimh d' chaol ghaothaire snasmhor
Gaoth 'nad phearsa d'a séideadh;
2970   Meoir 'nan ruith air bhalla-chrith,
Is iad ri frith-leumraich
Air sionnsair donn gleusda,
Is binn goileam a' chléibh sin:
Dearrasan bruit, gaoirich duis,
2975   Gun tuisleadh d'a bheusadh,
Air slinnein borb an fhir-bhrataich,
Gathan gasda agus bréid ris.

An crann mu'n cruinnich na ceudan,
An ám cruaidh gheur thoirt a truaillibh;
2980   Làn arm agus éididh,
Ghuineach ghleusda gu cruadhchùis;
Crith gu feum air gach treun,
Làn de shéid ghruamaich,
Le do lasagan buadhach
2985   Sparradh ascaoin 's na sluaghaibh:
Mars 'na leum anns an speur
Air each dearg ceum-luaineach,
'N a làimh a chlaidheamh d'a chrathadh,
Is misg-chatha 'n a ghluasad.

2990   Mhoire, is ionmhuinn leam féin thu
Seach an céile bh'aig Deòrsa;
A Bhan-Chruimeineach bheusach,
Mhaiseach bhréidghlan gun fhòtus;
Bean gun bheud 's i gun eud,
2995   Làn de shéid shòlais,
An geal ghlacaibh t' fhir-phòsda
Dad chniadach 's dad phògadh;
O, is fortan cruaidh nach 'eil t' fhuaim
Am chluais feadh 's bu bheò mi:
3000   Ceòl is caismeachd mo chridhe,
A Bhan-Sgiathanach ghlòrmhor!

AM BREACAN UALLACH.

ALASDAIR MacDHOMHNAILL.

B'fhearr leam breacan uallach
Mu m' ghuaillibh 's a chur fo m' achlais,
Na ge do gheibhinn còta
3005   De 'n chlò as fearr thig a Sasunn.

Mo laochan féin an t-éididh
A dh'fheumadh an crios d'a ghlasadh :
Cuaicheineachadh éilidh,
Déis éirigh gu dol air astar.

3010   Eilidh cruinn nan cuaichein,
Gur buadhail an t-earradh gaisgich :
Shiubhlainn leat na fuarain
Feadh fhuairbheann, 's bu ghasda air faich thu.

Fìor chulaidh an t-saighdeir,
3015   As neo-ghloiceil ri uchd na caismeachd :
Is ciatach 'san adbhans thu,
Fo shrannraich nam pìob 's nam bratach.

Cha mhios anns an dol sìos thu
An uair sgrìobar a duille claisich :
3020   Fìor earradh na ruaige
Gu luas a chur anns na casaibh.

Bu mhaith gu sealg an fhéidh thu
'N ám éirigh do'n ghréin air creachunn,
Is dh'fhalbhainn leat gu lòghmhor
3025   Di-dòmhnaich a' dol do'n chlachan.

Laighinn leat gu ciorbail,
Is mar earbaig gum briosgainn grad leat,
Na b' ullamh air m' armachd
Na dearganach is mosgaid ghlagach.

3030   An ám coilish a bhith dùrdan
Air stùcan am maduinn dhealta,
Bu ghasda t'fheum 's a' chùis sin
Seach mùtan de thrusdar casaig.

Shiubhlainn leat a phòsadh,
3035 Is bharr feoirnein cha fhroisinn dealta;
B'i sud an t-suanach bhòidheach:
An òigbhean bu mhór a tlachd dhith.

B' aigeanntach 's a' choill' thu,
Dam' choibhreadh le d' bhlàs 's le t'fhasgadh:
3040 O chathadh is o chrìonchur
Gun dìonadh tu mi ri frasachd.

Air uachdar gura sgiamhach
A laigheadh an sgiath air a breacadh,
Is claidheamh air chrios ciatach
3045 Air fhiaradh os cionn do phleata.

Is deas a thigeadh cuilbheir
Gu suilbhire leat fo'n asgaill,
Is dh'aindeoin uisge is urchoid
No tuilbheum gum biodh ar fasgadh.

3050 Bu mhaith anns an oidhche thu,
Mo loinn thu mar aodach-leapa;
B'fhearr leam na'm brat lìn thu
As prìseile mhìn tha'n Glaschu.

Is baganta grinn bòidheach
3055 Air banais 's air mòd am breacan:
Suas an éileadh-sguaibe,
Is dealg-gualainn ag cur air fasdaidh.

Bu mhaith an là is an oidhche thu,
Bha loinn ort am beinn 's an cladach;
3060 Bu mhaith am feachd 's an sìth thu:
Cha rìgh am fear a chuir as duit.

8

Shaoil leis gun do mhaolaich so
Faobhar nan Gàidheal tapaidh;
Ach 's ann a chuir e géire orra
3065   Na's beurra na deud na h-ealtainn'.

Dh'fhàg e iad làn mìoruin,
Cho clocrasach ri coin acrach:
Cha chaisg deoch an ìotadh
Ge b' fhìon e, ach fìor fhuil Shasunn.

3070   Gu spìon sibh an cridhe asainn,
Is ar broillichean sìos a shracadh,
Cha toir sibh asainn Tearlach
Gu bràth gus an téid ar tachdadh.

R'ar n-anam tha e fuaighte,
3075   Teann luaidhte cho cruaidh ri glasan;
Is uainn chan fhaodar fhuasgladh,
Gu 'm buainear am fear ud asainn.

Ged chuir sibh oirnne buarach
Thiugh luaidhte, gu ar falbh a bhacadh,
3080   Ruithidh sinn chomh luath
Is na's buaine na féidh a' ghlasraich.

Tha sinn 'san t-sean nàdur,
A bha sinn roimh àm an achda:
Am pearsanna is an inntinn,
3085   Is 'n ar rìoghalachd cha téid lagadh.

Is i an fhuil bha an cuisle ar sinnsridh,
Is an innsgin a bha 'nan aigne,
A dh'fhàg dhuinne mar dhìlib
Bhith rìoghail: O sin ar paidir!

3090
Mallachd air gach seòrsa
Nach deònaicheadh fòs falbh leatsa,
Cia dhiùbh bhiodh aca còmhdach
No comhrùisgte lom gu an craicionn.

Mo chion an t-òg feardha
3095
Thar fairge chaidh uainn air astar:
Dùthrachd blàth do dhùthcha
Is an ùrnuigh gu lean do phearsa.

Is ged fhuair sibh làmh an uachdar
Aon uair oirnn le seòrsa tapaig,
3100
An donas blàr r'a bheò-san
Nì am feòladair tuilleadh tapaidh.

LAOIDH AN TAILLEIR.

? Domhnall Ban Mac O'Neachdain.

floruit c. 1730.

Dul a chaidh mi dhèanamh aodaich
    Do chlannaibh Baoisgne an Almhuin;
Cha d' thug iad an asgaidh mo shaothair
3105
    Is gum b' iad féin na daoine calma.
Is tric a rinn mi casag mhaiseach
    Do Gholl mór an aigne mheanmnaich.
Is cha bhithinn na bu lugha na ginni
    An uair a shìneadh e a làmh dhomh.

3110 Chaidh mi dul a dhèanamh triubhais
  Do Chù Chulainn an Dùn Dealgan;
Air bhith dhomhsa 'ga chumadh
  Thàinig fomhair a steach d'ar n-ionnsaigh.
Tharraing Cù Chulainn a chlaidheamh,
3115   Is mairg a thàrladh air 'san uair sin,
Is sgath e na cóig cinn d'a mhuineal:
  Is mise chunnaic bhith 'ga bhualadh.

Gheibhte furasda ad theach rìoghail
  Pìobaireachd is cruit is clàrsach;
3120 Fìon 'ga leigeadh, òr 'ga dhìoladh,
  Fir ùra ag iomairt air thàileasg.
B'iomadh seang chù ann air slabhraidh,
  Agus Spàinneach ann air ealchainn;
Mnathan deudgheal ri fuaigheal anairt,
3125   Is coinnle céir ann laiste an lanndair.

Is iomadh clogaid agus ceannbheart.
  Sgiath amalach dearg is uaine.
Is iomadh diallaid is srian bhuclach,
  Pillein òir is cuirplinn airgid.
3130 Is lìonmhor sleagh as rinngheur faobhar
  An taic ri laoch air ealchainn:
Gheibheamaid tombaca is sgeulachd
  Is branndaidh Eireannach is Fhrangach.

Chuir Fionn gille gu mo shireadh
3135   Dhèanamh briogais da de'n mheilmhinn,
I bhith farsaing am bac na h-easgaid
  Chum gu b' fhasaid' da ruith gu calma.

"Is mise neach as luaithe adeirear
  An seachd cathaibh na Féinne,
3140 Is air do chluais na freagair duine
  Gus an cuir thu mise am éideadh."

Adubhairt Osgar 's e ag gabhail angair,
  "Ciod e fàth dhuit bhith 'g a chumail?
Mur ruig e mise moch a màireach
3145   Gun toir mi a cheann as a mhuineal."
"Osgair, is mise do sheanair
  Is tha e agamsa 'n a shuidhe;
Is cha dèan e greim do dhuine
  Gus an cuir e mise am uidheam."

3150 "Ge bu tu m' athair is mo sheanair,
  Cha bhi mi na's faide rùisgte;
Mo chotan sìoda gun fhuaigheal,
  Is bheir mi duais dha chionn a dhèanamh."
Deir Goll is deir Garadh is deir
3155   Bricin mac Briain Bóroimhe:
"Olc air maith le Clannaibh Baoisgne
  Gheibh sinn cuid ar croinn de'n òglach."

Adubhairt Conan is e dùsgadh a' chogaidh,
  "Ge b' oil le Osgar 's le Fionn e,
3160 Gheibh sinn cuid ar croinn de'n tàillear
  Dhèanamh aodach bainnse Mhic Mhorna."
Adubhairt Fearghus is e 'ga fhreagairt,
  "A Chonain leibidich an dòlais,
Cha dèan e snaidheam do dhuine
3165   Gus an riar e Clanna Baoisgne."

Deir Caoilte, deir Diarmaid, "A dhaoine,
　　Ciod e a' chiall a tha agaibh
A' trod mu aon làn bhuidse de thàillear,
　　Aon là gun riar se air fad sibh.
3170 Gabhaidh gu suidhe is gu slothchaint,
　　Is nì mise innleachd dhuibh an ceartuair
An tàillear a chur as an teaghlach,
　　Is cha mhair a' chaonnag na's fhaide."

"Is maith do chomhairle dhuinn, a Dhiarmaid,
3175　　Craobh-shìothchainte dhuinn air fad thu,
An tàillear a chur a fochair na Féinne
　　Mun dèantar leis beud no bramas."
Dh' fhiosraich Diarmaid gu glé fhoist'neach,
　　C'àite am b'àbhaist dhomh bhith am chomhnuidh.
3180 Fhreagair mise e am briathraibh àilne,
　　Gum b'àbhaist dhomh bhith an Gleann Lòcha.

"Cionnas atà mo luchd-cinnidh
　　Eadar ghillibh is fearaibh òga?
Cia mar tha am Baran is a bhràthair?
3185　　Cia lìon tha làthair de'n t-seòrsa ud?
Eadar rìgh Deòrsa is rìgh Seumas
　　An d'fhuirich linn siol beò dhiubh?
No a bheil iad anns na cathaibh
　　A bha aca am machair Alba?"

3190 "Bha mise am Monadh an t-Siorraim,
　　C'uime nach innsinn duitse, a Dhiarmaid,
Gun d'rinn Clann Domhnaill an dligheadh,
　　Is theich Diùc Ghordain as na cianaibh."

"Marbhaisg oirbh, a chuideachd an donais,
3195   C'uime nach cuireadh sibh fios oirrne?
Is chairteamaidne a mach na Sasunnaich
    Tar a' Chaisteal Nodha ar n-ònrachd.

An ám do'n rìgh bhith air pilleadh,
    Is a thighinn a steach do Albainn,
3200 Cuiridh litir Mharr g'ar sireadh
    Is gu Diùc o Bearrag is Eanruig.
Imich thusa romhad, a thàilleir,
    Mun tog thu aimhreit 's an teaghlach;
Is thoir beannachd uam-sa gu mo chàirdibh,
3205   Is innis doibh gun chosg mi caonnag."

CUMHA CHOIRE AN EASA.

IAIN MACAOIDH (AM PIOBAIRE DALL).

1666—1754.

Mi an diugh a' fàgail na tìre
Siubhal na frìthe air a leathtaobh,
Is e dh'fhàg gun airgiod mo phòca
Ceann mo stòir bhith fo na leacaibh.

3210   Is mi aig bràigh an Alltain Riabhaich
Ag iarraidh gu Bealach na Féithe,
Far am bi damh dearg na cròice
Mu Fhéill Eoin Ròid a' dol 'san dàmhair.

Is mi ag iarraidh gu Coire an Easa,
3215   Far an tric a sgapadh fùdar;
Far am bi mìolchoin 'gan teirbeirt,
Cur mac na h-éilde d'a dhùbhlan.

Coire gun easbhaidh gun iomrall,
Is tric a bha Raibeart mu d'chomraich;
3220   Chan 'eil uair a nì mi t'iomradh
Nach tuit mo chridhe gu tromchradh.

Is e sin mise Coire an Easa,
Tha mi am sheasamh mar a b'àbhaist;
Ma tha thusa 'nad fhear ealaidh,
3225   Cluinneamaid annas do làimhe.

An àill leat mise a rùsgadh ceoil duit,
Is mi am shuidhe mar cheò air bealach,
Gun spéis aig duine tha beò dhiom
O'n chaidh an Còirneal fo thalamh?

3230   Mo chreach, mo thùirse is mo thruaighe,
'Ga chur 'san uair-sa dhomh an ìre,
Mhuinntir a chumadh rium uaisle
Bhith an diugh 'san uaigh dam dhìth-sa.

Nan creideadh tu uam, a Choire,
3235   Gur h-e dorran sud air m' inntinn,
Is cuid mhór e dh' aobhar mo leisgeil
Nach urrainn mi seasamh ri seinn duit.

Measar dhomh gur tu mac Ruairidh
Chunna mi mar ris a' Chòirneal;
3240   An uair a bha e beò 'n a bheatha
Bu mhiann leis do leitheid 'n a sheòmar.

Bu lìonmhor de mhaithean na h-Eireann
Thigeadh gu m' réidhlean le h-ealaidh;
Sheinneadh Ruairidh Dall dhomh fàilte,
3245   Bhiodh MacAoidh 's a chàirdean mar ris.

O'n tha thusa ag caoidh nan àrmunn
Leis am b'àbhaist bhith 'gad thadhal,
Gun seinn mi ealaidh gun duais dhuit,
Ge fada uam is mi gun fhradharc.

3250 Is lìonmhor caochladh teachd 'san t-saoghal
Agus aobhar gu bhith dubhach;
Ma sheinneadh 'san uair sin duit fàilte,
Seinnear an tràth so dhuit cumha.

Is e sin ceòl as binne thruaighe
3255 Chualas o linn MhicAoidh Dhomhnaill;
Is fada a mhaireas e am chluasan
An fhuaim a bh' aig tabhann do mheoirean.

Beannachd dhuit agus buaidh-làrach
Anns gach àit an dèan thu seasamh,
3260 Air son do phuirt bhlasda dhìonaich,
Is a' ghrian a' teannadh ri feasgar.

Is grianach t' ursainn féin, a Choire,
Is gun fhéidh a' tèarnadh gu d' bhaile;
Is iomadh neach d' am b'fhiach do mholadh,
3265 Do chliath chorrach bhiadhchar bhainneach.

Do chìob, do bhorran, do mhìlteach,
Do shlios, a Choire, gur lìonach,
Lùbach luibheach daite dìonach;
Is fasgach do chuilidh 's gur fiarach.

3270 Tha t'éideadh uile air dhreach a' chanaich,
Cìrein do mhullaich cha chrannaich;
Far am bi na féidh gu torrach
Ag éirigh farumach mu d' fhireach.

Sleamhuinn sliosfhad do shliochd àraich,
3275 Gun an gart no an càl mu t'ìosal;
Mangach maghach aghach tèarnach
Greigheach cràiceach fradharc frìthe.

Neoineineach gucagach mealach
Lònanach lusanach imeach,
3280 Is bòrcach do ghorm luachair bhealaich,
Gun fhuachd ri doininn ach cireach.

Seamragach sealbhagach duilleach
Mìnleacach gormshléibhteach gleannach
Biadhchar riabhach riasgach luideach,
3285 Le'n dìolta cuideachd gun cheannach.

Is cùirteil leam gabhail do bhràighe,
Biolaire t'uisge mu t' innsibh,
Mìodar maghach, cnocach càthair,
Gu breac blàthmhor an uchd mìnfheoir.

3290 Gu gormanach tolmanach àluinn
Lochach lachach dosach cràighiadhach
Gadharach faghaideach bràigheach,
Ag iomain nan eilid gu nàmhaid.

Bùireineach dubharach bruachach
3295 Fradharcach cròiccheannach uallach
Feoirneineach uisge nam fuaran,
Grad ghaisgeanta air ghasgan cruadhlaich.

Balg-shùileach fàileanta biorach
Brangshronach eangladhrach corrach,
3300 'San anmoch as meanbhluath sireadh,
Air mhire a' dìreadh 's a' choire.

'S a' mhaduinn ag éirigh le'r mìolchoin
Gu mùirneach maiseach gasda gnìomhach,
Lùbach leacach glacach sgiamhach,
3305   Cràcach cabrach cnagach fiamhach.

An ám do'n ghréin dol air a h-uilinn,
Gu fuilteach reubach gleusta gunnach,
Snapach armach calgach ullamh,
Riachach marbhach tairbheach giullach.

3310   An ám dhuinn bhith tèarnadh gu d' réidhlean,
Teinnteach cainnteach coinnleach céireach,
Fìonach cornach ceòlach teudach,
Ordail eòlach, 'g òl le réite.

Sguiridh mi a nis dhiot, a Choire,
3315   O'n tha mi toilicht' de do sheanchas;
Sguiridh mise shiubhal t'aonaich
Gus an tig MacAoidh do Albain.

Ach 's i mo dhùrachd dhuit, a Choire,
O'n 's mór mo dhùil ri dol tharad;
3320   O'n tha sinn tuisleach 's a' mhunadh,
Bìomaid a' triall thun a' Bhaile.

BEANNACHADH BAIRD.

Iain MacAoidh (Am Piobaire Dall).

Gum beannaich Dia an teach 's an tùr
Is an tì a thàinig ùr 'nar ceann,
Geug shona sholta gheibh cliù,
3325   Nì buannachd dùthcha is nach call.

A' gheug a thàinig 's an deagh uair
D'am buadhach mùirn agus ceòl,
Ogha Choinnich nan rùn réidh
Is Bharain Shrath Spé nam bó.

3330   O Iarla Shìphort an tòs
Dhiuchd an òigh as taitnich beus,
Is o'n Taoitear Shàileach a rìs,
A fhreasdaileadh an rìgh 'na fheum.

Bidh Granndaich uime nach tiom
3335   Bu treubhaich iomairt 's gach ball,
O Spé a b'iomadaich lìon,
Is féidh air firichean àrd.

Is ann o na Cinnidhean nach fann
Thàinig an òigh as glaine cré ;
3340   Gruaidh chorcair agus rosg mall,
Mala chaol cham is cùl réidh.

Tha a h-aodann geal mar a' chailc,
Is a corp sneachdaidh air dheagh dhealbh ;
Maoth leanabh le gibhtean saor,
3345   Air nach facas fraoch no fearg.

Tha slios mar eala nan sruth,
Is a cruth mar chanach an fheoir :
Cùl cleachdach air dreach nan teud,
No mar aiteal gréine air òr.

3350   Bu cheòl-cadail i gu suain,
Is bu bhuachaille i air do-bheus ;
Coinneal soluis feadh do theach,
A' frithealadh gach neach mar fheum.

Gu meal thu féin t'ùr bhean òg,
3355 A Thriath Ghearrloch nan corn fial;
Le toil chàirdean as gach tìr,
Gu meal thu ì is beannachd Dhia.

Gu meal sibh breith agus buaidh,
Gu meal sibh uaill agus mùirn;
3360 Gu meal sibh gach beannachd an céin,
Is mo bheannachd féin dhuibh air thùs.

Is iomadh beannachd agus teist
Tha aig an òigh as glaine slios;
Is beannachd d'an tì a thug leis
3365 Rogha nam ban an gnè 'sam meas.

———————

ORAN AIR LA SLIABH AN T-SIORRAIM.

SILIS NIGHEAN MHICRAGHNAILL.

1660—1729.

Tha mulad, tha gruaim orm, tha bròn,
O'n dh'imich mo chàirdean air folbh,
O'n chaidh iad air astar
Gun chinnt mu'n teachd dhachaidh,
3370 Tha m'inntinn fo airtneal gu leoir.

Mo ghuidhe gun cluinnear sgeul binn
Mu'n bhuidhinn a dh'imich o'n tìr;
Gun crùn sibh an Sasunn
An rìgh dligheach le 'r gaisge,
3375 Is gum pillear leibh dhachaidh gun dìth.

Beir soraidh gu Domhnall o'n Dùn,
Gu h-Uilleam 's gu Seumas 'nan triuir;
   An uair a chruinnicheas uaislean
   De d' chinneadh mun cuairt duit,
3380   Glac an t-urram a fhuair thu le cliù.

Beir soraidh gu h-Alasdair liath:
As do chruadal gun earbainn deagh ghniomh;
   An uair a théid thu gu buillean
   Is do nàimhdean a dh'fhuireach,
3385   Gu cinnteach bidh fuil air am bian.

Beir soraidh gu h-Ailean o'n chuan
Bha greis anns an Fhraing uainn air chuairt;
   Is e ro mheud do ghaisge
   Chum gun oighre air do phearsa,
3390   Craobh-chosgairt air feachd nan arm cruaidh.

Beir soraidh an deaghaidh nan laoch
A dh'imich o Cheapaich mo ghaoil,
   Gu ceannard a' Bhràghad
   Is a' chuid eile de m' chàirdean:
3395   Buaidh shìthne is buaidh làrach leibh chaoidh.

Tha ùrachadh buidheann tighinn oirnn,
MacCoinnich, MacShimidh 's MacLeoid,
   MacFhionghuin Srath Chuailte
   Is an Siosalach suairce;
3400   Is e mo bharail gum buailear leo stròic.

Gig gig, thuirt an coileach 's e an sàs,
Tha mo sgoileirean ullamh gu blàr,
   Am fùididh nach coisinn:
   Cuiribh a cheann anns a' phoca,
3405   Is chan fhiù dhuinn bhith 'g osnaich m' a bhàs.

Crath do chìrein do choileir 's do chluas,
Cuir sgairt ort ri feachd an taobh tuath;
    Cuir spuir ort 's bi gleusda
    Gu do nàimhdean a reubadh,
3410   Is cuir MacCailein fo ghéill mar bu dual.

Thighearna Shrùthain o Ghiùthsaich nam beann,
Thug thu tamull a' feitheamh 'san Fhraing,
    Tog do phìob is do bhratach:
    So an t-ám dhuit bhi sgairteil,
3415   Is cuir na Caimbeulaich dhachaidh 'n an deann.

Rìgh, is buidheach mi Mhoirear sin Marr,
Leis a dh'éireadh a' bhuidheann gun fheall;
    A liuthad Foirbeiseach gasda
    Tha ag iadhadh m'a bhrataich;
3420   B'fhiach do Sheumas an glacadh air làimh.

Tha mo ghruaim ris a' bhuidhinn ud thall,
A luaithead 's a mhùth iad an t-sreang;
    Tha mi cinnteach am aigne
    Gum bu mhiann leo bhith againn,
3425   Mur bhi Chuigse bhith aca mar cheann.

Far an robh sibh ri peideachas riamh,
Is cha b'ann ag osnaich air mullach nan sliabh:
    A liuthad cùbaid tha an dràsda
    Fo chùram na gràisge,
3430   Agus easbuig fo àilgheas nam biasd.

A Dhonnchaidh, ma dh'imich thu null,
Tha do chiabhan air glasadh fo chliù;
    Gun cluinneam 's gu faiceam
    Do philleadh-sa dhachaidh,
3435   Is do chinneadh cha stad air do chùl.

An uair a ruigeas sibh cuide ri càch,
Ciamar chumas a' Chuigse ruibh blàr
　　C'ait' a bheil e fear aca
　　An Albainn no an Sasunn
3440　Nach gearradh sibh as mar an càl?

An uair a ruigeas sibh Lunnainn nan cleòc,
Is a bheir sibh an fhàistinneachd beò,
　　Bidh sibh tomhas an t-sìoda
　　Le bhur boghachan rìomhach,
3445　Air an drochaid is mìltean fo 'r sgòd.

ORAN DO ALASDAIR GHLINNE GARADH.
a dh'eug anns a' bhliadhna 1721.
SILIS NIGHEAN MHICRAGHNAILL.

Alasdair a Gleanna Garadh,
　　Thug thu an diugh gal air mo shùilean;
Is beag iongnadh mi bhith trom chreuchdach:
　　Gur tric 'gar reubadh as ùr sinn.

3450　Is deacair dhomh-sa bhith gun osnaich
　　Meud an dosgaich th'air mo chàirdibh;
Gur tric an t-eug oirnn ag gearradh,
　　Taghadh nan darag as àirde.

Chaill sinn ionann agus comhla
3455　Sir Domhnall a mhac 's a bhràthair.
Ciod e am fàth dhuinn bhith 'gar gearan?
　　Dh'fhan Mac MhicAilein 's a' bhlàr uainn.

Chaill sinn darag làidir liathghlas
　　Bha cungbhail dìon air a chàirdibh,
3460　Capull-coille bharr na giùthsaich,
　　Seabhag sùlghorm lùthmhor làidir.

Dh' fhalbh ceann na céille is na comhairl'
　　Anns gach gnothuch am bi cùram,
Aghaidh shoilleir sholta thaitneach,
3465　　　Cridhe fial farsaing m' an chùinneadh.

Bu tu tagha nan sàr-ghaisgeach,
　　Mo ghuala thaice is mo dhiùbhail;
Smiorail fearail foinnidh treubhach,
　　Ceann feachda chaill Seumas Stiùbhart.

3470　Nam b' ionann do chàch is do Gholl
　　An uair dh' imich an long a mach,
Cha rachadh i rithist air sàil
　　Gun fhios 'd e am fàth mu' n d' thàin' i steach.

Ach 'nuair chunnaic sibh 'san tràth sin
3475　　Bhith 'gar fàgail air faontradh,
Bhrist bhur cridheachan le mulad:
　　Is léir a bhuil nach robh sibh saogh'lach.

Bu tu an lasair dhearg d' an losgadh,
　　Bu tu sgoltadh iad gu 'n sàiltibh;
3480　Bu tu guala chur a' chatha,
　　Bu tu an laoch gun athadh làimhe.

Bu tu am bradan anns an fhìoruisg',
　　Fìreun as an eunlainn 's àirde;
Bu tu leómhann thar gach beathach,
3485　　Bu tu damh leathann na cràice.

Bu tu an loch nach faoidte a thaomadh,
　　Bu tu tobar faoilidh na slàinte;
Bu tu Beinn Nimheis thar gach aonach,
　　Bu tu a' chreag nach fhaoidte thèarnadh.

9

3490   Bu tu clach-mhullaich a' chaisteil,
            Bu tu leac leathann na sràide;
        Bu tu leug lòghmhor nam buadhan,
            Bu tu clach uasal an fhàinne.

        Bu tu an t-iubhar as a' choillidh,
3495   Bu tu an darach daingean làidir;
        Bu tu an cuilionn, bu tu an droigheann,
            Bu tu an t-abhall molach blàthmhor.

        Cha robh meur annad de'n chritheann,
            Cha robh do dhlighe ri feàrna;
3500   Cha robh do chàirdeas ri leamhan:
            Bu tu leannan nam ban àluinn.

        Bu tu céile na mnà prìseil,
            Is oil leam féin gur dìth an trath-s' thu;
        Ge nach ionann dhomhsa is dhìse,
3505   Is goirt a fhuair mi féin mo chàradh.

        H-uile bean a bhios gun chéile
            Guidheadh i mac Dhé 'na àite,
        O 's e as urrainn di g'a còmhnadh
            Anns gach leòn a chuireas càs oirr'.

3510   Guidhim do mhac bhith 'nad àite
            An saoibhreas an aiteas 's an cùram:
        Alasdair a Gleanna Garadh,
            Thug thu an diugh gal air mo shùilean.

CUMHA LACHLAINN MHIC-FHIONGHUIN.

SILIS NIGHEAN MHICRAGHNAILL.

Slàn a chaoidh le ceòl na clàrsaich
3515 O'n a ghlac am bàs thu, Lachlainn;
Cha bhi mi tuille 'gad iargain,
Ni mo dh'iarras mi chaoidh t' fhaicinn.
Fhuair mi mo chleachdadh ri d'cheòl-sa
An uair bha mi òg 's mi am phàisdean;
3520 Is ged a thàinig mi 'n taobh tuath uat,
Thigeadh tu air chuairt do m' fhàrdaich.

An uair a chithinn thu a' tighinn
Dh'éireadh mo chridhe 'san uair sin;
Gheibhinn uat sgeula gun mhearachd
3525 Air na dh'fharraidinn de m' uaislean.
An uair a tharlamaid le chéile
B'e Sléite toiseach ar seanchais;
Gheibhinn uat sgeula comhnard
Air Domhnall is air Mairearad.

3530 Gheibhinn sgeula uat gu cinnte
Air gach aon neach tha 'san àite;
Gheibhinn sgeul air Mac MhicAilein,
Is air na dh'fharraidinn de m' chàirdibh.
Gheibhinn sgeul uat air Cnòideart,
3535 Air Mórar is Gleanna Garadh;
Gheibhinn sgeul uat as a' Bhràighe
Air gach fàrdaich anns gach baile.

Gheibhinn sgeul air Móir 's air Seònaid,
Ged tha an còmhnuidh 'n Earra-Ghàidheal;
3540 Gheibhinn sgeul air Gleanna Comhann,
Is air gach gnothuch mar a b'àil leam.

Nis o chaill mi mo cheann-seanchais,
Is cruaidh an naidheachd leam r'a éisdeachd;
Mur cluinn mi tuilleadh de d' labhairt,
3545   Co uaith a ghabhas mi sgeula?

Ach mur tig thu chaoidh do'n bhail'-sa,
Gun laighidh smal air mo shùgradh;
Is e an t-eug 'gad thoirt le cabhaig
Thug an diugh gal air mo shùilean.
3550   Is ann umad a bha mi eòlach,
Is air do cheòl a bha mi déidheil;
Cha bhiodh gruaman air nar buidhinn
Far an suidheamaid le chéile.

An uair a ghlacadh tu do chlàrsach,
3555   Is a bhiodh tu 'ga gleusadh làmh rium,
Cha mhath a thuigte le h-ùmaidh
Do chuir chiuil-sa is mo ghabhail dhàn-sa.
Bu bhinn do mheoir air a cliathaich
An uair a dh'iarrainn Cumha an Easbuig,
3560   Cumha Ni MhicRaghnaill làmh ris,
Cumha Màiri is Cumha Ghille-easbuig.

Cha chluinn mi chaoidh Socair Dhàna
Cumha no Fàilte no Òran,
Nach tig na deoir o mo shùilean
3565   Le trom thùirse o nach beò thu.
Ged a bha iad dall do shùilean,
Cha bu dall an cùis no dhà thu:
Cha bu dall do bheul ri sùgradh,
Is cha bu dall air lùths do làmh thu.

3570 Is cruaidh leam do chlàrsach 'ga rùsgadh,
Is cruaidh leam gach cùis mar thachair;
Is duilich leam nach tig thu 'n dùthaich
Gun mo dhùil bhith chaoidh ri t'fhaicinn.
Iarraim air Dia bhith riut iochdmhor
3575 Is do leigeil am measg nan aingeal:
O bha do thlachd 'san cheòl 'san t-saoghal
Ceòl am measg nan naomh do t'anam.

Cha d'iarr thu phòrsan 's a' bheatha
Ach mheud 's a gheibheadh tu o uaislean,
3580 Ag imeachd le sùgradh 's le aighear
An uair bhiodh tu caitheamh do dhuaise.
Ach ciod am fàth dhomh bhith 'gad chumhadh
An déidh gach saoi a tha 'gar fàgail?
Is ged bu toil leam e ri m' òige
3585 Slàn a chaoidh le ceòl na clarsaich.

GAOIR NAM BAN MUILEACH.

MAIREARAD NIGHEAN LACHLAINN.

c. 1660—*c.* 1730.

Is goirt leam gaoir nam ban Muileach,
Iad ri caoineadh 's ri tuireadh,
Gun Sir Iain an Lunnainn
No 's an Fhraing air cheann turuis;
3590 Is trom an sac thug ort fuireach
Gun thu dh'fhalbh air an luingeas,
Gur h-e aobhar ar dunach:
    Is òg a choisinn thu an urram 'sna blàraibh.

Rìgh nam prionnsa d'an d'rinneadh
3595 Togail suas ann am barrachd;
Is daor a thug sinn ort ceannachd
O'n là thionnsgainn a' charraid
Dh'fhògair aon mhac Shir Ailein
As a chòraichean fearainn
3600 Le fòirneart 's le aindeoin;
      Is gur e turus an earraich so chràidh mi.

Ged a b'fhad' thu air siùdan
Cha robh lochd ort r'a chunntas;
Luchd toisich cha b'fhiù leat
3605 Dhol a dhèanamh dhoibh umhlachd;
Ard leómhann bu mhùinte,
Is e mo chreach gun do dhrùidh ort
Meud t'eallaich r'a ghiùlan,
      Is nach robh léigh ann a dhiùchradh am bàs uait.

3610 Mac Ghille-Eathain nan lùireach
Bhith 'na laighe 's a' chrùisle,
Ann an leabaidh na h-ùrach
An suain chadail gun dùsgadh;
Is ruaig bhàis air do mhuinntir,
3615 Aig nach d'fhàgadh de ùine
Cead an armachd a ghiùlan;
      Is ann a thug iad d'an ionnsaigh 'nan teannruith.

B'fhiach do chàirdean an sloinneadh:
MacDhomhnaill 's MacCoinnich,
3620 Is MacLeoid as na Hearadh,
Is am fear treun sin nach maireann
Ailean Mùideartach allail.
Fàth mo chaoidh gach fear fearainn
Tha an deagh rùn dhuinn 's nach mealladh,
3625   Bhith gun chomas tighinn mar ruinn an dràsda.

Cha chainnt bhòsdail 's chan earrghloir
Tha a shannt orm am sheanchas,
Bhith 'gur faicinn-se caillte
An déidh gach cruadail a rinn sibh
3630 Ann an Eirinn 's an Albainn,
Sliochd Ghille-Eathain nam fearghleus;
Chuidich Eachann cath Gairbheach,
    Is e air deas làimh na h-armailt le shàr fhir.

Chan e Ailean no Eachann
3635 No losgadh fir Shasunn
A tha mise an diugh 'g acain,
Ach an t-ogha ud Shir Lachunn
Nam pìos òir 's nan corn daite:
Is mairg rìoghachd de'n deachaidh
3640   Sir Iain is Caiptein Chlann Raghnaill.

Och, is mis' th'air mo chlisgeadh,
Saoir bhith sàbhadh do chiste,
Is gun do chàireadh fo lic thu
An àite falaich gun fhios duinn;
3645 An aird-an-iar air a bristeadh,
Is gun an t-oighre 'na ghliocas:
'S i a' bhliadhna thug sgrios oirnn,
    Is daor a phàigh sinn air sibht Mhoirear Marr sin.

Is ann Di-màirt roimh an latha
3650 Bu neo-aoibhneach ar gabhail,
O'n là dh'eug Mac Ghille-Eathain
'S a chaidh sìos sliochd ar tighe;
Is mór mo dhìobhail o Shamhuinn
Is o Fhéill Brìde so chaidh,
3655 Tha mi am thruaghan bochd mnatha
    Gun cheann cinnidh thaobh athar no màthar.

Mo cheist ceannard nan gaisgeach,
Gus a so nach d'fhuair masladh;
Bha do shuaicheantas taitneach;
3660　　Ged a thogar do chreachan,
Cha chluinnear do chaismeachd
No Ruairidh 'ga glacail:
Mhothaich sùil nach robh ceart duibh,
　　　An là chunnacas o Pheairt sibh a màrsadh.

3665　　Iar-ogha Ailein nan ruag thu,
Cha neart dhaoine thug uainn thu;
Nam b'eadh, dh'éireadh mu d' ghualainn
Luchd nan clogaide cruadhach,
Fir mar gharbh fhrasa fuara,
3670　　Bheireadh leotha na fhuair iad:
Is goirt an naidheachd so chualas
　　　O'n là chruinnich do shluagh ann an Aros.

Ach 's e chuir sinn an iomall
Gun neart slàinte no spionnaidh,
3675　　Sinn an dràsd gun cheann-cinnidh
Mar Mhaol-Ciarain 'gan sireadh;
Gur h-ann timchioll bhur teine
Gheibhte bàird agus filidh,
Agus cearraich ri h-iomairt,
3680　　Organ 's clàrsach bu bhinne
　　　Aig luchd nan cùl fionna cas fàinneach.

Ach a rìgh 'ga bheil feartan,
Nach cruaidh leat mar thachair
O'n là thogadh a mach e
3685　　Le Spàinneach gheur nan trì chlaisean

Ad làimh threubhaich gu sgapadh;
Ged nach d'fhuair thu air t'fhacal
An tìr a bh'aig t'athair,
B'fhearr gu faigheadh do mhac i:
    An Rìgh g'ar coimhead o mhiosguinn ar nàmhad.

3690 Sliochd nan rìgh 's nan long siùbhlach,
Nan ceannbheart 's nan each crùidheach;
Ged bu dìleas do'n chrùn sibh,
Fhuair iad seòl air bhur diùchradh;
Is mairg nach gabhadh dhibh cùram
3695 Ann an éirig bhur siùdain:
An uair nach d'aidmhich sibh tionndadh,
    Is ann a rinn iad air aon long bhur fàgail.

Co an neach 'ga bheil sùilean
Nach gabhadh d'a ionnsaigh
3700 Mar tha a' choille air a rùsgadh?
Fhrois a h-abhall 's a h-ùbhlan,
Dh'fhalbh am blàth bharr gach ùr ròs;
O nach maireann an t-aonfhear
Fo làimh Dhé ghabh dhinn cùram,
3705   Is ann tha fuasgladh na cùise aig an Airdrigh.

Oirnne thàinig an dìobhail:
Tha Sir Iain a dhìth oirnn,
Is Clann Ghille-Eoin air an dìobradh,
Iad gun iteach gun linnidh,
3710 Ach mar gheoidh air an spìonadh—
Chan 'eil feum bhith 'ga innseadh—
Is iad am measg an luchd mìoruin,
    Ged nach ann ri feall-innleachd a bha iad.

Gur h-e turus na truaighe,
3715 Gun bhuidhinn gun bhuannachd,
Thug thu an uiridh 'nuair ghluais thu
Le do dhaoine ri d' ghualainn;
Dh'fhàg e sinn ann an cruadhchàs
Os cionn tuigse agus smuaintinn;
3720 Tha sinn falamh lag suarach:
    Dh'fhalbh ar sonas mar bhruadar gun stàth uainn.

Is e mo chreach gun do strìochd thu,
Fhiubhaidh eireachdail fhiachail;
Do chlann òg ar an dìobradh;
3725 Có nì an deoch dhoibh a lìonadh,
Chasg am pathaidh no an iotaidh?
Chan 'eil fàth bhith 'ga chaoidh sin,
Gun thu an caidreabh do dhìslean:
    Is ann a dh'fhàg iad thu mhìos gus a màireach.

3730 Is e chuir m'astar am maillead
Is mo shùilean an doillead,
Bhith ag faicinn do chloinne
Is an luchd-foghluim is oilein
Bhith 'nan ceathairne choille,
3735 Is iad 'gam fògairt gun choire,
Gun solus gun choinneil,
    Is iad gun fhios co an doire 's an tàmh iad.

Gura goirt leam r'a chluinntinn
Is gura h-oil leam r'a iomradh,
3740 Nach deach aobhar ar n-ionndrainn,
Olc air mhaith le luchd-diomba,

A thoirt dachaidh d'a dhùthaich;
Gum bu shòlas le d' mhuinntir
Do chorp geal a bhith dlùth dhoibh
3745   Ann an I nam fear cliuiteach le d' chàirdean.

Och is mis' th'air mo sgaradh
Nach d'thug iad thu thairis
Dhol air tìr air an Ealaidh,
Dhol fo dhìon anns a' charraig
3750   Ann an reilig nam manach
Mar ri t'athair 's do sheanair,
Is ioma treun laoch a bharrachd,
    Far am faodamaid teannadh mu d' chàrnan.

Is mairg a gheibheadh gach buille
3755   A fhuair sinne o'n uiridh;
Thàinig tonn air muin tuinne
A dh'fhàg lom sinn 's an cunnart;
Chaidh ar creuchdadh gu guineach,
Dh'fhalbh ar n-éibhneas gu buileach;
3760   Bhrist ar claidheamh 'na dhuille,
    An uair a shaoil sinn gun cumamaid slàn e.

———

THA TIGHINN FODHAM EIRIGH.

IAIN MACDHUGHAILL MHIC LACHLAINN DOMHNALLACH.

Tha tigh'nn fodham fodham fodham
Tha tigh'nn fodham fodham fodham
Tha tigh'nn fodham fodham fodham
3765   Tha tigh'nn fodham éirigh.

Sud an t-slàinte chùramach,
Olamaid gu sunndach i,
Deoch-slàinte an Ailein Mhùideartaich :
    Mo dhùrachd dhuit gun éirich.

3770   Ged a bhiodh tu fada bhuainn,
Dh'éireadh sunnd is aigne orm
An uair chluinninn sgeul a b'aite leam
    Air gaisgeach nan gnìomh euchdach.

Is iomadh maighdean bharrasach
3775   D'am maith a thig an earasaid,
Eadar Baile Mhanaich
    Is Caolas Bharraidh a tha an déidh ort.

Tha pàirt an Eilean Bheagram dhiubh,
Tha cuid 's an Fhraing 's an Eadailt dhiubh,
3780   Is chan 'eil latha teagaisg
    Nach bi an Cill Pheadair treud dhiubh.

An uair chruinnicheas am bannal ud,
Bréid caol an càradh crannaig orr',
Bidh fallus air am malaidhean
3785   A' danns' air ùrlar déile.

An uair chiaradh air an fheasgar
Gum bu bheadarach do fhleasgaichean ;
Bhiodh pìoban mór 'gan spreigeadh ann,
    Is feadanan 'gan gleusadh.

3790   Sgiobair ri là gaillinn thu
A sheòladh cuan nam marannan,
A bheireadh long gu calachan
    Le spionnadh ghlac do threun fhear.

Sgeul beag eile dhearbhadh leat,
3795 Gur sealgair sìthne an garbhlaich thu,
Le d' chuilbheir caol nach dearmadach
 Air dearg ghreigh nan ceann eutrom.

B'e sud an leómhann aigeannach
An uair nochdadh tu do bhaidealan,
3800 Làmh dhearg is long is bradanan,
 An uair lasadh meanmna t-eudainn.

MARBHRANN MHIC MHIC AILEIN.

A MHARBHADH 'SA BHLIADHNA 1715.

NIALL MACMHUIRICH.

circa 1630—1716.

Och a Mhuire, mo dhunaidh!
Thu bhith ad shìneadh air t'uilinn
An tigh mór Mhoireir Dhrumainn
3805 Gun ar dùil ri d'theachd tuilleadh
Le fàilte is le furan
Dh'fhios na dùthcha d'am buineadh;
A charaid Iarla Chóig Uladh,
 Is goirt le ceannard fhear Mhuile do dhìol.

3810 Dh'fhalbh Domhnall nan Domhnall
Is an Raghnall a b'òige
Is Mac MhicAlasdair Chnòideart,
Fear na misniche móire,
Dh'fheuch am beireadh iad beò ort:
3815 Cha robh an sud dhaibh ach gòraich',
Feum cha robh dhaibh 'nan tòrachd:
 Is ann a fhuair iad do chòmhradh gun chlì.

Mo chreach mhór mar a thachair,
Is e chuir tur stad air m' aiteas
3820 T'fhuil mórdhalach reachdmhor
Bhith air bòcadh a d' chraicionn
Gun seòl air a casgadh;
Bu tu rìgh nam fear feachda,
A chum t'onoir is t'fhacal,
3825   Is cha do phill thu le gealtachd a nìos.

Mo cheist ceannard Chlann Raghnaill,
Aig am biodh na cinn-fheadhna,
Na fir ùra air dheagh fhoghlum,
Nach iarradh de'n t-saoghal
3830 Ach airm agus aodach;
Le'n cuilbheire caola
Sheasadh fada air an aodainn:
    Rinn iad sud is cha d'fhaod iad do dhìon.

Is mór gàir bhan do chinnidh
3835 O'n a thòisich an iomairt,
An sgeul a fhuair iad chuir time orr':
T'fhuil chraobhach a' sileadh
Is i dòrtadh air mhire
Gun seòl air a pilleadh:
3840 Ged tha Raghnall ad ionad,
    Is mór ar call ge do chinneadh an rìgh.

Is trom pudhar na luaidhe,
Is goirt 's gur cumhang a bualadh
Nach do ruith i air t'uachdar;
3845 An uair a dh'ionndrainn iad uath thu,

Thug do mhuinntir gàir chruaidh asd';
Ach 's e ordugh a fhuair iad
Ceum air 'n aghaidh le cruadal,
 Is a bhith leantainn na ruaige air a druim.

3850 Dheagh mhic Ailein mhic Iain,
Cha robh leithid do thighe
Ann am Breatann r'a fhaighinn:
Tigh mór fiùghantach flathail
Am bu mhór shùgradh le h-aighear;
3855 Bhiodh na h-uaislean 'ga thathaich:
Rinn iad cuimse air do chaitheamh
 Ann an toiseach an latha dol sìos.

Is iomadh gruagach is bréideach
Eadar Uibhist is Sléite
3860 Chaidh am mugha mu d' dhéidhinn:
Laigh smal air na speuraibh
Agus sneachd air na geugaibh;
Ghuil eunlaith an t-sléibhe
O'n là chual iad gun d'eug thu,
3865 A cheann-uidhe nan ceud bu mhór prìs.

Gheibhte ad bhaile mu fheasgar
Smùid mhór 's cha b'e an greadan,
Fir ùra agus fleasgaich
A' losgadh fùdair le beadradh,
3870 Cùirn is cupaichean breaca
Pìosan òir air an deiltreadh,
Is cha b'ann falamh a gheibhte iad,
 Ach gach deoch mar bu neartmhoire brìgh.

Is cha bu lothagan cliathta
3875　Gheibhte ad stàbull 'gam biathadh,
Ach eich chrùidheacha shrianach;
Bhiodh do mhìolchoin air iallaibh,
Is iad a' feitheamh ri fiadhach
Anns na coireanaibh riabhach;
3880　B'e mo chreach nach do liath thu
　　　Mun tàinig teachdair 'gad iarraidh o'n rìgh.

Is iomadh clogaid is targaid
Agus claidheamh cinn-airgid
Bhiodh m'ur coinne air ealchainn;
3885　Dhomhsa b'aithne do sheanchas,
Ge do b'fharsaing ri leanmhainn
Ann an eachdraidh na h-Albann:
Raghnaill òig, dèan beart ainmeil,
　　　O'n bu dual duit od' leanmhainn mórghnìomh.

ORAN DO DHAOINE UAISLE ARAIDH.

LACHLANN MACFHIONGHUIN.

(Lachlann mac Thearlaich Oig.)

floruit 1700.

3890　Marbhphaisg air a' mhulad sin
　　　Nach d'fhuirich e nochd uam,
Is nach do leig e cadal domh
　　　Is an oidhche fada fuar.
Ma's ann a dh'iarraidh cunntais orm
3895　　A lunn thu air mo shuain,
Bheir mise treis an tràth-sa dhuit
　　　Air àireamh na tha uat.

Là ag siubhal sléibhe dhomh
    Is mi falbh leam féin gu dlùth,
3900 Gun chuideachd anns an astar sin
    Ach gunna glaic is cù,
Gun thachair clann rium anns a' ghleann
    Ag gal gu fann chion iuil:
Air leam gum b'iad a b'àillidh dreach
3905   D'am facas riamh le m' shùil.

Gur iongnadh leam mar tharla sibh
    Am fàsach fada air chùl,
Coimeas luchd bhur n-aghaidhean
    Gun tagha de cheann-iuil.
3910 Air beannachadh neo-fhiata dhomh
    Gun d'fhiaraich mi, "Co siùbh?"
Fhreagair iad gu cianail mi
    Am briathraibh mìne ciuin.

"Iochd is Gràdh is Fiùghantas
3915   'N ar triuir gum b'e ar n-ainm,
Clann dhaoine-uaisle cùramach
    A choisinn cliù 's gach ball.
An uair phàigh an fhéile cìs do'n eug
    Is a chaidh i féin air chall,
3920 'N a thiomnadh dh'fhàg ar n-athair sinn
    Aig maithibh Innse Gall.

"Tormod fial an t-sùgraidh
    Nach d'fhàs mu'n chùinneadh cruaidh,
Bha gu fearail fiùghantach
3925   Is a chum an dùthchas suas,

10

Is ann ort a bha ar tathaich
    O'n thugadh Iain uainn:
Is beag m'fharmad ris na feumaich
    O'n a bheum na cluig gu truagh.

3930   "Bha an duine ud ro fhlathasach
            Is e mathasach le céill,
        Bha e gu fial fiùghantach
            Is a ghiùlan maith 'ga réir;
        Ge farsaing eadar Arcaibh
3935   Cathair Ghlaschu is Baile Bhóid,
        Cha d'fhuaras riamh oide-altruim ann
            Cho pailt ri teach MhicLeoid.

        "Chaidh sinn do Dhùn-Bheagain
            Is cha d'iarr sinn cead 'na thùr;
3940   Fhuair sinn fàilte shuilbhireach
            Le furmailt is le mùirn;
        Gun do ghlac e sinn le acarachd
            Mar dhaltachan 'nar triuir;
        Gun togadh e gach neach againn
3945   Gu macanta air a ghlùn.

        "Fhuair sinn greis 'gar n-àrach
            Aig MacLeoid a bha 'san Dùn,
        Greis eile glé shaoibhir
            Aig a bhràthair bha an Dùn-tuilm."
3950   Sin 'nuair labhair Fiùghantas,
            Dalta ùiseil Dhomhnaill Ghuirm:
        "Bu tric leat a bhith sùgradh rinn,
            Is cha b'fhasan ùr dhuinn cuirm.

"Ag éirigh dhuinn neo-airtnealach
3955   Is biadh maidne dhol air bord,
Gheibhte gach nì riaghailteach
        Bu mhiannach leat 'gad chòir;
Cha do chuir thu dùil am prìobairtich,
        Cha b'fhiach leat ach nì mór;
3960   Bu chleachdadh air do dhinneir dhuit
        Glaine fhìona mar ri ceòl.

"Am fear bha air a' Chomraich
        Bu chall soilleir dhuinn a bhàs;
Ann an cùisibh diùlanais
3965   Cha b' ùdail thu measg chàich;
Làmh sgapaidh òir is airgid thu
        Gun dearmad air luchd dàimh,
Is gu mionnaicheadh na clàrsairean
        Nach e bu tàire làimh.

3970   "Thug sinn ruaig gun sòradh
        Gu Coinneach mór nan cuach;
Bu duine iochdmhor teòchridheach e,
        Is bu leómhannta e air sluagh;
Bha urram uaisle is ceannais aige
3975   Air fearaibh an taobh tuath:
Cha chuirte as geall a chailleadh e,
        Gu an d'fhalaich oirnn e an uaigh.

"O'n rinn an uaigh bhur glasadh orm
        Is nach faic mi sibh le m' shùil,
3980   Is cumhach cianail cràiteach mi,
        Is neo-ardanach mo shùrd,

Is mi cuimhneachadh nam bràithrean sin
 A b'àillidh dreach is gnùis :
Gur tric a chum sibh coinne rium
3985 Aig Coinneach anns a' Chùil.

"An t-Ailpineach dubh fìrinneach
 'G an dùthchas cian an Srath,
D'an tig na h-airm gu sgiamhach
 Ge bu riabhach leinn do dhath,
3990 Bu làmh a dhèanadh fiadhach thu,
  Gun dàil bu bhiadhtach math ;
Do bhàs a chràidh am bliadhna mi :
  Mo bhriathar, b'fhiach mo sgath.

"Bu chuimte glan do chalpannan
3995 Fo shliasaid dhealbhaich thruim ;
Is math thig breacan cuachach ort
 Mun cuairt an éileadh cruinn ;
Is ro mhath thigeadh claidheamh dhuit,
 Sgiath laghach nam ball grinn :
4000 Cha robh cron am fradharc ort
  Thaobh t'aghaidh 's cùl do chinn.

"An ám togbhail màil do dhùthchannan
 Is 'ga dhlùthachadh riut féin,
Bhìomaid air 'nar stiùbhartan
4005 Is 'nar triuir gum bìomaid réidh.
Cha do thog sinn riamh bó Shamhna dhuit,
 An ám Bealltuinn cha do léibh,
Cha mhó thug oich air tuathanach :
  Bu mhó do thruas ri'm feum."

4010
Bha an duine ud 'na charaid dhomh
    Is cha char dhomh chliù a sheinn;
Mus can càch gur masgull e
    Leig thairis e 'na thìm;
Do bhàs a dh'fhàg mi muladach
4015
    Is ann chluinnear e 's gach tìr;
Cha b'iongnadh mi 'gad ionndrainn
    An ám cunntas thoirt 'san t-suim.

Is mi smuainteach air na saoidhean sin
    Is a bhith 'gan caoidh gu truagh,
4020
Is amhuil dhuinn tha buinnig ann
    Bhith tathaich air lorg fhuar.
An taobh a chaidh iad seachad
    Is an téid dachaigh uile an sluagh,
Dh'eug Eanruic prionnsa Shaghsunn,
4025
    Is chan fhaicear e gu luain.

ORAN NAM FINEACHAN GAIDHEALACH.

IAIN DUBH MAC IAIN MHIC AILEIN.

floruit 1700.

Is i so an aimsir an dearbhar
    An tairgneach dhùinn,
Is bras meanmnach fir Alban
    Fo an armaibh air thùs.
4030
An uair dh'éireas gach treun laoch
    'N an éideadh glan ùr,
Le rùn feirge agus gairge
    Gu seirbhis a' chrùin.

Théid maithe na Gàidhealtachd
4035   Glé shanntach 's a chùis,
Is gur lìonmhor each seangmhear
    A dhannsas le sunnd :
Bidh Sasunnaich caillte
    Gun taing dhaibh d'a chionn,
4040 Bidh na Frangaich 'nan campaibh
    Glé theann air an cùl.

An uair dh'éireas Clann Domhnaill,
    Na leómhainn tha garg,
'N am beòbheithir mhór leathann
4045   Chonnspunnach gharbh,
Luchd seasamh na còrach
    'Gan òrdugh làmh dhearg,
Mo dhòigh gum bu ghòrach
    Dhaibh tòiseachadh oirbh.

4050 Tha Rothaich 's Rosaich glé dheònach
    Air toidheachd 'nar ceann,
Barraich an treas seòrsa
    Tha an comhnuidh measg Ghall.
Clann Donnchaidh, cha bhreug so,
4055   Gun éir leibh 's gach ám,
Is Clann Reubhair fir ghleusda
    Nach éisd gun bhith annt'.

Clann an Aba an seòrsa
    Théid bòidheach fo'n triall,
4060 Is glan comhdach a' chòmhlain
    Luchd leònadh nam fiadh :

Iad féin is Clann Phàrlain,
    Dream àrdanach dian,
Is ann a b'àbhaist 'gar n-àireamh
4065   Bhith am fàbhar Shìol Chuinn.

Na Leòdaich am pòr glan
    Cha b' fhòlach bhur sìol,
Dream rìoghail gun fhòtus
    Nan gòrsaid 's nan sgiath.
4070 Gur neartmhor ro-eòlach
    Bhur n-òigfhir 's bhur liath,
Gur e cruadal bhur dualchas:
    Is e dh'fhuasgail oirbh riamh

Clann Fhionghuin o'n Chréithich
4075   Fir ghlé ghlan gun smùr,
Luchd nan cuilbheirean gleusda
    An ám feuma nach diùlt.
Thig Niallaich air sàile
    Air bhàrcaibh nan sùdh,
4080 Le an cabhlach luath lànmhór
    O bhàdhun nan tùr.

Clann Ghille-Eathain o'n Dreòllainn
    Théid sanntach 'san ruaig,
Dream a chìosaicheadh ainneart
4085   Gun taing choisinn buaidh;
Dream rìoghail do-chìosaicht',
    Nach strìochdadh do'n t-sluagh:
Is iomadh mìlidh deas dìreach
    Bheir inntinn duibh suas.

4090　　Gur guineach na Duibhnich
　　　　　An ám bhriseadh cheann,
　　　　Bidh cnuacan 'gan spuacadh
　　　　　Le cruadal bhur lann;
　　　　Dream uasal ro-uaibhreach
4095　　　　Bu dual bhith 'san Fhraing:
　　　　Is ann o Dhiarmaid a shìolaich
　　　　　Pòr lìonmhor nach gann.

　　　　Tha Stiùbhartaich ùrghlan
　　　　　'Nam fiùrain gun ghiamh,
4100　　Fir shunndach nan lùthchleas
　　　　　Nach tionndaidh le fiamh;
　　　　Nach gabh cùram roimh mhùiseig,
　　　　　Cha b'fhiù leo bhith crìon:
　　　　Cha bu shùgradh do Dhubhghall
4105　　　　Cùis a bhuin dìbh.

　　　　Gur lìonmhor làmh theóma
　　　　　Tha aig Eoghann Loch-iall,
　　　　Fir cholganta bhorganta
　　　　　As oirdheirce gnìomh;
4110　　Iad mar thuilbheum air chorrghleus
　　　　　Is air chonfhadh ro-dhian;
　　　　Is i mo dhùil-se an ám rùsgaidh
　　　　　Nach diùlt sibh dol sìos.

　　　　Clann Mhuirich nach sòradh
4115　　　　A' chonnspairn ud ial,
　　　　Dream fhuilteach gun mhórchuis
　　　　　'Gan còir a bhith fial;

Gur gaisgeil fìor-sheòlta
 Bhur mór thional chiad :
4120 Nì sibh spòltadh is feòlach
  A' stròiceadh fo'n ian.

Tha Granndaich mar b'àbhaist
 Mu bhràigh Uisge Spé,
Fir làidir ro-dhàicheil
4125 Théid dàna anns an streup ;
Nach iarr càirdeas no fàbhar
 Air nàmhaid fo'n ghréin :
Is i bhur làmhach a dh'fhàgas
 Fuil bhlàth air an fheur.

4130 Tha Frisealaich ainmeil
  Aig seanchaibh nan crìoch,
Fir gharbha ro-chalma :
  Bhur fearg cha bu shìth.
Tha Catanaich foirmeil,
4135 Is i an armachd am miann :
An Cath Gairbheach le'r n-armaibh
  Do dhearbh sibh bhur gnìomh.

Clann Choinnich o thuath dhuinn
 Luchd bhuannachd gach cìs,
4140 Gur fuasgailteach luathlàmhach
  Bhur n-uaislean 'san strì ;
Gur lìonmhor bhur tuathcheathairn
  Le am buailtibh de nì ;
Thig sluagh dùmhail gun chunntas
4145 A Dùthaich MhicAoidh.

Nis o chuimhnich mi m' iomrall,
   Is fàth ionndraichinn àd,
Fir chunbhalach chuimte
   Nì cuimse le'n làimh;
4150   Nach dèan iomluas mu aonchuis
     A chionn iunntais gu bràth:
Gur mùirneach ri'n iomradh
   Clann Fhionnlaigh Bhràigh-Mharr.

Thig Gordanaich 's Greumaich
4155   Grad gleusda as gach tìr,
An cogadh rìgh Seurlas
   Gum b'fheumail dha sibh;
Griogaraich nan geur lann
   Dream spéiseil nam pìos;
4160   Ar leam gum b'i an eucoir
   An uair dh'éighte sibh sìos.

Siosalaich nan geur lann
   Théid treun air chùl arm,
An Albainn 's an Eirinn
4165   B'e bhur beus a bhith garg;
An ám dol a bhualadh
   B'e an cruadal bhur calg:
Bu ghuineach bhur beuman
   An uair dh'éireadh bhur fearg.

4170   Nam biodh gach curaidh treunmhor
   Le chéile 'san ám,
Iad air aon inntinn dhìrich,
   Gun fhiaradh, gun cham,

Iad cho cinnteach ri aonfhear
4175   Is iad tìtheach air geall,
Dh'aindeoin mùiseig nan Dubhghall
     Thig cùis thar an ceann.

Do chuireadh na Rainn-sa cuideachd le Mr. EOIN MAC
GHILLE-EOIN, *Minisdir an t-Soisgeul-sin Chriosd, ann a
n-Eaglais Chille Naoinein, ann a Muile, aon d'oileanaibh
Innse Gall a nAlbainn* (1707).

Ordin. 1702, *ob.* 1756.

Air teachd o'n Spáin do shliochd an Ghaoidhil ghlais,
     Is do shliochd na Mílidh 'n fhine nach budh tais,
4180 Budh mhór a nscleó 'sgach fód air cruas a nlann,
     Air filidheachd fós, 's air foghlum nach budh ghann.
Nuair a dh'fhás a mpór ud mór a bhos is thall
     Bhí meas is prís fa'n Ghaoidheilg anns gach ball
An teanga líonmhor bhríoghmhor bhlasda bhinn,
4185   Is an chan 'mhain thartrach líomhtha ghasta ghrinn.
A ccúirt na Ríogh, rí míle bliadhain is treall
     Do bhí si an tús, mun do thog caint Dhubhghall
     ceann.
Gach file is Bard, gach Léigh, Aosdán is Draoi,
     Druinich is Seanchaidh fós, gach ealadhain shaor,
4190 Do thug Gathelus leis o'n Eighpht a nall,
     San Ghaoidheilg sgríobh iad sud le gníomh a
     mpeann.
Na diadh're mór budh chliú 's bu ghlóir do'n chléir
     'San lé gu tarbhach labhariud briathra Dé.
Is i labhair Pádraic 'n Inse Fáil na Ríogh
4195   Is an fáidh caomh-sin Colum naomhtha 'n I.

Na Francaigh líomhtha, lean gach tír a mbeus,
 O I na ndeóraidh ghabh a mfoghlum fréimh.
B'i bh'oide múinte luchd gach dùthcha is teangth',
 Chuir Gaill is Dubhghaill chuice an t-iúl 's a nclonn.
4200 Nois dh'fholbh si úainn gu tur, mo núar 's mo chreach,
 Is tearc luchd a gaoil, b'e sud an saogh'l fa seach.
Thuit i 'san túr maraon le h-úghdraibh féin,
 Is na Flaith' mbudh dúth i, ghabh d'a cumhdach
 spéis,
Reic iad san chúirt i air caint úir ó n-dé,
4205 Is do thréig le táir, budh nár leo ngcán'mhain féin.
Air sár O Liath biodh ágh is cuimhne is buaidh,
 Do rinn gu h-úr a dúsgadh as a h-uaimh.
Gach neach 'ta fhréimh o'n Ghaoidhil ghleusda gharg
 Is gach droing do'n dúth an chan'mhain úd mar
 chainnt,
4210 Gach aon do chinn air treabh 's air linne Scuit
 An duais as fiach thu is cóir gu n-íocfad dhuit,
O'n Bhanrighinn air an tráths a bhfuil an crún
 Go nuig an bochd do n-áite nochd an dún.
Bhí 'n-ainm 's a n-euchd ó linn na nceudan ál
4215 Tre meath na Gaoidheilg dol a cuimhne cháich.
Nois alladh 'n gníomh chluinn críocha fada thall
 Is deir siad le chéil', "bhi Gaoidhil éin uair ann."
Is ni's fearr, a shaoi, biaidh briathra líomhtha 'nar beul,
 Lán seadha is brígh le'r nochdfar fírinn Dé.
4220 Cia fios an Tí chuir ann Ahaliab túr
 Is a mBesaléel a thógbháil árois úir,
Nach é so féin a ghluais 's a ghleus O Lúid
 Le tuigse ghéir le'r dtug se an ceum-sa téid?
Bhrígh bheith 'na rún ainm dhéanamh cliuiteach mór
4225 Air feadh na ccríoch-sa a nd'fhuair na Gaoidhil cóir.

Gu b'amhluidh bhíos, 's gach neach do chí an ló
  Biodh t'ainm-sa sgriobhth' 'na chridh an litreach
    óir,
Agus 'na chuimhne; is gheibh thu choidhch ùam féin
  Beannachd is fàilt, lem chridhe lem láimh 's lem
    bheul.

MARBHRANN DO SHIR TORMOD MACLEOID

a dh'eug air an treas là de'n Mhàirt, 's a' bhliadhna 1705.

MAIRI NIGHEAN ALASDAIR RUAIDH.

circa 1615—1707.

4230　　Cha sùrd cadail
　　　　An rùn-s' air m'aigne,
　　　　Mo shùil frasach
　　　　Gun sùrd macnais
　　　　'S a' chùirt a chleachd mi
4235　　　　Sgeul ùr ait ri éisdeachd.

　　　　Is trom an cudthrom so dhrùidh
　　　　Dh'fhàg mo chuislein gun lùth,
　　　　Is tric snighe mo shùl
　　　　A' tuiteam gu dlùth,
4240　　Chaill mi iuchair mo chùil:
　　　　　　An cuideachd luchd-ciuil cha téid mi.

　　　　Mo neart 's mo threoir
　　　　Fo thasgaidh bhòrd,
　　　　Sàr mhac Mhic Leoid
4245　　Nam bratach sròil,
　　　　Bu phailt mu'n òr,
　　　　Bu bhinn caismeachd sgeoil
　　　　　　Aig luchd-astair is ceoil na h-Eireann.

Có neach d'an eòl
4250 Fear t'fhasain beó
Am blasdachd beoil
Is am maise neoil,
An gaisge gleois
An ceart 's an còir,
4255   Gun airceas no sgleò féile?

Dh'fhalbh mo shòlas:
Marbh mo Leòdach
Calma cròdha
Meanmnach ròghlic;
4260 Dhearbh mo sgeoil-sa
Seanchas eòlais
Gun chearb foghluim:
  Dealbhach ròghlan t'éagasg.

An treas là de'n Mhàirt
4265 Dh'fhalbh m' aighear gu bràth;
B'i sud saighead mo chràidh
Bhith 'g amharc do bhàis,
A ghnùis fhlathasach àilt,
A dheagh mhic rathail
4270   An àrmuinn euchdaich.

Mac Ruairidh reachdmhoir
Uaibhrich bheachdail,
Bu bhuaidh leatsa
Dualchas farsaing,
4275 Snuadh ghlaine pearsa,
  Cruadal 's smachd gun eucoir.

Uaill is aiteas
Is ann bhuat gu faighte,
Ri uair ceartais
4280 Fuasgladh facail
Gun ghruaim gun lasan,
    Gu suairce snasda reusant'.

Fo bhùird an cistidh
Chaidh grunnd a' ghliocais,
4285 Fear fiùghant miosail
Cuilmeach gibhteil,
An robh cliù gun bhriseadh:
    Chaidh ùr fo lic air m' eudail.

Gnùis na glaine
4290 Chuireadh sùrd air fearaibh,
Air each crùidheach ceannard
Is lann ùr thana ort
Am beairt dhlùth dhainginn
    Air cùl nan clannfhalt teudbhuidh'.

4295 Is iomadh fear aineoil
Is aoidh 's luchd ealaidh
Bheir turnais tamull
Air crùintidh mhalart
Air iùl 's air aithne:
4300   Bu chliù gun aithris bhreug e.

Bu tu an sìoth-thàmh charaid
Ri ám tighinn gu baile,
Ol dian aig fearaibh
Gun strì gun charraid,
4305 Is bu mhiann leat mar riut
    Luchd innse air annas sgeula.

Bu tric uidh chàirdean
Gu d' dhùn àghmhor,
Suilbhir fàilteach
4310   Cuilmmhor stàtail
Gun bhuirb gun ardan,
    Gun diùlt air mhàl nan déirceach.

Thu á sliochd Olghair
Bu mhór morghail,
4315   Nan seòl corrbheann
Is nan còrn gormghlas
Nan ceòl orghan,
    Is nan seòd bu bhorb ri éiginn.

Bha leth do shloinnidh
4320   Ri sìol Cholla
Nan clos troma
Is nam pìos soilleir,
Bho chóigeamh Chonnacht:
    Bu lìonmhor do loingeas bréidgheal.

4325   Is iomadh gàir dhalta
Is mnài bhasbhuailt
Ri là tasgaidh:
Chan fhàth aiteis
Do d' chàirdean t' fhaicsin
4330   Fo chlàr glaiste:
    Mo thruaighe, chreach an t-eug sinn!

Inghean Sheumais nan crùn,
Bean-chéile ghlan ùr,
Thug i ceud-ghràdh da rùn,
4335   Bu mhór a h-aobhar ri sunnd
    An uair a shealladh i an gnùis a céile.

Is i fhras nach ciuin
A thàinig as ùr,
A shrac ar siuil
4340 Is a bhrist ar stiuir
Is ar cairt mhaith iuil
Is ar taice cùil
Is ar caidreabh ciuil
  Bhiodh againn 'nad thùr éibhinn.

4345 Is mór an ionndrainn tha bhuainn
Air a dùnadh 's an uaigh,
Ar cùinneadh 's ar buaidh,
Ar cùram 's ar n-uaill,
Is ar sùgradh gun ghruaim:
4350 Is fada air chuimhne na fhuair mi féin deth.

ORAN MOR MHIC-LEOID.

RUAIRIDH MAC MHUIRICH.

(An Clàrsair Dall.)

1646—c. 1725.

Tha acaid 'gam thadhal
  Dh'fhàg treaghaid am chliabh gu goirt,
O na rinneas air m' aghart
  Ad dheaghaidh-s' an triall gun toirt;
4355 Tha mise ort an tòir
  Is mi a' meas gu robh còir agam ort:
Dheagh mhic athar mo ghràidh,
  Is tu m'aighear 's tu m'àgh 's tu m'olc.

Chaidh a' chuibhle mun cuairt,
4360   Grad thionndaidh gu fuachd am blàths;
Do chunnacas féin uair
          Dùn ratha nam buadh so thràigh;
Gheibhte ann tathaich gach duain,
          Is iomadh maitheas gun chruas gun chàs;
4365 Dh'fhalbh an latha sin uainn,
          Is tha na tighean gu fuaraidh fàs.

Chaidh Mac-alla as an Dùn
          An ám sgarachduinn dùinn r'ar triath,
Is ann a thachair e rùinn
4370   Ar seacharan bheann is shliabh.
Labhair esan air thùs,
          "A réir mo bheachd-sa gur tu, ma's fior,
So chunnacas air mhùirn
          Roimh an uiridh an Dùn nan cliar."

4375 "A Mhic-alla nan tùr,
          Is e mo bharail gur tù-sa bhà
Ann an talla nam Fiann,
          Ri aithris air gnìomh mo làmh."
"Tà mi am barail gur mi,
4380   Is gum bu deacair dhomh fhéin bhith 'm thàmh,
Ag éisdeachd prosmunn gach ceoil
          Ann am fochair MhicLeoid an àigh."

"A Mhic-alla so bhà
          Anns a' bhaile an do thàr mi m' iùl,
4385 Is ann a nis dhuinn is léir
          Gu bheil mise 's tu féin air chùl;

A réir do chomais air sgeul,
    O'n is fear comuinn mi féin is tù,
Bheil do mhuinntearas buan
4390   Air an triath ud d'an dual an Dùn?''

"Tha Mac-alla fo ghruaim
    Anns an talla am biodh fuaim a' cheoil,
An ionad tathaich nan cliar,
    Gun aighear gun mhiadh gun phòit,
4395 Gun mhire gun mhùirn,
    Gun iomrachadh dlùth nan còrn,
Gun chuirm gun phailteas ri dàimh,
    Gun mhacnas gun mhànran beoil.

"Is mi Mac-alla bha uair
4400   Ag éisdeachd farum nan duan gu tiugh,
Far am bu mhùirneach am beus
    An ám dùbhradh do'n ghréin 'san t-sruth;
Far am b' fhoirmeil na seoid,
    Iad gu h-organach ceòlmhor cluth:
4405 Ge nach fhaicte mo ghnùis
    Chluinnte aca 'san Dùn mo ghuth.

"An ám éirigh gu moch
    Ann an teaghlach gun sprochd gun ghruaim,
Chluinnte gleadhraich nan dos
4410   Is a céile 'na cois á'n t-suain;
An tràth ghabhadh i làn
    Is i chuireadh os àird na fhuair,
Le meoir fhileanta ghnìomhach
    Dhrithleannach dhìonach luath.

4415
 "Is bhiodh a rianadair féin
  Ag cur an ìre gur h-è bhiodh ann,
 Is e ag éirigh 'nam measg
  Is an éigheadh gu tric 'na cheann;
 Ge do b' àrd leinn a fuaim
4420
  Cha tuairgneadh e sinn gu teann,
 Chuireadh tagradh 'nam chluais
  Le h-aidmheil gu luath 's gu mall.

 "An tràth chuirte i 'na tàmh
  Le furtachd 'na fàrdaich féin,
4425
 Dhomhsa b'fhurasda a ràdh
  Gum bu chuireideach gàir nan teud;
 Le h-iomairt dhà-làmh
  Ag cur a binnis do chàch an céill,
 Rìgh, bu shiùbhlach ri m' chluais
4430
  An lughadh le luasgan mheur.

 "Ann san fheasgar 'na dhéidh
  An àm teasdadh do'n ghréin tràth nòin,
 Fir ag cnapraich mu'n chlàr
  Is cath air a ghnàth chur leo;
4435
 Dà chomhairleach ghearr
  Gun labhairt, ge b'àrd an glòir,
 'S a rìgh, bu thìtheach an guin
  Air dhaoine gun fhuil gun fheoil.

 "Gheibhte fleasgaich gun ghràin,
4440
  Fir a' macnas le gràdh gun ghruaim,
 Is mnài fhionn an fhuilt réidh
  Cur an grinneis an céill le stuaim;

An déidh ceileireadh beoil
 Dannsa oileanach òrdail suas,
4445 Le fear bogha 'n an còir,
 Chumail modha ri pòr an cluas.

"Beir an t-soraidh so uam
 Gu beachdaidh gu Ruairidh òg,
Agus innis da féin
4450 Meud a chunnairt ma's e MacLeoid;
E dh'amharc 'na dhéidh
 Air an Iain so dh'eug 's nach beò:
Gum bu shaidhbhir a chliù,
 Is chan fhàgadh e 'n Dùn gun cheòl.

4455 "Ri linn nan linntean do bhà
 Mi tathaich a ghnàth 'san Dùn,
Ri linn iomadh MacLeoid
 Cha b'uireasbhuidh eòlais dùinn;
Is chan fhaca mi riamh,
4460 O na ghineadh mo thriall air thùs,
Gun Taoitear gun Triath
 Gun Tighearna riamh an Dùn."

MARBHRAINN MHIC ALASDAIR TRIATH NA LUIBE.

Ach, 's e an samhradh a chuar sinn
Is a shéid oirnn a' ghaoth-chuartain,
4465 A leig ar creat ris an fhuaradh,
A leag ar dìonchleith 's ar stuadhaidh,
Do fhrois ar cruithneachd tiugh dualach,
Ar n-abhall ard 's ar coill-chnuasaich,
 Dh'fhàg ag gàrthaich mar uain sinn mu'n chrò.

4470　A thriath na Lùibe is na féile,
　　　　Bu neamh-lùbach do bheusa;
　　　　Bu teòghradhach carthannach ceutfach
　　　　Ciuin iochdmhor acartha déirceach;
　　　　Creach gach truagh agus treun thu,
4475　Chinn a' chruadail 's na còille,
　　　　　Bhith 'n leabaidh uaignich 's nach éirich le ceòl.

　　　　Am feasd chan fhaic mi fear t'aogais,
　　　　Do chroidhe fial nach raibh gaoid ann,
　　　　Ach seirc is mórchuis is daonnachd;
4480　Bòsd no bròd cha raibh 't' aorabh;
　　　　Is goirt leam gàir agus aobhar,
　　　　Gach lag 's gach làidir 'gad chaoineadh,
　　　　　Fhir nach ceileadh do ghaol doibh 's tu beò.

　　　　Bu saoitheil rìoghail 's gach aiceachd
4485　An leómhann mórdhalach reachdmhor;
　　　　Caraid éiginn is airce,
　　　　Trom air tuath cha do chleachd thu;
　　　　Is dam biodh fear lompais gun bheartas
　　　　Mhaithte an t-suim dho mun creachte e:
4490　　Iad a nis gun chùl-taice 's a' mhòd.

　　　　Cha raibh t'uaisle r'a crìobadh:
　　　　Bu tric mu d' ghuailnibh air sìoladh
　　　　'Na bras fhuarana brìoghmhor
　　　　Dh'fhan gan truailleadh o'n dìlinn
4495　De shìol bhuadhach na rìoghraidh
　　　　Chinneadh Scuit agus Mhilidh,
　　　　　Is gach fuil uaibhreach 'san rìoghachds' ann ad
　　　　　fheoil.

An crann as dìrich r'a sheanchas
O'n a shìolaich e an Albain:
4500 Mac Ghille-Bhrìde nan Garbhchrìoch,
Cholla is Chuinn rìogha Banbha
De'n treibh rìoghail sin Eireamhoin,
Leis an do chìosaichte Tuath Danmhainn:
    Is e mo chreach thu d'an leanmhainn cho òg.

4505 Ard Mhic Alasdair chliuitich,
A thriath nam bratach 's nan lùireach,
Nan sgiath 's nan clogada cùmhdaigh,
Is bearn an sluaighibh ar dùthch' thu,
An ám na caonnaig a dhùsgadh,
4510 Is nan geur lann a rùsgadh,
    Nach tarruing thu an dlùths doibh le ceòl.

Bu mhìlidh curanta calma thu,
Leómhann fuileachdach meanmnach,
Triath fear cath agus comhlann ;
4515 Is cian a Breatann chuaidh ainm ort ;
Dh'fhairich cloiginn do nàimhdean
Gu raibh cudtrom ad armaibh :
    B'iomadh banntrach o d' chiorrbhadh am bròn.

Confadh t'fheirge an tràth dh'éireadh
4520 Mar leómhann ocrach a' béiceadh ;
Mar thorunn tuinne ri treunghaoith
Fuaim do loinne re spéiceadh ;
Riamh a' ghealtachd nior léigh thu,
Ach an uchd fir do theagbhail :
4525   Bhiodh e cinnte as an eug o do dhòrn.

Ach dh'fholaich 'm fòd o do shealbh thu,
Is dam b'ann le fòirneart do nàimhdean,
Bu lìonmhor tòiseach is ceannphort
Eadar Breatann is Banbha
4530 Bhiodh deanntrach teineadh d'an armaibh
Is tuilte fola le h-aibhnibh,
    An uair a nochdte mu d' dhearmail an sròl.

Ach rìgh an uamhainn chuir séisd riut,
An nàmh nach diongfann an t-euchdach,
4535 Is nach gabh tiomadh ri deuraibh
Banntraich dìleachd no oighre :
A rìgh chruthaich 's d'an géill sinn,
Do throm-bhuille so léir sinn :
    O is tu loit sinn 's tu léighiseas ar leòn.

CATH RAON-RUAIRIDH (1689).

Iain Lom.

circa 1620—1710.

4540 An ainm an àigh ni mi tùs
Air a' mheanm-sa tha am rùn :
Chan i so an aimsir mu'n dùin an Céitein oirnn.

Nach fhaic sibh loingeas an Rìgh
Cur an spionnaidh go tìr :
4545 Chan e an t-Uilleam tha mì cho déidheil air.

Ach Righ Seumas 's a shìol
A dh'orduich Triath gu ar dìon :
Cha rìgh iasachd d'am fiach dhuinn géilleachdainn.

4550
Ach mur tig thu air ball
Is do léinte-criosa 'gan call,
Is ceud misde leam thall 'san Eiphit thu.

An comunn ciatalach tlàth
Shuidh an ionad nan Stàit,
Mar choi-meata chuir Sàtan seula riu.

4555
Paca sligheach nan cealg
D'am bu dligheach a' mheirg,
Dhubh am fitheach le salchar eucoir sibh.

Cha b'e am bràthadair còir
Bha cur gabhail fo'n fhòid,
4560
Ach fear an tighe nach bu chòir bu phéacan duibh.

Anns a' bheithe bheag òg
Bha fo bhaile Mhic Dheòrs',
Gur h-iomadh fear sròil bha reubta ann.

Is iomadh bioraid is gruag
4565
Bha 'g an spealtadh mu'n cnuac:
Bha fuil dhaite 'na stuaidh air feur a muigh.

Fhuair sibh deannal 'sa choill
O lannaibh shìol Chuinn
Chuir 'nar deannaibh thar tuinn trom-chreuchdach
sibh.

4570
An Raon-Ruairidh nam bad
Is lìonmhor uaigh is corp rag,
Mìle sluasaid is caib 'gan léidigeadh.

A shàr Chlebheris nan each,
Bu cheann-feadhn' thu air feachd :
4575 Mo chreach léir an tùs gleac mar dh'éirich dhuit.

Bu lasair theine dhoibh t'fhearg
Gus an d'éirich mi-shealbh :
Bhuail am peileir fo earball t'éididh thu.

Bu mhór cosgradh do làmh
4580 Fo aon chlogaide bàn,
Is do chorp nochdaidh geal dàn gun éididh air.

Cha robh eascaraid suas
Eadar Arcaibh is Tuaid,
Mur bhiodh tacaid a bhuail 'san eudainn thu.

4585 An uair bhrùchd t'uaislean a mach
Cha sgaoth bhuachaille mhart,
Ach luchd bualadh nan cnap gu spéireadail.

Air a' bhruthach a stad
Os cionn dubhar nam bad
4590 Luchd cur 'nan siubhal gu grad nan eucorach.

Clann Domhnaill an àigh,
Luchd a chònsach gach blàir,
Cha do ghabh iad riamh sgàth roimh reubalaich.

Is lìonmhor spalpaire dian
4595 Bha fo d' bhrataich dol sìos :
Cha b' ascartach lìn do réisimeid.

Is ioma fiùran deas òg,
Gun làn dùirn air de fheoil,
Ghearradh cloigne is smòis is féitheanan.

4600   Mo ghaol an Domhnall Gorm òg
O'n Tùr Shléiteach 's o'n Ord:
Fhuair thu deuchainn 's bu mhór an sgeula e.

Mo ghaol an Tàinistear ùr
Is a gheur Spàinneach 'na smùid:
4605   Cha b'e an t-ùmaidh air chùl na sgéithe e.

Mo ghràdh an t-Alasdair Dubh
O Ard-Gharadh nan sruth,
Chuir 'nan siubhal gu tiugh na reubalaich.

Is do bhràthair eile Iain Og,
4610   Dh'aomaich peileir throimh fheoil:
Is caol a thèaruinn e beò o'n spéileireachd.

Tha an cogadh so searbh
Air a thogail gu garg:
Ge ceann nathrach, bidh earball peucaig air.

4615   Is e Prionnsa Uilleam 's a shluagh
Dh'fhàg an dùthaich so truagh,
An uair a chuir iad thar cuan Righ Seumas uainn.

Guidhim sgrios orra is plàigh,
Is gort is miosguinn is bàs
4620   Air an sliochd, mar bha air àl na h-Eipheite.

Gach aon latha dol sìos,
Caigneadh chlaidheamh throimh 'm bian,
Is coin ag caitheamh an dìol air sléibhtichibh.

CUMHA DO GHILLE-EASPUIG CAIMBEUL IARLA EARRA-GHAIDHEAL,

a chaidh dhithcheannadh an Dùn-éideann am bliadhna ar Tighearna 1685.

LEIS AN AOS-DANA MACSHITHICH.

Tha sgeul agam dhuibh ri innseadh,
    Is cha chùis ghàire,
4625 Gun do chuireadh ceann-taic nan Gàidheal
    An staid ìosal.

Co chumas còir ris an anfhann,
    Is e 'na chruadhaig,
4630 No chumas casg air gach anghnàth
    Tha teachd nuadh oirnn?

Co chumas còir ris an Eaglais?
    Dh'fhàs i dorcha;
No chumas suas ar luchd teagaisg
4635 Ris na borbaibh?

Co chumas an creideamh cathardha
    Suas gu treòrach,
Is nach d'fhuair Gille-easpuig cead éisdeachd
    An taic còrach?

4640 Co chumas tigheadas greadhnach
    Gu buan faoilidh,
Is nach tadhail an t-Iarla Duibhneach
    'S an Dùn Aorach?

Roghainn nan Albannach uile,
4645   De'n àrd fhine;
A dhaoine, nam biodh spéis do dhuine,
    Is beud a mhilleadh.

Iarla duasmhor Earra-Ghàidheal,
    Garg an leómhann;
4650 Bu mhór an cridh' d'fhearaibh Albann
    Fhuil a dhòrtadh.

Dhaoine, ge do fhuair sibh àite
    Os cionn Cùirte,
Is olc a chuir sibh gliocas Alba
4655   Gu sùrd millte.

Ge do shrac sibh còir gun cheartas
    An taic bhur mìoruin,
Theagamh gun tig là nach fhasa
    Dhuibh d'a dhìoladh.

4660 Fhuair an fhuil uasal a ceusadh,
    Mar fhuair Iosa:
Ge nach coimeas sud r'a chéile,
    Feudar innseadh.

Mo thruaighe a nochd do luchd leanmhainn
4665   Faoin an seasamh;
Tha gach duine ag gabhail géill dhiubh:
    Dh'eug an ceannsgal;

Dh'eug an tuigse, dh'eug an aithne,
    Dh'eug an ceannsgal;
4670 Dh'eug an crann dligheach treun talmhaidh,
    Dh'eug an ceann-math.

Beannachd le t'anam am pàrras,
  Is fiach do chuimhne;
Gun togadh Dia suas bhur n-àlach,
4675   A dhream Dhuibhneach.

Dhream bheadarrach bhuadhach bhàdhach,
  Mheadhrach mhùirneach,
Labhradh gu foistinneach fìrghlic
  Brìgh gach cùise.

4680 Sud a chlann as uaisle fine,
  Nan steud meara;
Réidhbheartach an iùl 's an aithne,
  A' chlann ud uile.

Ge b'e dh'aithriseadh mo sheanchas
4685   Le mion chuimhne,
Có as mò tuigse air druim talmhainn
  Na clann Duibhneach?

Blàth a dh'fhàs os cionn gach fine,
  Gnìomh gun ghainne;
4690 Ceann-céille cléire agus sgoile
  An léibhidh uile.

Is iomadh leómhann is triath duineil
  Is ceann buidhne
De'n shliochd iarlail a sliochd Dhiarmaid
4695   Mhic Ua Duibhne.

O Dhiarmaid thàinig sibh uile :
  Sean am fine ;
Clann a b'fhearr a b'fhiach am moladh
  Chuala sinne.

4700   Is iomadh cridhe bras tha brònach,
            Rosg tha deurach,
        Luchd oifig is am bas ri bualadh:
            Tha an creach dèanta.

        Is iomadh brugh solasta fo thùirse
4705   Air dreach meirgte;
        Mnài ghreanta gun ghean gun ghàire
            Ag caoidh fo thromchradh.

        Bhàsaich luchd ciuil gu buileach;
            Co nì 'n cumail?
4710   Chan 'eil stà dhuinn bhith ri foras:
            Chaidh an taom thairis.

        Is fuathasach a' ghaoth so thàinig,
            Ghluais i an fhiùbhaidh;
        Dh'fhuadaich i na h-eoin le stoirm ghàbhaidh
4715   O'n choille chaomhaidh.

        Ach tigidh na h-eoin ùiseil àillidh
            D'an coille chòmhnuidh;
        Gun togaidh Dia suas bhur n-àireamh
            An staid naomha.

4720   Is cruaidh an càs sibh shearg gun chionta,
            Seoid bu phailte;
        Is nach d'fhuaradh a bhàrr 'nur n-aghaidh
            Ach meud bhur tuigse.

        Thàinig braghadh oirbh gun fhios duibh:
4725   Leam is duilich;
        Ma dh'fhalbhas a' chlann so buileach,
            Is mairg a dh'fhuirich.

Cuiribh-se bhur dòchas 'san Airdrigh,
   A chlann chéillidh;
4730   Is e sud am breitheamh gun fhallsa,
   Nach dèan eucoir.

An tì chruthaich sibh an toiseach
   An staid cheutaich,
Tha e fathast dhùibh chomh-ghràsmhor
4735   Is a bha a' cheud uair.

Is iomadh marcach lùthmhor làidir
   Thuit gu h-ìosal,
Is dh'éirich gu socair sàbhailt
   Suas 'na dhiallaid.

4740   Mar stiuir Maois a chabhlach lìonmhor,
   Is iad 'nan éiginn,
A mhac-samhail gun tarla dhuibhse
   Ri uair feuma.

Ri uair feuma tha Dia neartmhor,
4745   Ceann gach cùise,
Dhèanadh de bhur nàimhdibh treuna
   Càirdean ciuine.

ORAN DO THIGHEARNA NA LEIRGE AN
CINN-TIRE.

O is tuirseach a nocht atàim
   Is mo chroidhe briste bàidhte am chom,
4750   Ri clàistinn an sgeoil nach binn
   Dh'fhàg na chluinn gu tuirseach trom.

Shaoil mi an darach leathann ard
  Tarruing air barr as a fhrèimh,
Gu gluaiste na creaga dìlinn
  Nan dìbrid o'n Leirg do threubh.

4755

Mo mhallachd-sa is mallachd Dhé
  Anns a' chré do rinn mo ghuin,
An ionad do chumhdaigh gu sèimh
  Chaidh spìonadh do fhrèimh a bun.

4760

O is mairg neach a thug daoibh spéis,
  An gliocas o thréig do phòr;
Is e am mìorath a dhall do shùil
  Dol a reic do dhùthaich air òr.

A magha mìn as blàithe fonn,
4765
  A gcinn torrach trom gach pòr;
Eadar monadh maol is tràigh,
  Am binn bàireach laoigh is bó.

Is binn a maighdeanna 'na buailtibh,
  Is binn a cuach am barr a tuim;
4770
Is binn a smeòrach nach claon fonn,
  Is nuall na dtonn ri slios a fuinn.

A macraidh ghleusta ghasda gharg,
  A chuireadh gu feardha bàir;
Aig do smèideadh mar bu chòir,
4775
  Dream nach pilleadh beò le tàir.

Is lìonmhor curaidh foirtreun fial
  Shoir is shiar ri teachd 'na gceann,
Bu chomh-dhìleas duit ri t'fheoil
  Dá nochte do shròl ri crann.

12

4780   Sinn a nis mar uain gun aodhair'
                  Ar dian sgaoileadh feadh na mbeann;
            Mar shaithe bheachann gun bheach-eòlais,
                  Gun chùl-taic gun ghlòir gun cheann.

            Eadar Allt Pàruig fa dheas
4785   Is Allt na Sionnach 's leth fa thuath,
            Fearann as àillidh fo'n ghréin :
                  Is duine tréigte thug dha fuath.

            Cia le'n riarar easbhuidh 'n deòraidh?
                  Cia bheir fòirneart geur fo smacht?
4790   Cia thagras cùis na baintrigh',
                  Nì dìon is tearmunn do'n bhocht?

            Slàn le oineach, slàn le dàimh,
                  Slàn le gràdh le mùirn 's le spéis;
            Slàn le mórdhalachd 's le suairceas,
4795   Slàn le h-uaisle feasd ad dhéidh.

            Bu ghlic do chomhairle do chàch,
                  Do thuigse có b'fhearr fo'n ghréin;
            Acht seanfhocal fìor do leughas,
                  'Co leigheas an liaigh e féin?'

4800   Lùchairt corrgheal os cionn . .
                  An riarthadh na slòigh gun dìth,
            'M bu cian do shinnsear fo chliù,
                  Dachaidh ùr gach suairceis ì.

MARBHRANN DO
SHIR SEUMAS MOR MAC-DHOMHNAILL
TRIATH SHLEITE,

a dh'eug anns a' bhliadhna 1678.

GILLE-EASPUIG DUBH MAC MHICDHOMHNAILL

(An Ciaran Mabach).

An Nollaig 'm bu ghreadhnach fion
4805   Ormsa rug an dìth 'san call:
Tha m'iùlchairt 'sa' chrann fo dhìon,
Ceann-sìthe fear Innse Gall.

Gun fàth tòrachd air an tì
Chuaidh dhinn am feasda nan tràth:
4810   An Gormthulaich eadar dà thìr
Tha pailte gun chrìne an tàmh.

Is mór mo smuainte—chàch cha léir—
Leam fhéin, is mi gabhail mu thàmh;
De an t-saoghal so is beag mo spéis:
4815   Thigeadh an t-eug 'nuair as àill.

Chan iarrainn latha gu bràth
Do leasachadh thràth theachd orm,
Nam b'e gun deònaicheadh Dia
Mi dhol gu dian air do lorg.

4820   Chan iarrainn tuilleadh de'n t-saoghal,
Laighinn le daolaibh an fhòid
Ann an leabaidh chumhaing chaoil,
Sìnte ri taobh do chuid bhòrd.

Chuaidh mi iomrall air an aois,
4825   Am muinghin mo nàmhaid thà mì;
Is beag mo dhòchas a bhith àrd
Is tu an clàraibh druidte d'am dhìth.

Ormsa rug an t-anrath cuain,
Chuaidh mo riaghailt uam air chall;
4830   Mo sgeul duilich 's mo chàs cruaidh:
Is nì buan gun bhuinnig tha ann.

Dhìomsa thug an t-eug a' chìs,
Is léir dhuit, a Rìgh, mar atà;
Ormsa rug gàir-thonn nan sian,
4835   Gun sìth ach dòruinn gu bàs.

Cha robh stiuir no seòl no slat,
No ball beirte a bha ri crann,
Nach do thrus an aon uair uainn:
Mo thruaigh-sa, an fhras a bh'ann.

4840   Tigh mór thathaicheadh na slòigh
Gun òl gun aighear gun mhiadh,
Gun chuirm gun chaitheamh air bòrd:
Mo dhòlas, Athair nan sian.

Gun chaismeachd gun choimhstri theud,
4845   Gun dàn 'ga leughadh air clàr,
Gun fhilidh ri cur an céill
Euchd do chinnidh-sa gu bràth.

Gun treun fhir ri dol an òrd,
Gun tàileasg, gun chòrn, gun chuach;
4850   Mo bheud duilich 's mo chreach mhór:
Fo'n fhòd a thuinich an duais.

Gun éirigh moch thun nan stùc,
Gun chù 'ga ghlacadh am làimh,
Gun mheanmna ri clàistinn ciuil,
4855   Gun mhùirn gun mhacnas ri mnài.

Gun òigridh ri siubhal shliabh,
Gun mhiadh air iarraidh an ròin,
Gun mhìolchoin a' teannadh iall :
Sàmhach a nochd fiadh an Stòir.

4860   Is iomadh beann is gleann is cnoc,
Ceann òbain loch agus tràigh,
Shiubhail mise leat fo mhùirn,
Is luchd ciuil ri h-aighear gun phràmh.

AN TALLA AM BU GHNATH LE MAC-LEOID.

MAIRI NIGHEAN ALASDAIR RUAIDH.

Gur muladach tha mi,
4865   Is mi gun mhire gun mhànran
Anns an talla am bu ghnàth le MacLeoid.

Tigh mór macnasach meadhrach
Nam macaomh 's nam maighdean,
Far am bu tartarach gleadhraich nan còrn.

4870   Tha do thalla mór prìseil
Gun fhasgadh gun dìon ann,
Far am faca mi am fion bhith 'ga òl.

Och mo dhìobhail mar thachair,
Thàinig dìle air an aitribh :
4875   Is ann is cianail leam tachairt 'na còir.

Shir Tormoid nam bratach,
Fear do dhealbh-sa bu tearc e,
Gun sgeilm a chur asad no bòsd.

4880 Fhuair thu teist is deagh urram
Ann am freasdal gach duine,
Air dheiseachd 's air uirghioll beoil.

Leat bu mhiannach coin lùthmhor
Dhol a shiubhal nan stùcbheann,
Is an gunna nach diùltadh r'a h-ord.

4885 Is i do làmh nach robh tuisleach
Dhol a chaitheamh a' chuspair
Le do bhogha cruaidh ruiteach deagh-neoil.

Glac throm air do shliasaid
An déidh a snaidheadh gun fhiaradh,
4890 Is barr dosrach de sgiathaibh an eoin.

Bhiodh céir ris na crannaibh
Bu neo-éisleanach tarruing,
An uair a leumadh an taifeid o d' mheoir.

An uair a leigte o d' làimh i
4895 Cha bhiodh òirleach gun bhàthadh
Eadar corran a gàinne is an smeoirn.

Ceud soraidh le dùrachd
Uaim gu leannan an t-sùgraidh:
Gum b'e m'aighear 's mo rùn bhith 'nad chòir.

4900 An am dhuit tighinn gu d' bhaile
Is tu bu tighearnail gabhail,
An uair a shuidheadh gach caraid mu d' bhòrd.

Bha thu measail aig uaislean,
Is cha robh beagan mar chruas ort:
4905   Sud an cleachdadh a fhuair thu is tu òg.

Gum biodh farum air thàilisg
Agus fuaim air a' chlàrsaich,
Mar a bhuineadh do shàr mhac MhicLeoid.

Gur h-è bu eachdraidh 'na dhéidh sin
4910   Greis air ursgeil na Féinne,
Is air chuideachda chéirghil nan cròc.

MOLADH CHINN-TIRE.

Soraidh soir uam gu Cinn-tìre
    Le caoine dìsle agus fàilte,
Gun àrd no ìosal a dhearmad
4915   Eadar an Tairbeart is Abhart.

Banaltra Galldachd is Gàidhealtachd
    Ge do thréig i nis a h-àbhaist,
Bha drùdhadh gach tìr d'a h-ionnsaigh
    Is cha dùraig aon neach a fàgail.

4920   Is cùbhraidh 's is fallain a fàile
    Ag éirigh thar blàthaibh is thar geugaibh,
Measarra a Samhradh 's a Geamhradh
    Gun ainiochd stoirme no gréine.

Is aoibhinn a cnoca 's a cruacha,
4925   Is àirigheach 's is buailteach a glinne,
Bóthach laoghach meannach uanach
    Gruthach bainneach uachdrach imeach.

Gheibhte prostan àluinn uasal
    Ag ruagadh a' bhuic uallaich cheannaird
4930 Le coin ghradcharach ro lùthmhor,
    'G a chur gu dùbhshlan air a charaibh.

Bidh an coileach 'san tom gu sàmhach
    Is gadhar nan àmhailt 'g a chealgadh,
Is gus an glacar 'san lìon e
4935   Cha smuain e inntleachd an t-sealgair.

A glinn as binne dùrdan srutha,
    Seinn troimh shrathaibh fasgach feurach,
Luibheach craobhach meangach duilleach,
    Caorach cnuthach subhach smeurach.

4940 Is ealacarach binnghobach òrdail
    Sheinneas an smeòrach 'san fheasgar,
An uiseag os a cionn gu h-uallach
    An lon 's a' chuach ag cur beus leatha.

Chan 'eil fear-ciuil 's a' choille chùbhraidh
4945   Nach seinn le dùrachd a *chòrus*
Gu fileanta ealanta dìonach siùbhlach,
    A' roinn na h-ùine gu h-eòlach.

An caomh comh-sheinn pongail òrdail
    Freagairt a móramh 's a minim,
4950 Gu h-eagnaidh geibnigh teibnigh ceòlmhor,
    Organ as glòrmhoire 's a' chruinne.

Gu feart-tarnach ceart-tarnach ceutach,
    Gun bhuige no géire no dìochuimhn,
A' stad is ag aideachadh gu h-eòlach,
4955   A' mealtainn sòlais is sìothchaint.

A' freagairt a chéile mu'n inbhir
　　Am bi am breac 's am bradan gu suilbhir,
Gu h-iteach lannach ballach bruinngheal,
　　A' mire is a' leumnaich ri'n urball.

4960　Is fochlasach biolaireach a fuarain
　　An achlais gach cluain is gach tulaich,
A' brùchdadh mar chriostal an uachdar
　　'Na h-ìocshlaint fhionnair bhuadhaich mhilis.

A magha seisneil deisneil rìoghail,
4965　　An lìonmhor fear sìolchuir 'san earrach;
'San fhoghmhar greadhnach meadhrach uallach
　　Dualach sguabach cruachach torrach.

A creaga truideach crotach calmnach,
　　Murbhuach'leach sgarbhnach a calaidh,
4970　Gèadhach lachach de gach seòrsa,
　　Dobhranach rònanach ealach.

Nuallan a tonna mar orgain
　　Teachd leis an mhonmhur as binne,
Druim air dhruim ag ruith a chéile,
4975　　Is gàir aoibhinn am beul gach aoinfhir.

A cuain-long gu longach lànmhór
　　Luchdmhor làidir dealbhach dìonach;
Is lìonmhor corda crois is crannag
　　Ris na crannaibh fallain fìorard;

4980　Gu bàrcannach ardchrannach croiseach,
　　Gu bàtannach coiteach ràmhach,
Cuplach tairrneach staghmhor beartach,
　　Ulagach acuinneach acaireach càblach.

Is lìonmhor diùlnach lùthmhor treòrach
4985   An ám an seolaidh 'gam beartadh,
'G an tulgadh 'sna crannagaibh guanach,
    Le'n coimhlheis fuaradh no fasgadh.

Is e a glòir 's a sgèimh thar gach aoin-ni,
    A h-uaisle flathail rìoghail stàtail
4990 'S an cùirtibh maiseach meadhrach mùirneach:
    Bha an sinnseara cliuiteach 'gan àiteach,

Clann Domhnaill na féile is an t-suairceis,
    'G am buaine ceannas nan Innse;
Is cian bunadh na treibhe as uaisle
4995   'San tìr mhaisich bhuadhaich rìoghail.

An fhine bu teinne ri dòruinn
    Is nach iomaireadh fòirneart air fainne;
Thoirbheartach air luchd an céilidh,
    Onoir is féile gun ghainne.

IORRAM DO BHATA MHIC-DHOMHNAILL.

Iain Lom.

5000 Moch 's mi 'g éirigh 's a' mhaduinn
Is trom euslainteach m' aigne
Is nach éighear mi an caidreabh nam bràithrean.

Leam is aithghearr a' chéilidh
Rinneas mar ris an t-Seumas,
5005 Ris na dhealaich mi an dé moch là Càisge.

Dia 'na stiuir air an darach
Dh'fhalbh air tùs an t-siuil-mhara
Seal mun tug e cheud bhoinne de thràghadh.

Ge b'e ám cur a' choirc e,
5010 Is mi nach pilleadh o stoc uat;
Is ann a shuidhinn an toiseach do bhàta.

An uair bhiodh càch cur ri gnìomhadh
Bhiodh mo chuid-sa dheth dìomhain,
Ag òl nan gucagan fiona air a fàradh.

5015 Cha bu mharcach eich leumnaich
A bhuinnigeadh geall réis ort,
An uair a thogadh tu bréid os cionn sàile.

An uair a thogadh tu tonnag
Air chuan meanmnach nan dronnag,
5020 Is iomadh gleann ris an cromadh i h-eàrrach.

An uair a shuidheadh fear stiuir oirr'
An ám bhith fàgail na dùthcha,
Bu mhear ruith a' chuain dhubhghlais fo h-earrlainn.

Cha b'iad na lucharmuinn mheanbha
5025 Bhiodh m'a cupuill ag èaladh,
An uair a dh'éireadh mór-shoirbheas le bàirlinn.

Ach na fuirbirnich threubhach
As deise a dh'iomradh 's a dh'éigheadh,
Bheireadh tulg an tùs cléithe air ràmh bràghad.

5030 An uair a dh'fhalaichte na bùird di,
Is nach faighte làn siuil di,
Bhiodh luchd-tighe sìor lùb air a h-àlach.

Is iad gun eagal gun éislean
Ach ag freagradh d'a chéile,
5035 An uair thigeadh muir bheucach 's gach àird orra.

Dol timchioll Rudha na Caillich
Bu ro-mhath siubhal a daraich,
Ag gearradh shrutha gu cairidh Chaoil Àcuinn.

Dol gu uidhe chuain fhiadhaich
5040 Mar bu chubhaidh leinn iarraidh,
Gu Uibhist bheag riabhach nan cràghiadh.

Cha bu bhruchag air meirg i
Fhuair a treachladh le h-eirbheirt,
An uair a thigeadh mór shoirbheas le gàbhadh.

5045 Ach an Dubh-Chnòideartach riabhach
Luchdmhor ardghuailleach dhìonach :
Gur lìonmhor lann iaruinn m'a h-eàrraich.

Cha bu chrannlach air muir i
Shiubhal ghleann gun bhith curaidh,
5050 Is buill chainbe r'a fulagan àrda.

Bha Domhnall an Dùin innt,
Do mhac oighre 's mór curam :
'S e do stoighle fhuair cliù measg nan Gàidheal.

Og misneachail treun thu,
5055 Is blàth na bric' ort 'san eudainn,
Mur mhisd thu ro-mheud 's tha de nàir' innt.

Do mhac Uibhisteach glé mhór
D'am bu chubhaidh bhith 'n Sléite,
O'n rudha d'an éighte Dùn Sgàthaich.

5060 Gur mór mo chion féin ort
Ged nach cuir mi an céill e,
Mhic an fhir leis an éireadh na Bràighich.

Ceist nam ban o Loch Tréig thu,
'S o Shrath Oisein nan réidhlean :
5065 Gheibhte bruic agus féidh air a h-àruinn.

Dh'éireadh buidheann o Ruaidh leat
Lùbadh iubhar mu'n guaillean,
Thig o bhruthaichean fuar Charn na Làirce.

Dream eile de d' chinneadh
5070 Clann Iain o'n Inneoin :
Is iad a rachadh 'san iomairt neo-sgàthach.

Is iomadh òganach treubhach
Is glac throm air chùl sgéithe air,
Thig a steach leat o sgéith Meall na Làirce.

5075 Is a fhreagradh do t'éigheach
Gun eagal gun éislean,
An uair chluinneadh iad féin do chrois-tàra.

ORAN DO DHOMHNALL MAC-DHOMHNAILL, MAC THRIATH SHLEITE.

Iain MacDhomhnaill
(Iain Lom).

A bhean, leasaich an stóp dhuinn,
Is lìon an cupa le sòlas ;
5080 Ma's e branndaidh no beoir i,
Tha mi toileach a h-òl,
An deoch-sa air Ceannard Chlann Domhnaill,
An t-aigeannach òg thig o'n Chaol.

Am fear nach dùraig a h-òl
5085 Gun tuit an t-sùil air a' bhord as;
Tha mo dhùrachd do'n òigfhear,
Crann cùbhraidh Chlann Domhnaill:
    Rìgh nan dùl bhith 'gad chòmhnadh, fhir chaoimh.

Greas mun cuairt feadh an tigh i,
5090 Chum gun gluaisinn le h-aighear,
Le sliochd uaibhreach an athar,
A choisinn buaidh leis a' chlaidheamh:
    Fìon 'ga ruagadh 's 'ga chaitheamh gu daor.

Sliochd a ghabhail nan steud thu
5095 Dh'fhàs gu flathasach féilidh,
De shliochd gasda Chuinn Cheudaich,
A bha tathaich an Eirinn;
    Ged fhuair an claidheamh 's an t-eug oirbh sgrìob.

Bhiodh an t-iubhar 'ga lùbadh
5100 Aig do fhleasgaichean ùra,
Dol a shiubhal nan stùcbheann,
Anns an uidhe gun chùram
    Leis a' bhuidhinn roimh 'n rùisgte na gill.

Is tha mo dhùil anns an Trianaid
5105 Ged thàinig laigse air t'fhìonfhuil,
Slat de'n chuilionn bha ciatach,
Dh'fhàs gu furanach fialaidh,
    Sheasadh duineil air bialaibh an rìgh.

An am dhuit gluasad o t'aitreabh
5110 Le d' cheòl-cluaise agus caismeachd,
O thìr uasal nan glascharn,
'G an robh cruadal is gaisge,
    'G am bu shuaichneas barr gaganach fraoich.

An uair a chàirte fo luchd i
5115 Bhiodh tarruing suas air a cupaill,
Bord a fuaraidh 's ruith chuip air,
Snaidhm air fuaigheal a fliuchbhuird,
   Sruth mu guaillibh 's i suchta le gaoith.

An uair a chàirte fo seòl i
5120 Le crainn ghasda is le còrcaich,
Ag iomairt chleasan 's 'ga seòladh,
Aig a' chomhlan bu bhòidhche,
   Seal mun togte oirre a ro-seoil o thìr.

Gu Dùn-tuilm nam fear fallain,
5125 Far an greadhnach luchd ealaidh,
Gabhail fàilte le caithream
As na clàrsaichean glana,
   Do mhnaoi òig nan teud banala binn.

Sliochd nan curaidhean talmhaidh
5130 Leis an do chuireadh cath Gairbheach;
Fhuair mi uiread d'ar seanchas
Gu robh an turus ud ainmeil
   Gu robh tigh is leth Alba fo'r cìs.

Is iomadh neach a fhuair còir uaibh
5135 Anns an am ud le'r gòraich;
B'ann diubh Rothaich is Ròsaich,
MacCoinnich 's Diùc Gòrdon,
   MacGhille-Eathain o'n Dreòllainn 's MacAoidh.

B'e do shuaicheantas taitneach
5140 Long is leómhann is bradan,
Air chuan lìomharra an aigeil,
A' chraobh fhìgeis gun ghaiseadh
Chuireadh fìon di le pailteas;
   Làmh dhearg roimh na gaisgich nach tìm.

5145 An uair bu sgìth de luchd-theud e
    Gheibhte Biobull 'ga leughadh,
    Le flor chreideamh is céille,
    Mar a dh'òrduich Mac Dhé dhuibh,
        Is gheibhte teagaisg na cléire uaibh le sìth.

5150 Mac Shir Seumas nam bratach,
    O bhun Sléite nam bradan,
    A ghlac an fhéile is a' mhaise
    O cheann-céille do leapa,
5155   Cum do réite air a casan:
        Bi gu reusanta macanta mìn.

    Sliochd nam mìlidh 's nam fear thu,
    Nan sròl nam pìos 's nan cup geala,
    Thogadh sìoda ri crannaibh,
    An uair bu rìoghaile tarruing,
5160   Bhiodh pìc rìomhach nam meallan 'na teinn.

    Gum bu slàn 's gum bu h-iomlan
    Gach nì tha mi 'g iomradh
    Do theaghlach Rìgh Fionnghall;
    Oighre dligheach Dhùn-tuilm thu:
5165   Olar deoch air do chuilm gun bhith sgìth.

BOTHAN AIRIGH AM BRAIGH RAITHNEACH.
Oran le Nighinn Oig d'a Leannan.

Gur e m'anam is m'eudail
    Chaidh an dé do Ghleann Garadh:

Fear na gruaige mar an t-òr
    Is nam pòg air bhlas meala.

5170
    Is tu as fearr do'n tig deise
        De na sheasadh air thalamh;

    Is tu as fearr do'n tig culaidh
        De na chunna mi d'fhearaibh.

    Is tu as fearr do'n tig osan
5175
        Is bròg shocrach nam barriall:

    Cótan Lunnuinneach dubhghorm,
        Is bidh na crùintein 'ga cheannach.

    An uair a ruigeadh tu an fhéill
        Is e mo *ghear*-sa a thig dhachaidh:

5180
    Mo chriosan is mo chìre
        Is mo stìomag chaol cheangail.

    Mo làmhainne bòidheach
        Is déis òir air am barraibh,

    Mo sporan donn iallach
5185
        Mar ri sgian nan cas ainneamh.

    Thig mo chrios a Dùn Eideann
        Is mo bhréid a Dùn Chailleann.

    C'uime am bìomaid gun eudail
        Agus spréidh aig na Gallaibh?

5190
    Gheibh sinn crodh as a' Mhaorainn
        Agus caoirich a Gallaibh.

    Is ann a bhios sinn 'g an àrach
        Air àirigh am Bràigh Raithneach,

    Ann am bothan an t-sùgraidh,
5195
        Is gur e bu dùnadh dha barrach.

13

Bhiodh a' chuthag 's an smùdan
 Ag gabhail ciuil duinn air chrannaibh;

Bhiodh an damh donn 'sa bhùireadh
 'Gar dùsgadh 's a' mhaduinn.

LUINNEAG MHIC-LEOID.

Mairi Nighean Alasdair Ruaidh.

5200 Is mi am shuidhe air an tulaich
Fo mhulad 's fo imcheist,
Is mi ag coimhead air Ile,
Is ann de m' iongnadh 'san àm so;
Bha mi uair nach do shaoil mi,
5205 Gus an do chaochail air m'aimsir,
Gun tiginn an taobh so
Dh'amharc Dhiùraidh a Sgarbaidh.

Gun tiginn an taobh so
Dh'amharc Dhiùraidh a Sgarbaidh;
5210 Beir mo shoraidh do'n dùthaich
Tha fo dhubhar nan garbhbheann,
Gu Sir Tormod ùr allail
Fhuair ceannas air armailt,
Is gun cainte anns gach fearann
5215 Gum b'airidh fear t'ainm air.

Gun cainte anns gach fearann
Gum b'airidh fear t'ainm air,
Fear do chéille is do ghliocais
Do mhisnich 's do mheanmain,

5220
Do chruadail 's do ghaisge
Do dhreach is do dhealbha,
Agus t'fholachd is t'uaisle
Cha bu shuarach ri leanmhainn.

Agus t'fholachd is t'uaisle
5225
Cha bu shuarach ri leanmhainn;
D'fhuil dirich rìgh Lochlainn
B'e sud toiseach do sheanchais.
Tha do chàirdeas so-iarraidh
Ris gach Iarla tha an Albainn,
5230
Is ri h-uaislean na h-Eireann:
Cha bhreug ach sgeul dearbhta e.

Is ri h-uaislean na h-Eireann:
Cha bhreug ach sgeul dearbhta e.
A Mhic an fhir chliuitich,
5235
Bha gu fiùghantach ainmeil;
Thug barrachd an gliocas
Air gach Ridir bha an Albainn
Ann an cogadh 's an sìothshaimh,
Is ann an dìoladh an airgid.

5240
Ann an cogadh 's an sìothshaimh,
Is ann an dìoladh an airgid.
Is beag an t-iongnadh do mhac-sa
Bhith gu beachdail mór meanmnach,
Bhith gu fiùghant' fial farsaing,
5245
O'n a ghlac sibh mar shealbh e:
Clann Ruairidh nam bratach,
Is e mo chreach-sa na dh'fhalbh dhiubh.

Clann Ruairidh nam bratach,
Is e mo chreach-sa na dh'fhalbh dhiubh;
5250 Ach an aon fhear a dh'fhuirich
Níor chluinneam sgeul marbh ort;
Ach, eudail de fhearaibh,
Ge do ghabh mi uat tearbadh
Fhir a' chuirp as glan cumadh,
5255 Gun uireasbhuidh dealbha.

Fhir a' chuirp as glan cumadh,
Gun uireasbhuidh dealbha;
Cridhe farsaing fial fearail,
Is math thig geal agus dearg ort.
5260 Sùil ghorm as glan sealladh
Mar dhearcaig na talmhainn,
Làmh ri gruaidh ruitich
Mar mhucaig na fearradhris.

Làmh ri gruaidh ruitich
5265 Mar mhucaig na fearradhris.
Fo thagha na gruaige
Cùl dualach nan camlùb.
Gheibhte sud ann ad fhàrdaich
An càradh air ealchainn,
5270 Miosair is adharc
Is rogha gach armachd.

Miosair is adharc
Is rogha gach armachd,
Agus lanntainean tana
5275 O'n ceannaibh gu'm barrdhéis.

Gheibhte sud air gach slios dhiubh
Isneach is cairbinn,
Agus iubhair chruaidh fhallain
Le an taifeidean cainbe.

5280 Agus iubhair chruaidh fhallain
Le an taifeidean cainbe,
Is cuilbheirean caola
Air an daoiread gun ceannaichte iad;
Glac nan ceann liomhta
5285 Air chur sìos ann am balgaibh
O iteach an fhìreoin
Is o shìoda na Gailbhinn.

O iteach an fhìreoin
Is o shìoda na Gailbhinn;
5290 Tha mo chion air a' churaidh,
Mac Mhuire chur sealbh air.
Is e bu mhiannach le m' leanabh
Bhith am beannaibh nan sealga,
Gabhail aighir na frìthe
5295 Is a' dìreadh nan garbhghlac.

Gabhail aighir na frìthe
Is a' dìreadh nan garbhghlac,
A' leigeil nan cuilean
Is a' furan nan seanchon;
5300 Is e bu deireadh do'n fhuran ud
Fuil thoirt air chalgaibh
O luchd nan céir geala
Is nam falluingean dearga.

O luchd nan céir geala
5305 Is nam falluingean dearga,
Le do chomhlan dhaoine uaisle
Rachadh cruaidh air an armaibh;
Luchd aithneachadh latha
Is a chaitheadh an fhairge
5310 Is a b'urrainn 'ga seòladh
Gu seòlaid an tarruinnte i.

RI FUAIM AN T-SAIMH.

MAIRI NIGHEAN ALASDAIR RUAIDH.

Ri fuaim an t-saimh
Is uaigneach mo ghean;
Bha mise uair nach b'e sud m'àbhaist.

5315 Ach pìob nuallanach mhór
Bheireadh buaidh air gach ceòl,
An uair a ghluaiste i le meoir Phàdruig.

Gur mairg a bheir géill
Do'n t-saoghal gu léir:
5320 Is tric a chaochail e cheum gàbhaidh.

Gur lìonmhoire a chùrs
Na'n dealt air an driùchd
Ann am maduinn an tùs Màighe.

Chan fhacas ri m' ré
5325 Aon duine fo'n ghréin
Nach d'thug e ghreis féin dhà sin.

Thoir an t-soraidh so uam
Gu talla nan cuach,
Far am biodh tathaich nan truagh dàimheil.

5330   Thun an tighe nach gann
Fo an leathad ud thall,
Far bheil aighear is ceann mo mhànrain.

Sir Tormod mo rùin,
Olghaireach thù,
5335   Foirmeil o thùs t'àbhaist.

A thasgaidh 's a chiall,
Is e bu chleachdamh duit riamh
Teach farsaing 's e fial fàilteach.

Bhiodh teanal nan cliar
5340   Rè tamaill is cian,
Dh'fhios a' bhaile am biodh triall chàirdean.

Nàile, chunnaic mi uair
Is glan an lasadh bha ad ghruaidh,
Fo ghruaig chleachdaich nan dual àrbhuidh'.

5345   Fear dìreach deas treun
Bu ro-fhìrinneach beus,
Is e gun mhìghean gun cheum tràilleil.

De'n linnidh b'fhearr buaidh
Tha 'sna crìochaibh mun cuairt,
5350   Clann fhìrinneach Ruairidh lànmhóir.

Chan 'eil cleachdainn mhic rìgh
No gaisge no gnìomh,
Nach 'eil pearsa mo ghaoil làn deth.

An tréine 'san lùth,
5355   An ceudfaidh 'san cliù,
Am féile 's an gnùis nàire.

An gaisge is an gnìomh,
Am pailteas neo-chrìon,
Am maise is am miann àillteachd.

5360   An cruadal 's an toil,
Am buaidh thoirt air sgoil,
An uaisle gun chron càileachd.

Tuigsear nan teud,
Purpais gach sgéil,
5365   Susbaint gach céill nàduir.

Gum bu chubhaidh dhuit siod
Mar a thubhairt iad ris,
Bu tu an t-ubhal thar mios àrdchraoibh.

Leòdach mo rùin,
5370   Seòrsa fhuair cliù,
Cha bu tòiseachadh ùr dhaibh Sir.

Bha fios có sìbh
Ann an iomartas rìgh,
An uair bu mhuladach strì Theàrlaich.

5375   Slàn Ghàidheil no Ghoill
Gun d'fhuaras oirbh foill,
Dh'aon bhuaireadh gun d'rinn bhur nàmhaid.

Lochlannaich threun
Toiseach bhur sgéil,
5380   Sliochd solta bh'air freumh Mhànuis.

Thug Dia dhuit mar ghibht
Bhith mórdhalach glic;
Chrìosd deònaich do d'shliochd bhith àghmhor.

5385 Fhuair thu fortan o Dhia,
Bean bu shocraiche ciall,
Is i gu foistinneach fial nàrach.

A bheil eineach is cliù,
Is i gun mhilleadh 'na cùis,
Is i gu h-iriosal ciuin càirdeil.

5390 I gun dolaidh fo'n ghréin
Gu toileachadh treud,
Is a folachd a réir banrighinn.

Is tric a riaraich thu cuilm
Gun fhiabhras gun tuilg:
5395 Nighean oighre Dhùn-tuilm, slàn duit.

IORRAM NA TRUAIGHE
Do IAIN MAC SHIR RUAIRIDH MHIC-LEOID
a dh'eug 's a' bhliadhna 1649.

POL CRUBACH.

floruit 1650.

Is i so iorram na truaighe
Tha 'san uair so 'ga h-éigheach,
A liuthad glaodh tioma
Gun bhinneas r'a éisdeachd;
5400 Ar Tighearna dùthcha
Gun dùil ri e éirigh:
Gach cùis am biodh cunnart
Is tu b'urrainn d'a réiteach.

Chunna mise Sir Seumas
5405   'Gad thréigsinn, 's cha b'ann d'a dheoin;
Bha a dhearcshùilean glana
      Ri sileadh nam mìltean deoir.
Nam b'ann le neart lannan
      Bhiodh do cholunn ag caochladh neoil,
5410   Gur h-iomad laoch fearail
      Bhuaileadh farum 's a reubadh feoil.

Gur lìonmhor sròl ballach
      'Ga nochdadh ri slinntibh chrann;
Gur lìonmhor treun ghaisgeach
5415   Ri faicinn nam maoth shròl fann,
Nach iarradh fuireach
      A cumasg gu stròiceadh cheann,
Ach lunn air bhràighdean
      A' faighneachd 'n e an aon ghuth th'ann.

5420   Gur h-iomad cuillobhar
      Nach dìobradh teine ri h-ord,
Agus clogaide cruadhach
      Ri folach nan gruag 's nan sròn,
Agus pìc mheallach
5425   Air a tarruing o chluais gu dòrn,
Agus fiùbhaidh chaol-earra
      Air a falach gu céir am feoil.

Nam bu chiontana dhaoine
      Bu bhaoghal do anam MhicLeoid,
5430   Gur lìonmhor Tùir shuairce
      Do ghluaiseadh gu h-ealanta borb,

Bheireadh ruaig mhaidne
   Gun an oidhche chadal air chòir;
Mnài bhrùite ag éigheach
5435   Mu rùsgadh nan geur lann gorm.

Gur mór an tein-adhair
   Thug an spreadhadh nach gann 'nar measg,
Chuir ar n-aigne an ìslead
   Is ar cridhe 'nar cliabh gun d'chlisg;
5440 A liuthad bean bhréidgheal
   Is a h-eanchainn a leum fo a sic,
Mu dheagh mhac Ruairidh
   Tha an eaglais nan stuadh fo lic.

Gur mór an sruth-tràghaidh
5445   Thàinig air fir Innse-gall;
Ri amharc a chéile
   Gur soilleir dhoibh féin an call;
Fear do choimeis cha léir dhomh;
   Bu tu an curaidh an streup nan lann,
5450 Le d' chlaidheamh cruaidh beumnach
   Ann ad dheaslàimh gu spéiceadh cheann.

Ach a ghnùis na féile,
   Nach do bhreugnaich riamh t'fhacal aon uair,
Ceann-uidhe nan deòraidh
5455   Nan aircleach gun treoir 's nan truagh,
A chearraich na tice
   Aig am bu tric bhiodh àireamh sluaigh,
An fhéile dhùbailt
   Nach iarradh an cunntas cruaidh.

5460   Ach Iain mhic Ruairidh,
            Nach gluaiste le mùiseig,
        Nach gabhadh bonn eagail
            Is nach cuireadh beagan an cùram,
        Chan fhacas do ghillean
5465   An tìr eile 'ga spùilleadh,
        Is cha bhiodh luchd faire
            Ann ad bhaile 'nan dùsgadh.

        Aig feabhas an achda
            So chleachd thu 'nad dhùthaich.
5470   Cha d'iarr thu riamh clachair
            Gu do chaisteal a chumhdach;
        Cha bhiodh droll air do chomhlainn
            Mu thrath-nòine 'ga dùnadh,
        Ach thu an cathair na féile
5475   Is tu leughadh na h-umhlachd.

        B'e m'aighear an t-Iain
            So chaochail air maduinn Di-màirt,
        Ceann réite gach facail
            Gus an uair an deach stad air do chainnt.
5480   Bha do chàirdean tùirseach
            Is an cùram an àite teann,
        An déidh do chàradh 'san ùir ac'
            Gun chomas air an diùbhail ann.

        Tri bliadhna fichead
5485   Bha an gliocas 'na àite féin,
        Gun bheud gun mhulad
            Gus an do thromaich am bàs bu treun;

Mar gum biodh fras ann
A chaisgeadh uainn soillse nan speur,
5490 No coinneal d'a mùchadh
Gun sùgradh gu bràth 'na dhéidh.

A' CHNO SHAMHNA
DO SHIR LACHLANN MAC GHILLE EATHAIN
TRIATH DHUBHAIRD
a dh'eug 's a' bhliadhna 1648.

EACHANN BACACH MAC GHILLE EATHAIN AN T-AOS-DANA.

Thriall bhur bunadh gu Phàro,
Co b'urrainn d'a sheanchas,
MhacMhuirich, MacFhearghuis?
5495 Craobh a thuinich ré aimsir,
Fhriamhaich bun ann an Albainn,
Chuidich fear dhiubh Cath Gairbheach:
    Fhuair sinn ulaidh fear t'ainm a theachd beò.

Cha chraobh-chuir is cha phlannta,
5500 Cha chnò an uiridh o'n d'fhàs thu,
Cha bhlàth chuirte mu Bhealltuinn,
Ach fàs duillich is meanglain,
Am meur mullaich so dh'fhag sinn:
    Cuir, a Chrìosd, tuille an àite na dh'fholbh.

5505 Is mór pudhar an ràith-sa,
Is trom an dubhadh-sa dh'fhàs oirnn,
Gura cumhang leinn t'fhàrdach
An cist-laighe nan clàran:
    Is fhada is cuimhne leinn càradh nam bòrd.

5510   Chaidh do chist an tigh-geamhraidh,
        Cha do bhrist thu a' chnò shamhna ;
        Misneach fear Innse Gall thu,
        Is mór is misde do ranntaidh
        Nach do chlisg thu roimh armailt,
5515   Fhir bu mheasaile an campa Mhontròs.

        Fhir bu rìoghaile cleachda,
        Is tu bu bhìoganta faicinn,
        Dol a sìos am blàr machrach
        Bhiodh na mìltean mu d' bhrataich ;
5520   Chuid bu phrìseil' de'n eachdraidh,
        Luchd do mhìoruin nan caiste ort
        Is ann a dh'innste leo t'fhasan
        An uair bu sgìth leo cur sgapaidh 'nam feoil.

        Cha bhiodh buannachd do d' nàmhaid
5525   Dol a dh'fhuasgladh uait làmhainn ;
        Bha thu buadhach 's gach àite :
        Cha b'e fuath mhic a' mhàile
        Fear do shnuaidh theachd 'na fhàrdaich ;
        Cha dath uaine bu bhlàth dhuit,
5530   An uair a bhuaileadh an t-àrdan ad phòr.

        Gum b'aithriseach t'fheum dhoibh
        An àm nan crannan a bheumadh,
        Chum nan deannal a shéideadh,
        Bhiodh lann tana chruaidh gheur ort,
5535   Is tu fad là air an t-seirm sin :
        Cha tigeadh lagbhuille meirbh as do dhòrn.

Nàile, chunnaic mi aimsir
Is tu ri siubhal na sealga,
Cha bu chuing ort an garbhlach;
5540 Pìc de'n iubhar cha d'fhàs i
Chuireadh umhail no spàirn ort;
Cha bhiodh fuidheall a tairrne
Nam biodh lughadh 'na crannghail
    Chuireadh siubhal fo eàrr-ite an eoin.

5545 Glac chomhnard an càradh
Am bian ròineach an t-seanbhruic,
Cinn storach o'n cheardaich,
Cha bhiodh òirleach gun bhàthadh
Eadar smeoirn agus gàinne,
5550 Le neart còrcaich a Flànras;
Cha bhiodh feòlach an tearmad
    Air an seòladh tu an crann sin ad dheoin.

Cha b'e sin mo luan-Chàsga
An uair a bhuail an gath bàis thu;
5555 Is truagh a dh'fhàg thu do chàirdein
Mar ghàir sheillean air làraich
An déidh am mealannan fhàgail,
No uain earraich gun mhàthair:
    Is fhada chluinnear an gàirich mu'n chrò.

5560 Gum bu mhath do dhìol freasdail
An tigh mór am beul feasgair;
Uisge beatha nam feadan
Ann am pìosan 'ga leigeil,
    Sin is clàrsach 'ga spreigeadh ri ceòl.

5565 Bhuineadh dhinne 'na ùr-ros
Fear ar tighe is ar crùnair,
Ghabh an rathad air thùs uainn,
Liuthad latha r'a chunntas
Bha aig maithibh do dhùthcha
5570 Meud an aigheir 's am mùirne:
Bha mi tathaich do chùirte
  Seal mum b'aithne dhomh 'n t-ùrlar a dh'fholbh.

B'eòl dhomh innse na bh'aca:
Gum b'ann de mhiannan Shir Lachlann
5575 Bhith ag òl fìona an tigh farsaing
Le mnathaibh rìomhach neo-ascaoin,
Glòir bhinn agus macnas
  Anns an ám sin 'm bu chleachd leibh bhith pòit.

An ám na fàire bhith glasadh
5580 Bhiodh a' chlàrsach 'ga creachadh,
Cha bhiodh ceòl innte an tasgaidh
Ach na meoir 'ga thoirt aisde,
Gun leòn làimhe gun laige,
  Gus am bu mhiannach leibh cadal gu fòill.

5585 Bhiodh na cearraich le braise
Iomairt tàilisg mu seach orr',
Fir foirne ri tartar,
Toirm is maoidheadh air chairtean,
Dolair Spainnteach is tastain
5590   Bhiodh 'gan dìoladh gun lasan 'nan lorg.

Thug càch teist air do bheusan:
Bha gràdh is eagal Mhic Dhé ort,
Bha fàth seirce 'gad chéile ort,
Bha rogha deiseachd is deilbh ort,
5595   Cha robh ceist ort mar threun fhear;
Bhiodh na Sgriobtuir 'gan leughadh
    Ann ad thalla mun éireadh do bhòrd.

Ge bu lìonmhor ort frasachd,
Chum thu dìreach do d' mhacaomh
5600   Do bhréid rìomhach gun sracadh;
Cha do dhìobair ceann-slaite thu,
O'n 'se Crìosda b'fhear-beairt dhuit:
    Is sin an Tì a leig leat an taod-sgòid.

A mhic, ma ghlacas tu an stiuir so,
5605   Cha bu fhlathas gun dùthchas
Dhuit bhith grathunn air t'ùrnuigh;
Cuir d'a caitheamh an Triuir oirre:
Cuir an t-Athair an tùs oirre,
Biodh am Mac 'na fhear-iuil oirre
5610   An Spiorad Naomh ag a giùlan gu nòs.

ROINN DO ALASDAIR MAC COLLA.

    Is fhada tha mise ann am chodal
        Is mi tha fulang,
    Gun an t-Alasdair òg so a mholadh
        Mar threun duine.

5615   Do mhac-samhail mar ealtainn o dhubh bheinn
                 Dol trìd choille dharaich,
         No mar fhrois mhóir ag reubadh tuinne
                 Air druim cuain mara.

         Is leat Clann Alasdair nan arm guineach
5620   As ro-mhaith cinnseal:
         Sud na fir nach 'eil dhuit fallsa,
                 Tàim d' an innseadh.

         Tigidh Raghnall Dhùn nan Ultach
                 'N a chraoibh thoraidh,
5625   Nach do ghabh sgàth roimh thì eile:
                 B' e an gnìomh doilich.

         Tigidh Aonghus mac MhicRaghnaill,
                 Féinnidh fuileach;
         Is cha bhi feum air léigh am baile
5630   An déidh do bhuille.

         An uair a thogte fraoch is fearg
                 Air Triath an Todhair,
         Chluinnte fuaim do lann 'g an crathadh
                 An crìochaibh an domhain.

5635   Thug thu an là ud an Cùil-rathain
                 An tùs t'òige;
         Leagadh leat an sin luchd lastain
                 Bu mhór bòsda.

         Ag ailis air Goll mac Morna
5640   Là Uillt Eireann,
         Dh'fhàg thu Goill gu brònach
                 Is mnà gu deurach.

Ag ailis air Oscar nam beuman trice
  Latha Pheirte;
5645 Chan fhaodadh duine chuca, leis
  A' cheò a bh' aca.

Ag ailis air Fionn mac Cumhaill
  Là Chill Saoithe,
Chuir thu eich is Goill le bruthach,
5650   Gu breun brothach.

An uair thogadh tu do bhratach mhìn ruadh
  Ri crann gatha,
Bheireadh tu buaidh air gach rubha,
  Is gaoth 'g a crathadh.

5655 Cha robh coimeas ann do m' threunfhear
  An tùs troide;
O nach sàite am mòine bhuig e,
  Carragh creige.

ORAN DO ALASDAIR MAC COLLA.
AN DEIDH LA ALLT EIREANN.
IAIN MACDHOMHNAILL.
(Iain Lom.)

Gu ma slàn is gu ma h-éibhinn
5660 Do'n Alasdair euchdach,
Choisinn latha Allt Eireann le mhór shluagh.

Le shaighdearan laghach,
An am gabhail an rathaid
Leis am bu mhiannach bhith gabhail a' chrònain.

5665   Cha bu phrabaire tlàth thu
Dhol an caigneachadh chlàidhean
An uair bha thu 's a' ghàradh 'nad ònar.

Bha luchd chlogaid is phìcean
Ag cur ort mar an dìchioll,
5670   Gus an d'fhuair thu relìobh o Mhontròsa.

Is iomadh òganach sùlghorm
Bha fo lot nan arm rùisgte,
Aig geata Chinn-iùdaidh gun chòmhradh.

Agus òganach loinneil
5675   Thuit an aobhar do lainne,
Bha 'na shìneadh am polla ud Lòchaidh.

Is cha robh Domhach no Geinneach
An talamh MhicCoinnich
Nach d'fhàg an airm theine air a' mhòintich.

5680   Cha robh Tomai no Simidh
An talamh MhicShimidh
Nach do thàr anns gach ionad am frògaibh.

Chuir sibh pàirt diubh air theicheadh
Gus an do ràinig iad Muireabh,
5685   Is chuir sibh lasraichean teine 's a' Mhormhaich.

ROINN DO ALASDAIR MAC COLLA.

Alasdair Mhic ò hò
Cholla ghasda ò hò,
As do làimh-se ò hò
Earbainn tapadh, trom eile.

5690
As do làimh-se ò hò
Earbainn tapadh ò hò,
Mharbhadh Tighearna ò hò
Achaidh nam Breac leat, trom eile.

5695
Mharbhadh Tighearna ò hò
Achaidh nam Breac leat ò hò,
Dh'adhlacadh an ò hò
Uir an loch e, trom eile.

Is ge beag mi ò hò
Bhuail mi ploc air ò hò;
5700
Chuala mi an dé ò hò
Sgeul nach b' ait leam, trom eile.

Chuala mi an dé ò hò
Sgeul nach b'ait leam ò hò,
Glaschu a bhith ò hò
5705
Dol 'na lasair, trom eile.

Glaschu a bhith ò hò
Dol 'na lasair ò hò,
Is Obar-Dheathan ò hò
An déidh chreachadh, trom eile.

LATHA INBHIR LOCHAIDH (1645).

Iain MacDhomhnaill.

(Iain Lom.)

5710
An cuala sibhse an tionndadh duineil
Thug an camp bha'n Cille Chuimein?
Is fada chaidh ainm air an iomairt,
Thug iad as an nàimhdean iomain.

Dhìrich mi moch maduinn Domhnaich
5715   Gu bràigh caisteil Inbhir Lòchaidh;
Chunna mi an t-arm a' dol an òrdugh,
Is bha buaidh a' bhlàir le Clann Domhnaill.

Dìreadh a mach glùn Chùil Eachaidh
Dh'aithnich mi oirbh sùrd bhur tapaidh;
5720   Ged bha mo dhùthaich 'na lasair,
Is éirig air a' chùis mar thachair.

Ged bhitheadh oighreachd a' Bhràghad
An seachd bliadhna so mar thà i,
Gun chur gun chliathadh gun àiteach,
5725   Is math an riadh o bheil sinn pàighte.

Air do làimh-se, Thighearna Labhair,
Ge mór do bhòsd as do chlaidheamh,
Is iomadh òglach chinneadh t'athar
Tha an Inbhir Lòchaidh 'na laighe.

5730   Is iomadh fear gòrsaid agus pillein
Cho math 's bha riamh de do chinneadh,
Nach d'fhaod a bhòtann thoirt tioram,
Ach foghlum snàmh air Bun Nimheis.

Sgeul a b'aite an uair a thigeadh
5735   Air Caimbeulaich nam beul sligneach:
H-uile dream dhiubh mar a thigeadh
Le bualadh lann an ceann 'gam briseadh.

An là sin shaoil leo dhol leotha
Is ann bha laoich 'gan ruith air reodha:
5740   Is iomadh slaodanach mór odhar
Bha 'na shìneadh air Ach' an Todhair.

Ge b'e dhìreadh Tom na h-Aire,
Bu lìonmhor spòg ùr ann air dhroch shailleadh;
Neul marbh air an sùil gun anam,
5745   An déidh an sgiùrsadh le lannan.

Thug sibh toiteal teith mu Lòchaidh
Bhith 'gam bualadh mu na srònaibh;
Bu lìonmhor claidheamh claisghorm comhnard
Bha bualadh an làmhan Chlann Domhnaill.

5750   Sin 'nuair chruinnich mór dhragh na falachd,
An ám rùsgadh nan greidlein tana;
Bha iongnan nan Duibhneach ri talamh
An déidh an lùithean a ghearradh.

Is lìonmhor corp nochdta gun aodach
5755   Tha 'nan sìneadh air Chnoc an Fhraoiche,
O'n bhlàr an greasta na saoidhean
Gu ceann Litir Blàr a' Chaorrainn.

Dh'innsinn sgeul eile le fìrinn
Cho math 's ni cléireach a sgrìobhadh:
5760   Chaidh na laoich ud gu an dìchioll,
Is chuir iad maoim air luchd am mìoruin.

Iain Mhùideartaich nan seòl soilleir,
Sheòladh an cuan ri latha doilleir,
Ort cha d'fhuaradh bristeadh coinne:
5765   B'aite leam Barr-breac fo d' chomas.

Cha b'e sud an siubhal cearbach
A thug Alasdair do Albainn,
Creachadh losgadh agus marbhadh,
Is leagadh leis coileach Shrath Bhalgaidh.

5770
An t-eun dona chaill a cheutaidh
An Sasunn an Albainn 's an Eirinn;
Is ite e a cùrr na sgéithe:
Cha mhisde leam ge do ghéil! e.

Alasdair nan geur lann sgaiteach,
5775
Gheall thu an dé a bhith cur as daibh;
Chuir thu an retreuta seach an caisteal,
Seòladh glé mhath air an leantainn.

Alasdair nan geur lann guineach,
Nam biodh agad àrmuinn Mhuile,
5780
Thug thu air na dh'fhalbh dhiubh fuireach,
Is retreut air pràbar an duilisg.

Alasdair mhic Cholla ghasda,
Làmh dheas a' sgoltadh nan caisteal,
Chuir thu an ruaig air Ghallaibh glasa,
5785
Is ma dh'òl iad càl gun do chuir thu asd' e.

Am b'aithne dhuibh-s' an Goirtein Odhar?
Is math a bha e air a thodhar;
Chan innear chaorach no ghobhar,
Ach fuil Dhuibhneach an déidh reodha.

5790
Bhur sgrios ma's truagh leam bhur càradh,
Ag éisdeachd anshocair bhur pàisdean,
Ag caoidh a' phannail bh'anns an àraich,
Donnalaich bhan Earra-Ghàidheal.

AN LAIR DHONN.

Murchadh MacCoinnich.

(Murchadh Mór mac Mhic Mhurchaidh, Fear Aicheallaidh.)

floruit 1650.

Tha mise fo ghruaim
5795   Is gun mi an caidreabh a' chuain;
Cha chaidil mi uair air chòir.

Ge socrach mo ghleus
Air chapull nan leum,
Cha choisgear leath' m' fheum le treoir.

5800   Loth philleagach bhreun
Fo pillein 's fo sréin,
Aon ghille 'na déidh bu lòd.

Cha tugadh i ceum
Ach duine is i fhéin,
5805   Is gun cuireadh i feum air lòn.

Nan éigheadh i sgìos
Is e b'fheudar dhol sìos,
Is a tréigsinn ge b'fhiamh an tòir.

Cha b'ionann 's mo làir
5810   Air linne nam bàrc :
Bhiodh gillean a ghnàth cur bhòd.

Cha b'ionann 's mo shaoi
Ri grinne na gaoith',
Gun bhioran r'a taoibh 's i folbh.

5815
Is i b'fhearaile ceum
D'am faca mi féin,
Is cha bu ghearan dhi feum air lòn.

Iùbhrach shocrach a' chuain
D'an cliù toiseach dol suas,
5820
Bhiodh giuthas dosrach nam buadh fo sheòl.

Air bharraibh nan stuadh
Cur daraich 'na luas,
Is buill-tharruing nan dual 'nan dòrn.

Reubadh mara gu dlùth
5825
Fo bheul sgar agus sùdh,
Is i an déidh a barradh gu h-ùr o'n òrd.

Chluinnte farum nan ràmh
O'n charraig a' snàmh,
Is bhiodh barant a làimh gach seoid.

5830
Chan iarradh i moll
No fodar no pronn,
Ach sadadh nan tonn r'a sròin.

B'e sud m'aighear 's mo mhiann
Ge do ghlasaich mo chiabh,
5835
Is cha b'e slat agus srian am dhòrn.

Ged thigeadh an ruaig
Le caitheamh a' chuain,
Cha laigheadh oirnn fuachd no leòn.

An uair ghabhmaid gu tàmh
5840
Anns a' chaladhphort shàmh,
Cha b'fhallain o m' làimh-s' an ròn.

Bhiodh eilid nam beann
A' tèarnadh le gleann,
Is mo pheileir gu teann 'na lorg.

5845   Bhiodh ar sgionan-ne geur
Gu feannadh an fhéidh,
Is cha b'annas an gleus sin oirnn.

Fhir dh'imicheas an iar,
O nach cinnteach mo thriall,
5850   Bi 'g innseadh gur bliadhain gach lò.

Beir an t-soraidh-sa nunn
Air fad chun an fhuinn
Far am faighte na suinn ag òl.

Gu eilean an fhéidh
5855   Is gu eirthir an éisg,
Far nach pàigheamaid féich air lòn.

Gu comunn mo rùin
Nach cromadh an t-sùil
An ám tromachadh dhùinn air pòit.

5860   Gun àrdan gun strì,
Gun àireamh air nì,
Ach cur sàradh a fìon 's 'ga òl.

Bhiodh ceòl filidh 'nar cluais
O'n Eoin fhìnealt gun ghruaim,
5865   Fear o'n rìoghail cur dhuan air folbh.

DIOMHANAS NAN DIOMHANAS.

Murchadh MacCoinnich.

(Murchadh Mór Mac Mhic Mhurchaidh.)

Dìomhain bhur dlùth chiabh air tuiteam chon làir,
Dìomhain bhur pìosa, bhur cupanna clàir,
Dìomhain bhur n-uchdshnaidhm, bhur n-usgair gun
    stà,
Dìomhain gach aon nì, an uair thigeas am bàs.

5870   Dìomhain bhur caisteil fo bhaideal 's fo bhlàth,
Dìomhain bhur n-aitribh d'an cailceadh gach là,
Diomhain, giodh ait libh, bhur macnas ri mnà,
Dìomhain gach aon nì an uair thigeas am bàs.

Dìomhain bhur saoibhreas, bhur n-aoibhneas ri bàrr,
5875   Dìomhain bhur n-uailse, giodh uallach am blàth,
Dìomhain bhur bantrachd làn annsachd is gràidh,
Dìomhain gach aon nì an uair thigeas am bàs.

Dìomhain bhur codla, bhur socair gun sàst,
Dìomhain bhur cosnadh fa osnadh gach là,
5880   Dìomhain bhur gràinnsich, bhur tàinte air blàr,
Dìomhain gach aon nì an uair thigeas am bàs.

Dìomhain bhur léigheann, bhur léirsinn a bhàn,
Dìomhain bhur geurchuis 'sna speuraibh gu h-àrd,
Dìomhain bhur tuigse tha tuisleach a ghnàth,
5885   Dìomhain gach aon nì an uair thigeas am bàs.

Dìomhain na daoine nach smaoinich am bàs,
Dìomhain an saoghal, a thaobhadh is bàth :
Bho thà e dam chlaoidheadh 's mi daonnan an spàirn,
Sguirim d'a shìor-ruith bho is dìomhanas à.

MARBHRANN DHOMHNAILL GHUIRM OIG
MHIC-DHOMHNAILL SHLEITE.

a dh'eug 'sa bhliadhna 1643.

MURCHADH MACCOINNICH.

(Murchadh Mór Mac Mhic Mhurchaidh, fear Aicheallaidh.)

5890   Sgeula leat, a ghaoth a deas,
　　　　Seirbhe do ghlòir na an domblas,
　　　Gun fhuaim sìthe leat a steach
　　　　Air chuan Sgìthe, mo léir-chreach.

　　　An sgeula thàinig air tuinn,
5895　　　A Dhé, nach bu dàil do'n aisling,
　　　Gun do eug an Triath ùr glan
　　　　Rìoghchrann-sìthe nan Eilean.

　　　Ursann chatha Innse Gall,
　　　　Iuchair flatha nam fìor-rann,
5900　　A' chraobh sin theasd de shìol Chuinn :
　　　　Mìlidh gasda an chomhluinn.

　　　Fìor leómhann ri h-uchd catha
　　　　Craobh dhruideadh o'n ard-fhlatha ;
　　　Bu shèimhidh meanmnach an ceòl
5905　　　'S do ghnìomh leanbaidh an comhòl.

Có o'm faighmid macnas no muirn?
    Có nì aiteas ri mór-chuirm?
Có philleas na ceuda creach,
    O'n d'imich a' gheug ghormshuileach?

5910 O'n d'imich seanchaidh nan rìgh
    Dh'imich oircheas na coigcrìch;
O'n d'eug an ard chraobh chosgair
    Chuaidh an sgeul fo fhìor-chlosta.

Nì m-feudar a mholadh leinn
5915   A' gheug sholuis bu ghlòir-bhinn:
Leómhann leanabh agus rìgh,
    'G an raibh aithne gach èin-nì.

'S tuirseach leam do chur fo'n ùir,
    A bhith dùnadh do ghorm-shùl:
5920 'S e dh'fhàg mo chridhe-se tais
    Do lorg shlighe 'ga h-aithris.

'S tuirseach do theaghlach fa dheoidh,
    Do threun chinn-fheadhna fo dhubh-bhròn:
Mar choll gun chnuasach gun mheas
5925   Tha t'fhonn sgìreachd as t'eugmhais.

'S tuirseach do phannal 's nì h-ait,
    Ach mo-nuar do leannan leap':
Bu chrann-céille thu agus neart,
    An ám na féidhme bu rìoghairc.

5930 Nì n-còir dhuinn cumha ad dhéidh,
    O'n 'sè uidhe gach èin-chré;
O nach bàs ach beatha dhut,
    Nì n-léigeam ar tì air dearmad.

Ge deireadh cha dearmad dùinn,
5935   Tréigmid farmad is mìorùn;
Mar ghadaiche an t-eug gun tig:
   B'fhada leinn an sgeul a thàinig.

An Ceangal.

Thàinig plàigh air dàimh nan clàrsach binn,
Tha gàir-bhàite an àite sìol Chuinn;
5940 Tha mnài cràiteach mu d'fhàgail 'sa chill:
   'S i mo ghràdh do làmh làidir leis am b'àbhaist bhith
   leinn.

DO DHOMHNALL GORM OG MAC-DHOMHNAILL SHLEITE.

IAIN MACDHOMHNAILL.

(Iain Lom.)

ante 1643.

A Dhomhnaill an Dùin,
Mhic Ghille-easbuig nan tùr,
Chaidh t'eineach 's do chliù thar chàch.

5945 Tha seirc ann do ghruaidh,
Caol mhala gun ghruaim,
Beul meachar o'n suairce gràdh.

Bidh sud ort a' triall:
Claidheamh sgaiteach gorm fiar,
5950 Air th'uilinn bidh sgiath gun sgàth.

Is a' ghràbhailt mhath ùr
Air a taghadh o'n bhùth,
B'i do roghainn an tùs a' bhlàir.

Churaidh gun ghiamh,
5955   Tràth ghabhadh tu fiamh,
Is e thoghadh tu sgian mar arm.

Is an gunna nach diùlt:
An trath chaogadh tu an t-sùil,
Gum biodh an sùgradh searbh.

5960   Is bogha air do chùl
Donn meallanach ùr,
Caoin fallain de'n fhiùran dearg.

Is taifeid nan dual
Air a tarruing fo d' chluais;
5965   Mairg neach air am buailt' a meall.

Is ite an eoin léith
Air a sparradh le céir:
Bhiodh briogadh an déidh a h-eàrr.

Air an leacainn mu'n iadh
Cinn ghlasa nan sgiath,
Cha bu ghaiseadh bu mhiann le d' chrann.

O'n is imeachd do'n Fhéinn
Is cinn-fhine sibh féin
Air fineachan féil gu dearbh.

5975   Iarla Aondruim nan sluagh
Is Clann Ghille-Eathain nam buadh,
Bidh sud leat is Ruairidh Garbh.

Mac MhicAilein nan ceud
Is Mac MhicAlasdair fhéil,
5980   Is MacFhionghuin bu treun 'nan ceann.

Creach 'ga stròiceadh,
Feachd na tòrachd,
Is fir fa leòn nan arm.

Long 'g a seòladh,
5985   Crith air sgòdaibh,
Stiuirbheirt sheòlta theann.

Beucaich mara
Leum r'a darach,
Sùidh 'gan sgaradh teann.

5990   Cha b'ì an àsaig
Ri sruth-tràghaidh,
Is muir 'na ghàir fo ceann.

Thig loingeas le gaoith
Gu baile nan laoch,
5995   Ged a bhiodh na caoiltean garbh.

Gu talla nam pìos
Far am farumaich fion,
Far am falaichear mìle crann.

Bidh cruit is clàrsaich
6000   Is mnà uchd-àillidh
An tùr nan tàileasg gearr.

Foirm nam pìoban
Is orghain Lìtich,
Is cùirn 'gan lìonadh àrd.

15

6005   Céir 'na droillsean
            Ré fad oidhche,
            Ag éisdeachd strì nam bàrd.

            Ruaig air dhìsnean
            Foirm air thìthibh,
6010   Is òr a sìos mar gheall.

            Aig ogha Iarla Ile
            Agus Chinn-tìre
            Rois is Innse Gall.

            Clann Domhnaill nach crìon
6015   Mu'n òr is mu nì,
            Sud a' bhuidheann as prìseil geàrd.

            O Theamhair gu h-I,
            Gus a' Chananaich shìos,
            Luchd-ealaidh bho 'n chrìch 'nar dàil.

DO MHAC-FHIONGHUIN AN T-SRATHA.

IAIN MACDHOMHNAILL.

(Iain Lom.)

6020   Is cian 's gur fad tha mi am thàmh
            Gun triall air do dhàil,
            A Lachlainn bho an Airde-tuath.

            Nam biodh sneachda nan càrn
            'Na ruith leis gach allt,
6025   Is gun cailleadh gach beann a gruaim.

Nan dubhadh an sliabh
Is gun cromadh a' ghrian,
Leam bu mhithich bhith triall air chuairt.

6030
Cha b'i machair nan Gall
So bheirinn fo m' cheann,
Ach bràighe nan gleann so shuas.

Agus talla an fhir fhéil
Ceann-uidhe nan ceud:
Cill Mo-Ruibhe for sgéith a' chuain.

6035
Beir an t-soraidh thar chaol,
Bho nach cluinn iad mo ghlaodh,
Gus a' bhuidhinn gun fhraoch gun ghruaim.

D'fhios an Ailpinich ghlain
D'an fhuil rìoghail gun smal,
6040
Ite an fhìreoin nach meath r'a luaidh.

Cha b'e am fasan bh'aig càch
So ghlac e mar ghnàth,
Bhith smachdail mu'n mhàl air tuaith.

Dhoibhse b'aithne do bheus:
6045
An am dol fodha do'n ghréin,
Chluinnte farum nan teud mu d' chluais.

Bhiodh do ghillean ag òl,
Stòip làna aca air bòrd:
Cùirn airgid 'nan dòrn mu'n cuairt.

6050
Ach nan éireadh ort strì,
Bhiodh sud air do thì
Clann Ghriogair nam pìob 's nan ruaig.

Mar sud is Granntaich Shrath Spé,
Is iad gu ceannlàidir treun,
6055   Trì fichead 's cóig ceud ri uair.

Sud a' bhuidheann nach gann,
Chuireadh giuthas ri crann,
Lùbadh iubhar nam meall gu cluais.

Fhuair thu gibht bho Shìol Leoid
6060   Nam brataichean sròil,
Nan cupa nan còrn 's nan cuach.

Ghlac thu an éiteag mar mhnaoi,
Cha robh 'n léirsinn ud claon:
Is glan do chéile ri d' thaobh 's gur suairc.

6065   Beul binn thogadh fonn,
Slios mar eala nan tonn,
Caol mhala nach crom fo ghruaim.

CUMHA AONGHAIS MHIC-RAGHNAILL OIG
NA CEAPAICH.

a mharbhadh 's a' bhliadhna 1646.

IAIN MACDHOMHNAILL.

(Iain Lom.)

Rìgh, gur mór mo chuid mhulaid
Ged is fheudar dhomh fhulang,
6070   Ge b'e dh'éisdeadh ri m'uireasbhaidh àireamh.

Bho na chaill mi na gadhair,
Is an t-eug 'g an sìor thadhal,
Is beag mo thoirt gar an tadhal mi am Bràighe.

Is eun bochd mi gun daoine
Air mo lot air gach taobh dhiom:
Is tric rosad an aoig air mo chàirdean.

Gur mi an gèadh air a spìonadh
Gun iteach gun linnidh,
Is mi mar Oisein fo bhinn an tigh Phàdruig.

Gur mi a' chraobh air a rùsgadh
Gun chnothan gun ùbhlan,
Is an snodhach 's an rùsg air a fàgail.

Ruaig sin cheann Locha Tatha
Is i chuir mise ann am ghaibhtheach:
Dh'fhàg mi Aonghas 'na laighe 'san àraich.

Mun do dhìrich mi am bruthach
Is ann 'nar deaghaidh bha'n ulaidh:
Bha gìomanach gunna air dhroch càradh.

Ged a dh'fhàg mi ann m'athair
Chan ann air tha mi labhairt,
Ach an lot rinn an claidheamh mu t' àirnean.

Gur e dhrùidh air mo leacainn
Am buille mór bha ad leathtaobh,
Is tu 'nad laighe an tigh beag Choire Charmaig.

B'i mo ghràdh do ghnùis aobhach
Dhèanadh dath le t'fhuil chraobhaich,
Is nach robh seachnach air aodainn do nàmhaid.

TUIRSEACH DHUINNE RI PORT.

Alasdair MacCoinnich.

(Alasdair Mac Mhurchaidh.)

obiit c. 1642.

Tuirseach dhùinne ri port,
    Chan iongnadh mo dhos bhith liath:
6100 Thug mo chridhe troigh air ais
    Mar Oisin an déidh nam Fiann.

Is mi an déidh Choinnich an àigh,
    Nach ceileadh air chàch an t-òr;
Làmh a mhalairt nan seud:
6105   Iomadh ceud da dtug se fòir.

Nì air mhaireann Cailin ùr,
    B'allail a chliù is è òg:
Ge do ghabh sè ruinne fearg,
    Ghiorraich è gu dearbh mo lò.

6110 Nì air mhaireann Ruairidh Mór,
    Bhrostnadh fa trom dhùinn air thùs:
Och òn nach maireann na suinn
    Choisinn le'n loinn dhùinn gach cùis.

Nì air mhaireann Ruairidh Gearr,
6115   Do chumadh spàirn ris gach neach;
Laoch nach géilleadh ach san chòir:
    B'éibhinn leis slòigh agus creach.

Smuainmid air cheannard an Tùir,
    Bho'n d'fhuaras mùirn is mì òg;
6120 B'éibhinn leis seobhag is cù:
    B'annsa leis a chliù na an t-òr.

Nì air mhaireann mac Ruairidh fhéil,
  Neach nach d'fhuiling beum fo eud;
No fear-tighe Chille Chrìosd:
6125 Allail an dithis chaidh eug.

Smuainmid aon ogha Eachainn fhéil,
  Neach nach d'eur cara mu nì:
Bu luath leam do ghoin am bàs
  An urra dh'fhàg sè 'na thìr.

6130 Mo chompán 's mo charaid ghaoil,
  Neach nach cuireadh fo sgaoil rùn:
Goirid leam do ghleidh a mhac
  A' ghlac fhuair sè anns an Dùn.

Iomadh duine uasal an Ros
6135 Nach faod mi a nois a chur sìos,
Is cuimhne leams' do dhol eug
  Is mise 'nan déidh gun phrìs.

Nì air mhaireann fir Innse Gall,
  Mór an call domh ri m'aois:
6140 Ceannard an t-slòigh Domhnall Gorm,
  Is Ruairidh nan corn 's nam pìos.

Nì air mhaireann mac MhicLeoid
  An Talasgair bhudh ròd nan cliar:
San t-Srath do bhì am fear pailt;
6145 An Ratharsa bha an t-slat fhial.

Nì air mhaireann Eachann òg
  Mac Ailein nan seòl 's nam pìos;
No Raoghalt bha air Dùn Bhuirbh,
  No Domhnall Gorm, tòir do phill.

6150 Iomadh caraid do chaidh bhuam
    Bho'm faighinn-se cuairt is lòn,
Ged tharla mì a nochd gun chuirm :
    Mo dheoch is è burn ri òl.

Tà mì gun aighear gun fhonn,
6155   Mo làmh lom ri dol an cùirt :
A mheud 's a chosg mis' ri càch,
    Gheibhim 'na àit a nochd bùird.

Do bhì osnaidh de mo dheoin,
    Gun chosnadh air muir no tìr ;
6160 Do na chrann cha dtugas fonn :
    B'annsa leam long agus fìon.

Is minig do dh'òl mi sabhs
    De'n fhìon as mìlse bho'n Fhraing :
Bho'n sguir mi sgrìobhadh nan trosg,
6165   A nochd chan fhiach mo dheoch plaing.

Bidh mi a nis ri mo bheò
    Aig Seòras Og an ceann bhùird :
Le clàrsaich ge ghabhainn dàn,
    Olaim gach tràth làn a' chùirn.

6170 Foghlamar an leabhar bàn
    Anns an gléidhmear gach là tuigs' ;
Gach uair 'g am bìomar ag osnaidh
    Ochad-àn is mì fo thuirs'.

TA COGADH OIRNN.

ALASDAIR MacCOINNICH.

(Alasdair Mac Mhurchaidh.)

Tà cogadh oirnne do ghnàth,
   Toradh mo ghràidh dhuit, a Dhé:
6175 Tà mo spiorad da mo rian,
   Nam biodh srian 'sa' cholainn chré.

Na h-airm eagnaidh thugais dùinn,
   Creideamh ùrnuigh agus gràdh:
Bhith 'g an iomairt mar bu dligh,
6180   Creid an Spiorad Naomh a mhàin.

An Tì do neartaich na h-airm
   'S a lotadh gu garbh 'sa' chath,
'S e aobhar ar n-aignidh mhaoith
   'S gun reubadh a thaoibh le gath.

6185 Chuir siad coron m'a cheann
   Tairrne gu teann troimh bhois mhaoith,
Chon ar saoraidh bho an bhàs
   D'a mhiorbhuiltibh: fàth ar caoidh.

Tréigmid mìorun agus cealg,
6190   Tréigmid fearg is uabhar cuirp;
Biomaid ri guidhe gach lò
   Buidheachas dò ge do thuit.

Beiridh mo Chaiptein-se buaidh,
   Ceannard sluaigh le'm pillear tòir;
6195 Bidh mo chreideamh da mo dhìon,
   Mar adubhairt Peadar fial is Pòl.

Beiridh mo Chaiptein-se buaidh
　　Ge b'e uair tha a dhàil chon teacht:
'S e dòrtadh fola mo Rìgh
6200　　Nì m'anam dhìon is a neart.

Do bhì sìol Adhaimh uile dall,
　　'N t-aoibhneas tha thall dhaibh cha léir:
Goirid ar céilidh a sunn
　　Bho is dearbh leinn do dhul eug.

6205　Crìoch a' chogaidh bho 's e an t-eug,
　　Chan obainn-s' e cia eadh fàth;
Ar n-uile aoibhneas do bhì thall:
　　Saoghal a bhos meallta atà.

An Ceangal.

M'anam do Chrìosd mar sgrìobh na h-ostail gu léir
6210　M'anam a rithist bhrìgh bhaistidh bho na chléir
An t-aran 's am fìon 's am pìos an càithrichear éad
Is lughaide m'fhiamh go m'anam a dhìon a péin.

FADA ATA MISE AN DEIDH CHAICH.

DONNCHADH MACRAOIRIDH.

obiit c. 1630.

Fada atà mise an déidh chàich
　　'S an saoghal gu bràth dam dhragh;
6215　Saoghal bha againn gus an diugh
　　Nach 'eil fios an diugh cia a fheadh.

An saoghal a bha againn uair
　　Gun ghoideadh e bhuainn gun fhios;
Agus an saoghal atà
6220　　Ciod è a' phlàigh nì sinne ris?

Dìth Chailin is tuirseach leam
   Fear bho'm faighinn muirn gu bràth,
Agus a bheireadh orm mios:
   Fada atà mise an déidh chàich.

6225   'N déidh Ruairidh is Choinnich fa thrì,
   A dh'fhuasgladh mì as gach càs,
Dhèanadh fuireach ri mo sgriod:
   Fada atà mise an déidh chàich.

Gun mhian, gun aighear, gun cheòl,
6230   Ach laighe fo bhròn gu bràth;
Ach gu faigheam bàs gun fhios,
   Fada atà mise an déidh chàich.

Tà fear am Manchainn nan Lios
   Nach léigeadh mise as mu nì:
6235   Do bhì an Cananaich nan Clag
   Triuir a dh'fhàg gu lag mì.

Mairg atà beò 'nan déidh
   'S atà gun spéis fo bheul cin:
Thug an anshocair mo leòn
6240   Bho nach maireann beò na fir.

A Mhic Choinnich, Chailin Oig,
   Mhic an t-seoid nach robh gu lag,
A nis bho is goirid mo theirm
   Bidh mise agad féin gu fad.
              Fada atà mise.

BEIR MISE LEAT.

Rainn a rinneadh le
DONNCHADH MACRAOIRIDH
an là dh'eug e.

6245
Beir mise leat, a Mhic Dhé,
 Agad féin do b'ait leam tàmh;
Cum air do shlighe gu dlùth
 Mo chridhe 's mo rùn is mo ghràdh.

M' ùrnuigh agus m' aithrigh' bhuan
6250
 Bhith agad gach uair 's gach tràth;
Ar peacaidh uile léig linn:
 Tuilleadh cha dèan sinn gu bràth.

Athchuinge eile dh'iarrmaid ort,
 Feudaidh do thoil-s' thabhairt dùinn:
6255
An t-anam a bhith agad féin,
 'S a' cholann chré a dhol 'san ùir.

Gu bhith air cathair nan àgh
 Cuide ri càch far a bheil:
Bho is tu as fiosrach mar atàim,
6260
 Beir mise leat tràth is beir.
 Beir mise leat.

NA TRI LAMHA BU PHAILTE.

GILLE CALUIM GARBH MAC GHILLE CHALUIM.
obiit c. 1616.

Shaoghail, is diombuan do mhuirn,
 Mairg a dhubhar le droch chuirm:
An triuir bu phailte ri mo ré
 Nì air mhaireann diùbh ach an ath-sgeul.

6265 Tà Aonghas an Cnoc nan Aingeal,
  Làmh nach do chaomhain 'na saoghal:
Bha sud air na làmhaibh bu phailte
  D'am facas de chlannaibh Ghaoidheal.

Làmh eile bha air Giolla-easbuig
6270   Mac Chailin an Iarla Dhuibhnich:
'S i sin an dara làmh bu phailte
  D'am facas de chlannaibh Ghaoidheal.

Làmh Eachainn Oig mhic Eachainn,
  Mo chreach-sa ì bhith air a claoidheadh!
6275 B'i sin an aon làmh bu phailte
  D'am facas de chlannaibh Ghaoidheal.

Nis bho chaidh an triuir sin seachad
  Is gun bhith ann neach gu taobhadh,
Ach iad mar ghiomaich am faiche,
6280   'S ro-bheag mo thoirt ort, a shaoghail.
      Shaoghail, is diombuan.

MAC-GRIOGAIR A RUADHSHRUTH.

  Tha mulad, tha mulad,
  Tha mulad 'gam lìonadh,

  Tha mulad bochd truagh orm
  Nach dual domh chaoidh dìreadh

6285 Mu MhacGriogair a Ruadhshruth
  D'am bu dual bhith an Gleann Lìobhunn.

  Mu MhacGriogair nam bratach
  D'am bu tartarach pìoba,

6290
D'am bu shuaicheantas giuthas
Ri bruthach 'ga dhìreadh ;

Crann caol air dheagh locradh,
Is ite dhosach an fhìreoin ;

Crann caol air dheagh shnaidheadh :
Cuid de aighear mhic rìgh e,

6295
An làimh dheagh mhic Mhuirich
'Ga chumail réidh dìreach.

Ge do bhuail mi am balach.
'Gam ghearan cha bhì mi.

Ge do dhèan iad orm eucoir,
6300
A Thì féin, co nì dhìoladh ?

Is luchd a ghabhail mo leithsgeil
Anns an t-seipeil so shìos uam ;

Luchd a sheasamh mo chòrach,
Is e mo leòn iad bhith dhìth orm.

6305
Mo chomhdhaltan gaolach
An leabaidh chaoil 's an ceann ìosal ;

An léine chaoil anairt
Gun bhannan gun sìod oirre.

Is nach d'iarr sibh g'a fuaigheal
6310
Mnathan uaisle na tìre.

Ort a bheirinn-sa comhairl'
Nan gabhadh tu dhìom i :

An uair a théid thu 'n tigh-òsda
Na h-òl ann ach aon deoch.

6315
    Gabh do dhrama 'nad sheasamh,
    Is bi freasdlach mu d' dhaoinibh.

    Na dèan diùthadh mu d' shoitheach:
    Gabh an ladar no an taoman.

    Dèan am foghar de'n gheamhradh,
6320
    Is dèan an samhradh de'n fhaoillteach.

    Dèan do leaba 's na creagaibh,
    Is na dèan cadal ach aotrom.

    Ge h-ainneamh an fheòrag,
    Gheibhear seòl air a faotainn;

6325
    Ge h-uasal an seabhag,
    Is tric a ghabhar le feall e.

SAIGHDEAN GHLINN LIOBHUNN.

    A Mhic an fhir ruaidh,
    Bha gu misneachail cruaidh,
    Do thuiteam 'san ruaig cha b'fheàirrd mi.

6330
    A' triall 's tu dìreadh
    Ri cois frìthe,
    Bhiodh cuilbheir dìreach dearbhta leat.

    Coin air iallaibh,
    Garg an gnìomhan:
6335
    B'e do mhiann bhith sealgaireachd.

    Pìc 'nad dhòrnaibh
    Is mill na's leoir oirr':
    Is ann le treoir a thairngear i.

Glac nach leumadh
6340   Ri teas gréine,
Agus céir o'n Ghailbhinn oirr'.

Ite an eoin léith,
Briogadh 'na déidh,
Air a gleus le bairbeireachd.

6345   Sìod a h-Eirinn
Is meoir 'ga réiteach:
Cha tig bréin' fir-cheird air sin.

Ach fleisdeir fìnealt'
O Ghleann Lìobhunn,
6350   Sìor chur sìd air chalpannan.

Cinn bhreac sgiathach
Air dhreach dialtaig:
Cha tig iarunn garcail orr'.

Gun chron dlùthaidh
6355   O d' làimh lùthmhoir
Ite chùi' is eàrr air sin.

An saoi nach sòradh
Air thùs tòrachd:
Is mairg fear lòdail thàrladh ort.

6360   An saoi nach maoimeadh
Air thùs feadhna:
Bhiodh sgian chaol o'n cheardaich ort.

Triath na Sròine,
Ma's fhìor dhomhsa e:
6365   Gur i a' chòir as feàirrde leat.

Dàimh 'gad mholadh,
Triall gu solar:
Bhiodh do sporan earlaidh dhoibh.

6370   Beoir air chuachaibh
Ol aig t'uaislibh,
Anns gach uair d'an tàrladh sinn.

Pìob 'ga spreigeadh,
Fìon 'ga leigeadh,
Luchd leadan ann ri ceàrrachas.

6375   Foireann air thì,
Dolaran sìos,
Galoin de'n fhìon bhàrcaideach.

Cupannan làn,
Musgar ri dàimh,
6380   Usgar air mnàibh airgbhraiteach.

A bhile a h-Eirinn,
Sin ort sgeula;
Thig cóig ceud a shealltainn ort.

An t-òg as deis' thu
6385   Dh'fhalbh mu fheasgar:
Ghabh mi cead 'san anmoch dhiot.

An t-òg as finne,
Is fearr de'n chinneadh,
Nach d'rinn cillein airgid riamh.

6390   'S ann leam a b'aithreach
Gun bhith mar riut,
Dol fo sparraibh Ghallbhodach.

16

CLANN GHRIOGAIR AIR FOGRADH.

Is mi suidhe an so am ònar
Air còmhnard an rathaid,

6395   Dh'fheuch am faic mi fear-fuadain,
Tighinn o Chruachan a' cheathaich,

Bheir dhomh sgeul ar Clann Ghriogair
No fios cia an do ghabh iad.

Cha d'fhuair mi d'an sgeulaibh
6400   Ach iad bhith 'n dé air na Sraithibh.

Thall 's a bhos mu Loch Fìne,
Ma's a fìor mo luchd bratha.

Ann an Clachan an Dìseirt
Ag òl fìon air na maithibh.

6405   Bha Griogair mór ruadh ann,
Làmh chruaidh air chùl claidhimh;

Agus Griogair mór meadhonach,
Ceann-feadhna ar luchd-tighe.

Mhic an fhir a Srath h-Ardail,
6410   Bhiodh na bàird ort a' tathaich.

Is a bheireadh greis air a' chlàrsaich
Is air an tàileasg gu h-aighear.

Is a sheinneadh an fhidheall,
Chuireadh fiughair fo mhnathaibh.

6415   Is ann a rinn sibh an t-sitheann anmoch
Anns a' ghleann am bi an ceathach.

Dh'fhàg sibh an t-Eoin bòidheach
Air a mhòintich 'na laighe.

'Na starsnaich air fèithe
6420   An déidh a reubadh le claidheamh.

Is ann thog sibh ghreigh dhubhghorm
O Lùban na h-abhann.

Ann am Bothan na Dìge
Ghabh sibh dìon air an rathad.

6425   Far an d'fhàg sibh mo bhiodag
Agus crios mo bhuilg-shaighead.

Gur i saighead na h-àraich
So thàrmaich am leathar.

Chaidh saighead am shliasaid,
6430   Crann fiar air dhroch shnaidheadh.

Gun seachnadh Righ nan Dùl sibh
O fhùdar caol neimhe.

O shradagan teine,
O pheileir 's o shaighid.

6435   O sgian na rinn caoile,
Is o fhaobhar geur claidhimh.

Is ann bha bhuidheann gun chòmhradh
Di-dòmhnaich am bràighe bhaile.

Is cha dèan mi gàir éibhinn
6440   An àm éirigh no laighe.

Is beag an t-iongnadh dhomh féin sud,
Is mi bhith 'n déidh mo luchd-taighe.

CUMHA GHRIOGAIR MHIC GHRIOGAIR GHLINN SREITH.

a dhìthcheannadh 'sa' bhliadhna 1570.

Moch maduinn air latha Lùnasd'
Bha mi sùgradh mar ri m'ghràdh,
6445   Ach mun d'thàinig meadhon latha
Bha mo chridhe air a chràdh.

Ochain, ochain, ochain uiridh
Is goirt mo chridhe, a laoigh,
Ochain, ochain, ochain uiridh
6450   Cha chluinn t'athair ar caoidh.

Mallachd aig maithibh is aig càirdean
Rinn mo chràdh air an dòigh,
Thàinig gun fhios air mo ghràdh-sa
Is a thug fo smachd e le foill.

6455   Nam biodh dà fhear dheug d'a chinneadh
Is mo Ghriogair air an ceann,
Cha bhiodh mo shùil a' sileadh dheur,
No mo leanabh féin gun dàimh.

Chuir iad a cheann air ploc daraich,
6460   Is dhòirt iad fhuil mu làr:
Nam biodh agamsa an sin cupan,
Dh'òlainn dìth mo shàth.

Is truagh nach m'athair an galar,
Agus Cailein Liath am plàigh,
6465   Ged bhiodh nighean an Ruadhanaich
Suathadh a bas 's a làmh.

Chuirinn Cailein Liath fo ghlasaibh,
Is Donnchadh Dubh an làimh;
Is gach Caimbeulach th' am Bealach
6470   Gu giùlan nan glas-làmh.

Ràinig mise réidhlean Bhealaich,
Is cha d'fhuair mi ann tàmh:
Cha d'fhàg mi ròin de m'fhalt gun tarruing
No craiceann air mo làimh.

6475   Is truagh nach robh mi an riochd na h-uiseig,
Spionnadh Ghriogair ann mo làimh:
Is i a' chlach a b'àirde anns a' chaisteal
A' chlach a b'fhaisge do'n bhlàr.

Is ged tha mi gun ùbhlan agam
6480   Is ùbhlan uile aig càch,
Is ann tha m' ubhal grinn cùbhraidh
Is cùl a chinn ri làr.

Ged tha mnathan chàich aig baile
'Nan laighe is 'nan cadal sàmh,
6485   Is ann bhios mise aig bruaich mo leapa
A' bualadh mo dhà làimh.

Is mór a b'annsa bhith aig Griogair
Air feadh coille is fraoich,
Na bhith aig Baran crìon na Dalach
6490   An tigh cloiche is aoil.

Is mór a b'annsa bhith aig Griogair
Cur a' chruidh do'n ghleann,
Na bhith aig Baran crìon na Dalach
Ag òl air fìon is air leann.

6495
Is mór a b'annsa bhith aig Griogair
Fo bhrata ruibeach ròin,
Na bhith aig Baran crìon na Dalach
Ag giùlan sìoda is sròil.

Ged bhiodh ann cur is cathadh
6500
Is latha nan seachd sìon,
Gheibheadh Griogair dhomhsa cnagan
'San caidlimid fo dhìon.

Ba hu, ba hu, àsrain bhig,
Chan 'eil thu fhathast ach tlàth:
6505
Is eagal leam nach tig an là
Gun dìol thu t'athair gu bràth.

TALADH DHOMHNAILL GHUIRM

LE

A MHUIME.

Nàile bho hì   nàile bho h-àrd
Nàile bho hì   nàile bho h-àrd
Ar leam gur h-ì   a' ghrian 's i ag éirigh
6510
Nàile bho h-àrd   's i cur smàl
Nàile bho h-ì   air na reultaibh.

Nàile nàile   nàile ri triall hò
Gu cùirt Dhomhnaill   nan sgiath ballbhreac
Nan lann ceanngheal   nan saighead siùbhlach
6515
Nan long seòlach   nam fear meanmnach.

Nàile nàile hò   nàile gu triall
Moch a màireach.   Gun d'fhaighnich a' bhean
De'n mhnaoi eile: Na, có i an long ud

Siar an eirthir   's a' chuan Chananach?
6520 Don-bìdh ort!   C'uim an ceilinn?
Có ach long Dhomhnaill   long mo leinibh
Long mo rìgh-sa   long nan Eilean.
Is mór leam an trom   atà 'san eathar.
Tha stiuir òir oirr'   trì chroinn sheilich.
6525 Gu bheil tobar fìona   shìos 'na deireadh
Is tobar fìoruisg'   's a' cheann eile.

Hó nàile nàile   nàile ri triall
Moch a màireach.   Nàil chuirinn geall
Is mo shean-gheall: Am faod sibh àicheadh?
6530 An uair théid mac   mo rìgh-sa dh'Alba
Ge b'e caladh   tàimh no àite
Gum bi mire   cluiche is gàire
Bualadh bhròg   is leois air deàrnaibh
Bidh sud is iomairt hò   air an tàileasg
6535 Air na cairtean   breaca bàna
Is air na dìsnean   geala chnàmha.

Hó nàile nàile   nàile le chéile
Ge b'e àite   an tàmh thu an Alba
Bidh sud mar ghnàths ann   ceòl is seanchas
6540 Pìob is clàrsach   àbhachd 's dannsa
Bidh cairt uisge   suas air phlanga,
Ol fìona   is beoir ad champa
Is gur lìonmhor triubhas   saothaireach seang ann.

Nàile nàile   nàile hó nàile
6545 An uair théid mac hó   mo rìgh-sa deiseil
Chan ann air chóignear   chan ann ar sheisear
Chan ann air naoinear   chan ann air dheichnear:
Ceud 'nan suidhe leat   ceud 'nan seasamh leat

Ceud eile, hó, bhith cur   a' chupa deiseil dhut
6550   Dà cheud deug   bhith dèanamh chleasa leat
Dà cheud deug   bhith cur a' bhuill-choise leat
Dà cheud deug   bhith 'n òrdugh gleaca leat.

Nàile nàile hó   nàile so hugaibh i
An uair théid mac   mo rìgh fo uidhim
6555   Chan i a' Mhórthir   a cheann-uidhe :
Ile is Cinn-tìre   an Ròimh 's a' Mhumhan
Dùthaich MhicShuibhne   is dùthaich MhicAoidh
cuide riutha.

Cha liutha dris   air an droigheann
No sguab choirce   air achadh foghair
6560   No sop seann-todhair   air taobh tighe
Na an cùirt Dhomhnaill   sgiath is claidheamh
Clogaide gormdheas   is balg-shaighead
Bogha iubhrach   is tuagh chatha.
Gur lìonmhor boineid   ghorm air staing ann
6565   Is coinnle chéire   laiste an lanndair.

Nàile nàile hó   nàile le chéile
An uair théid mac   mo rìgh-s' 'na éideadh
Gun robh gach dùil   mar tha mi fhéin da.
Ciod e ma bhios?   Cha tachair beud da.
6570   Gu bheil mi dhut   mar tha do phiuthar :
Mur 'eil mi barr   tha mi uibhir.
Neart na gile   neart na gréine
Bhith eadar Domhnall   Gorm 's a léine.
Neart an fhochuinn   anns a' Chéitein
6575   Bhith eadar Domhnall   Gorm 's a léine.
Neart nan tonna   troma treubhach
Bhith eadar Domhnall   Gorm 's a léine.

Neart a' bhradain   as braise leumas
Bhith eadar Domhnall   Gorm 's a léine.
6580   Neart Chon Chulainn   fa làn éideadh
Bhith eadar Domhnall   Gorm 's a léine.
Neart sheachd cathan   feachd na Féine
Bhith eadar Domhnall   Gorm 's a léine.
Neart Oisein bhinn   neart Osgair euchdaich
6585   Bhith eadar Domhnall   Gorm 's a léine.
Neart na stoirme   is na toirmghaoith reubaich
Bhith eadar Domhnall   Gorm 's a léine.
Neart an torruinn   is na beithreach éitigh
Bhith eadar Domhnall   Gorm 's a léine.
6590   Neart na miala   móire a' séideadh
Bhith eadar Domhnall   Gorm 's a léine.
Neart na dùl   is chlanna-speura
Bhith eadar Domhnall   Gorm 's a léine.
Gach aon diubh sud   is neart Mhic Dhé
6595   Bhith eadar Domhnall   Gorm 's a léine.
Ciod e ma bhios?   Cha tachair beud dut.

Ar leam gur h-ì   a' ghrian 's i ag éirigh
Nàil libh o hì   nàil libh o hò h-àrd.

ORAN NA COMHACHAIG.

DOMHNALL MAC FHIONNLAIGH NAN DAN.

floruit 1600.

A Chomhachag bhochd na Sròine,
6600   A nochd is brònach do leaba,
Ma bha thu ann ri linn Donnghail
Chan iongnadh ge trom leat t'aigne.

Is comhaois mise do'n daraig
Bha 'na faillein anns a' mhòintich;
6605 Is iomadh linn a chuir mi romham,
Is gur mi comhachag bhochd na Sròine.

A nis o'n a tha thu aosda,
Dèan-sa t'fhaosaid ris an t-sagart;
Agus innis dha gun euradh
6610 Gach aon sgeula d'a bheil agad.

Cha d'rinn mise braid no breugan,
Cladh no tearmunn a bhriseadh;
Air m'fhear fhéin cha d'rinn mi iomluas:
Gur cailleach bhochd ionraic mise.

6615 Chunncas mac a' Bhritheimh chalma
Agus Fearghus mór an gaisgeach,
Is Torradan liath na Sròine:
Sin na laoich bha dòmhail taiceil.

O'n do thòisich thu ri seanchas
6620 Is éiginn do leanmhainn na's fhaide:
Gun robh an triùir sin air foghnadh
Mun robh Donnghail anns an Fhearsaid.

Chunnaic mi Alasdair Carrach,
An duine as allail' bha an Albainn;
6625 Is minig a bha mi 'ga éisdeachd
Is e ag réiteach nan tom-sealga.

Chunnaic mi Aonghas 'na dheaghaidh,
Cha b'e sin roghainn bu tàire;
Is ann 'san Fhearsaid bha a thuineadh,
6630 Is rinn e muileann air Allt Làire.

Bu lìonmhor cogadh is creachadh
Bha an Loch Abar anns an uair-sin,
C'àite am biodh tusa 'gad fhalach,
A eoin bhig na mala gruamaich?

6635   Is ann a bha chuid mhór de m' shinnsear
Eadar an Innse 's an Fhearsaid;
Bha cuid eile dhiubh mu'n Déabhadh,
Bhiodh iad ag éigheach mu fheasgar.

  An uair a chithinn-sa dol seachad
6640   Na creachan agus am fuathas
Bheirinn car beag bharr an rathaid
Is bhithinn grathunn an Creig Uanach.

  Creag mo chridhe-sa Creag Uanach,
Creag an d'fhuair mi greis de m'àrach;
6645   Creag nan aighean 's nan damh siùbhlach,
A' chreag ùrail aighearach ianach.

  A' chreag mu'n iadhadh an fhaghaid,
Bu mhiann leam a bhith 'ga tadhal,
An uair bu bhinn guth galain gadhair
6650   Ag cur greigh gu gabhail chumhaing.

  Is binn na h-iolairean mu bruachaibh,
Is binn a cuachan 's binn a h-eala;
Is binne na sin àm blaoghan
Nì an laoghan meanbhbhreac ballach.

6655   Gur binn leam torman nan dos
Ri uilinn nan corrbheann cas;
Is an eilid bhiorach 's caol cos
Ni fois fo dhuilleach ri teas.

Gun de chéile aic' ach an damh,
6660   'S e as muime dhi feur is creamh;
        Màthair an laoigh mheanbhbhric mhir,
        Bean an fhir mhallrosgaich ghlain.

        Is siùbhlach a dh'fhalbhas e raon,
        Cadal cha dèan e 's an smùir;
6665   B'fheàrr leis na plaide fo thaobh
        Barr an fhraoich ghaganaich ùir.

        Gur h-àluinn sgèimh an daimh dhuinn
        Thèarnas o shireadh nam beann:
        Mac na h-éilde ris an t-sonn
6670   Nach do chrom le spìd a cheann.

        Eilid bhinneach mheargant bhallach
        Odhar eangach uchd ri h-àrd,
        Damh togbhalach cròiccheannach sgìamhach
        Crònanach ceannriabhach dearg.

6675   Gur gasda a ruitheadh tu suas
        Ri leacainn chruaidh is i cas;
        Moladh gach aon neach an cù:
        Molaim-s' an trù tha dol as.

        Creag mo chridhe-s' a' Chreag Mhór,
6680   Is ionmhuinn an lòn tha fo a ceann;
        Is annsa an lag tha air a cùl
        Na machair is mùir nan Gall.

        M' annsachd Beinn Sheasgach nam fuaran,
        An riasgach o'n dèan an damh rànan;
6685   Chuireadh gadhar as glan nuallan
        Féidh 'nan ruaig gu Inbhir Mheuran.

B'annsa leam na dùrdan bodaich
Os cionn líce ag eararadh sìl,
Bùirein an daimh 'm bi gnè dhuinnid
6690   Air leacainn beinne is e ri sìn.

An uair bhùireas damh Beinne Bige
Is a bhéiceas damh Beinn na Craige,
Freagraidh na daimh ud d'a chéile,
Is thig féidh a Coire na Snaige.

6695 Bha mi o'n rugadh mi riamh
An caidreabh fhiadh agus earb:
Chan fhaca mi dath air bian
Ach buidhe riabhach agus dearg.

Cha mhi fhìn a sgaoil an comunn
6700   A bha eadar mi is Creag Uanach,
Ach an aois 'gar toirt o chéile:
Gur goirid a' chéilidh fhuaras.

'Si chreag mo chridhe-sa Creag Uanach,
Chreag dhuilleach bhiolaireach bhraonach,
6705   Nan tulach àrd àluinn fiarach:
Gur cian a ghabh i o'n mhaorach.

Cha mhinig a bha mi ag éisdeachd
Ri séitrich na muice mara,
Ach is tric a chuala mi móran
6710   De chrònanaich an daimh allaidh.

Cha do chuir mi dùil 'san iasgach,
Bhith 'ga iarraidh leis a' mhaghar;
Is mór gu'm b'annsa leam am fiadhach
Siubhal nan sliabh anns an fhoghar.

.6715
Is aoibhinn an obair an t-sealg,
Aoibhinn a meanmna is a beachd;
Gur binne a h-aighear 's a fonn
Na long is i dol fo beairt.

‹6720
Fad a bhithinn beò no maireann,
Deò de 'n anam ann mo chorp,
Dh'fhanainn am fochair an fhéidh:
Sin an spréidh an robh mo thoirt.

‹6725
Ceòl as binne de gach ceòl
Guth a' ghadhair mhóir 's e teachd;
Damh 'na shìomanaich le gleann,
Mìolchoin a bhith ann is as.

‹6730
Is truagh an diugh nach beò an fheadhainn
Gun ann ach an ceò de 'n bhuidhinn
Leis 'm bu mhiannach glòir nan gadhar,
Gun mheadhair gun òl gun bhruidhinn.

Bratach Alasdair nan Gleann,
A sròl farumach ri crann:
Suaicheantas soilleir shìol Chuinn,
Nach do chuir sùim 'n clannaibh Ghall.

‹6735
Is ann an Cinn-ghiùthsaich 'na laighe
Tha nàmhaid na greighe deirge;
Làmh dheas a mharbhadh am bradan:
Bu mhath e an sabaid na feirge.

‹6740
Dh'fhàg mi 'san ruaimhe so shios
Am fear a b'olc dhomhs' a bhàs;
Is tric chuir a thagradh an cruas
An cluais an daimh chabraich an sàs.

Raghnall mac Dhomhnaill Ghlais
Fear a fhuair foghlum gu deas;
6745   Deagh mhac Dhomhnaill a' chùil chais:
Cha bheò neach a chomhraig leis.

Alasdair cridhe nan gleann,
Gun e bhith ann mór a' chreach:
Is tric a leag thu air an tom
6750   Mac nan sonn leis a' chù ghlas.

Alasdair mac Ailein Mhóir
Is tric a mharbh 'sa' bheinn na féidh,
Is a leanadh fada air an tòir:
Mo dhòigh gur Domhnallach treun.

6755   Is Domhnallach thu gun mhearachd,
Gur tu buinne geal na cruadhach;
Gur càirdeach thu do Chlann Chatain
Gur dalta thu do Chreig Uanach.

Mi'm shuidhe air sìothbhrugh nam beann
6760   Ag coimhead air ceann Locha Tréig,
Creag Uanach mu'n iadh an t-sealg,
Grianan àrd am biodh na féidh.

Chì mi Coire Ratha uam,
Chì mi a' Chruach is a' Bheinn Bhreac,
6765   Chì mi Srath Oisein nam Fian,
Chì mi a' ghrian air Meall nan Leac.

Chì mi Beinn Nimheis gu h-àrd
Agus an Càrn Dearg r'a bun,
Is coire beag eile r'a taobh:
6770   Chìte is monadh faoin is muir.

Gur rìomhach an Coire Dearg
Far am bu mhiannach leinn bhith sealg :
Coire nan tulchannan fraoich,
Innis nan laogh 's nan damh garbh.

6775 Chì mi bràigh Bhidein nan Dos
An taobh so bhos de Sgurra Lìth,
Sgurra Chòinnich nan damh seang :
Ionmhuinn leam an diugh na chì.

Chì mi Srath farsaing a' Chruidh
6780 Far an labhar guth nan sonn ;
Is coire creagach a' Mhàim Bhàin
Am minig a thug mo làmh toll.

Chì mi Garbhbheinn nan damh donn,
Agus Lapbheinn nan tom sìth ;
6785 Mar sin is an Litir Dhubh :
Is tric a rinn mi fuil 'na frìth.

Soraidh gu Beinn Allair uam,
O'n 'si fhuair urram nam beann,
Gu slios Loch Eireachd an fhéidh :
6790 Gum b'ionmhuinn leam féin bhith ann.

Thoir soraidh uam thun an loch
Far am faicte bhos is thall ;
Gu uisge Leamhna nan lach,
Muime nan laogh breac 's nam meann.

6795 Is e loch mo chridhe-sa an loch,
An loch air am biodh an lach ;
Agus iomadh eala bhàn,
Is bhiodh iad a' snàmh mu seach.

Olaidh mi a Tréig mo theann shàth,
'Na dhéidh cha bhì mi fo mhulad:
Uisge glan nam fuaran fallain,
O'n seang am fiadh a nì an langan.

Soraidh uam gu Coire na Cloich'
An coire am bu toigh leam bhith tàmh;
Is gu Uisge Labhar nam faobh,
Cuilidh nan agh maol 's nam mang.

Soraidh eil' gu Bac nan Craobh,
Gu dà thaobh Bealach nan Sgùrr;
Is gus an Eadarbhealach mór
Far nach cluinnear glòir nan Gall.

Is buan an comunn gun bhristeadh
Bha eadar mise 's an t-uisge,
Sùgh nam mór bheann gun mhisge
Mise 'ga òl gun trasgadh.

Is ann a bha an comunn bristeach
Eadar mis' 's a' Chreag-sheilich:
Mise go bràth cha dìrich,
Ise gu dìlinn cha teirinn.

Nis o labhair mi sibh gu léir
Gabhaidh mi féin dibh mo chead;
Dearmad cha dèan mi 'san ám
Air fiadhach ghleann nam Beann Beag.

Cead as truaighe ghabhas riamh,
Do'n fhiadhach bu mhór mo thoil;
Chan fhalbh mi le bogha fo m' sgéith,
Is gu là bhràth cha léig mi coin.

6800
6805
6810
6815
6820
6825

Mise is tusa, ghadhair bhàin,
Is tùirseach ar turus do'n eilean;
Chaill sinn an tabhunn 's an dàn,
6830   Ged bhà sinn grathunn ri ceanal.

Thug a' choille dhiot-s' an earb,
Thug an t-àrd dhiom-sa na féidh;
Chan 'eil nàire dhuinn, a laoich,
O'n laigh an aois oirnn le chéil'.

6835   An uair bha mi air an dà chois,
Is moch a shiùbhlainn bhos is thall;
Ach a nis, o'n fhuair mi trì,
Cha ghluais mi ach gu mìn mall.

A aois, chan 'eil thu dhuinn meachair
6840   Ge nach fheudar leinn do sheachnadh;
Cromaidh tu an duine dìreach,
A dh'fhàs gu mìleanta gasda.

Giorraichidh tu air a shaoghal,
Is caolaichidh tu a chasan;
6845   Fàgaidh tu a cheann gun deudach,
Is nì thu eudann a chàsadh.

A shine chas-eudannach pheallach,
A shream-shuileach odhar éitigh,
C'uime leiginn leat, a lobhair,
6850   Mo bhogha thoirt dhiom air éiginn?

O'n is mi fhìn a b'fhearr an airidh
Air mo bhogha ro-mhath iubhair,
Na thusa, aois bhodhar sgallach,
Bhios aig an teallach ad shuidhe.

6855
Labhair an aois rium a rithis:
"Is mò is righinn tha thu leantainn
Ris a' bhogha sin a ghiùlan
Is gur mór bu chuibhe dhuit bata."

"Gabh thusa uamsa am bata,
6860
Aois ghrannda chairtidh na pléide:
Cha leiginn mo bhogha leatsa
De do mhaitheas no air éiginn."

"Is iomadh laoch a b'fhearr na thusa
Dh'fhàg mise gu tuisleach anfhann,
6865
An déidh fhaobhach' as a sheasamh,
Bha roimhe 'na fhleasgach meanmnach."

AN DUANAG ULLAMH.

Triallaidh mi le m' dhuanaig ullaimh
    Gu rìgh Ghaoidheal,
Fear aig am bì am baile dùmhail
6870
    Sona saoibhir.

Triath Earr-Ghaoidheal as fearr faicinn
    'S as mó maitheas:
Gille-easbuig Iarla fo chliùidh
    As fial flaitheas.

6875
Seabhag as uaisle théid 'sna neulta,
    Crann air chrannaibh;
Mac rath do chum Dia gu h-ullamh
    Do'n chléir ealamh;

Abhall uasal farsaing frèimheach
6880   Do'n cu'idh moladh;
Crann as ùire dh'fhàs troimh thalamh,
        Làn de thoradh.

Dias abaich chruithneachd 's i lomlàn
        A measg seagail:
6885   'S beag nach deachaidh Alba air udal
        An àird air th'eagal.

'N tràth ghluaiseas Gille-easbuig Iarla
        Le shluagh bunaidh,
Cuirear leis air fairge o chaladh
6890   Artraighe ullamh.

Loingeas leathann làidir luchdmhor
        Dealbhach dìonach
Sleamhain sliosréidh ro-luath ràmhach
        Dairchruaidh dìreach.

6895   Togar leò na geal chroinn chorrach
        Suas le'n lonaibh:
B'iomhdha ball teann bhiodh 'gan dèanamh
        'N am dhuit seoladh.

Dèantar an stagh dìonach dualach
6900   Do'n mhaoil thoisich,
Togar an seòl mór leathann maiseach
        'S an sgòdlin croiseach.

Dèantar a' chluas do'n chìch thoisich
        Dol 'san fhuaradh:
6905   An steud ro-luath, sruth 'ga sàiltibh
        'S muir 'ga bualadh.

'S iomadh laoch fuileachdach meanmnach
    Doirngheal tréitheach
A dh'iomradh lùb air a h-àlach
6910   Gu sunndach séitreach.

Do shluagh lìonmhor leathann armach
    Air bhàrcaibh reamhra:
'S mairg air 'n dèanadh feachd Ui Dhuibhne
    Creach na Samhna.

6915   Chan aithne dhomh fad a mach ort
    'S ni maith m'eòlas,
Ach 's ro-mhaith mo dhòigh as àbhaist
    MacLeoid Leódhuis.

Clann Ghille-Eoin gu làidir lìonmhor
6920   De'n Fhéinn Mhuilich,
Dream a thug buaidh anns gach bealach,
    'S a b'fhearr fuireach.

Tigidh Seumas nan Ruaig gu d' bhaile
    Gach uair shirinn;
6925   Uaisle Innse Gall an coimhlion,
    Mar adeirim.

Tigidh gu lìonmhor gu d' bhaile
    Le'n sluagh daoine:
Leat a bhì Alba air a h-àlach,
6930   'S an Fhraing bhraonach.

Cìos as uaisle aig fearaibh Alban,
    Feachd is loingeas:
'S leatsa sin gu h-umhal tairis
    'N tùs gach conais.

6935 Thig chugad clos Thìre Conaill,
   A bhith bheo-chalma;
  Conn a rìs, bu chruaidh a chuibhreach,
   Le a shluagh meanmnach.

  An t-Athair cumhachdach do d' choimhead
6940   'S am Mac Fìrinn,
  'S an Spiorad Naomh dhìon do nàire,
   A rìgh Loch Fìne.

  Cha d' fhuaras do chomhaith dh'urrainn,
   'S ni mò dh'iarras:
6945 A rìgh nam fear as pailte cùram,
   'S leatsa thriallas.
       Triallaidh.

NOTES.

Eilean na h-Oige is Eriskay, south of South Uist,
where Father Allan Macdonald was priest, and
where he is buried. In Gaelic legend the Other-
world, in which there is neither death, nor age, nor
decay, is called Tìr na h-Oige, the Land of Youth,
and Tìr nan Og, the Land of the Young.

5 *Lom e dhuilleach*, bare as it is of leafage; supply *de;*
compare 456.

.7 *air a luimead*, for all its bareness.

10 Eriskay was the first part of Scotland on which
Prince Charles Edward Stuart set foot. He landed
on 23rd July, 1745, and left for Borrodale in
Arisaig on 25th July.—*Lyon in Mourning.*

11 *An sàr-dhuine:* the "superman" was Domhnall mac
Iain mhic Sheumais of Caisteal a' Chamais (Castle
Camus) in Sleat, Skye, poet, warrior, and drover.
He held Eriskay from Clanranald, and lived there
in his early days. He was a noted enemy of the
Macleods, against whom he took a leading part in
the battles of the Coolin in Skye and of Carinish
in North Uist. He was an old man in 1648.—*Clan
Donald*, III., 40-45, 500-503.

12 *chuir gu'm fulang:* compare 1855.

13 *Iain Mùideartach*, John of Moidart, Chief of Clan-
ranald, fought for Charles I. with Montrose at
Inverlochy, 2nd February, 1645; see *R.G.*, 155.
He died in Eriskay in 1670, and was buried in
Howmore in South Uist.

23 *Cf.* Fiamh na maighdein air a' chaillich,
Fiamh an duine òig air an t-sean duine.
                                    —M.C. 252.

39 *gach ama*, genitive of time.

43 *luadhadh:* for an *Oran Luadhaidh,* see p. 54. One
   woman of the *bannal, pannal,* sings the *rann,*
   stanza, and all join in the *luinneag,* refrain.

56 *gabhail rann na Féinne,* singing one of the heroic
   ballads of the adventures of Fionn and his
   warriors, the Fiann. These ballads are collected
   by J. F. Campbell of Islay in *Leabhar na Féinne.*

57 *leam,* in my opinion, to my mind; a common idiom;
   compare 8, 57, 63, and *passim.*

58 Compare 2883.

75 *dhìth chulaidh* .i. de dhìth c., of a boat's needs.

80 *cuilidh Mhoire,* Mary's storehouse, a Roman Catholic
   "kenning" for the sea. A fishing bank in the
   Moray Firth is called *Cillein Helpak,* Helpak's
   treasury, the reference being to a witch.

107 *ragach'* for *ragachadh,* act of tightening; the
    reference is to tightening of the fishing lines when
    fish are hooked.

111 *tional pobull ghòrag* .i. tional coimthionail de
    iasgaibh beaga gòrach.

114 *Hanna,* from Old Norse *höfn,* genitive *hafnar,* a
    harbour. When the meaning of the Norse name
    was forgotten, the place, being still a harbour, was
    called *caladh,* whence duplication of meaning, as
    in many other similar cases.

125 *bodaich throma,* sturdy, thick-set carles; cf. *gillean
    troma.*

126 *sgìos dhiubh,* unwearied.

140 Compare 57 n.; 3051.

140 "ba lainn leis rochtain an muighe atconnairc," "fain
    was he to reach the plain he saw"—Stoke's
    Edinburgh Dinnsenchas, p. 75.

151 *gearradh bhoc,* compare 589.

160 For views as to the seals, see *R.G.,* 24, 25.

217 In this poem the old classic syllabic metre, called
    Snedbairdne, is used as a stressed metre, and the
    poet, going by stress, does not observe the rules as

to the number of syllables in each line. He does, however, observe the rule as to rhyme between the couplets, and usually, but not always, the rule as to the dissyllabic ending.

365 The sudden ending is a feature not uncommon in Gaelic poetry. Compare the ending of Duncan Macintyre's *Beinn Dobhrain*.

375 *àbhaist* is here one syllable—*à'ist;* so in line 1688. But in 505 it is two syllables and so elsewhere. Other words, e.g., *saoghal*, may be similarly reduced to suit the metre.

387 *Abhainn Bharnaidh*, Barney's River in Pictou County, Nova Scotia.

416 *toirt dhibh an speur*, "depriving you of the sky," shutting off the sky from your view. A witty Skyeman said of a massive woman, "thug i dhiom an Cuilionn."

461 *Cur sgonn*, arranging the logs for burning, a difficult and toilsome part of the settler's work.

513 Professor James Beattie, who is here lamented, was nephew of Professor James Beattie, author of the *Minstrel*, etc., who died on 18th August, 1803. Ewen MacLachlan's friend was Professor of Humanity and Natural History in Marischal College, Aberdeen, and died on 4th October, 1810.

540 *geurfhaclaich brìgh*, "most witty in respect of substance," of wittiest pith. In this construction, which is common, the adjective does not qualify the noun : the noun is related to the adjective like the Greek and Latin accusative of respect. So "na fir mhóra bu mhór alladh" (1949), those great men who were great of fame ; "bàs an fhir bu leanbail tuar," the death of him who was innocent of aspect (2736) ; "fìon as maith tuar," wine that is good of hue (D. Macintyre).

576 *foghlum dìchill*, learning acquired by diligence.

613 *diùlannach ainnis*, a poor man of ability.

620   *na Ceòlraidhean*, the Muses. In his translation of
      Homer's *Iliad*, Ewen MacLachlan heads the
      Invocation of the Muses (*Il.* II., 484), "Urnaigh
      na Ceolraidh," and begins—

            " A Cheolraidhean binn an dàin
              Tha an gorm lùchairt ard nan reul."

625   Compare 3497.

637   Compare 4340, 4806.

649   The Ninety-second Regiment, or Gordon Highlanders,
      was raised in 1794, and its first Commander was
      George, Marquis of Huntly, *Moirear Hunndaidh*.
      In August, 1799, it embarked from Ramsgate for
      the Helder, as part of the expedition to Holland,
      and landed on 27th August. "No opposition was
      made to the landing, but the troops had scarcely
      formed on a ridge of sand hills, at a short
      distance from the beach, when the enemy made an
      attack, and persevered in it till five o'clock in the
      evening, when they retired after a hard contest.
      The 92nd, which formed part of Major-General
      Moore's brigade, was not engaged ; but in the great
      action of the 2nd of October it had an active share,
      and displayed conduct so much to the satisfaction
      of General Moore, that, when he was made a
      Knight of the Bath, and obtained a grant of
      supporters for his armorial bearings, he took a
      soldier of the Gordon Highlanders, in full uniform,
      as one of these supporters, and a lion as the other."
      —*S. H.*

649   Alexander Mackinnon was born in Morar. He joined
      the 92nd Regiment, was wounded at Alexandria in
      1801, and thereafter joined the 6th Royal Veteran
      Battalion.

653   *Eabarcrombaidh*, Sir Ralph Abercrombie (1734-1801),
      commanded the first division in the expedition to
      Holland in 1799.

653   *thug E. taobh na mara dhiùbh ;* see 416 n.

675 *An Camshronach garg o'n Eireachd* : Allan Cameron
of Erracht, who in 1793 raised the Cameron
Highlanders; see 1061 *seqq.* and note. He was
severely wounded in this engagement (707).

709-710 These lines are from the version now sung in
Harris, as given by the Rev. Malcolm Maclean,
Ferintosh. Turner's version has—

> Gur sonraichte coltach an dearcag,
> 'San fheoil nach taisicheadh fiamh i.

721 John Stewart or Iain Allanach of Deeside, who fought
at Fellinghausen in the summer of 1761, reported
"the French are na bad at long range, but their
patience is unco short" (Michie, *Deeside Tales,*
p. 93).

761 *Is bochd gun sian orra*, Alas, that they did not bear
a charm against lead. In the old times it was
common to seek invulnerability by means of
enchantments. In the evidence anent the murder
of the Laird of Cawdor in 1592, the Deponer gives
this token, "That it wes Auld Mackellar of
Cruachan that lernit hir his charmis, and that the
said McEllar lernit them at the pryoris of
Icolmkill and siklyke that Macaurrie suld lerne
to inshant Ardkinglass & his cumpanie that nae
wapin suld offend thame, the quhilk inshantment
wes receivit be them all except Ardkinglass
himself."—*H. P.,* I., p. 166.

777 Gaelic is rich in proverbial or gnomic literature, and
the very oldest specimens of it take the form of
instruction or exhortation, as here. These are
(1) *Audacht* or *Tecosc Morainn,* the Bequest or
Instruction of Morann, a noted judge of the first
century; (2) *Briatharthecosc Conchulaind,* the
Instructions of Cuchullin to his foster-son Lugaid;
(3) *Senbríathra Fithail,* the Old Saws of Fithil,
a judge of the third century; (4) *Tecosca Cormaic,*
the Instructions of Cormac mac Airt, who was
High-King of Ireland in the third century. Much
later are (5) *Comhairlean Briain,* the Advices of

Brian, specimens of which are given in *R.C.*, II.,
358. The first collection of Scottish Gaelic
Proverbs was made by the Rev. Donald Mackintosh
(1743-1808), and published in 1785, second edition
1819. In 1881, Alexander Nicolson published his
well-known Collection of Gaelic Proverbs. The
first edition of Duncan Lothian's *Seanfhocail agus
Comhadan* was published at Edinburgh in 1797; the
second in 1834; the third in 1844. See Todd
Lecture XV. (R.I.A.); Nicolson's Gaelic Proverbs,
Introduction and pp. 397 *seqq.;* Mackinnon's
Catalogue of Gaelic MSS. pp. 183-193.

777 Duncan Lothian was born in Glen Lyon about 1730.
He was for some time a miller at Coire
Choingligh in Brae Lochaber. Thereafter he was
engaged under the Commissioners for the Forfeited
Estates as a wheelwright in Rannoch; he was at
Kinloch Rannoch in 1767, the year before the death
of Dugald Buchanan (*Forfeited Estates Papers,*
Scottish Hist. Soc., p. 209). In 1782 he was
acting as teacher at Kinloch Rannoch, "but he will
not stay because he cannot make a living"
(*ib.* 249). His latter years were spent in Glen
Fincastle, where the site of his house is still known,
in the hamlet of Baile Mhuilinn Beag, a little
way below Baile an Eilich. He died about 1812.
A daughter of his is still remembered by old people
in Glen Fincastle. See further *Transactions of
Inverness Gaelic Soc.*, Vol. 18, p. 340.

The Lothians of Glen Lyon are buried in the
north-west corner of Cladh Chunna, a little way
below Invervar in Glen Lyon. The late Mr.
Alexander Campbell of Borland, Loch Tay, told
me that they were superior people, intelligent, and
capable. The last of them, Ealasaid Lothian, died
at Invervar about 1912.

777 The sentiment of this quatrain is frequent in Gaelic
poetry, e.g., *Biatach na Forais*, G. 44. It is
crystallised with wit and humour in the Irish
quatrain—

Is maith an duine ag a mbí muc :
: do bhádar muca agam féin ;
is fearr an mhuc atá beó :
: ní fhuil acht ceó 'san mhuic a ndé.

Compare 785. "Is binn gach glòir o'n duine beairteach," *McL.;* Inv. G. Soc. Tr., 22, 179. See further Prof. T. F. O'Rahilly, *Dánfhocail,* pp. 5-9 (Talbot Press).

792 The reference is to behaviour in an ale-house or tavern.

801 *uisge balbh* : compare Balbhag, "the little dumb one," the name of the stream flowing from Balquhidder into Loch Lubnaig ; Sir W. Scott's Balvaig in the *Lady of the Lake.* Its opposite is Labharag.

803 Otherwise, "ruigidh each mall muileann."

805 "Ilka blade o' grass keps its ain drap o' dew."

829-834 *leis,* compare 57 n.

830-840 The reference is to winnowing corn on a knoll in the open air.

849-850 This saying is ascribed to Colum Cille.

897 Proverbs 1, 7.

904 i.e., he would seek to rob a blind man.

915 Ecclesiastes 7, 2.

923 Proverbs 13, 24.

927 Cf. Solomon on fools, *passim.*

931 Proverbs 15, 17.

933 Otherwise characterised as "gad im ghainimh," putting a withy round sand.

939 Proverbs 16, 32.

943 "It is difficult to entangle a man in a snare."

948 The Scots equivalent is "fools are fain o' flittins."

949 Ecclesiastes, 9, 4.

959 *clàr,* usually a board, table, but here a wooden vessel ; a coggie ; see Vocab. John Lane Buchanan, describing the customs of the people of Harris, etc., says : "Potatoes and fish generally make up their first meal, and the whole family commonly eat out

of one dish called the *clar*. This large dish is
between three and four feet in length, and a foot
and a half in breadth, made up of deal. They
place the straw or grass on the bottom, and pour
out the potatoes and fish above that stratum, which
they generally collect carefully, with the fragments,
for some favourite cow."—*Travels in the Western
Hebrides*, 1793. (Potatoes were first introduced
into the Hebrides by MacDonald of Clan Ranald
in 1743.)

963 Compare 3453.

971 "It is high time to be making for the door."

975 Compare Isaac Watts on the sluggard: "As the door
on its hinges, so he on his bed," etc.; based on
Prov. 26, 14.

979 "Short accounts make long friends."

982 Compare, "Mar chlach a' ruith le gleann, feasgar fann
fogharaidh."

983 *lag*: the *lag*, hollow, where man's journey ends is the
grave.

997 Nicolson gives another version, attributed to John
Morrison of Bragar, in Lewis, who lived during
the latter half of the seventeenth century—

Mo chomain-sa is comain a' mhaoir,
Do mo thaobh-sa bhiodh e gann:
Is maith leis comain a null,
Ach cha mhaith leis comain a null 's a nall.

998 *comunn nam maor mu'n chlàr*: the maor, ground-
officer, was apt to be overbearing; here he is
represented as appropriating to himself the
clàr which was used by the whole family in
common.

1003 So the old Irish saying: trí fódain nach sechaindter
. . . fót in ghene, fót in bháis, agus
fót in adhnacuil—"three little sods that are not
avoided: the sod of birth, the sod of death, and
the sod of burial."—*Z.C.P.*, II., 137.

1005   The course of the boat is from Loch nam Madadh
       (Lochmaddy) southwards along the east coast of
       North Uist.

1015   *cunntas fearainn*, enumerating the places which were
       passed as they skirted the coast.

1024   *an liagh*, the blade, or feathered part, of an oar. The
       round part of the oar is *lunn*. MacCodrum, in
       Oran do'n Teasaich, says of his legs, when he was
       convalescent after the fever, "gur pailte liagh
       dhoibh na lunn," *i.e.*, they are sharp and
       "feathered" rather than round.

1034   *air a calg*, literally "on her bristles"; the wind was
       westerly, and the poet was perched high up on the
       weather side watching the *deich laimhrigean* which
       they passed. He applies *calg* metaphorically to the
       topmost part of the *cliathach*, to which he was
       clinging.

1043   *Bha fear an sin*: the poet himself, who had only one
       hand, hence his nickname.

1045   *am muir*, here made masculine, though *muir* is
       feminine in Uist, and the poet was a Uistman.
       It is masculine in the nominative in certain
       districts, *e.g.*, Lewis, Rona, and Durness. The
       reason of the variation is that the word was
       originally neuter; when the neuter gender ceased
       to be used, the old neuters had to become either
       mas. or fem., whence, in the case of some words,
       divergent treatment in different districts. So
       muileann, an old neuter, is regularly masculine,
       but in Lewis it is always feminine.

1061   *Fear an Eireachd*, Allan Cameron of Erracht, about
       five miles N.E. of Banavie, Fort-William, eldest
       son of Donald Cameron of Erracht, was born about
       1744. He was educated at St. Andrews, according
       to Alexander Mackenzie, but the St. Andrews
       authorities inform me that his name does not
       appear in any University record. As a young man,
       he fought a duel with Cameron of Murshiorlich,
       in which the latter was mortally wounded. In

consequence, Allan Cameron went to America, joined the "Royal Highland Emigrant Corps," and, after some daring enterprises (1769), was taken prisoner, and confined for two and a half years in the jail of Philadelphia. He escaped thence, arrived in England in 1780, and married an English lady. As noted before, he raised the Camerons in 1793, and was their Colonel for fifteen years of service in Holland, Egypt, Denmark, Sweden, and the Peninsula. He was severely wounded in Holland, Egypt, and twice at Talavera, where he had three horses killed under him. After the Peninsular War he was knighted. He is introduced in Charles Lever's novel, "Charles O'Malley." General Sir Allan Cameron died on 9th March, 1828. His free-handed generosity (1157), to the poor especially, is attested by contemporary evidence, and is not yet forgotten in Lochaber. "On the 17th of August, 1793, letters of service were granted to Allan Cameron of Erracht, for the purpose of raising a corps of Highlanders. To regiments embodied in this manner, Government regularly allowed a bounty, but under no certain regulation. . . . . But in this instance no bounty whatever was given, and the men were recruited at the sole expense of Mr. Cameron and his officers. . . . The corps was inspected at Stirling in February, 1794, and embodied under the number and denomination of the 79th or Cameron Highlanders. Mr. Cameron was appointed Lieutenant-Colonel-Commandant." —*S.H.*, II., 208.

1162   *stoc*: compare 2252.

1205   The first modern Gaelic poet who wrote on the Seasons was Alexander Macdonald, and he was doubtless influenced by James Thomson (1700-1748), whose poem *Winter* appeared in 1726, *Summer* in 1727, and his *Spring* in 1728. After Alexander Macdonald, seasonal poems were produced by Duncan Macintyre, Rob Donn, Ewen MacLachlan, and

others; William Ross's is the shortest, and
probably the best.

1285 *An Suaithneas Bàn*, the White Cockade, the Jacobite
emblem, is here used as a "kenning" for Prince
Charles Edward Stuart, born in 1720, died at
Rome in 1788.

1299 *Cluain an domhain*, the deceitfulness of the world. In
the first quatrain of his poem to Blàbheinn in Skye,
William Ross has—

Cluain an domhain, truagh an dàl
Gur cobhartach do'n bhàs gach feoil.

Compare: Sluagh an domhain, truagh an dál.—
Rel. Celt., I., 96.

1317 Compare 3861 and note.

1339 *an reul*: the star which has set is Prince Charles.

1349 *An Gille Dubh Ciardhubh*: the author, or more
probably authoress, of this gem of Gaelic love
poetry was apparently unknown to Ranald
Macdonald, who included it in his Collection
published in 1776.

1413 The title in Gillies's Collection, p. 136, is: "Oran le
fear Chrannard an Gleann-ilea do thigh
Piteghabhann, do mhnaoi do mhuintir Mharr a
thug se am fuadach oi'ch' a cluiche." The title and
the poem are taken from the Maclagan MSS. in
Glasgow University Library. Rev. A. Maclean
Sinclair states: "James Shaw was laird of
Crathinard in Glenisla, Forfarshire. He fell in
love with Ann MacHardy, a niece of the Earl of
Mar, and heiress of Crathie in Aberdeenshire. He
ran off with her and married her."—*G.B.*, II., 68.
These statements appear to have been taken from
a paper by Charles Ferguson, in *Inv. G. Soc.
Trans.* xii. 60.

Crathienard is at Crathie on Deeside, not in
Glen Isla. Duncan Shaw of Crathienard removed
in 1710 from Deeside to Crandart, where he died
in 1726. His eldest son, James Shaw of Crathie-
nard and Daldownie (in Glengairn), was a noted

18

Jacobite. He was married first to a daughter of
John Young of Birkhill or Birkhall; second, to a
daughter of Farquhar of Auchterfoull in Coull
parish; and third, to Margaret, daughter of
Donald Farquharson of Micras. Thus the state-
ment that he married Ann MacHardy is incorrect.
James Shaw died at Inverey, Braemar, in 1766 or
1768, and was buried in the Church of Crathie.

The Shaws were followed at Crandart in Glen
Isla by a family of the name of Robertson, and it
is not improbable that they may have been of the
Robertsons of Pettagowan, near Struan, in Atholl.
This Robertson was said to be a particularly strong
and handsome man. He took part in the Forty-
five, and is said to have supported the Prince when
he was tired on the march south from Edinburgh.
Further research might show what his wife's name
was.

Though the ascription to James Shaw has been
allowed to stand in the text, it is clear from the
above that his authorship of the poem is very
doubtful. For the above information I am indebted
to Mr. M. S. Shaw, W.S., Edinburgh.

1444 *chòir* for *fo chòir* (= *fo chomhair*).

1459 *Eilginn Muireibh*: Elgin of Moray, as distinguished
from Glen Elg in Inverness-shire (Eilginneach, a
Glen Elg man). "Elgin Moray" was formerly used
in northern English.

1461 For thy sake *(ort)* I would rank lightly all that I
have mentioned, ere I would part with that prize,
i.e., the maiden. "Dogníat ní airiut," "they do
somewhat for your sake," said the King of Alba
to Lughaidh MacCon when Lughaidh caused his
followers to swallow raw mice.—*Sil. Gad.*, p. 313.

1463 This poem was composed when Duncan Macintyre was
living at Dalness, at the head of Glen Etive, and
probably not very long after his marriage. It is
included in the first edition of 1768. There are
many touches of humour in it; it is an *òran
luadhaidh*, waulking song. The couplets have end-
rhyme on *a* all through.

1485 April, when the lambs begin to arrive.

1492 *MacCailein*, the patronymic by which the Duke of Argyll, Chief of the Campbells, is known in Gaelic. In the older poetry, *Mac Mhic Cailein* is also found. Sir Walter Scott, with his usual carelessness where Gaelic is concerned, styles the Duke "Mac Callum More." Compare Macintyre's *Oran d'a Chéile*, 119—

Gad chumail am prìs an Righ 's MacCailein.

1548 *nach téid mi*, etc., of whose kindness I will not make trial; *freasdal*, act of waiting on.

1552 *nighean a' Bharain*, the poet's wife.

1583 *Mur tig e : e* is used with forward reference, and immediately explained by *tàillear*. Gaelic is fond of such usages.

1621 The first three and the fifth octaves (except 1660) are in the form of Snedbairdne: $2 (8^2 + 4^2)$ $^{2+4}$, like Dr. Blair's poem on Niagara, p. 9. Here, however, the end-rhyme of the couplets is on *a* throughout. The structure of the rest of the poem is *Rannaigheachd bheag mhór* or *Carn-dechnaid*, scheme, $2 (8^2 + 8^2)$ $^{2+4}$, like *Blàr na h-Olaind*, p. 25, and Macintyre's first poem, *Blàr na h-Eaglaise Brice*.

1645 *An saor Sléiteach* : the traditional ancestor of the Macintyres, *Clann Mhic an t-Saoir*, who, from the incident recorded in the text, was called *Saor na h-Ordaig*. See *D.M.*, 505.

1652 *Coll Ceudchathach Spainnteach* : Conn Ceud-chathach, Conn of the Hundred Battles, was High-King of Ireland, according to the Annals, from 123 to 157 A.D. He was father of Art and grandfather of Cormac. He is here confused with Coll Uais, one of the three Collas, who flourished in the first half of the fourth century, and from whom the House of Somerled—the Macdonalds and the Macdougals—claim descent. The epithet

Spainnteach refers to the ancient tradition that
the Gael were descended from Mílidh Easpáine,
Mil of Spain, whose two sons, Eber Finn and
Eremon, took and divided Ireland between them,
except Ulster, which they gave to their nephew
Eber. Milidh was descended from Gáidheal Glas,
the eponymus of the Gael; and was married to
Scota, daughter of Pharaoh, King of Egypt,
whence the term Scot. Hence Gael, Milesians,
and Scots all denote one and the same people,
namely, the ruling race who occupied part of
Ireland about (say) B.C. 400, and gradually became
masters of the whole island. Some of the rulers of
Gaelic Scotland were of the same stock. These are
historic facts, whatever may be the ultimate value
of the traditions as to origin.

1653 An adequate description of the Macintyre Arms; the
motto is *Per Ardua*: *Troimh Chruadal.*

1671 *lìonmhor an taic*: numerous is their support, such of
them as still live. For *suas*, "above ground,"
compare line 4582: cha robh eascaraid suas eadar
Arcaibh is Tuaid.

1675 *Seumas*: James Macintyre, 1727-1797, Chief of the
Clan, a scholar and a poet. "When Duncan Bàn
visited Glenoe, he was shown the old seal bearing
the arms of his clan."—*D.M.*, 312. Hence the
poem.

1677 *Coire a' Cheathaich*, at the head of Gleann Lòcha, not
quite a mile beyond Bad a' Mhaidhm. It looks
eastwards, is about two and a half miles long, and
rises from about 800 feet to over 2500 feet. There
is another Coire a' Cheathaich about two miles
lower down, on the south side of the river, opposite
Bad Odhar. An older name for the former
appears to have been An Coire Altruim, "Corry
Altrum," on an official map of 1735/6. On this
map, lent me by the Rev. W. A. Gillies, Kenmore,
the entrance from the N.W. of the corrie is
"Passage to and from the Nursery."

1680 *'s a' Bhràighe*, the upper part of Gleann Lòcha.
Bràighe is Englished Brae, *e.g.*, Brae-Moray.
"Am Bràighe" *par excellence* is Bràighe Loch-abar,
Brae-Lochaber; *e.g.*, in *R.G.* 155, l. 7, *fir an
bhràghad* means "the men of Brae-Lochaber."

1690 *Mac Eoghainn*: his Christian name, as appears from
1797, was Alasdair. He had been a sort of
"maor-chearc" (1713) either at the Earl of
Breadalbane's chief mansion, Bealach (Taymouth),
or, more probably, at Fionnlairg, near Killin,
where he took to do with the management of the
kitchen (1721). He was no sportsman.

1760 *sìos as an rùsg* (they are withered), within the bark.
Compare: chunnaic e aisling as a chadal, he saw
a vision in his sleep; bha e ag obair as a léinidh,
he was working in his shirt sleeves, or with coat
and vest off; an déidh a fhaobhachadh as a
sheasamh (l. 6365), after despoiling him where he
stood. The idiom is old: ro-gell Colum Cille
dósom ná mairfide é as a chocholl, Colum Cille had
promised him that he would not be slain while
he wore his (Colum Cille's) cowl; literally, from
within his cowl (*Silva Gadelica*, p. 378). In such
idiomatic expressions the preposition *as* indicates
the position or situation where an action takes
place. A still older example is: am essamin-se
precepte as mo chuimriug, I am fearless of
teaching out of my bond (i.e., though I am a
prisoner).—*Würzburg Glosses*, 23 b 7 (c. A.D. 700).

1805 *Slochd Phàraig*: Patrick, according to tradition, was
son of Duncan, eldest son of Sir John Campbell of
Glenorchy (1635-1716), who became Viscount of
Breadalbane. "Patrick, the darling of the
popular imagination, had, it is said, a seat near
Coire-chruiteir, where he sat directing the chase.
. . . His seat was held in great veneration, and
used to be visited by ardent sportsmen that they
might have the honour to sit on Big Patrick's
seat. *Suidheachan Pheadair Mhóir* of the O.S.

maps, and *Clach Phara Mhóir* of current tradition,
coincide, and point to a big stone about four-score
paces S. of Auch River, and at no great distance
E. of the Railway Viaduct."—*D.B.*, 489.

1805   The poet expresses the old belief that prosperity
       attended the rule of a righteous and legitimate
       lord. So in Homer's Odyssey: "the fame of a
       blameless king, one that fears the gods, and reigns
       among men mighty and maintaining right; and
       the black earth bears wheat and barley, and the
       trees are laden with fruit, and the sheep bring
       forth and fail not, and the sea gives store of fish
       . . . and the people prosper under him"; contrast
       3861.

1808   *An tàcharan*: thought to refer to Lord Glenorchy
       (cf. *D.B.*, 489); but that Duncan Macintyre
       should refer thus to one of the Breadalbane family,
       to whom, moreover, he composed a most flattering
       panegyric, is not likely. The reference is doubtless
       to Alasdair Mac Eoghainn.

1821   The Act proscribing the Gaelic dress was repealed in
       1782. It was rigidly enforced between 1746 and
       1756. The people were made to swear a revolting
       oath: "I, A. B., do swear, and as I shall answer
       to God at the great day of judgment, I have not,
       nor shall have in my possession any gun, sword,
       pistol, or arm whatever, and never use tartan,
       plaid, or any part of the Highland garb; and if
       I do so, may I be cursed in my undertakings,
       family, and property, may I never see my wife
       and children, father, mother, or relations, may I
       be killed in battle as a coward, and lie without
       Christian burial in a strange land, far from the
       graves of my forefathers and my kindred; may all
       this come across me if I break my oath."—*Mitch.*,
       p. 663.

       The prohibition naturally roused bitter feeling
       among the clans, both Jacobite and Hanoverian,
       and many poems were composed on the subject,

e.g., Alexander Macdonald, *Am Breacan Uallach;*
Macpherson of Strathmashie, *Oran na Brigis
Lachduinn*—*Turner,* 330; *Oran eadar an sealgar
's am fiadh*—*Turner,* 332; Rob Donn, *Oran nan
Casagan Dubha;* Duncan Macintyre, *Oran do'n
Bhriogais,* and *Oran do'n Eideadh Ghàidhealach.*

1835   *deich slatan singillte,* eight to ten yards of single
width (one yard wide), or four to six of double
width (two yards wide), were required for the
belted plaid. See 3002 n.

1847   *breacain air am féile:* compare fo bhreacan am féile;
T. 172; also *ib.* p. 280; is math thig breacan am
féile os cionn do shléiste fo d' chòta; Robert
Stewart's *Orain Ghaelach* (1802), p. 138; is
mithich dhomhsa a bhi 'g éirigh 's a bhi 'g
éileadh a' bhreacain-s' mu'n ghlùn, G. p. 59;
"Breacan am féile" means "tartan plaid folded"
—to form a kilt; in the last example *éileadh* is
clearly a verbal noun equivalent to *féile (adh),*
though without *f* initial.

1848   *nach éisd,* etc., that they will not listen to the spark;
i.e., they will go off at once.

1858   *lannan Spàinnteach:* Spanish blades, and those made
by Andrea Ferrara, an Italian, were much prized
by the Gaelic warriors. The blades often bore two,
or three, flutings, *claisean,* and the *lann
trìchlaiseach* was valued most. But there was a
considerable home manufacture of swords, and the
names of certain families of swordsmiths, e.g., the
Macnabs of Barrachastulan, Dalmally, are still
handed down in tradition.

1864   *fo d' dhealbh bhrataich,* under thy figured banner.

1880   *a luaidheas an clò Catach:* a play on the double
meaning of *luaidh,* to waulk cloth, and *luaidhe,*
lead. So Alexander Macdonald, before Mac-
Codrum, in his *Oran Luadhaidh no Fùcaidh*—

> Cuimhnich thoir leat bannal ghruagach
> A luaidheas an clò ruadh gu daingean.
>
> Teann tiugh daingean fighte luaidhte
> Daite ruadh, air thuar na fala.

1881 *a' mhuc* : compare 2881 ; the Hanoverian dynasty are
termed German swine, e.g., Alexander Macdonald,
p. 107 (1874 edn.)—

> O, an cullach sin rìgh Deòrsa
> Mac na cràine Gearmailtich.

1883 *Domhnall mac Fhionnlaigh* : who he was is not known
for certain. It appears from a verse of Mac-
Codrum's poem, *A' Chomhstri eadar Domhnall
Friseal agus Domhnall Bàideanach*, alien farmers
in Uist, that one of these was *mac Fhionnlaigh*.
The verse appears thus in *McL.*, 68—

> Mac Fhiunlaigh a bha ealanta
> Tha dà iarruin deug is teallach aig,
> Iad uile diolta garaidh* aig,
> Am fear a bheir e tarag dhiubh,
> Chuid eile dhiubh cha bhean e dhoibh.

1883 Readings of the MacCodrum MS. (Maclagan
Collection) are given in *Trans., Inverness Gael.
Soc.*, vol. 26, 135.

1900 *air aon dòigh* : *McL.* has *air Poet.*

1930 *aon duine* : so *McL.; fhine, U.B.; chinne, S.O.*

1947 *Mac Dhomhnaill* : Sir James Macdonald of Sleat
(1741-1766), a highly accomplished and much loved
gentleman. John MacCodrum was his bard ; see
R.G., 221.

1947 *Mac MhicAilein* : the patronymic of the Chief of
Clanranald. The clan name is from the founder
of the family, Raghnall (Ranald, Reginald), son
of John Lord of the Isles ; died 1386. His son and
successor was Allan, whence the style of the Chief.

1949 *mhóra* : so *McL.; chródha, U.B.* and *S.O.*

1950 *Alasdair* : Alasdair MacColla.

1955 *abhainn Lòcha* : the reference is to the battle of
Inverlochy, 1645 ; see *R.G.*, 155. The earlier battle
of Inverlochy was fought in A.D. 1431, when
Domhnall Ballach of Islay routed the royal army
under the Earls of Marr and Caithness ; see *Rosg
Gàidhlig*, p. 99.

* Ir. *gairthe*, flushed, red-hot.

1962 *Mórar*: Moran, *McL.;* similarly *Tigherna Mhóiróin,*
Red Book of Clanranald, p. 267; *R.C.,* II., 214;
Morron, *Adv. Lib. MS.,* LII., 34a. There is no
doubt whatever that the correct form is Mórar
(= Mórdhobhar. *Celt. Rev.,* vii. 363).

1966 *sròlta*: so *McL.;* sròile, *U.B.* and *S.O.*

1967 *Mac Iain*, the patronymic of the Chief of the
Macdonalds of Glencoe.

1980 Compare 5129 *seqq.*

1982 *urra*: so *McL.;* curaidh, *U.B.* and *S.O.*

1986 *Mac Uibhilin*: the chief of the MacWheelans or
MacQuhillans of the Route in Antrim. A poem
addressed to Angus Macdonald of Dùn Naomhaig
in Islay (*An Deo Gréine*, Dec., 1923) states—

Ruguis in Rút le ruaig én-laoi
d'fhuil Uibhilin ger b'fhuil ríogh.
G. and *U.B.* have *mac Cuibhilein.*

1987 *Cf.* 1. 5133. A poem quoted in *Trans., Inverness Field
Club*, vol. 7, p. 306, has—

Domhnall Ballach nan Garbh Chrìoch,
Rinn Tigh nan Teud aig leth Alba 'na chrìch,

Tigh nan Teud is about two miles north of
Pitlochry, on the east side of the road just below
Bridge of Garry. The ancient tale of Deirdre and
the Sons of Uisneach, says of Naoise: gur cosain
nert a láime fén treab ar leth Alpan dó, that the
might of his own hand won him half Alba and a
stead over—*Celt. Rev.*, vol. 1, 14. A poem ascribed
to Deirdre has—

Baile agus leth Alban féin
do bhí agam, ard an céim.
—*Rel. Celt.* i. 151.

2001 *Barraich*, the Dunbars; *McL.* (*Inv. G. Soc. Tr.*, 22,
191), in a poem to a gentleman of the Munroes,
has—

Tha thu Charabh nam Barrach
Da'm bu duchas bhi'm Farrais.

"The Highlanders do not use the word Dunbar,

but *Barridh;*" Lachlan Shaw, *Province of Moray* (1775). *Barridh* is for *Barraigh,* the older form of *Barraich.* The Dunbars are again put with the Munros and Rosses (or Roses) at line 4052; in the same poem the Barra men are Niallaich (line 4078).

2002 *Tàilich,* McL., Kintail men; *U.B.* and *S.O.* have *Sàilich,* but the other accords with usage; e.g., an Taoitear Tàileach, the Tutor of Kintail.

2016 *Clann Reubhair,* the MacDonalds of Dalness in Glen Etive.

2017 *fir na h-Iùbhraich,* the men of the Yew-wood, i.e., Tomnahurich, Inverness, which, according to legend, is a fairy haunt. With them, in the centre of the hill, is Thomas of Ercildoune, or Thomas the Rhymer.—*S.M.L.,* 147. Compare 3442, 4022. A version of Alexander Macdonald's poem, *An Airc* (*Celt. Rev.,* iv. 297) begins—

> Adhra mhialach nan cat,
>   Air dhealbh nathrach 's a grunnd fuar,
> 'Nuair thig Tòmas le chuid each
>   Bidh là nan creach mu d' bhruaich.

Adhra is the Aray river, Inveraray. A poem from the same MS., printed in *Celt. Rev.* v. 301, has—

> 'S i so an aon bhliadhna chòrr
> Tha Tòmas ag innseadh gu beachd,
> Gu faigh sinn coinne gu leoir :
> Biomaid beò an dòchas rag.

In a poem on Sheriffmuir, Sìlis nighean Mhic Raghnaill says (*T.,* 303)—

> Tha Tòmas ag innse ann a fhàistinn
> Gur Clanna Gàidheal a bhuidhneas buaidh :
> Bìdh fallas fola air gach mala
> Cur a' chatha thall ud aig Cluaidh ;
> Ni Sasunn strìochdadh ge mór an inntleachd,
> Dh'iarraidh sìth air an Rìgh tha uainn.

It is doubtless to this prophecy she refers in 3442. See further J. Gregorson Campbell's *Superstitions of the Scottish Highlands,* p. 271; also Blind

Harry's *Wallace.* The Goodman of Inbhir-chadain,
in Rannoch, says—

> Chuala mi a bhith leughadh,
> Bharr air *Reumair,* iomadh fàidh,
> Gu bheil curaidhnean aig Seumas
> Ni treubhantas an déidh bhith marbh.
>
> > —*T.* 282 ; see also *T.* 80.

2058 *Bhi cuidhte agus i,* to be rid of it, to cease to think
of it—a curious idiom. Is math leam bhith cuidht'
as, I am glad to be quit of it.

2093 *bu domhain,* etc., literally, they were deep in respect
of measure of silver cups ; i.e., they drank deeply.
The usage of *air* is as in "chan fhaca mi an samhail
air olcas" ; Genesis 41, 19.

2115 *dòrn air mholadh* : compare, "chaidh dòrn air
thapadh, dòrn air ghleusadh, dòrn air spionnadh
ann."—*R.G.,* 88 ; see *dorn* in Voc.

2132 *gum bu phrosbaig,* etc., that your sight served us for
a telescope—so keen-sighted was Angus Mackay.

2191 *dhuinn a b'àbhaist,* etc. ; the reference is to a harmless
custom once common in the North and the Isles—
a sort of rustic serenade.

2194 *a luaths,* the quickness of it, i.e., of my leaving that
district.

2195 *Iain MacEachainn* : John Mackay, tacksman of
Musal. the poet's employer for a considerable
period, and his friend and benefactor.

> In several cases, to appreciate the rhyme, we
> must allow for dialectic pronunciation. In 2220
> *ceudan* rhymes with *riatach* of 2219 : the pro-
> nunciation of *ceud* as *ciad* is general all over the
> Highlands. In 2255 *aon neach,* pron. *ùn neach,*
> rhymes with *ùmaidhean* 2256. *Uisgeach* 2265 :
> *shliochd* 2266 ; *aosda* 2200 ; *chì* 2202 ; 2275 *mheas*
> (=*mhios*) : *ghibht* 2276.

2210 *fearann a shaor e,* land he reclaimed, or, land he freed
from debt.

2214 *na bhios aca*, etc., their debts to each other. Tha
tasdan agam ort, you owe me a shilling; ìoc na
bheil agam ort, pay me what thou owest me;
Matthew 18, 28.

2273 *dearg rùisgte* must be pronounced *deargruist'*.

2317 *shòlas*, i.e., de shòlas.

2342 *a beul foipe sios* : in the posture of death; the idiom
is common in older Gaelic; hence the imprecation
"beul sìos ort !"

2346 *os ar cinn* goes with *cuir*.

2353 *gaoth an iar*, a westward wind, a wind blowing west;
cf. 5848. At Culloden, the Prince's army faced
east. There is more contemporary evidence of a
heavy storm of wind and hail from the east,
blowing on the backs of the English troops; Dr.
Mitchell is wrong in stating (p. 637) that the
showers "were driven by a strong north-west wind."
Colonel John Roy Stewart lays much stress on the
disadvantage of the weather; cf. 2399, 2478.

2389 *Moirear Deòrsa* : Lord George Murray, who was,
unjustly, suspected of betraying the Prince's
cause. He is the Achan of 2488.

2419 *tha ar cinn fo'n choille*, literally, our heads are under
the wood, i.e., we are outlaws. Similarly in
English the banished man goes to "the greenwood."
The plural *cinn* accords with the usage of the
Gaelic Bible; but compare "nis togaidh na
Gàidheil an ceann" (*S.O.* 320b), which is the
present usage of good speakers. To them the use
of *cinn* would suggest that each man had more than
one head.

2425 *Mar chomhachaig* : the reference is to the Comhachag
of Strone; p. 249.

2451 *Clann Mhuirich* : the Macphersons, who were too late
for the battle.

2454 *Clann Domhnaill* : Sir Alexander Macdonald of Sleat
refused to join Prince Charles, and accepted a
commission in King George's service.

2468 *Clann Chatain* : the Mackintoshes, whose chief was
Royalist, though Lady Mackintosh was a keen
Jacobite.

2469-2472 The three mentioned here, Donald from Dùn
Crombaidh, the generous Alasdair, and the brave
Robert, were evidently of Clann Chatain, among
whom Colonel John Roy Stewart lived. *Alasdair
Ruadh* was Alexander MacGillivray of Dunma-
glass, head of MacGillivrays, and Lieut.-Colonel
of Clann Chatain at Culloden. He was an
exceptionally handsome man, and a most gallant
soldier. *Raibeart an àigh* was Captain Robert
MacGillivray, also a very brave man, who is stated
to have been in Dalziel of Petty. According to
one account, he killed seven redcoats with the tram
of a peat-cart. *Domhnall donn* was probably Mac-
Gillivray of *Dul Chrombaidh*, Dalcrombie on Loch
Ruthven, in Strathnairn ; no place called *Dùn
Chrombaidh* is known to me. (*Lyon in Mourning;
Antiq. Notes*, 2nd Ser., 95, 379.)

2471 The epithet *na féile*, "of generosity," has been
misunderstood as "of the markets" — Fraser-
Mackintosh, *Antiquarian Notes*, p. 379. "Big
John (!) MacGillivray of the Markets."—H. V.
Morton, *In Search of Scotland*, p. 177.

2477 A reminiscence of the old Gaelic law of payment for
bloodshed in terms of cattle.

2486 *eireachdas lann*, the fine play of blades.

2488 *Achan 's a' champ*, see 2389 n.

2496 The Wheel of Fortune is frequently alluded to by
Chaucer ; mentioned also by Blind Harry.

2500 *mar chraoibh* : other examples of *mar*, like, with
dative fem., are : mar chomhachaig, line 2425 ; mar
earbaig, 3027 ; mar chraoibh, Psalm 1, 3 (prose
and metre) ; mar chraoibh, Rob Donn, p. 129 (1871
ed.). But, mar a' ghrian, Judges 5, 31 ; Matthew
13, 43 ; Rev. 1, 16, etc. ; mar a' ghaoth, Isaiah
64, 6. The dative after *mar* is still regular in
Irish, but not in Scottish Gaelic.

2514 This poem is addressed to Donald Cameron of Lochiel,
       celebrated for his share in the rising of 1745, and
       known as "the Gentle Lochiel." He is called
       Domhnall Og, 2530, though a man of middle age,
       because his father, John Cameron, was still alive.
       His grandfather, 2572, was the famous Sir Eoghan
       Cameron. After Culloden, Lochiel lived for about
       two months in Lochaber, and thereafter moved to
       the hut on Ben Alder, where he had the company
       of Macpherson of Cluny, and was visited by the
       Prince. He left Scotland along with the Prince,
       and died on 26th October, 1748, at Borgue, of
       inflammation in the head. See *Hist. Cam.*

       The poem was evidently composed soon after
       Culloden, when, on 8th May, 1746, at Murlagan
       in Lochaber, certain of the chiefs entered into a
       bond for mutual defence, contemplating another
       rising.

2540 *Mànus Mac Cairbre* : I have no information about this
       ancestor.

2555 *Marcus na h-Einne* : the Marquis of Huntly and Earl
       of Enzie. The Enzie is a village, parish, and
       district of Banffshire.

2570 *Sliabh a' Chlamhain*, Gledsmuir; in English usually
       the battle of Prestonpans. Chambers says: "The
       victory began, as the battle had done, among the
       Camerons." Lochiel and his men also did great
       service at the battle of Falkirk—Là na h-Eaglaise
       Brice 2578—where General Hawley was defeated.

2602 The opening verses are influenced by the first question
       of the Shorter Catechism. The poet appears to
       have been familiar with the address to Edward
       Lhuyd (line 4178), and with another poem to
       Lhuyd composed by Robert Campbell.

2606 "To lay bare our minds, and the purpose of our
       hearts earnestly to make good that in which we
       are lacking, by means of our action and our
       conduct." Cuir sùrd ort, bestir yourself. Tha

. . . sùrd air armaibh comhraig, there is brisk
preparing of weapons of war.—*A.M.*, p. 36.

2610 Hosea 14, 2. A. M.'s Glossary to the 1st ed. (1751)
has: "Laoigh-bheoil, the calves of his mouth."

2612 Compare the first question of the Shorter Catechism.

2628 *an sliochd sin Adhaimh*: a common idiom in older
Gaelic, e.g., an leabhar Psalm so Dhaibhidh;
R.G., p. 142; also 2302 above.

2637 Compare *D.M.*, 314, 22.

2646 A note in *McL.*, 122, states that "the proceedings
before the Parliament in Ardchattan when
Macdougall was forfeited were in Gaelic" (reign
of Robert Bruce).

2650 Malcolm Canmore, i.e., Ceannmhór, "big-headed"
(1057-1093). The *Chronicon Rhythmicum* has—
  Malcolm Kenremor annos per ter deca septem
  Et menses octo.
"Malcolm Ceannreamhar reigned thirty-seven
years and eight months"—(Skene, *Chron. P.S.*,
p. 336). Here *reamhar*, which now means with us
"fat," has the notion of "big and rounded";
ceannreamhar has much the same meaning as
ceannmhór.

2658 Compare *D.M.*, 314, 16; also 330, 9.

2672 *òrdag*, etc.—in token of submission; compare Rob
Donn, p. 322 (1871 edn.)—
  Bheir mi thairis an dorn spòrs ud,
  Seall tu, m' òrdag fo do chrios.

2706 *Chan fheum i iasad*: Gaelic has borrowed (1) from
Latin, especially during the time of the Celtic
Church; (2) from Norse; (3) from Anglo-Saxon,
and later English.

2729 *Scota is Gaidheal glas*: see 1652 n.

2730 *a réir Mhic Comb*: David Malcolm, minister of
Duddingston, 1705-1743. He was a well-known
antiquarian, and proposed to publish a Gaelic
dictionary, which, however, went no further than
a prospectus and a few specimen pages.—*Poems of
Alexander MacDonald*, p. 8 (Inverness, 1924).

2734 This elegant little poem may be compared with
Catullus' poem to the Sparrow, and may have been
inspired by it.

2736 *leanbail tuar*: see note on 540.

2740 *d'am beus*: whose proper due is, etc.—an old meaning
of *beus*.

2742 *is tu as truagh leinn*: in English, "thy death we deem
the most pitiful."

2746 *Naoi*: the older Gaelic for Noah.

2752 *Dùghall*, i.e., *dubhghall*, usually means a Norseman;
here a raven, from the raven emblems of the
Norsemen.

2786 The MacCrimmons, famed for their surpassing skill in
pipe music, were pipers to Macleod of Harris and
Dunvegan. Their College was at Boreraig. The
last of the MacCrimmon pipers was Lieut. Mac-
Crimmon, who had a farm in Glenelg in the first
quarter of the 19th century.

Of the many poems in praise of the bagpipes,
some of the best are by Gille-easpuig na Ceapaich
(Archibald Macdonald of Keppoch), who died in
1682; Iain mac Ailein, a Maclean of Mull, whose
fame reached Dr. Johnson on his Tour in 1773;
and Duncan Macintyre. It was dispraised by
Niall MacMhuirich and by Lachlan Maclean
(*R.C.*, II., 340; *Adv. Lib., MS.*, LXV., p. 7).

2806 *ceart* is correctness; *blas* is fine tone.

2810 Compare Psalm 19, 4-5.

2810 "When the sun puts on his full array—a military
expression; see line 6567; 3306 n.

2830 Compare 1858 n., 3019.

2870 *ceòl agus caismeachd*: compare *D.M.*, 328—

'S e an dà chuid i, ceòl is caismeachd,
Is cridheil air astar 's an tàmh i.

Gille-easbuig na Ceapaich begins—

Is mairg do dhì-mhol ceòl is caismeachd
Brosnadh slòigh gu gaisgeachd threun.

—*G.B.*, I., 94.

Cf. *Rel. Celt.*, II., 338.

2967 The relation of the bagpipe to the performer is often expressed as *céile, leannan.*

2991 *an céile bh'aig Deòrsa*: see 1881 n.

3026 While the ship in which Prince Charles had crossed from Eriskay lay in Loch nan Uamh, young Clanranald and some others came on board. One of these relates a conversation which he had with the Prince, before he knew him for certain. "He asked me if I was not cold in that habite (viz., the Highland garb). I answered, I was so habituated to it that I should rather be so if I was to change my dress for any other. At this he laughed heartily, and next enquired how I lay with it at night, which I explained to him; he said that by wraping myself up so closs in my plaid I would be unprepared for any sudden defence in the case of a surprise. I answered, that in such times of danger, or during a war, we had a different method of useing the plaid, that with one spring I could start to my feet with drawn sword and cock'd pistol in my hand, without being in the least incumber'd with my bed-cloaths."—C. Sandford Terry, *The Rising of the Forty-five,* 30. The man who conversed so with the Prince was probably our poet.

3039 *dam' choireadh*: *coireadh* (1st edn.) rhymes with *coill' thu* 3038; later editions have *choibhreadh;* see *Voc.*

3043 *air a breacadh*: compare 3999; 'is feàirrde brà a breacadh', "a quern is the better for being roughened."

3051 Compare 140.

3077 *am fear ud*: usually taken to refer to Prince Charles, but this is difficult, in view of the preceding context. The real meaning seems to be "till we cease to be men." "Am fear ud" often means the Devil, e.g., "am fear ud calg tha oirr' de mhuing," the devil a bristle has she upon her of mane.—*Rob Donn.* "A mhic an fhir ud!" is common.

19

3083 *roimh an achda*: see note on l. 1821.

3089 *rìoghail*, loyal to the King; royalist.

3101 *am feòladair*: the Butcher was William Duke of Cumberland, whose atrocities and brutalities after Culloden earned him that title.

3102 This clever and amusing parody of the heroic ballad is of some historic importance in connection with the "Ossianic" controversy. One of the arguments against the authenticity of Macpherson's "Ossianic" poems was that in them the two great cycles of heroic tales are mixed up, so that Cuchullin of the *Craobhruadh* cycle appears alongside of Fionn (Macpherson's Fingal), who lived 250 years later. Here we find this very confusion before Macpherson's time. It does not, however, occur in the older literature.

3103 *clannaibh Baoisgne*: Fionn belonged to Clann Baoisgne, and his chief seat was in Almu, Almhu, now the Hill of Allen, in Leinster. Goll was the leading warrior of the Clann Morna of Connacht, and was often in opposition to Fionn. See *Duanaire Finn*, Ir. Text Soc.

3118 *ad theach*, i.e., presumably, Cuchullin's mansion of Dùn Dealgan, now Dundalk.

3120 *fìon 'g a leigeadh*: wine being broached and poured out; so in l. 6374. A' leigeil mairt, milking a cow. —*A. M.*

3132 The amusing anachronisms here and further on— tobacco, French brandy, velvet breeches—are doubtless intentional.

3155 *Bricin* is probably a reminiscence of Bricriu "of the poisoned tongue," a mischief-making bard of the *Craobhruadh* or Cuchullin sagas. Brian Bóroimhe, King of Ireland, was killed at the battle of Clontarf, 1014.

3157 *cuid ar croinn*: "the share of our lot," our proper share.

3158   *Conan*, of the Clann Morna, is often represented as an impetuous brawler, as well as a good warrior.

3182   *mo luchd-cinnidh*, i.e., the MacDiarmids, who lived in Glen Lochay, near Killin, Perthshire. Compare *Inv. G. S. Tr.*, 26, 156.

3201   *Diuc o Bearrag*: the Duke of Berwick, the natural son of James II., and half-brother to the Chevalier de St. George, whose cause he supported for a time. He was a famous general, and was killed in 1734, while besieging Philipsburg on the Rhine. *Eanruig* is suggested, with probability, to be Henry St. John, Lord Bolingbroke, a statesman who for a time favoured the Jacobite cause, but cooled latterly owing to a quarrel with the Chevalier, otherwise James III.

3206   The title is given as "Coire an Easain" in *S.O.*; but both *E.* and *G.* (from *McL.*) have "Coire an Easa." The place is at the head of Glen More in Sutherland. The Alltan Riabhach and Bealach na Féithe are still known. The date of the poem is perhaps about 1700.

3205   *fàgail na tìre*, i.e., leaving Dùthaich Mhic Aoidh, the Reay Country, and going to his home in Gairloch.

3211   For the rime *féithe*: *dàmhair* compare l. 6684 *ránan*: *Mheuran*, and note.

3213   *Féill Eoin Ròid*, the festival of St. John the Baptist of the Rood, 14th September.

3219   *Raibeart*: Robert Mackay, son of John, second Lord Reay; Colonel of the Scots Brigade in Holland; severely wounded at Killiecrankie; d. at Tongue, 1696; *Book of Mackay*, 158.

3224-5 At the burial of Iain Lom in Tom Aingeal, Coll Mac-Donald of Keppoch addressed Angus mac Alasdair Ruaidh of Glencoe: "Cluinneamaid annas do làimhe"; whereupon Angus uttered the verses beginning, "Chunna mi crìoch air m'fhear-cinnidh."—*An Duanaire*, p. 114.

3244   *Ruairidh Dall*: Ruairidh MacMhuirich, known as An Clàrsair Dall, harper and poet.

3249   *ge. fada uam,* etc., though it is long since I have been
       sightless. The poet agrees to sing in praise of the
       Corrie, though its beauties have long been unseen
       by him.

3255   *o linn MhicAoidh Dhomhnaill:* cf. O Canannain
       Ruaidhri.—*Iomar. na bhFileadh,* p. 82, 217.

3286   *cùirteil:* so *G.;* but *E.* has *cruiteoil,* and *McL.* has
       cruiteil, which is probably right: "Pleasant to my
       mind is the sweep of thy upper part."

3306   *An am do'n ghréin,* etc., when the sun got on to its
       elbow—in act to rise in the morning. So, an
       .Fhiann air a h-uilinn, the Fiann in act of rising.
       Nochar éirigh grian tar uilinn laochmhuir re ríge,
       the sun did not rise beyond its warrior elbow
       during his reign ; i.e., the sun did not shine in its
       full strength.—*Celt. Rev.* ii. 24.

3312   *ceòlach:* *E., G.,* and *McL.* have *ceòlmhor.*

3322   This poem was composed on the marriage, in 1730, of
       Alexander Mackenzie of Gairloch to his cousin,
       Janet Mackenzie of Scatwell, whose mother was a
       daughter of Ludovic Grant of Grant.   She was
       ogha Choinnich, grand-daughter of Sir Kenneth
       Mackenzie of Scatwell.   The metre is syllabic.

3330   *Iarla Shìphort,* the Earl of Seaforth, was Chief of the
       Mackenzies.

3332   *Taoitear Sàileach,* usually *T. Tàileach,* Sir Roderick
       Mackenzie of Coigach (Ruairidh Mór), son of
       Colin Cam Mackenzie of Kintail, and brother of
       Kenneth, Lord of Kintail.   He was Tutor
       (Guardian) to Lord Kenneth's son, Colin, during
       his minority, and had a great reputation for
       severity.   He founded the family of Cromarty ;
       d. 1626.   His monument at Dingwall stands near
       the public road opposite the academy.

3333   This may have been suggested by the legend which
       relates how Kenneth, ancestor of the Mackenzies,
       rescued King Alexander II. from the attack of a
       furious stag, whence also the *Cabar-féidh* crest.

"Cuidich an Righ," Help the King, is the motto of the Seaforth Highland Regiment.

3349 Compare "do dhearc mar néimh óir ar oighridh," "thine eye is as the sheen of gold on ice-flag," in a poem of the late sixteenth century addressed to Angus MacDonald of Islay.

3351 *air*, against.

3376 *Domhnall o'n Dùn*: Sir Donald Macdonald of Sleat, "Domhnall a' Chogaidh." He took part in the campaign of 1689, and in the rising of 1715, his estates were forfeited, and he died in 1718. William and James were his brothers.

3381 *Alasdair liath*: Alasdair Dubh, of Glengarry, who led the Glengarry men at Killiecrankie. He became chief in 1694, fought at Sheriffmuir, and died in 1721. See the following poem.

3384 *is do nàimhdean a dh'fhuireach*: if only your foes await your attack.

3386 *Ailean o'n chuan*: Allan of Clanranald, who was mortally wounded at Sheriffmuir, and was taken to Drummond Castle, where he died next day. He was buried at Inverpeffray. See the elegy at 3802. There is also an elegy on him, in the old classic style, in the Red Book of Clanranald, printed in *R.C.*, II., 248. O'n chuan .i. o'n chuan Uibhisteach, the Minch.

3392 *o Cheapaich mo ghaoil*: Coll Macdonald of Keppoch, brother of the poetess, joined in the rising of 1715. He is "ceannard a' Bhràghad," leader of Brae-Lochaber. He was known as Colla nam Bó, Coll of the Cows.

3398 *Srath Chuailte*: Mackinnon is usually styled "Mac Fhionghuin Srath Suardail," of Strathswordale in Skye, for which "Srath Chuailte" may be an error. I have not heard of it.

3401 The *coileach* is the Cock of the North, i.e., the Marquis of Huntly: "Iarla Einne, ris an goirte an t-Eun Tuathach."—Iain Lom, *T.*, p. 53. *an sàs*, fast, in grips with his opponent.

3411   Alexander Robertson of Struan, the poet Chief, who
           had fought at Killiecrankie. *"A'Ghiùthsach"* is
           the Black Wood of Rannoch.   The Chief had a
           residence at *Càiridh* (Englished Carie), on the
           south side of Loch Rannoch—an Slios Garbh.

3421   *a' bhuidheann ud thall*: "At Auchterarder, 400
           Frasers who had arrived at Perth only a few days
           before, and 200 of Lord Huntly's Strathdon and
           Glenlivet men, left Marr in a body."—*Mil. Hist.
           of Perthshire*, 275. The poem, it is to be noted, was
           composed at Beldornie, on the Upper Deveron.

3326   ff. The poetess had no love for the Presbyterians.

3431   *A Dhonnchaidh*: Duncan Macpherson of Clunie
           "steered his way carefully through the Revolution
           troubles. He is very intimate with Lord Dundee;
           signs the address to George I.; and in his later
           years is only known by his hostility to the heir-
           male; and neither going out himself in 1715,
           perhaps incapacitated by age, nor suffering Nuide
           to do so."—C. Fraser-Mackintosh, *Antiq. Notes*
           (Second Ser.), 350.

3442   *am fhàistinneachd*: the prophecy ascribed to Thomas
           the Rhymer; see 2017 n., 4026.

3453   *taghadh nan darag as àirde*: the idea is very old.
           "Thou seest how the lightning shafts fall ever on
           the highest houses and the tallest trees."—
           Herodotus vii. 10.

3454   *Chaill sinn*: Sir Donald Macdonald of Sleat, d. 1718;
           Sir Donald, his son and successor, d. 1720; he was
           succeeded by his father's brother, Sir James, who
           died in 1720, a few months after his succession.

3457   *Mac MhicAilein*: see 3386 n.

3457   *dh'fhan M.'s a' bhlàr*: a common way of saying that
           a man was slain in battle; compare 3188.

3470   In this somewhat obscure stanza, in which the heroic
           Alasdair is compared to Goll mac Morna (3107 n.),
           the reference is probably to the abortive affair of
           Glenshiel in 1719, in which Glengarry took no part.

3482 A chief is often styled "salmon" *(bradan, eo, maighre, éigne)*, and "lion"; "hawk," *seabhag*, is a commoner appellation than *fìreun*, "eagle."

3487 These metaphors have an interesting similarity to the famous passage in Aeschylus' *Agamemnon*, 896-901, where Clytemnestra says of her husband: "I would term this man watch-hound of the stalls, the saviour forestay of the ship, supporting pillar of the roof, land seen by sailors when their hopes had gone, the sight of fairest day after wintry storm, to wayfarer athirst a fountain's flow."

3491 *leac leathann na sràide*, i.e., the coping stone or crown of the causeway.

3494 The "chieftains" among trees, according to an ancient Irish tract, are *dair*, oak; *coll*, hazel; *cuileand*, holly; *abhull*, apple-tree; *uindsin*, ash; *ibur*, yew; *gius*, fir. The "servile" trees are: *fern*, alder; *sail*, willow; *bethi*, birch; *lemh*, elm; *scé*, hawthorn; *crithach*, aspen; *caerthand*, rowan. *Aur.* 88, 90. A poem in *Silv. Gad.*, 245 (Gael.), 278 (Eng.), gives an account of trees that are, or are not, proper to burn. In it *feithlenn*, woodbine, is the king of trees; rowan is the tree of the druids; willow is a noble tree *(sáir)*; yew is the wood of feasts. Compare Judges 9, 8-15.

3500 *leamhan* here means the lime tree, whose wood is soft, rather than the elm.

3505 The reference is to her husband's untimely death and her own widowhood.

3514 This poem affords valuable information as to the position of the harper at a period when the professional harpers were just dying out. Alexander Campbell, compiler of Albyn's Anthology, records that the last of the Hebridean harpers was Murdoch Macdonald; educated at Dunvegan by Macleod's Harper, and in Ireland; was Harper to the Laird of Coll; died in 1738, and is buried in a romantic spot in Mull.—*Albyn's Anth.*, and A. Campbell's MS. in *Laing's MSS.*, p. 24, Univ. Lib., Edinburgh.

3529 *Domhnall*, etc., Sir Donald MacDonald of Sleat and his lady.

3552 *nar* for *ar*, dialectically.

3560 *Cumha Ni MhicRaghnaill* : "Lament for the daughter of the Chief of Keppoch.

3562 *socair dhana* : see Vocabulary. The poetess here distinguishes different kinds of musical and poetical compositions.

3586 Sir John Maclean of Duart, only son of Sir Allan Maclean, was a staunch Royalist, to his own undoing. He commanded the right wing of Dundee's army at Killiecrankie, at the age of about 18, and in 1715 joined the Earl shortly before Sheriffmuir. "When the army broke up from Perth and went to Montrose, Sir John was offered accommodation on board the Chevalier's ship, but declined it. He parted with his men at Keith, and went to Gordon Castle, where this brave unfortunate man, the last of the powerful Lords of Duart, breathed his last, on the 12th March, 1716. He was buried in the Church of Raffin in Banff-shire, in the family vault (*crùisle*, l. 3611) of the Gordons of Buckie."—*Hist. Macl.*, p. 201.

3632 Eachann Ruadh of Duart was killed at Harlaw, 1411 ; compare 5497.

A poem to Sir Hector Maclean (d. 1750) says of Eachann Ruadh (*T.*, 110)—

Bu Sheanalair buadhach uasal ainmeil
Eachunn ruanach Ruadh nan garbh chath ;
Air son a ghluasaid bha fuath nan Gall ris,
Is gun d'thug e àr orra am blàr chath
Gairbheach.

3637 Sir Lachlan Maclean, 1st Baronet of Duart, d. 1648.

3640 See 3386 n.

3663 *sùil nach robh ceart* : an evil eye.

3665 *Ailean nan ruag* : not identified.

3676 *Maol-Ciarain* : the reference is to the lament by Maol-Ciarain for his son, Fearchar, a young bard who went to Ireland on a poetic circuit and was slain there. The father's grief is expressed in a beautiful and pathetic poem, of which there is a corrupt version in *R.C.*, II., 332; see O'Grady, *Cat. Ir. MSS.*, 361, and *Deo-Greine*, September, 1917. Compare Andrew Maclean's lament for his brother—

> Is mi mar choltas Mhaol-Ciarain
> No mar Oisein 'gad iarraidh,
> Is gum bi mise 'gad iargain ri m' bheò.
> *G.B.*, II., 7.

In another poem to Sir John Maclean our poetess says—

> A rìgh gur dubhach cianail mi
> Ag caoidh nan treun a b'fhiachaile:
> Gun d'éirich cleas Mhaol-Chiarain daibh.
> —*Clàrsach na Coille*, 207.

One of the McL. MSS. has—

> Och nan och gur mi an t-Oisein
> Is mi mar choslas Mhaol-Chiarain,

with the note, "Am fear mu dheireadh de na Cruithnich"—the last of the Cruithne or "Picts." —*Inv. Gael. Soc. Tr.*, 22, 169.

3709 Compare 6078.

3748 *Ealadh*, the spot in Iona on which the dead were placed on landing.

> Ach nam biodh tu an sin aca
> Far an racht' air do thòrradh
> An talla na h-Innse,
> No an I, far 'm bu chòir dhuit,
> Ann an reilig nam manach
> Far bheil na barranta móra
> Dol air tìr air an Ealaidh,
> Is cha bhiodh tu fada ann ad ònrachd.
> —*T.*, 16.

"In Iona at *Port nam Marbh*, where the dead were landed for burial in the holy isle, there is a raised platform called *eala*. The platform is in the form of an altar, and the dead were carried three times

sunwise round it, and placed upon it before burial.
—*Carm. Gadel.* II., 268. E. Ir. *elad*, f., a tomb ;
a chloch thall for elaid uair Buite buain maic
Brónaig báin—thou stone yonder upon the cold
tomb of ever-famous Buite, the blessed son of
Bronach.—*Todd Lect.*, XIV., 18.

3802 See 3386 n. This poem is notable as being written in
stressed metre by a highly trained professional
bard and seanchaidh, who was accustomed to use
the old classic metres.

3808 *Iarla Chóig Uladh* : "Earl of the Province (lit. Fifth)
of the men of Ulster" ; i.e., the Earl of Antrim,
who was descended from the Macdonalds of Dùn
Naomhaig in Islay, and was kin to Clanranald.

3809 *Ceannard fhear Mhuile* : Sir John Maclean ; see
3581 n.

3810 *Domhnall nan Domhnall* : Sir Donald Macdonald of
Sleat ; see 3376 n.

3811 *Raghnall* : Allan's brother, who was also at Sheriff-
muir. He succeeded to the Chiefship ; see 3840,
3888.

3812 *Mac MhicAlasdair*, the patronymic of Glengarry, who
also held Knoydart ; see 3381 n.

3825 *a nìos* : as the charge was termed *an dol sìos*, so
pilleadh a nìos denotes the act of retreating or
flinching from the charge ; literally "returning
uphill."

3849 *air a druim* : compare "mar tarbh tuinnidh an
druim tóra," like a firm-set bull pressing on the
backs of fleeing foes.—*Scottish Gaelic Studies*, I.,
22.

3861-3863 Such tokens on the death of a chief are a common-
place of the older Gaelic poetry. Similarly the
elegy on Allan, already referred to (3386 n.), has
the quatrains—

> Na sléibhte ag sileadh fa seach
> sneachta fuacht agus flichreacht,

'sgan bhlás do fearthuin feasda
ó bhás Ailín shíor-chneasda.
An ghaoth go garbh glórach cas
's muir da freagra go fíor-bhras:
tromgháir na tuinne ag tuitim
's lomlán tuile ag tiorm-bhailtibh.

3874 *cha bu lothagan cliata*: "The Captain of Clan
Ranald (who fell at Sheriffmuir) . . . had been
a colonel in the Spanish service. On his return
home he brought with him some Spanish horses,
which he settled in his principal island of South
Uist. These, in a considerable degree, altered and
improved the horses in that and the adjacent
islands. Even in the year 1764, not only the form,
but the cool fearless temper of the Spanish horse
could be observed in the horses of that island,
especially those in the possession of Clan Ranald
himself, and his cousin Macdonnel of Boysdale."
—Walker, *Economical History of the Hebrides,*
II., 160 (pub. 1808).

3889 *o d' leanmhuinn*: from those whom you follow; from
your ancestors.

3890 The title in *E.* is: "ORAN *do dhaoine uaisle an* Ealain
Sgiathanaich le Lach'unn Mac Ionmhuin, *da'm ha
cho-ainm* Lach'unn Ma Thearlaich òig" *(sic).*

3922 *Tormod fial*: compare 4898; Sir Norman Macleod of
Bernera, son of Sir Roderick Macleod of Harris
and Dunvegan. His contract of fosterage, between
Sir Roderick and "Eoin mac mic Cainnigh," is
dated 8th October, 1614 (*Nat. MSS. of Scotland,*
III., No. LXXXIV). He fought on the side of
Charles II. at Worcester, 1651, and was knighted
at the Restoration. He died on 3rd March, 1705,
and is buried in Rowdill, Harris.

3927 *Iain*: Iain Breac MacLeoid, son of Sir Roderick, and
Chief 1664-1693. His good qualities are com-
memorated in three poems by Ruairidh Mac-
Mhuirich, "An Clàrsair Dall."

3951 *Domhnall Gorm*: there were four Chiefs of Sleat of this name; here Sir Domhnall Gorm Og, who died in 1643, is most probably meant.

3962 *Am fear*, etc.; Mackenzie of Applecross, noted for his generosity. An Irish harper who had been on circuit in Scotland being asked: "Creud í an lámh bu féile do fhuarais a n-Albain?" answered "Lámh dheas fhir na Comraich." Asked again, "Creud í an ath té?" he replied, "Lámh chlí fhir na Comraich."

A' Chomraich, the Sanctuary or Place of Refuge, is the Gaelic term for Applecross. Its right of sanctuary was in respect of the ancient monastery founded there by the Irish saint, Mael-rubha, or Mael-ruibhe, in 673. Mael-rubha died in 722, and is buried in Applecross, where his grave is still revered. The other great Comraich of the North was that of Saint Dubhthach at Tain. Mael-rubha's name is preserved in many names of places, e.g., Loch Ma-ruibhe (Loch Maree); Dubhthach's name is preserved in Baile Dhubhthaich (Tain); Loch Dubhthaich (Loch Duich), and a few other names. See *Place Names of Ross and Cromarty*, lxi., lxx., 201.

3971 *Coinneach mór nan cuach*: Kenneth Mackenzie of Coul (a' Chùil), died before 1681.

3986 *An t-Ailpineach*: Mackinnon of Strathswordale in Skye, who claimed descent from Alpin, father of Kenneth MacAlpin. Compare 6038. In a poem in *Adv. Lib. MS.*, LII., 33a, the Mackinnons are styled "sliocht Chairbre réidh Righfhoda," the descendants of Cairbre Riada, who founded the Scottish colony of Dalriada in Argyll in the third century.

3993 *b'fhiach mo sgath*: my hurt was sore; literally, "was an impost or duty."

4005 *bó-Shamhna*: Hallowe'en was the time for laying in the supplies of beef for the winter, often by the strong hand ; compare 6913. Bealltuinn, 1st May, was the other season for levying.

4022 *an tairgneachd* : compare 2017 n., 3442.

4024 *Eanruig prionnsa Shaghsunn* : Henry, eldest son of King James VI., a prince of much promise, who died in 1612.

4026 Of the many similar poems this is the best, and apparently the earliest. The poet has succeeded excellently in suggesting the rhythmic beat and swing of a marching host. Each line has two stresses. The odd lines (first lines of the couplets) end in a dissyllable or its equivalent, which rhymes with a word in the body of the next line. In the odd lines of each quatrain, both the stressed syllables rhyme, producing a lively bounding effect.

4052 See Note on 2001.

4055 *gun éir* : an old form of the dependent future of *éirghim*, I rise.

4078 *air bàrcaibh nan sùdh* : on well rivetted barks.

4115 *ial* ?

4134 *Catanaich* : Clan Chatain, the Mackintoshes, whose chief fell at Harlaw, 1411.

4162 *Siosalaich*, the Chisholms of Strathglass.

4176 *Dubhghall* : Lowlanders.

4178 Written in compliment to Edward Lhuyd on the publication in 1704 of his great work, *Archæologia Britannica*. This and other congratulatory odes appeared in the second edition, 1707.

4178-9 See 1652 n. *Mílidh* is genitive plural wrongly ; there was only one man of that name.

4194 *Pádraig* : St. Patrick was born c. 386 A.D. (Zimmer), or 389 (Bury), most probably near Dumbarton ; at the age of 16 he was carried off as a slave to the North of Ireland, where he was a swine-herd for six years. He then escaped, became a cleric, and was ordained bishop in 431. He came back to Ireland in 432, where he laboured till his death in 459 (Zimmer) or 461 (Bury).

4195 Colum Cille was born at Gartan in Donegal in 521 A.D., left Ireland for Scotland in 563, and died in Iona in 597.

4196 This refers to the work of Celtic missionaries on the Continent.

4199 *Gaill is Dubhghaill*: Gaill probably refers to the Gaelicised Norse of the Hebrides, etc.; Dubhghaill to the Saxons. The statement in the text is historically correct.

4202 *an tór*: the tower of Babel seems to be meant; the meaning intended is that Gaelic fell from its position among the languages.

4206 *O Liath*: Llwyd means "gray"; in 4222 O Lúid.

4211 *iocfad*: properly *iocfaidis*, 3 pl., secondary future.

4212 Queen Anne, 1702-1714.

4220 Exodus 31, 2-6.

4230 For Sir Norman, see 3922.

4247 *caismeachd sgeoil*: *caismeachd* corresponds to Irish *caismirt*, and "caismirt do chur ar scéal" means "to tell a story plausibly" (Dinneen). The line means "who was a melodious theme of story among," etc.

4260 *dhearbh mo sgeoil-sa*, etc.: my tale is attested by report of intimates: literally, "by lore of know- ledge"; the abstract *eólas* is used concretely in the sense of *luchd eòlais*.

4273 *bu bhuaidh leatsa*: you counted as a virtue.

4280 *fuasgladh facail*: solving the knot of a case for decision; compare l. 2077. An anonymous poet says of the house of William MacLeod, son of Sir Norman MacLeod of Bernera—

> a bhfuigh fuasgladh ceart gach ceasta,
> ag uaislibh, o's cneasta an cháin.

"Where the right of every question finds solution by nobles, since fitting is that tax." The *càin* or *cìos* (our *cìs*) is the duty of rendering equitable and acceptable decisions which the nobles owed to their people. See also ll. 2649, 4677-8, 5478.

4295-4299 Difficult lines. The sense apparently is: "Many a
stranger, many a guest and man of song, will for
a space be ready to part with wealth (lit. crowns),
for his guidance and his acquaintance."

4313 *sliochd Olghair*: compare 5334; so in *Cumha do Mhac-
Leoid*:

> Is e mo ghaol-sa an sliochd foirmeil
> Bha air sliochd Olghair is Ochraidh
> O bhaile na Boirbhe.

In the *Crònan*: "sliochd Olghair nan lann." In
the classic bardic poetry the name is *Olbhur*, and
occurs frequently, e.g., in the elegy on Sir Norman
aicme Olbhuir (thrice).—*R.C.*, II., 264; a poem in
Adv. Lib. MS., addressed to William Macleod, son
of Sir Norman, has—

> Mac í Olbhuir mur thuinn thoruidh, *rann* 12.
> Triath do rìoghfhuil aicme Olbhuir. *rann* 23.

Olghar, Olbhur is perhaps to be equated with
Oilmor of the Macleod genealogy as printed in
Celt. Scot., III., 460, where he appears as great-
grandfather of Leod, the eponymus of the clan.
The name is obviously the Norse Olver: seven men
of that name are mentioned in Landnámabók.

4319 Sir Norman's mother was Isabel, daughter of Donald
Macdonald of Glengarry, who, as a Macdonald,
claimed descent from Coll Uais. The three Collas
with their kinsmen left Connacht to invade Ulster,
great part of which they conquered. *Keating*, Bk.
I., 23. Note Mary Macleod's knowledge of
tradition.

4332 *Inghean Sheumais*: Sir Norman's second wife was
Catherine, eldest daughter of Sir James Macdonald
of Sleat.

4340 Compare 4806, 4836.

4351 This poem has been justly famous for the beauty of
its language and metre, and for the picture it
draws of the family life of a great chief.

4351 *E.* begins "Miad a mhulaid tha'm thaghail."

4362 *Dùn ratha,* etc.: the order is unusual, but the sense
is: I myself on a time *(uair)* have seen this strong-
hold, which has now decayed, an abode of gracious
affluence and excellence.—*E.* has "dun flathail nan
cuach."

4378 *ri aithris,* etc., repeating the work of my hands, i.e.,
echoing the strains of his harp.

4415 *rianadair*: Turner MS. in *R.C.* has *crìochadair.*

4421 *chuireadh tagradh 'nam chluais*: it would place a plea
in my ear, with its declaration both swift and
slow, i.e., it would cause me to listen, etc. See
l. 6740. For *aidmheil,* compare l. 4954, "a' stad
's ag aideachadh gu h-eòlach," "ceasing their song,
and skilfully declaring."

4435 *dà chomhairleach ghearr,* etc.: two counsellors short of
stature, lacking speech though loud their talk
(lofty their fame), and verily keen was their
slaughter of men without blood or flesh. The
reference is to a game like chess; but I cannot
identify the *comhairlich.* There is a play on the
double meaning of *glòir*: (1) speech, (2) fame.

4448 *Ruairidh Og*: Roderick Macleod, Chief 1693-1699, son
of the generous Iain Breac, "whose character
seems to have realised all the gloomy forebodings
of the bards, harpers, and others who had the
interests and continued reputation of the family
for ancient hospitality and warlike renown at
heart."—*Hist. Macleods.* The version given in the
Turner MS., printed in *R.C.,* II., 415, contains
three additional octaves of satire upon Anglified
costumes and manners.

4450 *ma's e MacLeoid*: even though he be MacLeod. *E.*
has "ge dh'è MacLeoid" (i.e., giodh è).

4463 This poem is an elegy on Mac Allister of Loup in
Kintyre, but in internal evidence is not quite
enough to show which Laird of Loup is meant.
The warrior-like character ascribed to the dead
chieftain would suit Alexander, son of Godfrey,
who "is said to have been a staunch supporter of

the Stuart cause . . . and to have been present at
the battles of Killiecrankie and the Boyne.''—
Clan Donald, III., 187. The old forms of spelling
that have been allowed to stand in the text present
no difficulty.

4474 *creach gach truagh*, etc.: you were the spoil of every
man, whether wretched or mighty, i.e., he gave
generously to all, regardless of position. The
phrase, "truagh agus treun," is very old, e.g.,
"eter truag ocus trén."—*Lebor na h-Uidre*, 117 a.

4496 See 1652 n.

4500 *Gille Brìde*, father of Somerled, ancestor of the Mac-
donalds. For Coll and Conn, see 1652 n.; they
were of the stock of Eremon.

4503 *Tuath Danmhainn*: usually Tuatha Dé Danann, "the
tribes of the goddess Danu," who, according to
Irish legend, occupied Ireland before the sons of
Milidh, and were defeated by the latter, and
forced to content themselves with the sovereignity
of the Sidhe or elf-mounds. They were really the
gods of the pagan Irish.

A letter from the Rev. Archibald MacColl,
minister of Tiree, dated 3rd November, 1783, has:
"I was not able to write the history of the Tuath
de Dannuin, as I had not got my book in time
from Kilmaluag. It was rather incorrect, but will
send you it as soon as I can compare with other
copies."—Letter in possession of Prof. H. J. C.
Grierson.

4533 *rìgh an uamhainn*, etc.: "the king of terrors"; com-
pare Horace, Odes, II., 14, 6, illacrimabilem
Plutona; Rob Donn, Elegy on Mr. John Munro
and Mr. Donald Mackay—

> Tha an teachdair-se air tòir
> Gach neach a tha beò
> 'Gan glacadh an còir no an eucoir;
> Na gheibh e 'na dhòrn
> Cha reic e air òr
> Ri guil no ri deoir chan éisd e.

4540 Cath Raon Ruairidh is the usual term in Gaelic for
the battle of Killiecrankie. The site of the battle
is now known as Urrard, below Aldclune. The
name Killiecrankie itself is an anglified form of
Coille Chnagaidh, which is a part of the wood at
the lower end of the pass; but the Gaelic name
of the wood as a whole is *Coille Chriothnaich.*
Sìlis na Ceapaich states that her husband, Alex-
ander Gordon of Beldornie, fought "an Coille
Chriothnuich is là an t-Sléibhe"; *G.,* 142. The
most accurate account of the battle is in *A Military
History of Perthshire.* Iain Lom has another
poem on the same subject, and it is dealt with
by Aonghas (or Eoin) mac Alasdair Ruaidh of
Glencoe.—*G.,* 142, 270; and by Duncan Macrae in
the Fernaig MS., *R.C.,* II., 101, and others.

Killiecrankie was fought on July 16, 1689.
King James had landed in Ireland from France on
March 12, 1689, and another poem by Iain Lom
appears to relate to this landing (*T.* 74; *S.O.* 45).
The reference in 4543 ff. may be to help expected
either from Ireland or France, which did not
arrive.

4542 *chan i an aimsir,* etc.: this is not the time about
which summer closes in on us. The poet
probably means simply "our outlook is not that
of men who see summer coming in."

4552 *An Comunn,* etc.: this appears to refer to the Scottish
Convention of Estates which met on March 14,
1689. Opinions were divided, but the Convention
eventually decided against James (Thomas Thom-
son, *Hist. of Scott. People* iii. 218).

4554 Cf. cuiridh an t-aibhisteir a sheul ris, Bidh Dia is
daoine 'g a àicheadh.—*T.* 76 (Iain Lom).

4558 *Cha b'e,* etc.: "it was not the rightful fuel that was
kindling the sod; your beacon was the man of a
House who had no right to act so." The *bràthadair
còir* is King James, whose prerogative it was to
kindle the fire of loyalty; *fear an tighe,* etc., is

William of Orange. Iain Lom is specially bitter on
William's taking over the Crown of his father-in-
law; e.g.—

> Ged a thug thu dha Màiri
> Air làimh chum a pòsaidh,
> Ghabh e t' oighreachd do t' antoil
> Thar do cheann is tu ad bheòshlaint.

4562 *Baile Mhic Dheors'*: MacGeorge's homestead was
most probably Lagnabuiag, west of Urrard House,
near Mackay's left. Here Lauder was posted "on
a little hill wreathed with trees": this may have
been "the little tender birch copse."

4582 *Cha robh*: more vivid than *cha bhiodh; a* common
usage in apodosis. *Suas,* "standing above the
sod."

4586 Compare Dorothy Brown's poem to Alasdair Mac-
Colla—

> Mhoire, is e mo rùn am firionn,
> Cha bhuachaill bhó 's an innis.
>
> *—S.O.*

4588 *a stad* for *do stad,* past tense; modern Gaelic drops *a*
or *do* in such statements.

4600 *Domhnall Gorm Og* of Sleat commanded his father's
regiment, which guarded Dundee's left. He was
at that time the *Tàinistear,* or next heir, of Sleat.

4606 *Alasdair Dubh* of Glengarry, with his men, was on
Dundee's extreme right wing. Next to their left
were Clanranald. Dundee's men had "cothrom an
t-sléibhe," or "cothrom a' bhruthaich."

4614 Compare from a poem on the massacre of Glencoe
(*G.,* 257 ; *E.,* 244)—

> Bha thu t'fhéicheamh glé dhaingean,
> Far an éisdte re d'theanga an cainnt,
> Mar earball peacoig 'ga tharruing
> 'S mar ghath reubaidh na nathrach gu call.

4624 In 1681, the Earl of Argyll, because he had refused
to sign the Test without qualification, was tried
and found guilty of treason, on grounds which, as
Lord Halifax declared, were not enough to hang
a dog. The Earl escaped to Holland, and in 1684

agreed to co-operate with the other exiles there in an attempt at rebellion in England and Scotland. The expedition, which sailed in May, 1685, was commanded by Argyll, and landed at Dunstaffnage. His plan of campaign was paralysed by a Committee appointed to help him, and his force finally broke up at Kilpatrick, near Glasgow. Argyll was seized and, without further trial, beheaded at Edinburgh on the 26th June, 1685.

4624 *Mac Shithich,* an ancient name, formed from *sitheach,* a wolf. Donnchadh mac Shithich is mentioned in the Book of Deer as Chief of Clan Morgan in Buchan. The name is Englished into Shaw. There is little doubt that it is this name that Sir Walter Scott makes into "Mac Eagh" in the *Legend of Montrose,* and renders "Son of the Mist," as if it were from *ceathach.* The metre is the old Snedbairdne, 2 $(8^2 + 4^2)$ $^{2+4}$; see 217. The rule as to end rhyme of couplets is not always observed, e.g., 4626, 4627; 4681, 4683, 4689, 4691; 4705, 4707; and several other cases.

4740 *cabhlach* : here means a host, not a fleet; so M. Ir. *coblach* occasionally ; see Dinneen for modern Ir.

4748 This poem, addressed to a Laird of Largie in Kintyre who proposed to sell his ancestral heritage, cannot be dated. The metre is syllabic, 2 $(7^1 + 7^1)$ $^{2+4}$ with internal rhyme in each couplet, but sometimes irregular.

4779 *da n-,* if ; the older form of our *nan.*

4784 *Allt Pàruig* and *Allt na(n) Sionnach* were the bounds of An Learg, Largie. Allt Pàruig is on the west side of Kintyre, a little north of Killean Church, Allt na(n) Sionnach passes the south lodge of Ronachan House, almost exactly at the 25th milestone from Campbeltown and the 13th from Tarbert. It appears in Blaeu's Atlas as "Alt drun syndach." It was the northern boundary of Kintyre. "The lands of Knapdale Rilisleter from the river Add to the Fox-burn in Kintyre, 400 merks lands."—*Coll. de Reb. Alb.*, 315. In 1539, Alane McLane was appointed by King James V. *Tosachdoir* of all Kintyre, from the Mull to Altasynach.—*Reg. Sec. Sig.* Compare 4915.

4785   *is leth* for *isin leth*, now *anns an leth.*

4790   *na baintrighe*, older (and still Irish) genitive of *baintreach*, a widow; in full, *baintreabhach*, "a woman householder."

4803   Sir James Macdonald, son of Domhnall Gorm, was Chief, 1644 to 1678, "a man of very great ability and judgment." The scheme is $2 \ (7^1 + 7^1)$ $^{2+4}$ with internal rhyme in each couplet.

4806   The number of metaphors from seafaring in the poem is notable; *'s a' chrann*, "in the coffin."

4810   *gorm-thulach eadar dà thìr*, green knoll between two lands; a kenning for the grave. The metre requires 'an gormth'laich'; cf. *Dail chiarth'laich* in Glen Lyon; *Lochan na Fuarth'laich*, Rosehall, Sutherland.

4827   *dam dhìth* : lost to me; lit. "(matter) of my loss."

4848   *an òrd* .i. an òrdugh.

4851   *an duais*, their reward, i.e., the man who was wont to reward them. *A thuinich*=do thuinich, as in 4588.

4864   This poem is said to have been composed on an occasion when Sir Norman asked the poetess what sort of elegy she would compose for him at his death.

4872   *Am fìon* : the consumption of wine from France in the households of the Gaelic nobles was great, and was latterly restricted, first by the Statutes of I. Colmkill in 1609, afterwards more definitely in 1616, when a specified maximum was laid down for the great houses. Wine from Gaul (France) was imported into Ireland, and very probably into Scotland also, in very early times. St. Columba, travelling Kintyre, had conversation with the master and sailors of a ship newly arrived from Gaul—probably at Ceann Loch Cille Chiarain, now Campbeltown.—Adamnan, *V.S., Col.*, 131.

4884   *An gunna*: Guns were not in general use in the High-
lands till after the middle of the seventeenth
century. Bows were freely used in Montrose's
campaign of 1645, but they are not mentioned as
in use at Killiecrankie in 1689. In 1615, the Privy
Council was empowered to grant to certain Island
Chiefs licences for carrying firearms, under strict
conditions. In 1618, a Glenelg man, who raided
an Inverness shop, lifted *inter alia plurima* "ane
barrel full of powder."—*Invss. G. S., Tr.,* 28, 205.
It may be assumed that any poem which mentions
guns *(gunna, cuilibheir, isneach, cairbinn)* is
certainly not earlier than 1600, and probably a good
deal later. See, for the Highland weapons, *Coll.
de. Reb. Alb.,* Appendix, p. 25.

     The minister of Wardlaw (Kirkhill) records
that about 1589 the Tutor of Lovat ordered "that,
besides their bowes, every tennant should have a
gun." But subsequently we are told that "the
Tutor went personally to Glenelg with a 100 bow-
men."—*Wardlaw MS.,* p. 184. Elsewhere the
writer notes that in his day "that manly art is
wearing away by degrees, and the gun takeing
place"; p. 150. He was born in 1634 and died
in 1709.

4898   Compare 3922.

4904   Compare 5463.

4910   *ursgeil na Féinne*: the recitation or chanting of the
heroic tales and lays was an ancient and general
custom at the courts of the nobles, and not there
only.

4915   Abhart (long *a*) on the Mull of Kintyre, where the
ancient fortress of Dùn Abhartaigh, Dunaverty,
stood.

4961   *tulaich* must rime with *mhilis*, and we should there-
fore probably read *tiolaich*, another form of the
word.

4977   Compare lines 6890-1.

5000 This poem was composed soon after 1663, the year of
the murder of the young Chief of Keppoch and his
brother by their cousins. In his endeavours to
secure retribution, Iain Lom visited Sir James
Macdonald of Sleat, who moved in the matter,
and in 1665 was granted a commission to deal with
the murderers, which he did through his brother,
Gille-easpuig, known as An Ciaran Mabach. For
details, see *Clan Donald*, II., 636.

5029 "Who, from their place in the first rank, would cause
the bow oar to bend"; cf. 6908. The bank of oars
(cliath) was reckoned from the bow of the boat
(toiseach). As the bow end was higher than the
stern *(deireadh)* it is the *bràighe*, upper part, of
the boat. The man at bow raised the *iorram*—

> Iorram ard-bhinn shuas aig Eumann,
> Ann an cléith ràmh-bràghada.

"Eumann sings a high melodious oar-chant as he
sits high up in the rank of the bow oar" (A. Mac-
Donald, *Iorram Cuain*)—

> Iorcallach garbh an tùs cléithe
> 'G éigheach "shuas oirr'!"

"A stalwart mighty man in the fore rank (at bow),
shouting 'up with her'" (A. MacDonald,
Birlinn). The stroke oar is *ràmh-deiridh*, being
next the stern. The initial spring or onset in
rowing is *tulgadh*—

> Foirne fearail a bheir tulgadh
> Dugharra daicheil;

"A manly crew who make an onset stubborn and
handsome" *(Birlinn)*.

5045 *an Dubh-chnòideartach*: Alexander Mackinnon calls
Glenaladale's galley "an Dubh-ghleannach."—
S.O., 346.

5051 *Domhnall an Dùin*, i.e., of Duntuilm; eldest son of
Sir James.

5056   Compare *G.*, 143—

> Bu duine urranta seòlta
> Bu chraobh-chomhraig roimh cheud e,
> De fhear bu mhaith cumadh
> Bh' aig gach duine 'na speuclair;
> Ged thug ro-mheud do nàire
> Braise is àrdan le chéile
> Ort gun athadh bhith d' phearsa,
> Oigfhir ghasda na féile.

5057   *Do mhac Uibhisteach*: perhaps James, a younger
  brother of *Domhnall an Dùin;* see *Clan Donald*,
  III., 472.

5062   *na Bràighich*, the men of Brae-Lochaber.

5068   *Carn na Làirce*, i.e., Làirig Thurraid, the Pass at the
  head of Glen Turret, Glen Roy.

5070   *Clann Iain*, the Macdonalds of Glencoe; *an t-Inneoin*,
  "the Anvil," is an anvil-shaped hill in Glencoe,
  absurdly anglified into "The Study," the Broad
  Scots for "stithy," an anvil.

5078   This poem, in praise of Donald Macdonald, eldest son
  of Sir James Macdonald of Sleat, was composed in
  the same connection as the preceding. In both *E.*
  and *G.* it is stated to be in praise of Sir Alexander
  Macdonald and of Sir James, his son; but how-
  ever this strange assertion arose, it has no
  foundation in fact. Further, in their versions, the
  last two lines of the first stanza are—

> An deoch-sa air Chaiptein Chlann Domhnaill
> Is air Shir Alasdair òg thig o'n Chaol.

  There was no Sir Alasdair òg at the time. The
  Rev. A. J. Macdonald, Killearnan, joint author
  of *Clan Donald*, informs me that a MS. in his
  possession has the reading which I have printed in
  the text, and which is obviously correct historically,
  referring to young Domhnall an Dùin (5051), after-
  wards Sir Donald Macdonald of Sleat.

5094   *a ghabhail*: to yoke; a yoking of ploughing is *gabhail;*
  a half yoking is *leathghabhail;* so also Ir.

5096   See 1652 n.

5103   *roimh 'n rùisgte na gill*: *gill* is n. pl. of *geall*, a
        promise, pledge, wager, very common in Gaelic
        poetry: wagers were evidently much in vogue.
        Compare the expression in the older poetry
        (*G.*, 23)—

> Chrom gach fear a cheann 'sa' chath
> Is rinneadh leis gach flath mar gheall.

The sense here and in the other exactly parallel
case depends on the meaning we attach to *rùsg*,
which may mean (1) declare, announce, equivalent
to *nochd*, *cuir an céill*; cf.

> An àill leat mise a rùsgadh ceoil duit?

or (2) strip clean. According to (1) the meaning
would be, "before whom the wagers (pledges) are
declared," i.e., the warriors announce their *gill*
before going into battle. With (2), we should
translate, "before whom the wagers (pledges) are
stripped," i.e., the warriors make a clean sweep of
the *gill* of their opponents. Consideration of
instances of the use of *geall* collected in the Vocab.
inclines me to prefer the second rendering.

5106   *Slat de'n chuilionn*: the holly was a "noble" wood,
        but there is here probably also a reference to the
        Cuilionn Hills in Skye.

5113   *barr gaganach fraoich*: a Macdonald badge and
        ensign. In a letter, dated 1st February, 1678,
        describing "the Highland Host," and written, it is
        thought, from Ayr, the following passage occurs:
        "Among the ensigns also, besides other
        singularities, the Glencow men were very remark-
        able, who had for their ensigne a fair bush of
        heath, wel-spred and displayed on the head of a
        staff, such as might have affrighted a Roman
        eagle."—*Coll. de Reb. Alb.*, Appendix, 42. Of
        Clanranald's galley it is said—

> Chunna mi a stigh mu'n Mhaoil i,
> Is badan fraoich am barr a siuil.
>   —*Inv. G. S. Tr.*, 26, 327.

5121 Compare 5811 and n.

5129 Compare 1979-1990.

5133 Compare 1987 and note.

5134 Compare 1981.

5139 The Macdonald arms; it is not clear what is meant by the "fig-tree in full leaf which puts wine forth in plenty.

5166 The metre, though it might be read as stressed, is really syllabic. Each line has seven syllables and ends on a dissyllable, except l. 5168. The couplets have end-rhyme and internal rhyme, and the end-rhyme is the same all through. Scheme [2] $(7^2 + 7^2)$ [2+4]. *Rannuigheacht recomarcach.*

5188-6191 Compare Wordsworth on Rob Roy Macgregor.

5192-6199 These verses form a fine example of the power, often seen in Gaelic poetry, of depicting a situation and creating an atmosphere by a few simple touches.

5195 Compare, Am bothan beag dlùth, Gun dùnadh ach barrach air, *G.*, 52; ann am bùthan beag barraich, *G.*, 124; am buthaig bhig bharrach, *G.*, 248.

5200 Mary Macleod composed this poem during her alleged exile from Harris and Skye. The date of composition was after 1660, when Sir Norman Macleod of Bernera was knighted. In 5250, he is stated to be "an aon fhear a dh'fhuirich," the only one who survived of "Clann Ruairidh" (compare 5350), the sons of Sir Roderick Macleod of Harris and Dunvegan. Sir Roderick had five sons, of whom John, his successor, died in 1649; Sir Roderick of Talisker died in 1675; the dates of the deaths of William and Donald are unknown. It would thus appear that the poem must have been composed after the death of Sir Roderick in 1675, and that Mary was still in exile in that year.

Miss Frances Tolmie told me that Mary's "exile" was due to her over-praising the young members of the MacLeod family—to praise young children was unlucky.

5209 "To view Jura from Scarba." The Rev. Kenneth MacLeod informs me that Mary, for a part at least of her exile, lived in Scarba.

5251 *nìor chluinneam*: may I never hear; *nìor* for *nì ro*, with pr. subj.; see Voc.

5270 *seqq.* The wealth of firearms is notable; bows take a secondary place. Compare 4884 n.

5291 See 6939 n.

5310 *urrainn*, cf. 6943 n. In the older literature *urrainn* (=person able to) is regularly followed by *gu;* in modern Gaelic *gu* is dropped.

5312 This poem also appears to have been composed during Mary Macleod's absence from Harris (5327) and Skye (5317). In 5395, she refers to Sir Norman's wife as daughter of the heir of Duntuilm; and as Catherine, daughter of Sir James Macdonald of Sleat, was married to Sir Norman in 1666 (*Clan Donald, III.*, 472), the poem must be subsequent to that date.

5317 *Pàdruig*: Pàdruig MacCruimein.

5334 See 4313 n.

5350 See 5200 n.

5371 "The title of Sir is no new beginning for them:" Sir Norman's father, Ruairidh Mór, was knighted in 1613.

5374 *Strì Thearlaich*: Charles II.; Sir Norman and his elder brother, Sir Roderick, of Talisker, fought on the Royalist side at Worcester, 1651.

5375 *Slàn*: E. has a foot-note explaining this as "defiance," correctly. "I defy Gael or Saxon (to show) that deceit was found on you."

5380 *freumh Mhànuis*: the Macleod genealogy (*Celt. Scot.*, III., 460) gives "Manus óg mac Magnus na luingi luaithe mic Magnus Aircin mic Iamhar." The period of Manus óg would be the early part of the ninth century, when the Norse settlements in the Isles were in progress.

5384 The professional bards often added a complimentary
       quatrain or two to the Chief's lady, at the end of
       a poem in praise of the Chief. Here Mary Macleod
       follows this custom.

-5396 Lament for John Macleod, Chief 1626-1649, brother
       of Sir Norman, known as Iain Breac; see 4452
       and note.

       The second line of the couplet has, in the first
       octave, two stresses, but in the second octave it has
       three stresses. The two octaves beginning 5460 are
       like the first; the rest are like the second.

-5404 *Sir Seumas*: Sir James Macdonald of Sleat.

-5419 *an aon ghuth*: compare Ir. *d'aon ghuth*, with one
       voice, unanimously. The sense is "asking whether
       they are now of one accord." A Black Isle man
       who had a discussion with a man of different
       opinion on the land question reported: "Duine co
       rag 'n a bharail fhéin agus a chunnaic mi riamh.
       B'fheudar dhomh a leagail tri chuairt mus
       d'aontaich e rium."

-5430 *tùir*: warrior, compare the personal name
       Toirdhealbhach 'turriformis,' tower-shaped, which
       has probably influenced the form *Tearlach*, Charles.

-5472 So of Sir Norman Macleod:

       Acht an chomhra a n-úir fa bhfuil
       comhla re a dhún ní dheachuidh

       —Save the coffer in earth whereunder he lies,
       door-valve never closed upon his mansion.

-5479 *ceann réite gach facail;* see note on 4280; *réidhte* is
       the old gen. sg. of *réidheadh*, act of clearing.

-5492 *Phàro*: with reference to the legendary descent from
       Scota, daughter of Pharaoh, King of Egypt.

-5494 *Mac Mhuirich*, the chief poet and seanchaidh of the
       Isles. *Mac Fhearghuis*, "Clerk Register of Icolm-
       kill."—*E*. A charter granted in 1485 to the Abbot
       of Iona by consent of the Lord of the Isles and
       his   Council   is   witnessed   by   "Lachlan
       McMurghaich   Archipoeta,   and   by   Colinus

Fergusii [i.e., Cailean MacFhearghuis], domini cancellarius" (Chancellor of the Lord of the Isles).

5497 *Cath Gairbheach* : see 3632 n.

5499 *Cha chraobh-chuir* : Paraphrased by Sir Walter Scott in *The Lady of the Lake*, Canto II., "Ours is no sapling, chance-sown by the fountain," etc.

5515 *Campa Mhontròs* : Sir Lachlan joined Montrose before Inverlochy, and the Macleans took their share of the campaign, but it is to be inferred from 5779 that they were not present at Inverlochy in any force.

5527 Compare 4002, 6043.

5529 *dath uaine*, the green colour of covetousness or envy.

5544 The old rhyme has—

> Bogha de iubhar Easragain,
> Ite a fìreun Locha Tréig,
> Sìoda a Baile na Gailbhinn,
> Smeoirn o'n cheard Mac Pheidirein.

5556 Compare 4782; and Mary Macleod to *Fear na Comraich* :

> An uair a thional an sluagh
> Is ann bha an t-iomsgaradh cruaidh,
> Mar ghàir sheillean am bruaich
> An déidh na meala thoirt uath.

5560 *dìol freasdail*, literally "satisfaction of ministration," i.e., liberality of entertainment.

5562 *uisge-beatha* : in 1596, "ane gallon of sufficient aquavite" forms part of the reddendo for lands in Ardchattan.—*Or. Par.*, II., 1, 157.

5573 *na bh'aca*, i.e., their manner of entertainment. Compare 3866 ff., 6044 ff.

5604 *A mhic* : to Sir Lachlan's son.

5605 *Cha bu fhlathas gun dùthchas* : "as a chief you would be treading in your ancestor's footsteps if you were to be for a space at prayer."

5610 *Spiorad Naomha* : see 6180 n.

5611 For Alasdair Mac Colla, the greatest Gaelic warrior
of the first half of the 17th century; see *R.G.*, 235.
The metre is Snedbairdne.

5617 *mar fhrois;* see note on 2500.

5619 *Clann Alasdair:* the Macdonalds of Kintyre.

5632 *Triath an Todhair:* an T. was Alasdair MacColla's
patrimony in Ireland.

5635 *Cùil-rathain:* Alasdair MacColla defeated Archibald
Stewart, his former commander, at Portnaw, on
the Bann, near Coleraine, on the 11th of January,
1642.

5639 *ag ailis* for *ag aithris*, repeating, rivalling.
For Goll mac Morna and Fionn mac Cumhaill,
see note on 3103. Oscar was the son of Ossian, son
of Fionn; he was killed at the battle of Gabhair.

5657 *O nach sàite:* "he is a pillar of rock provided only
that he is not thrust into a soft moss-bog" — a
quaint expression, meaning that Alasdair can do
all short of the impossible.

5659 A full account of the battle of Auldearn, near Nairn,
is given by Niall MacMhuirich; *R.C.*, II.

5677 *Domhach no Geinneach*, mocking forms of Donnchadh
and Coinneach, "Dunky and Kenny," names
common among the Mackenzies.

5680 *Tomai no Simidh:* "Tommie or Simie," Thomas and
Simon being common Fraser names. The English
diminutive of Simon is still Simie (pron. Seamy).

5695 Duncan Campbell of Achnabreck was killed at
Inverlochy.

5710 For the battle of Inverlochy, see *R.G.*, 155, and notes.

5726 *Tighearna Labhair:* Campbell of Lawers, Loch Tay.

5756 *o'n bhlàr*, etc., from the moor where the heroes were
stirred (to valour).

5762 *Iain Mùideartach:* John of Moidart, Chief of Clan-
ranald; see 13 n.

5765 *Barr-breac:* Campbell of Barbreck was taken prisoner
at Inverlochy.—*R.G.*, 157.

5767 *Alasdair* .i. mac Colla.

5769 *coileach Shrath Bhalgaidh,* "the Cock of Strathbogie,
the Marquis of Huntly, often called "the Cock of
the North." Elsewhere Iain Lom says (*T.*, 53)—

> Mi ag amharc nan gleanntan
> An robh an camp aig Iarl Einne,
> Ris an goirte an t-Eun Tuathach,
> Nach d'fhuaradh ri bréin-chirc.

Leagadh leis coileach Shrath Bhalgaidh: the
reference is not clear to me.

5772 *ite a curr na sgéithe,* a feather from the (inner) corner
of the wing; and therefore worthless. The prized
feather was "earr-ite an eoin," the tail feather
of the eagle.

5794 Murchadh Mór was son of Alasdair, son of Murchadh,
third of Achilty in Contin. The Mackenzies of
Achilty were descended from Kenneth VII. of
Kintail, and several of them, including Alasdair
and Murchadh, acted as representatives of Seaforth
in Lewis. Of Alasdair mac Mhurchaidh it is
recorded, with reference to certain doings in Apple-
cross, that "though otherwise a very pretty man, he
was so heavy that he was not able to bear up with
his company; whereupon John Dubh MacCoinnich
drew his sword and vowed to kill him before the
enemy would have to say that they killed him. At
last, by throwing of cold water upon him, they
carried him with them."—*Highland Papers,* Sec.
Series, Vol. II. 44. His son Murchadh was present
at the reading of an edict in the Kirk of Contin,
on July 13, 1651.—*Dingwall Pres. Records.* The
New Stat. Account states that "Mac Mhic
Mhoruchi" was the first factor sent to Lewis by
Mackenzie, and that he resided on the Isle of St.
Colm in the mouth of Loch Erisort (p. 163). The
poems by these two gentlemen indicate the Gaelic
culture of the North in their day.

5811 *bhiodh gillean ag cur bhòd*: laying wagers about feats
of agility and skill; compare 5121.

5816   *d'a faca mi*: for d'am faca mi, Ir. d'a bhfaca me; see 6610 n.

5829   *bhiodh barant*, etc., each hero's hand would be warranted (reliable).

5866   In the Fernaig MS., from which this poem is taken, it is stated to be "to the toon of, over the mounteins." This shows that Lowland melodies found their way to the Highlands, as, of course, might be expected. The drovers and packmen, if none else, would carry them.

5888   *daonnan*: the line in the MS. (which is written phonetically) is—

> Vo ha ea da^m^ chlijhig smi didain i spairn.

The first quatrain, in the MS. spelling, goes—

> Diphoin ir dlu chiwe er tuittim chon lair
> Diphoin ir pisiwe ir cuppinj klair
> Diphoin ir nūghk naimb ir nūskir gin sta
> Diphoin gigh oin ni noure hūighkis i bais.

5889   *à* for *è*; this pronunciation is not uncommon.

5890   The metre is the classic Deibhidhe, without alliteration.

5925   *t'fonn-sgìreachd*, prob. "the land in thy charge," from the old meaning of *sgìr*, A.S. *scír*, charge; cf. "cure of souls"; Lat. *cura*, care, charge.

5927   Is faulty, for it should end on a dissyllable.

5929   *rìgh-airc*, a royal coffer.

5933   *ni n-léigeam*, etc., *E.* (1776) has: ni'n leigim air ti ar dearmad; Turner's revision of *E.* (1809) has: ni 'n leigeam ar ti ar dearmud. The reading adopted in the text means "let us not forget our lord"; compare 5251 n.

5938   *An Ceangal*, "the binding"; a final stanza summing up the pith of what has gone before. Compare 6208. It is common in Irish poetry, but these are the only two instances known to me in Scottish Gaelic, and the poems are by father and son.

5942   Note the changes of metre in this iorram.

5943 Gille-easbuig Cléireach, brother of Donald Gorm of Sleat, who died in 1616, was Domhnall Gorm Og's father.

5950 *air th'uilinn*, on thy elbow; the aspiration of *t'*, thy, before a vowel, is customary in Irish Gaelic; cf. line 6886.

5962 *fiùran dearg*, yew sapling.

5968 *bhiodh briogadh*, etc.: i.e., the arrow would go right through; so 6343.

5969-5970 Transposed from the order of 1st edn.

5972 *o'n is imeachd*, etc.: "since the Fianna are now gone."

5990 *cha b'i an àsaig*: so *E*. "Cha bi Nàsaig ri struth-trà i," p. 171; we should have expected "gum b'i," etc.

6009 *foirm air thìthibh*: "foirim air thiibh," *E.;* in view of 6375 and the numerous misprints, etc., of *E.*, *foirim* may well be for *foirin*, i.e., *foireann;* see Voc.

6020 In the MacNicol MS. this poem is ascribed to Iain Lom. In *G.B.*, I., 58, Rev. A. Maclean Sinclair ascribes it to Griogair Og MacGriogair, and heads it "Do Shir Lachinn Mor Mac-Fhionghin." Else-where he states that Lachlan Mór was born in 1628, succeeding as a minor to his father, Eoin Balbh, in 1641; fought at Worcester for Charles II., 1651; died c. 1700.—*Celt. Rev.*, IV., 38. As Marion Macleod (*C.R.*, IV., 38) was his second wife, the poem cannot be earlier than about 1660.

6034 *cuan* is used here in the old sense of bay, inlet; "Kilmaree under the wing of the bay," a delight-ful touch of description. Dùn Bheagain fo sgéith a' chuain.—*Duan.* 171.

6038 *an Ailpinich*: see 3986.

6052 Clan Gregor and Clan Grant claimed a common origin with Clan Fingon, the Mackinnons.

6068 This lament, ascribed to Iain Lom, is for Angus, son of Raghnall Og of Keppoch, who was killed at the battle of Sròn a' Chlachain, just behind Killin, at the west end of Loch Tay, "an uair a thog Clann Iain Ghlinne Comhunn creach Bhraidealbunn,"

"when Clann Iain of Glen Coe lifted the spoil of
Breadalbane" (*Turner*, 98). The affair of Sròn a'
Chlachain has been placed in 1640, but a document
in the possession of Mr. John MacGregor, W.S.,
Edinburgh, proves conclusively that it happened
on June 4, 1646. Forty good men were killed on
the Breadalbane side (eight are named); a number
are mentioned as seriously wounded. There is no
reason to doubt the correctness of the ascription to
Iain Lom. The poet was present at the battle,
and his father, Domhnall mac Iain mhic
Dhomhnaill mhic Iain Aluinn, was slain there.

6077   Compare 3710.

6079   *Oisein* : the Fiann were ruined in the battles of Comar,
Gabhair Gabra, and Ollarba, the last of which,
according to the Four Masters, was fought in A.D.
285. But Ossian and Caoilte, with certain of their
followers, survived, and lived on till Patrick came
to Ireland in A.D. 432. The accounts of their
relations with Patrick differ. In the early
accounts the Saint and the heroes are mutually
appreciative, courteous, and pleasant to each other.
The later accounts make Patrick a harsh task-
master over Ossian, who is an unwilling drudge.
Compare 6101.

6087   *an ulaidh*, here in the old sense of tomb, place for dead
bodies, charnel house.

6094   Coire Charmaig is in Glen Lòcha, near Killin.
William Ross, sojourning in Breadalbane, says—
       Ge tus bliadhna ùir, is beag mo shùrd
       Ri bruthaichean Choire Charmaig.

6096   *dhèanadh dath* : who would'st flush redly with thy
mantling blood. Cf.

       An tráth nach tturnfedh mo ghoimh-se,
         do-ghénuinn dod dhearg-sa dath ;
       dearg dod ghruaidh ghealbháin do-ghénuinn.
"When my grudge did not abate, I would flush as
red as thou (lit., I would make a colour to thy
red) ; I would flush redly to thy fair bright
cheek."

6098   Internal evidence shews that this poem was composed between 1636 and 1648.

6098   *ri port*: lit., waiting for the ferry; i.e., awaiting the end of my life. "Fuath liom bhith fada ri port," "I hate to wait long for a ferry."

6101   See 6079 n.

6102   *Coinnich an àigh*: Kenneth Mackenzie, Lord of Kintail; d. 1611, aged 42.

6106   *Cailin ùr*: Colin, first Lord Seaforth; d. 1633, aged 36; both were chiefs of the Mackenzies.

6110   *Ruairidh Mór*: Sir Roderick Mackenzie of Coigach, Tutor of Kintail, "An Taoitear Tàileach"; d. 1626.

6111   The MS. reads: "vroistni fa troimh zūin er hūis. The meaning seems to be: "his incitement to us at the outset was weighty," i.e., he encouraged me greatly at the beginning of my career.

6114   *Ruairidh Gearr*, not identified; nor are *Ruairidh*, 6122; *Eachann*, 6127; and *Eachann Og mac Ailein*, 6146.

6118   *Ceannard an Tùir*: Mackenzie of Fairburn, near Strathpeffer; the reference is to the Tower of Fairburn.

6124   *Fear-tighe Chille Chrìosd*: head of the Mackenzie family of Kilchrist, near Muir of Ord.

6126   *aon ogha*: the MS. reads "oon oih" (MacFarlane); instead of "fon oih" (*Rel. Celt.*). The reference is unknown to me.

6140   *Domhnall Gorm* of Sleat, d. 1617.

6141   *Ruairidh nan corn*: Sir Roderick Macleod of Harris and Dunvegan, d. 1626; celebrated by Niall Mór MacMhuirich for his hospitality. His horn and cup are preserved in Dunvegan. The accounts of Sir Roderick's household are extant. A glance through them, says Mr. Fred T. Macleod, with the many references to "doublets for his honour's page," articles of lace, silk and satin, gold and silver buttons, velvet, gold and silver lace, etc., points to a condition of matters indicative not of penury, but of lavish extravagance.—*Inv. G. S. Tr.*, 28, 207.

6142 *mac MhicLeoid*: apparently William Macleod of Talisker, who was there before Sir Roderick of Talisker.

6143 *ròd nan cliar*, "roadstead," or "anchorage of poets."

6144 *'s an t-Srath*: Mackinnon of Strathswordale, most probably Lachlan, who died soon after 1628.

6145 "The generous wand" of Raasay was most probably Gille Caluim Garbh; see 6261.

6148 *Raoghalt*: Ranald Macdonald of Benbecula, d. 1636; the Ross-shire form of Raghnall.

6149 *Domhnall Gorm*: this may be Sir Domhnall Gorm Og of Sleat, who died in 1643, or it may be a repetition of 6140.

6155 *mo làmh*: *Rel Celt.* has "mi louh," corrected by Mac-Farlane to "mi lauh."

6163 Compare 4872 n.

6164 *sgrìobhadh nan trosg*: "keeping a written account of the cod-fish," for Lord Seaforth, in connection with the extensive fishings round the coasts of Lewis.

6167 *Seòras Og*: George Mackenzie, second Lord Seaforth, went into exile in 1649, and died in Holland in 1651.

6168 MacFarlane has: "le clàrsaich, ge gann dàin," which is metrically impossible. *Le* is here used for *ri*, as often in Irish.

6170 *an leabhar bàn*: the holy book. In older Gaelic, *bàn* may mean "blessed, holy"; "a chloch thall for elaid uair Buite buain maic Brónaig báin," "O stone yonder upon the cold tomb of ever-famous Buite, the blessed son of Brónach" (*Todd Lect.*, XIV., 18). Jura is styled "an t-eilean bàn," "the holy or blessed isle. *Fionn* was used similarly.

6175 *tà mo spiorad*, etc.: "my spirit acts as guide to me, if only," etc. "The spirit is willing, but the flesh is weak."

6180 *an Spiorad Naomh*: in older Gaelic, *naomh*, holy (absolutely), is applied to the Holy Spirit or other

Person of the Trinity. In all other cases the
epithet is *naomhtha* (Sc. G. *naomha*), "sanctified,
made holy."

6183 "He is the cause of our tender feeling, and the fact
that," etc. This is probably the meaning, but the
lines are difficult.

6203 *goirid ar céilidh*: cf. line 6701. *A sunn*, here, is
freely used in the MS. sermons of the Rev. John
Mackay, of Lairg, about 1725.

6208 *An Ceangal*: see 5938 n.

6213 Internal evidence shews that this poem was composed
between 1626 and 1633.

6213 The name MacRaoiridh (MacRyrie), as I was
informed by the late Mr. Osgood H. Mackenzie,
was in use in Gairloch in recent times. John
Mc Ean vic ryrie and Donald Mc ean vick ryrie
appear in the Dingwall Presbytery Records
(Scottish Hist. Soc.), pp. 337-8. Leac Raoiridh is
in Gairloch Bay; Toll Raoiridh is a cave in Tarbat
parish; Creag Raoiridh is a rock in Glen Dibidale
—all in Ross-shire. The Gairloch MacRyries were
officially MacDonalds.

6221 *Cailin*: Cailin Cam, Chief of the Mackenzies; d. 1594.

6225 *Ruairidh*: see 6110 n.
   Coinneach: Kenneth, first Lord of Kintail;
   d. 1611.

6233 *Manchainn nan Lios*: Beauly Priory, a foundation of
the Valliscaulian brotherhood, who paid much
attention to gardening in the time not devoted to
study, prayer, and meditation. The Mackenzie
chiefs were buried in Beauly up to and including
Cailin Cam; thereafter they were buried in
Chanonry.

6235 *Cananaich*, Chanonry or Fortrose. The bells were
those of Fortrose Cathedral. It was largely
ruined between 1652 and 1657 to provide stones for
the short-lived Citadel of Inverness, built by
Cromwell.

6241 *Cailin Og*: Colin, first Earl of Seaforth; chief 1611-
　　　1633.

6245 The metre is the same as that of the last two poems.

6261 Composed by Gille Caluim Garbh of Raasay in his
　　　old age. The three "most plenteous hands" of his
　　　time were Gille-easbuig Ruadh, son of Colin, Earl
　　　of Argyll, d. 1558; Eachann Og mac Eachainn of
　　　Duart, Chief of the Clan Maclean, d. about 1567;
　　　and probably (though there are some difficulties)
　　　Aonghas mac Sheumais of Dun Naomhaig in
　　　Islay, Chief of the great branch of the Mac-
　　　donalds known as *Sliochd Iain Mhóir*, and
　　　described by a seanchaidh as "the best of the
　　　Macdonalds of his own time."

　　　　The last five poems end with the *dùnadh* pre-
　　　scribed by the rules of the older Gaelic poetry, i.e.,
　　　they begin and end with the same word. The rule
　　　is that the concluding word of every poem must
　　　repeat either the whole or part of the first word
　　　(or stressed word) of the poem. It was also a
　　　regular custom to write part of the beginning of
　　　the first line of a poem under the concluding line,
　　　in order to mark the end clearly in the closely
　　　written manuscripts.

6265 *Cnoc nan Aingeal;* fuair Bé-bind . . . bás, ocus ro
　　　hadhlaiced hí i nArd na nAingel, Bé-bind died,
　　　and she was buried in Ard nan Aingeal.—*Acall.
　　　na Sen.* l. 7734. Adamnan mentions Colliculus
　　　Angelorum (i.e., Cnoc nan Aingeal) in Iona. Cnoc
　　　nan Aingeal occurs in Ross-shire (1) near the old
　　　chapel of St. Duthac at Tain, (2) near the
　　　cemetery of the Clachan of Loch Alsh. — *Place-
　　　Names of R. and C.* Iain Lom was buried in Tom
　　　nan Aingeal.

6270 *Dhuibhnich* makes bad rhyme with *Gaoidheal*.

6281 Date and circumstances of this poem are uncertain.

6285 *MacGriogair a Ruadhshruth*: part of MacGregor's
　　　house is still preserved at the farmhouse of Roro

in Glen Lyon. MacGregor's special patrimony, including Roro and other lands, is still known as *An Tòiseachd*, "the Thanedom."

6295 Mac Mhuirich is repeatedly referred to as Mac-Gregor's standard-bearer in the poems of John MacGregor, published in 1801.

6327 The period of this poem is obviously the first half of the seventeenth century—probably the first quarter.

6341 *céir o'n Ghailbhinn*: "Baile na Gailbhinn," or "a' Ghailbhinn," is often mentioned as a place from which silk came. It is our name for Galway in Ireland, called in Irish Baile na Gaillmhe, Cathair na G. Compare, "figheadair mór Baile na Gaillearain."—*W. H. T.*, II., 399.

6347 *cha tig bréine fir-cheird air sin*: a raw artificer does not attain to that; lit. "rottenness of an artificer," an ancient usage.

6348 *fleisdear*: there were noted "fletchers" or arrow-makers in Glenorchy also, whence the family name of the Fletchers of Glenorchy.

6356 *ite chui'*, for *chubhaidh*.

6363 *Triath na Sròine*: MacGregor of Glenstrae, whose residence was at Stronmilchon, near the mouth of the glen.

6373 See 3120 n.

6393 This poem probably belongs to the late sixteenth or early seventeenth century.

6400 *air na Sraithibh*: in Strath Fillan. Cf. "Thug mi giùlan do Shraithibh a rinn mo sgathadh gu truagh," "I took a burthen to Strath Fillan which sadly distressed me."—*G.* 54; the lament of a widow for her husband whom she buried in Strath Fillan churchyard. The Kirktown of Strath Fillan is "Clachan Shraithibh," pronounced "Clachan Shraitheo."

6404 *air na maithibh*: to the health of the nobles; cf., the common *sud ort!* "here's to you!" *air do shlainte*, "to your health!"

6409   *mhic an fhir a Srath h-Ardail*: not identified.

6421   *greigh dhubhghorm*, a stud of dark-blue horses.

6422   *Lùban na h-abhann*: this probably refers to Na Lùban on the river Lyon a little way below Loch Lyon. *Bothan na Dìge* may have been in Srath na Dìge, the Strath of the Ditch, on the north side of Gleann Lòcha (Glen Lochy), mentioned by Duncan Macintyre, line 1773 above.

6432   *fùdar neimhe;* powder of venom, i.e., deadly powder.

6443   The chronicle of the Vicar of Fortingal records: [1570] The vij da of Apryill Gregor McGregor of Glenstra heddyt at Belloch anno sexte an ten yeris.

    He was known as Griogair Ruadh. The heading in *T.*, 286, is "Cumha le nighean do Dhonnacha dubh, Moirfhear Bhraigh-dealbunn, an uair a thug a h-athair agus a brathair an ceann deth a fear, Griogair Mac Griogair, agus a ciad leanabh air a glùn." As Donnchadh Dubh was born about 1550, it is obvious that Gregor's wife was not *his* daughter. She appears to have been really a daughter of Duncan Campbell of Glen Lyon (Donnchadh Ruadh na Féile), who died in 1578, and she had two sons, Alasdair and Eoin—*C. R.*, V., 312. The error in the opening line, of *Lùnasd'* (1st August) as the date of Gregor's death, is seriously against the poem having been composed by his wife, or, indeed, till some time after his execution. L. 6463 implies that Campbell of Glenlyon was against Gregor.

6461   So of Deirdre it is written: "agus do sgaoil Deirdre a fuilt agus do ghaibh ag òl fola Naoise, agus tainig dath na grìosuidhe da gruadhaibh;" "and Deirdre dishevelled her hair, and began to drink Naoise's blood, and the colour of embers came to her cheeks."—*Irische Texte*, II., 2, p. 144.

6464   *Cailin Liath*: Colin Campbell of Glenorchy, d. 1583. His second wife was daughter of Lord Ruthven—

nighean an Ruadhanaich. His eldest son was Sir Duncan Campbell of Glenorchy, "Donnchadh Dubh."

6489 *Baran na Dalach,* the petty baron of Dall, near Ardeonaig, Loch Tay, whom, it is said, the lady's parents wished her to marry.

6507 This splendid poem was addressed, as is generally understood, to Domhnall Gorm of Sleat, who died in 1617. His successor was Sir Domhnall Gorm Og, who died in 1643; and two of his predecessors bore the same name and designation. The text is that supplied to the *Gael,* V., 68, by Dr. Alexander Carmichael, with a few improvements from a much fuller version which the great Collector put together later. A poem similar in form, and with some verses practically the same, is given in *Duanaire,* 140, extolling MacLeod.

6533 *Bualadh bhròg*: in the *Gael* version, followed by *M.C.,* p. 36, it is misprinted *bhìog;* see Vocab. s.v. *bròg.* To strike a man with one's shoe (which was as readily slipped off as a slipper) was a form of challenge.

6555 *Mórthir,* mainland, is feminine; but *Tir-mór,* mainland, is masculine, a survival of the original *tìr,* neuter.

6567 *éideadh* here, as usual, denotes war array; cf. line 6580.

6574 The might of the sprouting seedling in overcoming all obstacles in its passage to the light is proverbial.

6599 The version given here is that of *E.* The earliest written version known to me is that in *McL.,* 73, which bears the docket: "Crioch oran no creiga guainich ar a scriobha ar ced la do mhios july a bhliann daois ,n, tighearna mile seacht ced agus cuig thar a . ao . ad"—i.e., caogad: the tail of the *g* is visible—1 July, 1755. It begins—

Mi mo hsuigh ar shibhri no mbeann
n, taobh do chean Loch treig

> chreag Ghuanich ma niagh a ntsealg
> grianan ard a mbiodh no feigh.

It contains 52 quatrains, of which 41 appear in
our version, which again has 26 quatrains that do
not appear in *McL*.

The metre is syllabic. About half the poem, as
it stands here, is of the form 2 $(8^2 + 8^2)$ $^{2+4}$, with
internal rhyme (usually). Most of the rest is of
the form 2 $(7^1 + 7^1)$ $^{2+4}$, with internal rhyme. It
is not improbable that we have here really two
poems, which have got fused in transmission, but
it would be difficult to disentangle them
satisfactorily.

6601-6617 Nothing is known of the personages here mentioned.

6605   *chuir mi romham;* otherwise, "chuir mi tharam."

6610   Compare 1. 5816; Psalm i. 3; *d'a bheil* is for *de a
bhfeil* (eclipsis), of what there is.

6623   *Alasdair Carrach*: brother of Donald, Lord of the
Isles; fought at Harlaw, 1411; founder of the
family of Keppoch; see *R.G.*, 229. Aonghas was
his son.

6626   *ag réiteach*, etc., arranging or allotting the posts for
shooting the deer as they passed through the
eileirg.

6642 ff.   *Creag Uanach*, usually C. Ghuanach; but the
stream which flows by the foot of the rock into
Loch Tréig is Allt Uanach.

6650   *gu gabhail chumhaing*, i.e., to enter the *eileirg* (note
on 6626). The deer were partly surrounded by the
timchioll or group of men and hounds arranged in
a wide half circle, and so gradually forced into
the *eileirg. Timchioll* was made into *tinchell* in
Scots.

6660   *muime*, etc.: compare—

> 'S i an àsain a' mhuime
> Tha cumail na cìche
> Ris na laoigh bhreaca bhallach, etc.

The means of all this is the fostermother who

keeps milk to the dappled spotted fawns; Duncan Macintyre *Moladh Beinn Dobhrain.* The "foster mother" here is the rich grass of the forest.

6684 The rhyme *rànan* : *Meuran* is notable; it would be a good rhyme in Lochaber Gaelic at the present day, where, e.g., *bàn* (pronounced *bèan*) rhymes with *dèan*; cf. 3213 n.

6687 *b'annsa leam,* etc. ; compare *Buile Suibhne* (The Frenzy of Suibhne) (Irish Text Soc. XII., p. 78)—

> Ní charaim an chornairecht
> atcluinnim go tenn ;
> binne lium an damhghairecht
> damh dá fhiched beann.

"I love not the horn-blowing so boldly I hear; sweeter to me the belling of stags of twice twenty peaks."

6689 *am bi gnè dhuinnid* : "in whom is the nature of dunness ;" whose natural hue is dun.

6690 *ri sìn* : facing storm ; dative of sian, fem., gen. *sìne.* The sentiment of these quatrains is similar to that in *Buile Suibne* (Ir. Texts Soc., Vol. XII.), pp. 58, 78.

6707 Other versions have *i* for *mi* here, and in l. 6708—with reference to *creag.*

The oldest copy (1755) reads—

> cha rabh u riamh ag eisteacht
> re sheitrich no muic mara
> ach s, minic chuall u moran
> de chronanich n, daimh allid.

(In this MS. the apostrophe is always placed as a comma after the word whose initial letter is omitted.)

6715 The old style of hunting is described in *The Celtic Review,* IX., 156, and in *The Book of the Red Deer* (1925).

6728 *ceò;* see note on line 777—ni fhuil acht ceó, etc.

6731 *Alasdair nan Gleann* : a Chief of Keppoch who flourished in the latter part of the fifteenth century. He fought at Blàr na Pàirce, the Battle of Park, c. 1491.

6736 As it stands, this would refer to Alexander of
Keppoch, *Alasdair Both-loinne,* who died at
Kingussie in 1554. So also *McL.;* but the Turner
MS. reads *Cillùnain.—R.C.,* II., 354. The Church
of Insh in Badenoch stands on Tom Eódhnain,
Adamnan's Knoll.

6741 "Often did you firmly *(an cruas)* plant your plea fast
(an sàs) in the ear of the antlered stag;" i.e., your
shaft, truly aimed, caused the stag to stop and
take notice! Cf. line 4421.

6743 *Raghnall*: Chief of Keppoch, beheaded at Elgin, 1547,
father of the preceding. Hence the style Mac Mhic
Raghnaill applied to the chiefs of Keppoch.

6747 Appears to relate to 6730.

6750 *air an tom*: i.e., air an tom sealga. The knoll on
which the hounds were stationed in readiness to be
let slip was the *contom* or *conntom,* hound-knoll:
"conntom uasal na seilge."—*Inv. Gaelic Soc.
Trans.,* VII., 73.

6751 *Alasdair mac Ailein Mhóir*: Alexander Macdonald of
Morar, son of Allan Mór of Morar, flourished in
the latter part of the sixteenth and the first quarter
of the seventeenth century. He is the latest in date
of the personages mentioned.

6763 *chì mi, etc.*: The following verses, the utterances of
one who was in prison for poaching, were often
rehearsed in the Tay Valley eighty years ago:—

> " En min o iri horo,
> En min o horo iri,
> En min o iri horo,
> 'S aoibhinn leam an diugh na chi.

> " Chì mi Beinn Ghlò nan eag,
> Beinn Bheag agus Airgiod bheann,
> Beinn Bhùirich nam madadh móra,
> Is Allt an Nid nan eun r'a taobh."

—James Kennedy, *Folklore,* etc., of *Strath Tay and
Grandtully,* p. 98.

The 1755 MS. has at the end of the poem: "Nois

> nuair ha u tionsgna ar a ched oran cuimhnich a
> noraidfhocall sho (this refrain) n diaigh gach aon
> rann: Armino, no jmo, no jmo, no jmo, armino,
> jmo, oro, is aoibhinn Leam a niugh no chi. Mar
> shin a mbichindis ndiagh gach rann gu crioch an
> dara Chraig Ghuanich."

6782   *thug mo làmh toll*: "my hand made a hole," i.e., a
      gap among the deer.

6782   The 1755 version has—

> Chi mi lob nan damh don
> agus eleric no nsonn shi,
> faraon agus n, leitir dhu,
> s, aoibhin leam a niugh no chi.

6787   *Soraidh gu Beinn Allair, etc.*: a number of similar
      quatrains are contained in "Oran Fear Druima
      Chaoin," a Perthshire song, printed in the *Inv.
      Gaelic Soc. Trans.*, VII., 72, from the late Mr.
      William Mackenzie's collections. Mr. Kennedy
      states that its author was a prisoner in fetters in
      Blair Castle.—*Folklore*, etc., p. 99.

6799   *òlaidh mi a Tréig*: praise of pure water is common
      in Gaelic poetry.

6828   *do'n eilean*: the reference is understood to be to an islet
      in Loch Tréig.

6865   *as a sheasamh*: see line 1760 n.

6867   The version given is from *T.*, printed in *R.C.*, II.
      Another version appears in *E.*, nearly, but not
      quite, word for word the same as that given by
      J. F. Campbell in *Gael*, I. The version from *T.*,
      has twenty quatrains; the others, twenty-five. *T.*
      has five quatrains not found in the others, and
      the others have ten quatrains not found in *T.*
      Lastly, in *T.* the poem is addressed to Gille-
      easpuig; in the other versions it is addressed to
      Cailin.

      In *E.* the title is "An Duanag ullibh, le Bard
      mhic Ileoin, do Chalean Iarla Aroghaiel, 1569."
      In 1569 the Earl was Archibald (Gille-easpuig

Donn), not Colin. J. F. Campbell, apparently copying from an old paper, calls the poem "An Ode or Sonnet composed by a Highland Bard in Honour of Colin, third Earl of Argyll, in the reign of James V., upon his being appointed by the King to command an expedition against the Douglases, then in rebellion on the Borders."

Internal evidence is decisive in favour of Gille-easpuig Ruadh, Earl 1533-1558. L. 6873 is in the other versions.

> Cailean Iarla faoi chliuidh,

which is a syllable short: Cailin does not suit the metre. In l. 6922, Seumas nan Ruaig must be James Macdonald, Chief of the Dùn Naomhaig branch, who was married to Lady Agnes Campbell, daughter of Earl Colin, who died in 1533, and sister of Archibald, his successor. Now James became Chief in 1538, five years after Earl Colin's death, and his close relationship with Argyll was the result of the composition of quarrels about 1545. If, therefore, we identify Seumas nan Ruaig with James Macdonald, the conclusion is that the language of the poem applies to Archibald, not to Colin. Lastly, we have the reference in 6935 to "cìos Thìre Conaill," the tribute of Tirconnell. In 1555, "in a dispute between Manus O'Donnell, Earl of Tirconnell, and his son Calbhagh, the latter went to Scotland and procured a body of troops from Gillespick MacCalain, Archibald, fourth Earl of Argyle."—Gregory, *W.H.*, 196. A long poem to MacCailin, composed by an ollamh who came on the embassy referred to, exists in *Adv. Lib. MS.* LII. The *Duanag Ullamh* was therefore composed between 1555 and 1558.

6867 *An Duanag Ullamh*, cf. (tánic) ocus a immun erlam lais, "he came with his hymn ready"; Wind. Wört., 526 b.

6876 *do chum*, hath shaped.

6886 *air th'eagal*: an Irish usage; Sc. Gaelic *air t'eagal*,
      for fear of thee; see 5950.

6909 *dh'iomradh lùb air a h-àlach*: who would cause her
      oar-banks to bend by rowing. "Sìnibh is tàirnibh
      is lùbaibh . . . na gallain bhasleathann
      ghiùthsaich."—A. MacDonald, cf. 5029.

6914 *creach na Samhna*: the Hallowe'en foray—for pro-
      viding winter beef. See line 4006.

6915 *cha b'aithne dhomh*, etc.: a compliment to the extent
      of MacCailin's sway.

6922 *fuireach*: standing their ground; cf. line 3385.

6937 *Conn*: perhaps for *Leth Chuinn*, Conn's Half, i.e.,
      the northern half of Ireland.

6939-6941 *da d' choimhead*, etc.: the use of the infinitive
      (with or without *do*) to express a wish or request
      is common in older Gaelic. Cú Chulainn in his
      illness says: "mo breith don Teti Bric," "let me
      be taken to the Tete Breac."—*Ir. Texte*, I., 208.
      "Dia Athair . . . dar saoradh-ne agas dar séanadh
      agas dar beandughadh agas dar breith le sén agas
      le soinind agas le sólas do chum chuain agas
      chaluidh," "may God the Father . . . save us and
      sanctify us and bless us and bring us with good
      fortune and good weather and with comfort to
      haven and to harbour."—Carswell, p. 241. "Mo
      chrochadh is mo cheusadh is m'éideadh nar
      mhealadh mi."—*Cabar-féidh*.

6943 *do choimhaith dh'urrainn*, thine equal of a responsible
      person, chief; a chief to match thee.

FACLAIR.

àbhach, sportive, playful ; na h-àbhaich, 2192, merry maids.

àbhachd, 1261, sport, frolic.

àbhaist, f., (1) 6917, &c., custom, practice ; *abhaissi acaib nach faccamar ocus nach cualamar do dénam do dáinib reomaib riam ;* ye have practices that we have never seen or heard being done by men betore you—*Acall.* line 6110 ; (2) dwelling place : *an làrach an robh à. do sheanar, T.* 145; *chaidh m'à. an dìosg orm roimh thìm ;* M. C. 69 ; *a aibhist fhuar, gun tuar gun dreach, S.* 297 ; compare O. N. *ávist*, f., abode ; ((1) is *àbhais* in Lewis).

abhall, m., 3497, 4468, 6879, an apple tree ; a chief.

acaid, f., 515, 1842, 4351, a pain, stitch.

acarachd, f., 3942, gentleness, mildness.

acartha, 4473, kindly, indulgent.

acfhuinn (acuinn), 2146, f., equipment, tools, harness ; -each. well equipped, potent. O. Ir, *accmaing*, instrument, apparatus, means ; *ad* and *cumang*, power, ability.

achd, m., 5468, an act, law, decree ; Lat. *actum*.

achdaidh, 2245, gu h-achdaidh, assuredly.

ach gu, 6231, ach gu faigheam bàs, if only I may find death ; Ir. *acht go*, provided that.

adharc, f., 5270, a horn, shot-horn ; *ad* and *arc*, defend, as in *teasairg* ; Lat. *arc-eo*.

àgh, 2681, good fortune, prosperity ; 1245 lochran àigh, lamp of welfare, 4591 Clann Domhnaill an àigh, the victorious Clann Donald ; 4540, an ainm an àigh, in the name of good fortune ; often ironical—— 1056, acarsaid an àigh, a fine anchorage, indeed ! (In modern *àgh* the meanings of early *àd*, success, good fortune, and *àg*, battle, valour, fall together).

àghmhor, 1087, 2838, 2869, brave, martial, victorious ; 4308, dùn à., magnificent fortress.

aiceachd, f., 4484, a lesson, guidance ; Lat. *acceptum*.

aideachadh, 4954, act of confessing, declaring aloud ; clear utterance (of music).

aidmheil, 4422, see aideachadh.

aigeal, m., 245, 5141, the deep ; by-form of *aigeann* from Lat. *oceanus*.

aigeannach, 3798, 5082, spirited, mettlesome ; by-form *aigeanntach*, 3038 ; *aigne*.

aighear, m., 6294, mirth joy ; is sean fhocal i nGaedheilg "táilliúr aerach "; Lat. *aer*, the air.

aigne, m., 1391, 4231, mind, spirit.

àilean, m., 270, a green.

àilgheas, *àilleas*, m., 3430, will, will, pleasure ; *àil*, will, and *geas*, from *guidhe*.

ailis, f., 5639, act of imitating
rivalling ;
> Mo bheannachd ri m' bheò
> D'fhear aithlis do ghnìomh
> —R.C. II., 338 ;

by-form of *aithris q.v.*

Ailpineach, m., 3986, 6038, a
descendant of Alpin, father of
King Kenneth MacAlpin.

àilt, 4268, noble, stately.

aimbeart, f., 883, poverty, want ;
> Is làmh chur an toiseach na
> h-aimirt,
> Dhol a cheangal ri leoideig le
> ruibein breac. — T. 209 ;
> *an-beart.*

aimbeartach, 2267, poor, needy.

aimcheart, 2384, gu h-aimcheart,
wrongfully ; Ir. *aimhcheart.*

àin, f., 1256, heat.

ainbheach, m., 2679, 4777, debt ;
an, intensive, and *fiach,* debt ;
cf. *anbhann,* weak, from *an* and
fann.

aineol, unacquaintance ; 1069, tìr
aineoil, a foreign land ; fear
aineoil, a stranger, foreigner ;
air m'aineol, in a land I knew
not, as opposed to air m'eòlas,
in a land I knew ; A.M. *Mórag.*

aingeal, m., 3875, an angel ; Lat.-
Ger. *angelus.*

aingeal, m., 656, 1574, fire, light ;
a fire ; anns gach rùm dà a.
deug, T. 216 ; hence Sc. *ingle.*

ainiochd, f., 4923, cruelty ; *an-
iochd.*

ainnis, 613, needy.

ainsheasgair, 1016, 1912, rude ;
violent : *an-seasgair.*

aircleach, m., 5455, a cripple ;
airc, want, and *-lach.*

airgbhraiteach, 6380, clad in finely
wrought mantles ; O. Ir. *airec,*
invention ; Ir. *aireag,* invention
cleverness, and *brat,* a mantle.

airidh, f., 1542, 6851, merit, desert ;
is maith an a., he well deserves
it ; serves him right ; do badh

maith an airigh da dénamh sin
thusa, Cath Fint. 762.

àirigheach, 4925, rich in shielings.

àirnean, 6091, the reins, kidneys;
àra, f., a kidney ; O.Ir. *áru.*

airtneal, m., 2107, 2268, 3370,
weariness, heaviness.

aisith, f., 1951, 1965, dispeace,
strife, contention ; *as,* privative
and *sìth.*

àiteach, m., 1668, 5724, agricul-
ture, cultivation ; *àite.*

aithrighe, f., repentance, peni-
tence ; now *aithreachas.*

aithris, f., 4378, 5921, act of re-
counting, repeating, imitating,
echoing ; see *ailis.*

aitreabh, m. f., 1280, 2063, 4874,
an abode, residence, building ;
ad, and *treb,* a dwelling, vil-
lage ; cf. Ad-trebates, a tribe in
Gaul ; cf. *caidreabh.*

àlach, m., (1) 4674, a race, family ;
(2) 5032, 6909, a boat's comple-
ment of oars and rowers ; (3) a
collection, group ; àlach bhur
biodag, T. 43 ; from *àl,* a brood.

alladh, 1067, fame, renown ; 1949
bu mhór alladh, who were
great of renown.

amaiseach, 161, 730, sure-aiming,
unerring ; *amas,* hitting ; *ad*
and root of *meas,* judge, com-
pute.

amalach, 3127, looped, with
looped handle ; O. Norse,
hamla, a loop.

àmhailt, f., 4933, a trick, deceit.
Ir. *amhaill,* act of sporting,
diverting—Din.

an-, ain-, (1) negative, ain-iochd ;
(2) intensive, an-mhór, very
great.

anagrach, 2739, quarrelsome ; for
angnàthach.

anfhadh, 2879, blast of breath,
lung power—a special usage ;
in Coll (and perhaps elsewhere)
pronounced *anathadh* : nam

biodh an t-anathadh agam, if
I had only the lung power.
angar, m., 3142, anger; Eng.
anghnàth, m., 4630, a bad habit.
annas, m., 3225, a novelty, rarity;
4305, air annas, on a rare
and pleasing subject.
annlag (ainleag) -fairge, f., 190, a
sea-martin.
annlan, m., condiment, kitchen.
ànrach, 517, a forlorn person,
wanderer; *an-rath-ach*.
anrath, m., misfortune, distress,
an, and *rath*, grace, luck.
aomaich, 4610, incline, force a
way; by-form of *aom*.
aonach, m., 1660, 3488, (1) a soli-
tary place, a mountain-top, hill;
(2) a place of union, a fair,
market; cf. Lat. *unicus*, single;
unire, unite, both from *unus*,
one.
aorabh, m., 4480, constitution,
frame (bodily or mental).
àr, 889, ploughing; in Irish the
a is short.
àrach, f., 684, 689, 1509, 1913, &c.,
a battle-field; Ir. *ár-mhagh*, f.,
plain of slaughter; cf. *mor-
mhoich*, from mor-mhagh, sea-
plain.
àrainn, f., 1698, 5065, vicinity;
neighbourhood; air àrainn an
tighe, in the vicinity of the
house; cha tig mi air t'àrainn,
I will not come near you, I will
have nothing to do with you;
air àrainn na beinne, all round
about the hill. From *ad-rann*,
an allotment, whence *ad-
rannaim*, I portion out (Kuno
Meyer, *Contributions*); for
phonetics, compare *ad-rigim*,
I bind; inf. *árach*, a spancel;
ad-rímim, I enumerate, whence
áireamh, a number. The diction-
ary meaning "forest" is un-
known in literature or in
common speech.

àrbhuidhe, 5344, for *òrbhuidhe*,
gold-yellow; cf. Manx *airh*, gold.
ard-ghaoir, 2896, a loud thrilling
sound.
àrdghuailleach, 5046, high-bowed
(of a ship); *guala*, shoulder.
armchleasach, 1316, "weapon-
featsome," dexterous.
àrmunn, m., 685, 1090, 1687, 2240,
3246, 5779, a hero, warrior;
originally, a steward, "maor";
in MacVurich equivalent to
"duine-uasal"; from Norse
ármadhr, gen. *ármanns*, a
steward.
àros, m. f., 594, a dwelling, man-
sion.
àrsaidh, 1293, ancient.
artrach, m. f., 6890, a vessel, ship;
dheanadh deagh árdroch roimh
an tuil—A.M. 171 (1st edn.);
gabh an caomhanach-s' 'nad
árdroich—*ib.* 176; an cuid
fhuair airdrigh—R.G. 144;
sgaradh o chéile an ardruidhe—
R.C. II. 204; do léig uaith na
hardradh go hAlbain—*ib.*;
fardrach de long—W.H.T. III.
33. Ir. *árthrach*, vessel; E. Ir
arthrach, (1) ferrying over, (2) a
ferry-boat, a boat, vessel.
àsaig, àsuinn, f., 5990, tools, ap-
paratus; acfhuinn.
àsaran (*àsran* H.S.D.), m., 6503, a
destitute wanderer, a forlorn
object; bu tusa athair nan
àsran—T. 191; from *fàs*, deso-
late.
ascaoin, 1952, taobh ascaoin, the
rough side of cloth, opposed to
taobh caoin, or simply *caoin*, the
smooth or "right" side;
buidheann nach caoin caitein,
a folk not smooth of pile (i.e.
mood)—John MacCodrum.
ascaoin, 608, 2564, 2985, unkind-
ness, harshness, enmity; ascaoin
eaglais, excommunication; *as*,
privative, and *caoin*, mild.

ascartach *lìn*, m., tow, coarse
lint.

asgaill, 3047, arm-pit ; achlais ;
usually asgall, m. ; from Lat.
axilla.

ath, 2917, flinch, refuse, hesitate ;
athadh, 3481, refusal, sparing ;
ath-, back.

athsgeul, m., 6264, an old tale ;
twice-told tale ; *ath* and *sgeul.*

bac, m., a bend ; 2831, bac-
cruachain, haunch ; 3136, bac
na h-easgaid, the bend of the
hough or back of the knee.

bad, m., a spot, 1813, 4570, a
clump of trees ; 74, 148, 739, a
cluster, close body ; diminu-
tive, 1717, badan ; not in Ir.

bàdhun, m., 4081, a bulwark,
fortress; literally, cow-fort; *bà*
and *dùn.*

baganta, 3054, neat, tight.

baideal, m., (1) 5870, a battlement,
tower ; (2) 3799, a standard ;
Eng. battle, battlement.

bàidse, m., 1889, a musician's (or
poet's) fee ; duais ; from Eng.
wage.

bailc, f., 2763, a plump of rain, a
flood.

bàir, m., 2698, (1) a path,
especially a path opened
through snow ; (2) a goal ; (3) a
game, the game of war.

bàireach, f., 4767, the lowing of
cattle ; based on *bà*, cows ; cf.
cnapraich, cneadraich.

bàirlinn, f., 5026, a billow, rolling
wave.

balg, m., a bag ; 5285, a quiver ;
Ir. *bolg* ; cognate with Eng.
belly.

balg-shaighead, m., 6426, 6562 a
quiver.

balgshuileach, 3298, full-eyed.

1. *ball*, m., (1) 822, limb, member;
(2) 67, parts of the rigging,
rope ; 5823, b.-tarruing, hal-

yard; (3) 1430, 1868, a spot; air
ball, on the spot, at once.

2. *ball*, m., 1878, a ball ; Eng.

ballach, 6654, spotted ; breac ; cf.
Domhnall Ballach ; from ball
(3).

ball-beirte, m., 4837, piece of
tackle, or rigging.

ballbhreac, 719, spotted and
speckled.

ball-coise, m., 6551, a football.

banaltra, f., 4916, a nurse ; now in
Sc. G. banaltrum.

bannal, m., 41, 3782, a company of
women ; from *ban*, composi-
tional form of *bean*, and *dàl*, a
tryst, meeting.

baoghal, m., 5429, danger ; O. Ir.
báigul, báegul.

bar, 2689, m., the bar of a court ;
an uchd barra no binne 's i
t'fhìrinn a sheasadh—D.M. 70.

barant, m., 5829, surety, reliance ;
earbsa ; from Eng. *warrant.*

barbaireachd, f., 6344, seems to
mean ' barb-work.''

bàrcaideach, 6377, flowing, run-
ning in torrents ; *bàrc.*

bàrr, m., 4890, a crest.

barrach, m., 5195, top branches,
brushwood, especially birch,
a common substitute for a
door ; Am bothan beag dlùth,
Gun dùnadh ach barrach air,
G. 52 ; ann am bùthan beag
barraich, *ib.* 124 ; am bùthaig
bharraich, *ib.* 248. Compare
sgathach fhraoich, R.G. 3, in
the door of a school in Colonsay.

barrachd, f., 1068, superiority,
excellence.

barradh, m., 5826, act of rivet-
ting ; *bàrr*, top.

barrag, f., 1775, scum ; *bàrr*, top.

barran, m., 1582, a hedge or top-
fence ; coping ; *bàrr*, top.

barrasach, 3774, supassing, beau-
teous ; *bàrr.*

barrdhias (*barradhias*), f., 5275,

the point of a sword ; *barr*, and *dias*, an ear of corn ; tıp.

basdalach, 2845, noisy, cheery.

basgar, 2846 ; cf. basgaire, "sgal pìoba" (H.S.D.), literally, a loud clapping of hands ; *bas*, a palm, and *gàire*, noise.

batailt, f., 657, 677, 2351, a battle; Eng.

bàtannach, 4981, rich in boats.

bàthghiullan, m., 2253, a simple lad.

beach-eòlais, 4782, a leading bee, queen-bee.

beachd, m., meditation, observation.

beachdaidh, 4488, certain, confident. With *gu b.* compare *gu h-achdaidh*.

beadarrach, 4676, sportive, beloved ; cf. *beadradh*.

bealaidh, m., 1472, broom; not in Ir.

beanas-tighe, f., 827, house-wifery.

bearradh, m., 121, 2768, a cut, cleft ; sheer edge, precipice ; *bearr*, clip, shear.

beart, f., (1) 3888, a deed ; Aonghais òig, dean b. shuairce —Duan. 197; (2) an occurrence; Sud a bh. nach do shaoil mi Air an t-saoghal-sa thachairt— G. 68; (3) an engine, instrument of any kind, e.g. 103, fishing line ; 4293, sword-sheath ; 6718, rigging of a ship.

beart-chunnairt, f., 2199, a matter of doubt ; v. cunnart.

beartach, 4982, well-rigged, well-equipped ; acfhuinneach.

beartadh, 4985, act of adjusting, trimming, harnessing.

beithe, m., 4561, a birch wood.

beithir, f., 630, a thunderbolt ; 6588, na beithreach ; 4039, beòbheithir, a living thunderbolt.

beòdha, 2913, lively, active, sprightly.

beòtachd, f., 1228, means of living, sustenance.

beum-cnàmhain, m., 645, a rankling wound.

beurla, f., (1) 541, language ; (2) 660, the English language ; O. Ir. *bélre*, speech, based on *bél*, lip.

beurra, beurtha, 3065, sharp.

beus, m., custom, habit ; 2740 proper due ; Ir. *béas* (1) custom; (2) customs, tax, duty.

beus, m., 4943, bass or ground in music ; mo chearc féin 'gam bheus air stocan—A.M. 73 ; bha Richard 's Robin brùdhearg ri seinn 's fear dhiùbh 'na bheus— A.M. 53 ; dosa donna ri beus daibh—D.M. 38, 132.

beusadh, 2975, giving a bass in music.

biadhchar, 3265, rich in food, fruitful ; *biadh* and *cor*, a setting ; *cuir*, set.

biadhtach, biatach, m., 3991, a hospitable man ; literally, a feeder.

bile, m., 6381, (1) a great tree ; (2) a champion.

bile. f., 335, a lip, edge.

binneach, 6671, peaked ; high-headed (H.S.D.) ; an eilid bheag bhinneach—D.M. 164, 49 ; *beann*, a horn ; *binnein*, a little horn.

bìog, m., 2794, a chirp.

bìogail, 2947, lively ; for *biodh-gamhail*, from *biodhg*, as in *bìoganta*.

bìoganta, 5517, sprightly ; from *bìog*, Ir. *bíodhg*, a start ; cf. Ir. *bíodhgaire*, a lively person.

biolaireach, 4960, rich in water cresses.

biorach, m., 95, a dogfish ; *bior*, a sharp point.

biorraid, f., 4564, a helmet, a cap ; *Eng.* biretta.

biothfhuaim, f., 1214, unceasing sound ; cf. *bioth-bhuan, bith-bheò*, &c.

bith, m., 6937, a being.

blàidhealtrach, 1214, warm and dewy.

blaoghan, m., 6653, a fawn's cry.

blàr, m., (1) a clear spot, a mossy plain, e.g. Blair in Athol, B. in Gowrie; (2) 3100, 3402, 3437, a battlefield, a battle.

blàth, m., 4921, a blossom; b. na brice, the marks of smallpox.

blàth, 4764, smooth.

boc, m., 151, a spring, leap.

bòcadh, 3821, act of swelling, bursting forth.

bòd, m., 5811, a wager; geall; bhith cur bhòd is geall réis ri daoin-uaisle—T. 278; Lat. *votum*.

bodach-beag, m., 85, a codling, young rock cod.

bòdhag, f., 195, a sea-lark.

bogadh, 103, act of casting a line; wagging; Ir. *bogaim*, I move, stir.

bòrcadh, 2955, act of swelling, blossoming.

bòrcach, 3280, swelling, sprouting.

bord-fuaraidh, m., 5116, the windward side of a ship.

borganta, 4108, towering, very tall; from *borg*, a tower, like *colganta*, *bioganta*.

borran, m., 3266, moor-grass; cf. *borrach*, from *borr*, big.

bó-shamhna, f., 4006, a cow lifted or claimed at Hallowe'en.

bòtach, 1597, stout-legged; liter- * ally, booted; Eng. *boot*.

bóthach, 4926, rich in cows.

braghadh, m., 4724, a noise, a burst; explosion.

bràighe, m., 2060, upper part, of the chest, of a country-side, or glen; 3393, g., a' Bhràghad; Brae-Moray, Brae-Rannoch, &c.

brang-shrònach, 3299, of wrinkled snout? a mhaoisleach bheag bhrangach, D.M. 176, 260; Ir. *brangach*, grinning, snarling;

Sc. *branks*, a pillory for the tongue and mouth; *brank*, to bridle. "As thin, as sharp and sma' as cheeks o' branks."

braonach, 6704, 6930, dewy, moist.

brasphort, m., 2916, 2940, 2953, a swift-going tune.

bratbhréid, m., 2872, a covering cloth.

brath, m., 6402, information.

bràthadair, *brathadair*, m., 4558, kindling, blazing fuel; in Skye, also bràghadair.

breacadh, m., 3043, act of covering with spots, carving; sgiath bhreac nam ball iomaid—T. 14 —a many-studded shield. "Is fèairrde brà a breacadh gun a briseadh."

breaman, m., 1598, tail of sheep or goat.

bréid, m., (1) a piece of cloth; (2) a kérchief; 3783, a three-cornered kertch or coif formed of a square of fine linen, worn by married women; gura maith a thig b. air a chàradh beann-ach ort (arranged with peaks), G. 52; b. an càradh crannaig, a coif arranged on a frame, "kertch on props"; (3) 5017, 5600, a sail; (4) a patch: is fheàrr bréid na toll.

bréidgheal, 4324, white-sailed 5440, with white head-dress, white-coifed.

bréideach, 3858, a coifed woman, a married woman; opposed to *gruagach*, *q.v.*

breisleach, f., 300, delirium, con-fusion; *bris*.

breugadh, m., 927, act of coaxing.

briodal, m., caressing, flattery.

briogadh, m., 5968, 6343, act of pricking; briog, Eng. *prick*.

briosg, 3027, to start, leap.

briosg-ghlòireach, 2705, of lively speech.

bròd, m., 4480, arrogance, haughti

ness ; Ir. *bród,* delight, pride ; Eng. *proud.*

bròg, f., a shoe ; 6533, bualadh bhròg, challenging ; fion 's branndaidh 'ga òl Aig na fir bu chruaidh gleò Agus bualadh nam bròg 'gan teumadh—T. 10; 's beag an t-iongnadh mi liathadh 'S i so bhliadhna bhuail brog orm (given me a shock)—T. 95.

brosdadh, m., 2940, act of inciting ; root of *brod,* a goad.

brostnadh, 6111, by-form of brosnadh, brosdadh, incitement, encouragement.

brothach, 5651, scabbed, mangy, filthy.

brothluinn, broluinn, f., 2892, loud swelling sound ; literally, boiling.

bruaidleineach, bruailleineach, 1391, perturbed, grieved, vexed; based on *bruadal* (by-form of *bruadar*), a dream.

bruan, m., 638, a fragment.

bruchag, f., 5042, a leaky boat.

brugh, m., 4704, a mansion.

bruinngheal, 4958, white-bellied.

bruthainn, f., 1214, sultry heat ; root of *bruith,* boil.

buadhach, 1621, having virtue.

buadhail, 3011, lucky, fortunate, propitious.

buadhmhor, 1737, possessing virtues, victorious.

buaidh, f., (1) 716, victory, (2) 636, 2792, & passim, virtue, efficacy. *buaidh,* victory, virtue ; Gaulish and British *boud-,* as in *Boudicca.*

buaidh-làrach, 1636, 3258, 3395, a decisive victory.

buailteach, 4925, rich in cattle-folds or dairy-places ; *buaile* ; Lat. *bovile.*

buaireadh, m., 850, temptation ; also, quarreling, scolding.

buan, 6249, 6811, lasting.

buarach, f., 3078, a spancel, a cow-fetter when milking ; for *bó-árach,* cow-fetter.

buidse, m., 3168, a wizard ; hence *buidseach,* with fem. suffix— *seach.*

buil, f., success, completion : droch bhuil ort ! bad 'cess to you ! 2662, 3477, consequence, effect, result ; tha a bhuil ann *or* air, the result is evident— a common phrase.

buileach, baileach, 930, 4726, completely—with and without *gu.*

buidhe, 948, fortunate ; gur buidhe dhuit Nach cluinn thu oidheadh t'aoinmhic—R.C. II., 333.

buige, f., 4953, flatness in music.

buinne, m. f., 2323, a rapid current.

bùireineach, 3294, bellowing.

bun, m., 169, (am) bun chladaich. close by the shore ; 1428, bun duirn, wrist.

bun-a-bhuachaille, bunbhuachaill, burrbhuachaill, 187, the Great Northern Diver ; also mur-bhuachaill ; *muir* and *buachaill,* a lad.

bunadh, m., 5492, origin ; g. *bunaidh,* original, primitive, own ; 6887, a shluagh bunaidh ; cf. caomhaidh, gàbhaidh, cumhdaigh.

bùrd, m., 6157, mockery ; Sc. *boord,* a jest ; " sooth boord is nae boord."

burral, m., 188, a roar, a mournful cry.

cabar-coille, 1456, see capull-coille.

càblach, 4983, rich in cables.

cabhlach, f., 4740, a host, a fleet.

cadha, m., 2031, a narrow path, often steep ; E. Ir. *cói, cái,* a way, path ; E. Celt. **cavios* ; Lat. *cavus,* hollow ;

caib, m., 4572, a turf-spade, flaughter-spade.

caidreabh, m., 3728, 5002, 5795, 6696, vicinity, society, companionship, familiarity; from *con*, together, and *treb*, a dwelling; Gaulish *Con-trebia*.

caigneachadh, caigneadh, m., 2474, 4622, 5666, act of coupling or linking, crossing (swords); *caignich*, to couple; *caigeann*, a couple.

cailc, 5871, whiten with lime; Lat. *calx*; Eng. *chalk*.

càileachd, f., 5362, genius, natural endowment.

cairbinn, 5277, a carbine.

cairidh, f., 5038, 6027, a wall in the sea to catch fish.

càirte, 5114, 5119, part. pass. of *càirich*, I arrange; Ir. *cóirighim*.

cairt-iuil, f., 4341, a mariner's compass; cf. *iùlchairt*.

cairtealan, 770, quarters, lodgings, billets; Late Lat. *quartellus*, Lat. *quartus*, fourth.

cairtidh, 6860, tanned, swarthy, dark-coloured; Ir. *coirtighthe*.

caise, f., 163, haste; *cas*, steep, sudden.

caise, f., 1445, a wrinkle, fold; *cas*, curled.

caisead, f., 1425, steepness, swiftness.

caisfhionn, caisionn, 1596, white-footed.

caisg, 3822, check, stop; Ir. *coisgim*; *con* and root *seq-*, say; Eng. *say*; Germ. *sagen*.

caismeachd, f., 1306, 1863, 2806, 4247, 4844, 5110, an alarm of battle. march tune, signal.

caiste, 5521, nan caiste ort, if they met thee; ipft. subj. pass.

caitheamh, m., act of consuming; 5837, c. a' chuain, speeding over the sea; 5607, act of urging on; 3856, 4886, act of casting at, aiming at; ri c. eun is fhiadh is lon—D.G. 139.

caithream, m., f., 2841, a warlike noise; 5126, a joyful noise; caithream an làin *or* an lionaid**h**, the career of the flowing tide; from *cath-réimm*, battle career; triumph.

caladh, m., 65, 114, 6888, 4969, pl. calaidh, 3792, pl. calachan; a harbour; primarily a firm beach; from *caladh*, hard; cf. Eng. " the Hard."

caladhphort, m., 5840, a haven, harbour.

calg, colg., m., 734, 1034, 2030, 5301, a prickle, bristle, short stiff hair; (2) 4167, a sword, rapier; hence *Calgacus*, Ir. *Calgach*.

calmnach, 4968, rich in doves.

calpa, m., 6350, the ' calf,' or thicker part of an arrow.

camparaid, f., 1276, bustle.

canntaireachd, f., 1272, chanting.

caochail, 1850, to change colour, to faint.

caoir, f., 232, (1) a blaze, stream of sparks; (2) a white tumbling stream of water.

caoirgheal, 263, white flaming (of fire or water).

caol, m., 6035, a strait, ' kyle '; pl. caoiltean, 5995.

caolruith, m., 2028, a narrow race, i.e. a straight course, without deviations, Contrast 6724.

caol-earra, 5426, with narrow butt.

caomhaidh, 4715, protecting, sheltering; g. of verb. n. of *caomhaim*, I protect.

caorach, 4939, rich in rowan-berries.

capull-coille, m., 3460, the caper-cailzie, wood grouse.

car, m., 180, 4931, a turn, trick; air a charaibh, in spite of his shifts; 162, 1502, an caraibh, near to, in contact with.

car, 2548, a relative, one who is " sib " or allied by blood;

for *cara*, nom. sg. of *caraid*, the dative used as nom.; Gura mise t'air mo ghualadh Mu chara nam fear o'n Leath Uachdrach, *G.* 34 ; Tha thu charabh nam Barrach, *Inv. G. Soc. Tr.* 22, 191 ; car thu mhic Ghill-eoin, you are sib to Maclean, *E.* 50.

càr, 4011, befitting, proper ; probably for *càir*, a by-form of *còir* ; is giorra bu chàra dhuit Tàmh a mach air do thuras ; *T.* 313 ; Co na mis' do'm bu chàra 'S co a b'fheàrr na thu thoill ? R.D. 30 ; Oir buinidh ceart cho càra Dhuit dhol bàs 's a tha thu beò, *ib.* 73 ; air son na gràisg Do'm bu chàra bhi 'n dithreabh, *ib*, 269 ; (*Càra* is properly comparative ; Ir. córa).

caradh, m., 178, c. fodha, plunging headlong.

càradh, m., 5509, act of placing, arranging ; 3505, 5790, treatment ; 5545, an c., in order ; Ir. *córughadh.*

càrnaid, f., 1471, a certain tint of red ; carnation.

carragh, m., 5658, a pillar stone ; root of *carr, carraig.*

carthannach, carrannach, 4472, charitable, friendly, kind.

cas, f., foot ; 3, *an cois*, hard by, near.

casadh, m., 6846, act of wrinkling.

càs, m., 4720, hardship, a misfortune ; 1695, pity ; 2166, chan'eil c., it is no pity.

cas-eudannach, 6847, of wrinkled face.

casgair, 2941, mangle, slaughter ; Ir. *cosgraim ; con* and *sgar*, sever.

cata, càta, m., 1613, a sheep-cote ; Eng. *cote.*

cath, m., (1) battle, (2) 6582, regiment, cf. R.G. 167.

càth, f., 839, 1706, 1783, husks of corn, used for sowans.

cathadh, m., 2479, act of driving ; 6499, cur is cathadh, snowing and drifting ; cf. *caitheamh* ; cf. Scots: ca canny, ca the ewes, ca the plough, &c.

cathadh, m., 6499, snow-drift ; from *caith*, drive on, impel.

càthar, m., 1781, 3288, broken mossy ground.

cathardha, (1) civil, civic (fr. *cathair*, a city); an Cath Cathardha, the Civil War ; (2) an Eagluis uilidhe no chatharrdha, " the Church Universal "—Carswell, p. 124; (3) warlike, militant (by association with *cath*, battle); na crann cael cathardha, of the slender warlike shafts—*Hy Fiachrach* 252 ; (4) splendid, brilliant ; Criomall caomh cathardha— *Duan. Finn*, 36, 41, &c. In 4636, an creideamh c. probably means the national faith, i.e. the Reformed Protestant Church.

ceannard, 4929, high-headed.

ceannas, m., 1073, authority ; *ceann.*

ceannbheart, f., 3691, headgear, *helmet.*

ceann-céille, m., 4690, 5153, adviser.

ceann-cinnidh, 1676, m., a chief.

ceannfhionn, 1466, white-headed.

ceannphort, ceannard, 3393, 4528, chief leader, chief.

ceannriabhach, 6674, with brindled head.

ceann-seanchais, 3542, source of information.

ceannsgal, m., 4669, command, authority.

ceannsgalach, 2464, authoritative, masterful.

ceann-sìthe, m., 4807, a peacemaker.

ceann-slaite, m., 5601, the man at the yard of the vessel.

ceann-taice, 4626, 'head of support,' chief pillar.

ceann-uidhe, m., 2186, 6033, 6555, the end of a journey ; an objective ; a hospitable man.

cearb, m., 4262, a rag, tatter ; a deficiency.

cearrach, m., 3679, 5456, 5585, a gambler, gamester ; Ir. *cearbhach*. " Professional gamblers were very common in Ireland 200 years ago ; they visited the houses of the gentry periodically, and are constantly alluded to by the poets of the period."—*Din.* So also in the Highlands and Islands.

cearrachas, m., 6374, gaming, gambling.

ceart-tarnach, 4952.

ceatharn, f., 2396, a troop.

ceathairne, f., yeomanry ; the portion of a population fit for warfare ; 3734, c.-choille, outlaws ; cf. tuath-cheathairn.

ceigeach, 739, shaggy ; *ceig*, a mass of shag.

céillidh, 4729, wise, prudent ; Ir. *céillidhe* ; from *ciall*, sense.

céir, f., (1) 1325, 4891, 5427, 5967, 6341, wax ; (2) 5302, a deer's buttock.

céirgheal, 1179, 4911, white-buttocked.

ceòl-cadail, m., 3350, a lullaby.

ceòl-cluaise, m., 2319, 5110, music for the ear. Compare *beurla-cluaise*, English learned by ear.

ceòthranach, 227, drizzling.

ceudfath, f., 5355, 5770, sense.

ceumluaineach, 2987, of restless step.

chaoidhche, 4228, for ever, always; now chaoidh, a chaoidh ; for *co oidhche*, till nightfall ; cf. the Americanism " till the cows come home," i.e. for ever.

" Co fescar," till evening, was sometimes used in the same sense.

chun, 1475, to ; by-form of *chum.*

cion, m., 1898, 6238, want.

cion, m., 5060, love, esteem.

ciall, f., sense ; 5336, *a chiall,* darling.

ciarmhon', m., 1455, a dark-coloured hill ; cf. Dail chiarth'laich, in Glen Lyon.

ciatalach, 4552, sensible ; *ceudfath.*

cillein, m., 6389, a secret store ; daoine beaga a rinn c.—T. 55 *adj.* gu sàsta cilleineach—T. 30 ; *cill*, a church.

cinnseal, m., 5620, beginning, start ; bu tric an c. baiteal thu —Duan. 63 ; an am dha dol an c. cumasg—T. 384.

cìob, f., 3266, mountain grass.

cìoch-thoisich. f., 6903, fore-breast.

ciorbail, 3026, snug, close wrapped.

ciorrbhadh, 4518, a maiming, cutting, mangling.

ciorram, m., 133, a hurt, mischance ; Sc. G. for *ciorrbhadh* ; compare *ciùrr*, to hurt.

cireach, 3281 ? snug, sheltered.

ciste, f., a chest ; 4383, an cistidh, in a coffin.

clachan, m., 3025, a kirk-town ; Ir. *clochán*, a monastic stone-cell, or a group of such.

clàd, m., 1479, a wool-comb ; Sc. *claut, clauts*, a wool-comb.

clais, f., a furrow ; 3685, a furrow or fluting in a sword blade ; root of *cladh.*

claiseach, m., 3019, a fluted blade.

claisghorm, 5748, blue-fluted.

clannfhalt, m., 4294, clustering hair ; *clann*, f., a lock of hair ; Lat. *planta*, a sprout.

clanna-speura, 6591, the heavenly hosts.

clàr, m., (1) 997, a board, plank ; 4845, a table ; 4433, (2) a chess-board ; (3) 4330, 4827, board of a coffin ; (4) 959, 998, a large vessel made of deal, or out of one piece of wood ; for fish, potatoes, &c., common to the whole family ; see n. (5) a flat surface ; c. an eudainn, the forehead.

cléir, f., 1333, the clergy ; dat. of *cliar.*

clì, clìth, f., 1315, 2162, 2795, power, vigour.

clì, clìth, 1100, left-handed ; mistaken, wrong.

cliar, f. (collective), 5339, 6143, 6878, poets, bards ; Lat.-Gr. *clerus,* a lot.

cliath, f., 1563 a waulking frame : 5029, a bank of oars ; c. fhuaraidh, the windward side ; c. leis, the lee side ; chuir sinn a mach cliathan righne, Is bu ghrinn an t-àlach iad—A.M. 163.

cliath, 740, to harrow ; from *cliath,* a hurdle.

cliath, f., 1563 a waulking frame ; 3265, side, like *cliathaich* ; . . .

cliathta, 3874, older gen. of cliathadh, act of harrowing ; lothagan cliathta, little fillies (or colts) for harrowing.

cliath-chomhraig, a champion ; sàr c. air cheann sluaigh thu— Duan. 148.

clibisd, clibiste, m., 156, an awkward fellow.

cliù, m., fame ; 6873, d. cliùidh ; a cur a chliùidh (gen.) Miss Brooke's *Reliques,* 280 ; root of *cluinn ;* Gr. *kléos,* fame.

clogad, clogaid, clogaide, m., 3368, 5422, 6562, a helmet; from *clog,* a bell, head, and *ad,* a hat.

clòimhiteach, 1230, downy ; *clòimh,* wool, and *ite,* feather.

closta, 5913, act of hearing, listening to ; a variant of Ir. *clos, cloistin.*

cluain, f., 1299, deceit, deceitfulness.

cluas, f., 6903, the ear or foremost lower corner of a sail.

clùdach, 421, clouted ; Sc.-Eng. *clout.*

cluth, 4404, snug, comfortable ; cf. M. Ir. *cluthar,* shelter ; Gael. *cluthaich,* to warm, cover ; Welsh *clyd,* warm, snug, cosy.

cnàmhan, m., 1732, bitter talk ; *cnàmh,* gnaw.

cnap, m., 4587, a thump, thud.

cnapach, 2848, rattling.

cnapraich, f., 2858, 4433, act of rattling.

cneadraich, f., 2849, a sighing, moaning.

cniadach, m., 2997, act of caressing, fondling ; triuir nach gabh an cniadachadh, cearc is caor is cailleach.

cnuac, m., 2591, 4092, 4565, a head.

cnuasach, m., 4468, 5924, fruit, produce.

cobhartach, m., 89, 1300, booty. spoil.

cochull, m., 1825, a husk, integument ; Lat. *cucullus,* a hood.

coibhreadh, 3039, act of sheltering, covering.

cóigeamh, m., 4323, a fifth, a province ; Ir. *cúigeadh.*

coigcrioch, f., a border or neighbouring country ; cf. Lat. *confinis, confine.*

coileag, f., 143, a knoll.

coille-chnuasaigh, f., 4468, fruitful or flourishing wood.

coillidh, 3494, old dat. sg. of *coille,* a wood.

coi-meata, 4554, a co-mate ; Eng.

coimhdheis, 4987, indifferent ; *coimh-dheas.*

coimhling, f., 135, a race, competition, contest ; *con-,* and *lingim,* I leap.

coinnealta, 585, bright, brilliant ; *coinneal,* a candle, torch ; in older literature, metaphorically, a brilliant hero.

còir, f., (1) 6303, right ; 5433, 5796, air chòir, rightly, comfortably, soundly ; (2) 4875, 'na còir, near it, in its presence ; d'an còir 4445 near them. (3) *cóir,* f., 5134, a title-deed.

còisreadh, còisridh, f., 585, 1221, a company, a choir ; Ir. *còisridhe,* guests at a feast.

coiteach, 4981, abounding in small boats ; *coit.*

colgail, 717, fierce, angry ; *colg,* a bristle ; cf. frioghail.

colganta, 4108, fierce, angry.

coll, m., 5925, a hazel tree.

com, m., 2937, 2958, 4749, the chest, body.

comhachag, f., 6599, an owl.

comhad, m., (1) a comparison ; (2) the second couplet of a quatrain ; *comh* and *fad.*

còmhdach, m., 1990, act of maintaining, proving ; proof ; mar ch. air bhith fìrinneach—Duan. 54 ; thu labhairt na hurrad. Is nach b'urrainn thu ch.—G. 87 ; a thabhairt a chòdaich—R.G. 139.

comhdhalta, comhalta, m., 6305, a foster brother or sister ; *comh dalta ; comh-alta.*

comh-dhosguinn, m., mutual misfortune.

còmhla, f., 975, 5472, a door valve; d., còmhlainn.

còmhlan, m., (1) 1972, 5122, a company ; (2) 2073, a companion.

còmhlann, m., 4514, a duel, combat.

comhòl, m., 5905, a banquet ; lit. co-drinking, symposium.

comhruith, f., 2330, act of racing together ; a race.

comh-sheinn, 4948, harmony.

comraich, f., 3219, 3962 n., protection, place of refuge, girth,

sanctuary ; the sanctuary of a deer forest ; Ir. *comairce ; con* and *airc,* defend.

conaltrach, 581, rich in conversation ; conversible.

confhadh, m., 4111, 4519, fury, rage.

connspairn, f., 4115, rivalry, contest.

cònsach, 4592, act of overcoming, subduing ; fear a chonnsach MhicCailein—T. 97 ; *vb.,* cha do chonnsaich e Muile—T. 97.

conspunn, consmunn, m., 697, 1109, 1908, 4115, a hero.

connspunach, consmunnach, 4045, warlike, heroic.

contaod, m., 2157, a dog-leash.

corbadh, m., 86, act of spoiling (here, by nibbling) ; Lat. *corruptus.*

còrcach, f., 5550, hemp.

còrn, m., 4849, 6141, a drinking horn.

corr, rounded and tapering to a point ; as noun, 1225, the tip.

corr, f., 169, a crane, heron.

corr, 82, odd ; some.

corrach, 3299, 6895, pointed ; cluasan c., D.G. 138 ; hence, unsteady ; 3265, steep.

corrag, f., 1178, the forefinger ; reduced from *corr-mheur,* taper finger ; so *cluasag* from *cluas-adhart,* an ear pillow ; *dobhran* from *dobhar-chù,* water-hound, hound, otter ; &c.

corran, m., 4896, a small tapering point ; cf. corrag; often applied to low taper headlands, e.g., the Corran of Ardgour.

corrbheann, 4315, with tapering points; *corr,* and *beann,* a horn.

corrbheinn, f., 6656, a rounded hill tapering to a point.

corrgheal, 4800, having white pinnacles.

corr-ghleus, m., 4110, air ch., in respect of impetuosity.

còrsa, m., 512, a coast; Eng. *course*.

cosgair, 2696, see casgair.

cosg, see casg; 5799, put an end to; hence, fulfil, serve.

cosgradh, m., 4579, slaughter; see casgair.

cosnadh, 1142, act of contending, defending, winning; O. Ir. *cosnam*, striving.

cothaich, 2242, gain, get, win; Ir. *cothuighim*, rear, preserve.

cothanta, 1968, helpful?

cràc, 628, 3485, see cròc.

cràcach, *cràiceach*, 3277, 3305, antlered; by-form of *cròcach*.

cràdhlot, m., 515, a painful wound.

cràghiadh, m., 3291, 5041, a barnacle goose.

crann, m., (1) 6876, 6881, a tree; (2) 4979, a mast; (3) 5158, a flag-pole; (4) 4891, an arrow; (5) 6160, a plough; (6) 4806, a coffin.

crannag, f., (1) 4978, 4986, the cross-trees of a ship; a crannagaibh a churaich—D.G. 96; (2) 3783, bréid an càradh crannaig, a kertch or coif supported by props; cf. bréid an crannaig, a kertch on props—Carm. Gad. II., 212.

crannaich, 3271, to wither.

crann-céille, m., 5928, a helm, rudder; literally, tree of sense; Cl. na C. 17, 216.

crannghail, f., 5543, wrought timber (of a bow); of a bagpipe: pìob Dhomhnuill Crannghail bhreoite is breun roimh shluagh —G. 292; Ir. *crannghail*, a chancel screen; E. Ir. *crannchaingel*, a chancel screen; Lat. *cancelli*, lattices.

crannlach, f., 189, 5048, a teal duck; *crann*, and *lach*, a wild duck.

craobh, f., a branch, a tree; 5900, a scion.

craobh-chuir, f., 5499, a tree new planted, a sapling.

craobhach, 3837, branching, flowing; 6096, mantling.

craobh-chomhraig, a champion, G. 142.

craobh-chosgair(t), f., 2597, 3390, 5912, a death-dealing warrior; literally, a branch (or tree) of mangling.

craobh-fheirge, f., 2829, a mantling flush of wrath.

craobh-shìochainte, f., 3175, a branch of peace, a peacemaker; T. 45; from the branch which was shaken to quell disturbance in hall among the ancient Gael.

crasgach, 2594, cross, surly, hostile; from *crosg*, a cross, crossing, later *crasg*.

creachann, m. f., 2136, 3023, the bare wind-swept part on the top of a hill; *creach*, to spoil, ravage.

creat, m., 4465, the frame-work of a house-roof.

creubh, *cré*, m. f., 522, the body.

creubhag, f., 2800, 2856, a body.

cridhe, heart; 6747, Alasdair c., beloved A.; an t-Iain c. mac Lachlainn, G. 135; aig Mòir ch., Duan. 98; a Mhairrearad ch., Duan. 140

crìne, f., 4811, niggardliness; *crìon*.

crìobadh, m., 4491.

criomadh, m., 2772, act of picking.

crìonchur, m., 3040, a fall of snow or small hail; *crìon*, small, and *cor*, *cur*, a placing, setting.

crithreothadh, m., 623, blasting frost, causing blossoms to shake.

cròc, f., a branch of a deer's horn.

cròic, f., 580 the bell or small bubbles on liquor.

cròdha, 112, valiant; literally, bloody, from *crò*, blood, gore.

croidhearg, 2903, blood-red.

croidhfhionn, 1597, white-hoofed.

cròilein, m., 588, a little fold or circle ; *crò.*

crois, f., cross-tree of a ship.

croiseach, 4980, 6902, having cross-trees.

crois-tàraidh, -tàra, f., 1654, 5077, the fiery cross.

croit, f., 1790, a hump.

cromadh, m., 1954, act of swooping down (like a hawk) ; verb, 6027 would bend down, come nearer the earth.

crònan, m., 5664, the croon or humming of soldiers on the march.

crònanach, 6674, crooning, belling.

crònanaich, f., 6710, act of crooning, belling.

crosgach, 2594, in cross mood, surly, hostile ; from *crosg,* a cross, crossing.

crosgag, f., 91, a starfish ; from *crosg.*

crotach, 4968, rich in curlews ; cf. Ir. *crotach,* curlew.

cruadhag, f., 4629, distress ; *cruaidh.*

cruadhlach, 3297, hard stony ground.

cruaidh, f., 3668, steel, g. cruadhach.

cruidheach, 3691, 3876, 4291, shod; (usually *crùidheach*) ; *crudha,* a horse-shoe.

cruinne, m., f., 1219, roundness ; the round world.

crùisle, crùidse, f., 3611 a vault of a church, a burial-vault ; M. Eng. *cruddes,* a crypt.

crùn, m., 4298, 5177, a crown piece.

crùnair, m., 5566, a crowner.

crunnluath, m., 2849, the final measure of a pibroch ; urlar is siubhal gu siùbhlach, Is crunnluath mu'm fuirich i sàmhach—D. M. 326, 47.

cuachach, 3996, breacan c., plaid in rolling folds.

cuaicheineachadh, 3008, c. éilidh, act of rolling or folding the the breacan below the waist so as to form a kilt ; vb. cuaichnich, fold, plait.

cuairt, f., 454, &c., a circuit, e.g., by the bards.

cuan, m., 3386, a narrow sea, the ocean ; originally, inlet, bay.

cuan-long, m., 4976, a harbour.

cuanta, 1218, neat, elegant ; cf. *cuanna,* handsome.

cuar, 4463, torment ; cuaradh, distress ; tha do bhean air a c.—Duan. 61 ; chan i an iargain gun ch.—Duan. 194.

cudag, f., 87, a young coal-fish.

cugann, m., 847, rich milk ; milk set for cream ; a delicacy ; cha tig cé air cugann cait ; Lat. *coquina.*

cùi', 6356, for cubhaidh.

cuibhle, cuibheall, f., 2496, 4359, a wheel ; often used of the wheel of fortune ; Eng. *wheel.*

cuibhe, 6857, compar. of cubhaidh, fitting.

Cuigse, collective n., f., 2369, 3425, 3437, the Whigs ; na bha dh' armailt aig a' Chuigse, D.M. p.1 (1st ed.) ; chuideacha le Rì na Cuigse *ib.* p. 2.

cuilbheir, m., 3046, 3796, 3831, 4076, 5282, 5420, 6332, a gun or fowling piece.

cuilidh, f., 79, a treasury ; 3269, 6806, a fertile haunt ; c. na frìthe, D.M. 166, 58, Ir. *cuile,* a pantry, a store.

cuilm, cuirm, f., 581, &c., a feast ; 4286, cuilmeach ; 4310, *cuilmmhor,* rich in feasts ; E. Ir. *coirm, cuirm,* beer ; Gaulish *koûrmi,* beer.

cuimse, f., 3856, aim ; adj. cuimseach, 2128, of good aim, unerring.

cuing, f., 5539, a yoke, a hindrance.

cùinn, m., 1464, a coin ; Eng.

cùinneadh, m., 3922, coin ; 4347, wealth.

cuir, place, set ; (1) 5669, ag cur ort, setting on thee, attacking thee ; (2) 402, 'g a chur am meud, increasing it ; 5439, c. an ìslead, to lower. (3) c. an ire (a) 3231, 4416, make prominent, emphasise, declare; ach ma's a breug no firinn e, Cha chuir mi an ìre e an drasda, W.R. 66 ; ri uchd barra na tuinne 'S tu chuireadh an ìre do chainnt, M.C. 26. (b) taunt with, cast up to ; thòisich e air na nithean sin a chur an ìre d'a nàbuidh ; (c) find fault with for ; cha chuir neach gu bràth an ìre dhuit sin ; compare, cha deachaidh sin an ìre dhàsan, he was not pleased with that ; (d) to assure one that ; chuir e an ìre dhomh gun dèanadh e sin. (4) 4416, c. dh' fhiachaibh, to place as of obligation, to insist ; chuir e dh'f. orm gun (nach) dèanainn sud.

cuireideach, 4426, tricky, full of turns or twists ; caochlaideach, curaideach, D.M. 166, 90.

cuirplinn, 3129 ? a crupper.

cùite or *cuidhte*, 2058, quit of, rid of ; followed by *agus* or *de*.

cùl, m., (1) the back ; (2) 3341, 3348, 3681, 6745, the poll, a tress of hair ; 1476, fleece.

cùlbhuidhe, 1420, yellow-tressed.

cùlghorm, 1275, green-tressed.

culmhaiseach, 1244, fair-tressed, fair-blossomed.

cumachdail, 1663, well-shaped, handsome.

cumasg, m., 5417, a fray ; comhrag.

cumhdaigh, 4507, ornate, well-wrought ; gen. sg. of *cumhdach*, a covering ; ornament, used as adjective.

cumhdach, m., 4203, defence, preservation.

cumhduighim, preserve, construct, roof a building ; 4758, *pret.* do chumhdaigh.

cumhang, m., 6649, a defile ; *con* and *ang-*, as in Lat. *ango*, *angustus*.

cunbhalach, 1933, 4148, steadfast, constant ; *con-gabhalach*.

cungbháil, 3459, keeping ; now in Sc. G. cumail ; *con-gabháil*.

cunnart, m., 2199, 5402, doubt ; 157, danger ; older, *cuntabhairt*, doubt, perplexity, danger.

cunnradh, m., 471, a bargain.

cupaill, m., 5025, 5115, the shrouds of a ship.

cuplach, 4982, full of shrouds of ships.

curaidh, 5049, exhausted, weary ; neo-churaidh a ceum uallach— T. 290; a neul tha neamhchurri—A.M. 13 (1st ed.); Ir. *cortha* ; robádur féin 7 a n-eich cortha, they themselves and their horses were wearied— *Celt. Zeit.* vi, 102, 3.

cùram, m., 5052, trust, responsibility ; 5481, an cùram, " their care," i.e. the object of their care, he whom they cared for.

cùramach, 3766, slàinte chùramach, a toast worthy of attention or honour ; 3916, daoineuaisle cùramach, gentlemen of weight ; honoured g.

curanta, 4512, heroic ; from *curaidh*, a hero.

cùrr, m., 5772, a corner ; thug an ite chùrr sgeuraidh le'n tréin as an t-sròin—T. 115.

cuspair, m., 4886, an object, a mark, target.

dá, *dam*, 4527, 4779, if (Ir. *dá n-*, Sc. G. *nan*, *nam*).

da rìreadh, 2517, in truth, in earnest ; better da rìribh (so in Skye) ; cf. dar fíre, " by truth," in very earnest (Dinneen).

dàicheil, 2630, 2701, 4124, handsome ; Ir. *dóigheamhail,* well-appointed ; decent.

dàil, f., 1308, a tryst, meeting ; 2350, 'n an dàil, near them, about them.

dàl, f.,1299, a dispensation, fate, lot

dail-chuaich, 1791, a violet.

dairchruaidh, 6894, oak-hard.

daithte, daite, 3638, coloured, painted.

dallbhrat, m., 621, a blinding bandage ; na speuran fo dhallabhrat—Duan. 104.

dàmhair, f. 1811, M. Ir. *damgaire,* the belling or roaring of deer ; crónan dhaimh dhuinn dhamhghoiri—*Buile Suibhne,* p. 58 ; also *damgairecht* ; binni lium ag damhghairecht damh dá fhiched benn—ib. p. 78 (Kuno Meyer makes *dam-gaire,* a herd of deer—*Contribb*).

daol, m., 4821, a beetle.

dath, m., colour ; 6096, dean d., blush ; see n.

déabhadh, m., 6637, a soft crossplace between two lochs, or between parts of the same loch.

deachamh, m., 755, the tenth part ; decimation, the killing of a tenth.

deachdadh, m., 1211, the act of inditing, dictating ; tha mo chridhe a' d. deagh nì—Ps. 46, 1 ; Lat. *dicto.*

dealg-gualainn, 3057, a shoulder-brooch.

deann, f., haste ; 50, 113, 366, 'n an deannaibh, 'nan deann, in hot haste.

deannan, m., 122, a small number ; cf. deannag, a pinch (of meal, &c.).

deanntrach, f., 4530, flashing, sparking.

dearganach, m., 3029, a red-coat.

dearmail, anxiety ; 4532 mud' dhearmail, equivalent to "in your quarrel."

dearrasan, m., 2974, a rustling.

deibhtear, m., 2212, a debtor ; Eng.

déideag, f., 72, a little fair one, darling ; ho mo dhéideag laghach—Duan. 172 ; mo dhéideag dh' fhearaibh saoghalta—A.M. 158 (1924)

déilig, 2252, dealings ; Eng.

deiltreadh, m., 3871, gilding.

deireas, m., 2426, injury, loss ; cha bhiodh dìth ort no d.— Duan. 74 ; fear a dh' éigheadh gach d. a nuas—M.C. 82.

déis, 3019, after.

déis, 5183, see dias.

deiseachd, f., 4881, 5594, elegance, symmetry, comeliness ; from *deas,* dexterous, expert, as in 2073.

deiseil, 6546, southwards.

deisneil, 4964, of southern aspect.

déistinn, déisinn, f., 1128, abhorrence, awe ; gun tioma gun d.— D.M. 134, 49.

deòradh, deoiridh, m., 4197, a pilgrim ; 4788, 5454, a stranger; a destitute person ; originally an exile, outlaw ; see urra.

deudach, m. f., 1445, 6845, the teeth.

deudgheal, 3124, white-toothed.

dhiuchd, 3331, appeared, came in sight ; W. Ross—d. an comas sin 'n am dhàil, p. 2 ; do dh. uiseag is smeòrach, 14; is ann a dhiuchdas mi thairis do'n gharran leam fhéin, 15 ; d. mar aingeal .. ainnir òg, 28; d. na buaidhean, òigh, mu'n cuairt dut, 29 ; an uair d. an dia beag .. mu'n cuairt, 50 ; mar bandia d. o'n athar thu, 64; amh-

chunnan (buttons) gu'n diochd-
adh cord romp—T. 208; diuc-
adh, coming to, presenting
oneself—A. & D. Stewart,
Gloss.

dialtag, f., 6352, a bat ; by-form
of *ialtag*, Ir. *ialtóg.*

dias, f., an ear of corn ; point of
a blade; 5183, déis, tips.

dìbleachd, f., weakness, decrepi-
tude ; short for *dìblidheachd.*

dìg, f., 1773, 6423, a ditch ; Eng.
dyke.

dìbrid, 4755, 3pl. pr. subj. of
dìbrim (dìobraim), used intransi-
tively, I fail, pass out.

dìle, f., 684, a deluge ; 6818, gu
dìlinn, ever, usually in nega-
tive phrases ; equivalent to
" gu bràth."

dìobhail, f., 3653, 3706, loss, want;
Ir. *dìoghbháil*, damage, want.

dìobradh, 5421, nach dìobradh
teine, that would not miss
fire.

dìobradh, m., 3708, act of for-
saking, expelling, rooting out.

dìochaisg, 926, stubborn, impla-
cable ; *di*, private, and *casg*, to
check.

diogal, 100, act of tickling ; Eng.
tickle.

dìol, m., 3809, recompense, retri-
bution, usage; 5560, dispensing;
4623, satisfaction.

dìol, 5590, requite ; n. dìoladh,
860, act of requiting.

diomb, *diombadh*, m., 1122,
hatred, displeasure.

diombuan, *diomain*, 6261, not
lasting, fleeting, transitory ;
negative of *buan.*

dìonach, (1) 4977, sheltered; (2)
6892, water-tight; (3) of music,
2842, pìob as d. nuall, without
breaks, continuous, fluent; so
in 2890, 3260, 4414, 4946; cf.
troimh na tuill fhiara, nach
dìonaich na meoirean—G. 89;

(4) 6898, stagh d. dualach, a
stay-rope, firm and plaited.

diong, 4534, to ward off ;
diongfann, consuetudinal
present ; from diongbhaim ;
dhiongainn fear 'san dol sios—
Duan. 191.

diorr, m., 2794, a spark of life—
H.S.D.

dìreadh, m., (1) 1830, act of sur-
mounting, getting up above ;
dìr, ascend ; (2) act of exacting
a fine ; nach dèan iad unnsa
dhìreadh oirnn—U.B. 57 ; M.
Ir. *díre*, a fine.

dìsle, f., 4913, faithfulness, loy-
alty ; by metathesis for *dìlse*,
from *dìleas;* cf. *uaisle, uailse.*

dìsne, m., 6008, 6536, a die ; M.
Eng. *dys.* dice.

dìsneach, 1429, diced.

dìth, f., 1875, bhith dh., to lack ;
'g a dh., lacking him.

diù, the refuse of anything ; 551.
cha bu d. leis, he would not
scorn. Short for *diugha*, the
opposite of *rogha* : Distinguish
from *d'fhiù, diù*, of worth,
worthy, worth while ; cha
téid mi, cha diù leam, I will
not go, I think it beneath me.

diùbhail, 3467, 4188, 5483, see
dìobhail.

diùchair, 3609, to ward off, drive
away ; Ir. *dìochuirim*, I put
away, banish ; verbal n.
diùchradh, 3693 ; fhuair iad
seòl air bhur diùchair—T. 5.,
spell.

diùlannach, *diùlnach*, m., 613,
4984, a man of parts, a brave
man ; Ir. *díolmhaineach*, soldier,
from *díol*, pay ; *mercenarius.*

diùlanas, m., 3984, bravery.

diùthadh, m., 6317, here, a scruple,
niceness ; from *d'fhiù* ; see
diù.

do-bheus, m., 3351, vice, bad
habit.

dobhran, m., 2741, an otter ; reduced form of *dobhar-chù*, water hound.

dobharanach, 4971, rich in otters.

dochar, m., hurt, damage ; from *do-* and *cor*, state ; cf. *sochair*.

doillead, m., 3731, blindness ; cuir an d., to dim ; *dall*.

dòineach, 603, sad, sorrowful ; an cath a bha d.—Duan. 69.

doinionn, f., 3281, a storm ; the opposite of *soinionn*.

doirngheal, 6908, white-fisted.

dol, act of going ; 3018, 3857, 4113, 4595, 5518, dol sìos, act of charging in battle (the regular term).

dolar, m., 6376, a dollar.

domblas, m., 5891, gall ; fion geur, measgta le d.—Matth. 36, 34 ; *do-mlas*, ill-taste, from *blas* ; O.Ir. *mlas*, taste.

dòmhail, 6618, stout, bulky ; opp. of *sòmhail*.

donas, m., 3100, the devil ; *dona*.

don-bìdh ort, 6520, " evil of food upon you," may you lack food ; don-dòchais, G. 91 ; don-faighneachd ort, Duan. 141 ; don-bìdh air an t-seòl a bh'ann, Duan. 177 ; cf. dìth bìdh air do shròin-se, T. 167.

donnalaich, 5793, howling like dogs ; *donnal*, a howl.

dorghach, m., act of fishing with hand lines ; Norse *dorg*, an angler's tackle.

dòrn, a fist ; a measure of five or six inches ; 2115, dorn air mholadh, an increase of praise ; cf. chaidh dorn air thapadh, dorn air ghleusadh, dorn air spionnadh ann—*Rosg G.* 88.

dorran, m., 3235, vexation.

dos, m., 1763, tuft, clump.

dos, m., 6655, the hunter's horn ; 2304, the drone of the bagpipe.

dosgach, m., 3451, a calamity ; Ir. *dosgáthach*, improvident.

dosgainn, f., 536, a misfortune.

do-thraoghadh, 287, inexhaustible.

dragh, m., 5750, trouble.

draghadh, m., 97, act of dragging, tugging ; Eng. *drag*, *draw*.

dràic, f., 826, a slattern.

drèachd, 2359, a wile, trick, spell ; a specialised meaning of *drèacht*, a song, poem.

dreachmhor, 1837, comely.

dreòs, m., 579, a blaze.

drithleannach, 4414, sparkling, twinkling ; *dril*, a spark ; Ir. *drithle*.

droillse, 6005, a blaze ?

droll, *dreall*, *dreoll*, m., 5472, a door bar.

dronnag, f., 5019, a small back or ridge.

drùchd, 2294, an oozing drop.

drùdh, 4236, penetrate ; mentally, to steal on one's senses.

druid, 5903, dhruideadh o, which descended from ; cf. *crann-druididh*, a noble—*Isaiah*, 43, 14.

drùidheach, 444, penetrating.

druineach, m., 4189, a skilled artificer, especially in embroidery ; M. Ir. *druin*, expert.

dualchas, m., 1627, 1944, 2583, 4274, hereditary disposition ; *dual*, an hereditary quality.

duasmhor, 4648, liberal, bounteous.

dubh, 6262, to blacken, eclipse, distract ; cf. gura mise th' air mo ghualadh Mu chara nam fear, &c.—G. 34 ; is mise a' bhean bhochd tha air mo sgaradh air mo ghualadh, 's air mo ghearradh—M.C. 260.

dubhadh, 5506, darkness, eclipse ; *urdhubhadh* (*air* intensive), complete eclipse.

dubharach, 3294, shady.

dubh-ghall, 4104, 4176, 4199, a lowlander with no tincture of Gaelic culture.

dubhlachdach, 1238, wintry.

dubhshlan, dùbhlan, m., 896, 3217, 4931, a challenge ; cuir gu d., to challenge, defy ; *dubh* and *slán*, a challenge, defiance.

duileasg, m., 5781, dulse.

duille, f., 3019, 3760, a sheath.

duinnead, f., 6689, brownness ; *donn*.

dul, 3102, once on a time.

dùmhail, 4144, bulky ; 6869. crowded ; tha an latha d., the day is close, see *dòmhail*.

dùn, m., (1) a fort, (2) a hill, (3) 4213, a dunghill.

dunaidh, f., 3802, woe, misfortune ; 3592, g. dunach.

dùrdan, m., 3030, 6687, a deep humming.

dùth, dù, 4203, natural, hereditary.

eadradh, m., 1491, milking time ; Ir. eadarthra, noon, milking time ; *eadar* and *tràth*.

eagnaidh, 539, 4950, expert, skilful ; *eagna*, wisdom.

ealacarach, 4940, ealanta.

ealadh, f., a tomb ; 3748, the spot in Iona where the dead were place on landing ; see n.

ealadhain, f., 4189, d. of ealadh, learning, skill ; used now as nom. *ealain* ; a certain man was given a choice between "*rath gun ealain, no ealain gun rath.*"

ealaidh, f., 548, 1572, 3243, an ode music.

ealchainn, f., 3123, 3884, 5269, a rack for weapons ; E. Ir. *alchuing, elchuing*.

ealtainn, f., 5615, flock of birds.

ealtainn, f., 3065, a razor.

eang, a corner, a triangular object ; cognate with Lat. *angulus*.

eangach, having triangular hoofs, cloven-hoofed ; 6672, hoofed, nimble.

eangladhrach, 3299, having angular hoofs, cloven-footed.

eararadh, m., 6688, the process of parching corn.

earasaid, f., 3775, a mantle worn by women ; described in Buchanan's Travels in the Western Hebrides (1793), p. 88.

earb, to trust ; 5689 expect (here tr.).

earchall, m., 844, misfortune, especially loss of cattle ; *air* and *call*.

earlaidh, 6368, ready ; M. Ir. *erlam*, ready, prepared, whence also *ullamh* ; cf. *earlachadh*, act of preparing (food).

eàrrach, f., 5020, 5047, the hollow water-way by the side of a ship's deck ; compare *eàrradh*, the hollow line of a scar— Lewis.

earradh, m., dress.

earraid, m., 485, a tip-staff, sheriff officer ; cf. Ir. *earráid*, f., an error ; wandering ; tha maoir is earraidean is cléir. . . ag cur bharantasan glacaidh an céill—Duan. 181 ; Lat. *erraticus*.

earrghloir, f., 3626, bold or vaunting speech ; *air*, and *glòir*, speech.

earras, m., 784, wealth ; *earr-adhas, from *earradh*, dress, wares, goods.

eàrr-ite, f., 5544, a tail-feather.

eàrrlann, f., 5023, the bottom or bilge of a ship ; sruth ag osnaich bho shloistreadh a h- earrlainn—A.M.171; gus nach fàg e sile an grunnd No an làr a h-e—A.M. 178.

éileadh, m., act of folding ; the folding and kilting the lower part of the plaid (*breacan*) after getting up ; the kilt ; see 1847 n., and add : breacan an fhéilidh, breacan am féileadh, the kilted plaid ; chaidh an t-éile a meas—T. 256 ; gu 'n tig na h-airm gu h-innealta Air éile an crios iomachair— G. 130.

éileadh sguaibe, 3056 suas an é., gathered up in sweeping folds ; see 1847 n.

eineach, m., 5944, honour, generosity, bounty.

eirbheirt, f., 5043, excessive use ; E. Ir. *airbert*, use, practice ; *air* and *beir, beart.*

eire, m., a burden ; a rìgh, gur trom m' eire—G. 49.

eireachdail, 3723, handsome ; becoming ; in Ross and Sutherland, devout : boirionnach e. (1) a handsome woman ; (2) a pious woman ; lit. "meeting-like," "wearing one's assembly clothes " (*eireachtamhail*, from *eireacht*, an assembly, congregation. Cù Chulainn, going to woo Emer, went "with his assembly dress " (*cona thimtacht oenaig*)—LU line 10,192. Displaying himself to the ladies of Connacht, "he puts on his assembly raiment (*a dillat oenaig*) that day "—LU line 6553 ; so LU 6115.

eireachdas, m., 2486, handsomeness ; in Ir. *oireachtas* means an assembly.

eirmis, 1739, hit, find out ; *air*, and root of *meas*, judgment.

eirmseachd, f., 2175, act of hitting on.

eirthir, oirthir, f., 5855, sea coast ; in Sutherland, *eilthir; air* and *tìr.*

éis, f., 2645, hindrance, impediment, delay ; 80, 404, want ; chan 'eil éis mòine an Uibhist ; what is left ; tha e an é. fhathast, "he is still living."

éisg, 2683, a satirist ; by metathesis from *éigs* (Dinneen), a by-form of *éigeas*, a learned man, poet, satirist.

éislean, m., 436, 5033, debility, grief ; *an*, privative, and *slàn.*

éiteag, f., a white pebble, a precious stone ; 6062, a fair maid ; Eng. *hectic*, from the white hectic stone used as a remedy against consumption— Martin, Western Islands, 134.

eitigeach, 1277, consumptive, wasting ; see preceding.

éitigh, 1274, 6587, dreadful, dismal, fierce ; O. Ir. *étig*, foul.

euchdach, 3773, 4534, 5660, 6584, valorous, of mighty deeds.

eoin-bhùchain, 190, melodious birds ; "eun búchainn, a melodious sea-fowl "—A.M.

eucoir, adj., 4557, wicked ; elsewhere a noun f., wickedness.

eudail, f., 5188, cattle ; 5166, m'e., my treasure, (the primary meaning) ; cf. *crodh*, wealth, cattle.

eun, m., a bird ; 5544, eagle ; 5966, 6342, an t-eun liath, the grey bird, i.e. (most probably) the eagle ; see *fìreun.*

eunlann, f., 3483, an aviary ; cf. *leabharlann*, a library ; *iodhlann*, a stackyard, cornyard.

euradh, m., 2553, 6609, act of refusing ; a refusal, denial ; Ir. *éaraim*, I refuse.

fada, long, tedious ; 5937, is fada leam, I think it long, wearisome, distressful.

fadalachd, f., tediousness, longing ; 2046 a chuir f. orm, that made me feel the time long.

faghaid, f., 6647, a hunt.

faghairt, f., temper (of steel) ; *fo* and *garadh*, act of heating.

faghar, m., 4427, a sound ; *fo*, and *gàir*, a cry.

faiche, faithche, f., 271, 1845, a green near a house ; an exercising green ; ní fhásadh feur úr ar th'fhaiche (on thy g.) O léim lúth, &c.—R.C. II., 321.

faiche, f., 6279, a lobster's burrow ; also aice.

fàileanta, 3298, keen of scent.

faileas, m., 1511, a shadow.

faillein, m., 1765, 6603, a sucker of a tree.

fàinne, m., 3493, a ring (f. in H.S.D. and Arm.; m. in McA. and in Ir.) ; Ir. *fáinne, áinne ;* Lat. *anus,* a ring.

fàire, f., 5579, the horizon.

falachd, folachd, f., 860, 5750, spite, feud, quarrel ; thogadar an sin an fholachd Eadar an dithis ghaisgeach threuna— D.G. 103 ; is mairg a thogadh an fholachd 'san am—D.G. 109; b'àill leis an fholachd a dhùsgadh—D.G. 116 ; gu folachd no gu strìth—Duan, 53.

falasg,, m., 733, heather-burning ; *fo* and *loisg.*

faobh, m., 6805, spoil, booty; Ir. *fadhbhaim,* I strip, despoil ; O. Ir. *fodb,* spoils of war.

faobhachadh, m., 6865, act of despoiling.

faobhadach, m., the carcass of an animal ; cha d'fhuaradh ach am f.—Lewis.

faobhar, m., edge ; 2031, sloping edge ; f. na beinne, the sky-line sloping up to the summit.

faoighe, f., 1519, 1539, begging, thigging; M. Ir. *fáigde;* O. Ir. *foigde,* begging ; *fo* and *guidhe,* act of begging.

faoileas, m., 580 ?

faoillteach, faoilleach, f., 309, 2381, 6320, the month from the middle of January to the middle of February.

faoin, 4665, weak ; 6770, monadh f., sloping hill ground ; E. Ir. *fáen, fóen,* supinus, sloping.

faomadh, m., 2220, by-form of *aomadh.*

faondradh, m., 3475, a wandering, straying ; 1711, a dhol air f., ruined by neglect.

faontrach, 594, neglected, desolate.

faosaid, f., 6607, confession.

fàradh, m., 5014, cf. *fàrradh,* litter in a boat ; here seems to mean deck.

farram, 1590, with me, abiding with me ; dialectic form of *mar-rium.*

fàs, 828, 4366, empty.

1. *fàsach,* m., 1666, 1812, a place void of habitation ; a wilderness ; *fàs,* empty. Sometimes hard to distinguish from (2).

2. *fàsach,* m., a place of growth ; grassy place, pasture; 2414, gun sìol taghte am f. nam fonn : chan 'eil m' fheur am f.—G. 121 ; so 1232, 1263, 1361, 1402, 1678 ; *fàs,* grow.

fasgadh, m., 4987, shelter, the lee side, opposed to *fuaradh* ; also, taobh an fhasgaidh, t. an fhuaraidh.

fàslach, m., 2987, a hollow, cavity ; *fàs,* empty, and *-lach.*

fàsmhor, 2604, growing.

fathunn, m., 1293, report, floating rumour.

feachd, m., 3060, time of war, warfare ; 3823, 6582, 6913, a warlike expedition ; 6931. an expedition by land ; 117, a host; 3823, gen. feachda ; tinneas an fheachda, malingering, E., 194; fuigheall fìor dheireadh feachda, rejected men—Glen B. 40 ; nach bi e nàr . . . mis bhith am dheireadh feachd air càch—Duan. 171; biadh fir as déidh feachda, the food of a shirker or a weakling; pottage —Old Stat. Acc. III., 522, n.

feacadh, m., 2048, act of bending, bowing, giving in ; Ir. *feacaim,* I bow.

feadan, m., 5562, a tube, the " worm " in distilling ; uisge

beatha nam f., T. 16; uisge-b.
feadanach, T. 28; Ir. *feadán*, a
pipe, brook, &c.

feall-innleachd, f., deceitful device,
guile.

fear-beairt, m., 5602, the man who
attends to the gear of a ship ;
dh'orduicheadh a mach fear-
beairte, A.M. 174, which see
for his duties.

fearbhuilleach, 1385, inflicting
manly strokes.

feardha, 3094, 4773, manly.

fear-ealaidh, m., 3224, a man of
song, poet; 4296, pl. luchd-e.

fear-fuadain, m., 6395, a fugitive.

fearghleus, m., 3631, manly style or
achievement ; cf. a dhol gu f.
gu foirghleus gaisgealachd—T.
34 (*for*—Lat. *super*).

fearrdhris, earradhris, f., 5263, a
red wild rose. dog rose.

feart, m., 286, 3682, virtue,
power; Ir. *feart*; Lat. *virtus.*

feart-tarnach, 4952,

feasda, 4809 am feasda nan
tràth, lit. " at this moment of
the times." at the present time;
for earlier *i fecht-sa*, at this
time, in which usage *fecht*, time,
is a semantic development of
fecht, an expedition ; cf. the
modern " an turus so," this
time, lit. " this journey' ; now,
ever, forever ; with future
reference.

feidhm, f., 5929, effort, service,
need; now Sc. G. *feum*, m.

féileadh, m., *éileadh* with pros-
thetic *f.*

féilichean, pl. of féileadh, fóile, a kilt

féile, f., 1157, &c., hospitality,
generosity.

Féill Brìghde, f., St Bride's Day,
the first day of February;
Candlemas.

Féill Eoin Ròid, f., 3213, Feast of
St John of the Rood, 14th
September.

féinnidh, m., 5628, a warrior,
champion.

feòlach, m., 4120, carnage; 5551,
flesh; from *feòil* and *bach*, from
O. Ir. *bongim*, I break.

feòladair, m., 3101, a butcher;
the name earned by William,
Duke of Cumberland, on ac-
count of his inhumanity after
Culloden.

feòrag, f., 6323, a squirrel; cho-
grad ri feòragan Céitein—
A.M., 179.

feudail, f., 474, cattle; properly
eudail ; primarily, treasure.

feurlochan, m., 1777, a grassy
lochlet; a lochlet that dries.

fiach, m., debt, value; 413, ag
cur am fiachaibh, assert; 4673,
value, worth.

Fiann, m., 4377, a Fenian, a war-
rior ; E. Ir. *fian*; cognate with
Lat. *venari*, to hunt.

Fiann, f., 5972, the Fiann; 6919,
a body of warriors.

fiaradh, m., 3045, air fh., placed
obliquely ; Ir. *fiar.*

fiaraich, feòraich, 3911, ask, en-
quire; Ir. *fiafruighim*; O. Ir.
iarfaigim; iar, back, and *fach*,
from E. Ir. *faig*, said.

fiath, fèath, m., 191, a calm,
smooth water.

fìdeag, f., 2945, a reed.

fidreachdainn, m. 2750 act of exam-
ining, considering, ascertaining,
verb. n. of *fidrich* ; from *fidir*,
examine, search narrowly, find
out ; dh' fhidir e so, he found
this out (Lewis) ; fidir mi agus
dearbh mi, examine me and
prove me—*Psalm* xxvi., 2 ;
an d' fhidir no an d'fhairich no
an cuala sibh—*Rob Donn* ; ge
b'e dh' fhidearadh ar rùn—
D.G. 113. The older meaning
of *fidir* (sg. 1 *feadar*) is " know":
mur tusa nighean righ Greig
Chan fhidir mi fhéin co thu—

T. 171. Cf. A.M. 132, 286, 314, 330 (1924).

fine, 6387, more elegant.

finealta, 6348, neat, elegant.

fìonfhuil, f., 5105, " wine-blood," noble blood ; cf. A.M. pp. 144, 286 (1924).

Fionnghall, 5163, a Gaelicised descendant of the Norsemen; a native of the Hebrides; opposed to Dubhghall, a Teuton, who has no Gaelic ; see Gall.

fionntach, m., 423, the pile on the body; from *fionnadh*, pile.

fireach, m., 3337, high ground; the part of a hill below the *creachann* and above the *leathad, leacann,* or *leitir.*

fìreun, m., 605, 5286, 6040, an eagle ; see *eun.*

fiùbhaidh, f., (1) 4713, a wood; is tu an ùrshlat àluinn . . . de'n fh. àrd nach crìon—W.R. 7; (2) timber; ri aodann nan crann fada fulangach f.—R.G. 82; diugha na fiuidh bha aig Tubal Cain—G. 89; an fhiuidh shean nach dùisg gean—G. 90; (3) 5426, an arrow; bhiodh an t-iubhar 'ga lùbadh le fiuidh-innibh storach—T. 84; iad cur fhiudhaidh le deann am feoil— T. 113; (4) a wooden cup; làn na fiùghaidh—R.C. II., 412; (5) 638, a plank, ship's timber; tha am fiodh innte is fearr A bha 'san àrd-choille dhosraich : Is math a leagadh na fiùbhaidh Tha 'na h-urlar cho socrach— Cl. na C. 19 ; (6) a chief ; an t-armunn S'eiteach, Fiui lasgurra nan geur lann— A.M. 113 (1st ed.) ; (7) a gun, rifle ; le d' iùthaidh ladhaich nach diùltadh, An déigh a taghadh, 's a h-ùilleadh o'n cheard—Duan. 62; Ir. *fiodh-bhadh*, f., a wood. Compare Iarla na Fiughaidh, R.C. II.,

343, 382. Hence Fyvie. (Similarly Ir. *bíodhbha*, guilty person, enemy, is in Sc. G. *biùth-aidh*, sometimes spelled *biui.*).

fiughar, m., 6414, chuireadh f. fo mhnathan, that would make ladies expectant (of dancing).

fiùghail, 2236, worthy ; *fiù,* worthy.

fiùghantach, 3853, 3926, generous, liberal ; *fiù,* worthy.

fiùghantas, 3914, generosity ; *fiù,* worthy.

fiùran, m., 5962, a sapling ; 1101, 1958, 4597, a handsome youth; f. ùr de'n t-seann abhall—Duan. 76; compare bile, craobh, fiùbh-aidh, fleasgach, gallan, gas, gasan, gasradh, geug, slat, sonn, all used metaphorically for persons. see *fleasgach.*

flathail, 3853, princely, noble.

flathasach, 4268, 5094, princely, majestic.

fleasgach, m., 61, a youth ; cf. fiùran; *fleasg,* a wand; adchonn-cadar flesc gilla óic—*Sil. Gad,* 201 ; flesc óclaich duind— *Betha Moling* §68.

fleisdeir, m., 6348, an arrow-maker; O. Fr. *flechier,* through Sc. *fledgear*; Eng. *fletcher.*

fliuchbhord, m., 5117, the plank of a boat next the keel; keel-board.

fochair, 6721, presence; am f., in presence of; Ir. *fochair; fo* and *car,* from *cuirim,* I place, set.

fochlasach, 4960, rich in brook lime; cf. O. Ir. *fochlocht,* some sort of water plant.

foghnadh, m., service, sufficiency ; 6621, air f., laid aside, passed away; literally, after service; emeritus; bu mhór m' earbsa as bhur foghnadh, Ged a dh' fhoghnadh dhuinn 'san àr— A.M. 109 (had the worst of it).

foinnidh, 1931, 1969, handsome ;

for *foinnighthe*, the old part,
pass. of *foinnich* (*foinnighim*),
to temper.

foirm, noise; gun cluinnte f.
bhur gunnaichean—T. 30; tog-
amaid le f. i (.i. an tosta)—T.
32; chluinnte f. air an dannsa
—T. 16.

foirm, 6009, fashion, plan, design;
Lat. *forma*.

foirmealachd, f., 2828, briskness.

foirmeil, 2898, 4403, loud-sound-
ing, noisy; *foirm*, noise.

foirmeil, 4134, brisk, lively ; 5335,
stately ; *foirm*, *fuirm*, form.

foirne, 655, a brigade, troop; g.
of *foireann*, used as nom.

foireann, f., a troop; 6375, chess-
men ; the complement of a
chess-board; so 5587, fir foirne.

foirtreun, 4476, very bold; *for*,
"super," very, and *treun*.

foistinneach, 1085, 3177, 4678, 5386
calm ; *fois*, *rest*.

fòlach, m., 4067, rank grass grow-
ing on dunghills.

folachd, f., 5222, 5392, noble blood,
extraction, lineage ; *fol-*, com-
positional form of *fuil*, blood.

fonn, m., 19, 6717, frame of mind,
mood, humour ; 1252, mood,
aspect.

fonnmhor, 1840, cheerful, lively,
pleasant.

forc, f., 2796, cramp.

foras, m., 4710, inquiry, know-
ledge; Ir. *foras*, a basis; his-
tory, true knowledge.

fothail, f., 177, glee, hubbub; for
othail, with *f* prefixed.

fòtus, m., 2900, 2993, 4068, refuse,
corruption.

fraigh, f., 828, a side wall, Lat.
paries ; a shelf ; "fraighean
failmhe d'a bus!", empty
shelves to her gab !—a N.
Uist imprecation.

fraoch, m., 5631, 6037, anger; Ir.
fraoch, fury.

frasach, 2538, copious, generous.

frasachd, f., 3041, rain; 5598,
attack; M. Ir. *fras*, shower,
attack.

freasdal, m., attending, waiting
on, awaiting; 1547, am f., in
expectation ; *freasdlach*, 6316,
watchful, alert.

friogh, m., (1) a bristle, hackle ;
(2) anger; is f. air an fhìor
bhrùid—G. 298.

frioghail, 1922, keen, sharp,; lit.,
bristly; *friogh*, a bristle; cf. for
meaning *colgail*.

frith-leumraich, f., 2971, dancing,
prancing ; *frith*, diminutive, as
in *frithiasg*, small fry, &c.; *frith*
means primarily *to*, *side*.

fròg, f., 5682, a hole.

frogail, 21, blithe, cheerful ; *frog*,
lively.

frois, 3700, 4467, to shake, fall off
the stem (of apples, corn); 723,
besprinkle (with shot).

fuaigheal, m., sewing; 5117, the
seam of planks in a boat ; see
sùdh.

fuaimearra, 229, resounding ;
fuaim.

fuaradh, m., 4465, 4987, cold
blast; an crann nach lùbadh ri
f.—R.C. II., 317; 6904, the
weather or windward side ; dol
san f., beating to windward ;
cridhe an fhuaraidh, the eye of
the wind—A.M. 177 ; see
fasgadh.

fuaraidh, 427, 4366, cold, fireless ;
Ir. *fuardha*.

fuaran, m., a well ; 1789, 3012, a
green spot beside a well among
heather ; a green spot among
heather ; laigh an eilid air an
fhuaran—D.M. ; h-uile graigh
mhunaidh a chleachd bhi air
fuarain—Rob. Stewart, 63 ;
greigh each air t' fhuarain
ghorm—A.M. 50 (1924) ;
aoltair an fhuarain—*Duan*. 62.

fuar-ghreann, 2825, " cold hue," apathy, sullenness.

fuathas, 6640, an uproar, a rout.

fùcadh, 1561, fulling cloth; luadh-adh; Ir. *úcaire,* fuller; *úcadh,* fulling.

fùididh, (1) 3403, the coward's blow; (2) a fugitive; chaidh ruaig feadh choillte is chùiltean air gach fùidse dh'fhuirich slàn —Duan. 55; Lat. *fuge,* flee (imperat.). In cock-fighting, the beaten bird was called a " fugie"; hence (2).

fuirbirneach, m., 5027, a strong man; from *fuirbidh;* na fuir-bidhnean troma treuna—A.M. 169.

fulachd, 1505, a carcass; is iomadh f. chaidh 'na bhian-L. na F. XVIII. b, 21; *fuil,* blood; cf. folachd.

fulag, ulag, f., 1059, 5050, a block, pulley; Eng. *pulley.*

furmailt, furailt, f., 3941, cour-tesy, kindly reception.

gabh, 2778, recite.

gàbhadh, m., 5044, peril (stronger than *cunnart*).

gàbhaidh, 228, 390, 880, 1656, 4714, 5201, perilous; g. of *gàbhadh;* cf. *bunaidh, caomh-aidh.*

1. *gabhail,* f., (1) 5663, act of taking; soirbh go bráth g. an gill—R.C. II., 244 ; (2) 5094, act of breaking in; harnessing, cf. tá an capull gabhtha, the horse is harnessed—Din.; (3) 1972, 3650, 4901, carriage, bear-ing, behaviour, demeanour; is binn do chomhradh is grinn do gh.— Duan. 167 ; bu shìobh-alt fìorghlic do gh.—Duan. 199; (4) 3286, a sweep (of an up-land); (5) the course of a ship; chumas gu socrach a g., gun

dad luasgain—A.M. 173 ; (6) 4559 act of kindling.

2. *gabhail,* f., 50, 3557, 5197, 5664, act of singing.

gabhannach, 882, gossiping, tat-tling; gadding.

gadhar, m., 2082, 4933, 6071, 6649, 6724, 6729, a hunting dog, beagle, hound ; gadhair-chatha theid mar shaighid—A.M. 161.

gagan, m., a cluster ; 6666, gag-anach, clustering.

gaibhtheach, gaibhteach, m., 6084, a person in want, a craver ; duine gaibhtheach, one living above his means—*Zeit. Celt. Phil.* I., 155.

gailbheach, 241, 309, stormy, tem-pestuous.

gàinne, f., 4896, 5549, an arrow-head, a dart.

gàir, f., 240, a shout, outcry ; nach tiomaich le g. chuaintean— A.M. 177.

gàir-bhàite, gàir-bhàidhte, f., 5939, a cry of drowning, drowning cry; *bàidhte* is the old gen. sg. of *bàdhadh,* act of drowning ; cf. *muir-bhàidhte.*

gàireach, 2927, roaring, resounding.

gàirich, f., 226, a roaring noise, 5559, a loud crying (as of sheep and lambs) ; 4469, ag gàrthaich.

gàirthonn, f., 4834, a roaring wave.

gaiseadh, m., 1904, 2900, 5142, 5971, a shrivelling, withering; a defect ; cha robh beairt gun gh.—A.M. 184.

gaisgeanta, 3297.

gal, m., 3447, weeping.

galan, m., 6377 a gallon ; Eng.

galan, m., 6649, noise, baying.

Gall, m., (1) a Gaul, (2) a Norse-man, as in Innse-Gall ; (3) 1482, 6734, 6810, a Saxon, Low-lander ; see Fionnghall.

gallbhodach, 2643, 6392, a lowland carle.

gallan, m., a scion, a branch;
631, a handsome man; cf.
fiúran.

gaoid, f., 4478, a blemish.

gaoir, f., 2896, 2931, a thrill; 3686.
a cry of pain.

gaoirich, f., 2974, a thrilling
sound.

gaoth-chuartain, f., 4464, a whirl-
wind.

gaothaire, m., 2968, the mouth-
piece of a bagpipe.

gar an, 6073, although . . . not;
gar an d' fhuair e foghlum—
T. 207; gar 'n do ghabh mi
mór eolas—T. 86; also T. 323,
25, 376, 13; 126, 9; Duan. 73,
21 (gar am b'ann a ghoid
chapull); 74, 4; 101, 22 (gar
am marbh); Rob. Stewart,
43, 13) ge 'r m' fhaca mi riamh
thu).

garbhlach, f., 5539, rough ground;
garbh and *-lach*.

garcail, 6353?

gar nach, 1723, though . . . not.

gart, m., 3275, standing corn.

gasda, 4772, &c., comely, hand-
some; *gas*, a stalk, with ad-
jectival suffix *-da*, "stalk-like"
Tha an t-òganach gasda mar
ghasan de luachair—E. 339;
cf. *fleasgach*, *fiùran*; *gas*, a lad;
gasán, a boy "gossoon"; *gas-
radh*.

gasgan, m., 1262, 3297, a small
tail; a ridge running down from
a plateau and narrowing to the
vanishing point.

gasradh, f., m., 638, &c., a com-
pany of young men; a crew;
collective, from *gas* a shoot,
stalk, scion, young man, with
the collective suffix *radh*; cf.
macradh, *eachradh* &c.

gathan, m., a little dart; 2977,
a small flag-staff.

geall, m., 1092, 4175, 5103, a
wager, a pledge; leis a bhuidh-

inn roimh 'n rùisgte na gill; Is
math lùbadh tu pìc . . . An am
rùsgadh a' ghill—S.O. 30; for
"stripping the pledge," see
note on 5103; gun leòn gun
sgìos, gu bràth cha phill Gus
an téid na gill a chur leo—S.
498; b'ann de t'fhasan . . .
Bhith cur bhòd is geall réis rì
daoine uaisle—T. 278; soirbh
gu bràth gabhail an gill—R.C.
II., 244; claidheamh mar Mhac
an Luinn an gleó gill—Adv.
Lib. M.S. LII., 4, b., is beacht
nach berthar a mach Do gheall
ar lúth no ar lámhach—*ib.* 33, b.

geanachas, m., 2091, mirth.

geard, 6016, ? Eng. guard.

gearradh-arm, m., 1659, an en-
graving of arms; coat of arms.

geibnigh, 4950, lively, tripping
(of music); cf. Ir. *geabanta*,
giobanta, talkative, fluent
(Dinneen).

geilt, f., 909, panic, cowardice;
in older G. *geilt*, *gealt* is a
lunatic who went mad with
terror and went up in the air,
e.g. in the tale of Suibhne
Geilt (*Ir. Text Soc.*); adj.
gealtach; abs. n. *gealtachd*.

géire, f., acuteness; 4953, over
sharpness in music.

géisgeil, 1797, a roaring.

geug, f., 3324, a branch, a young
woman; cf. fiùran; Ir. *géag*.

geurchuis, f., 5883, subtlety, saga-
city.

geurfhaclach, 540, witty.

giamh, f., 5945, a blemish.

gille-màrtuinn, m., 1501, a fox.

giobach, 1721, spry, active; sgiob-
alta; (different from *gibeach*,
giobach, hairy, shaggy; Ir.
giobach).

gìogan, m., 2392, a thistle.

gìomanach, m., 2187, 6088, "a
masterly fellow in anything;
gìomanach a' ghunna, the

masterly marksman " — Mac-
Alpine ; sàr ghìomanaich ullamh
Leis an cinneadh an fhuil anns
a' bheinn—E. 243 ; 's lìonmhor
fear nach d'rinn éirigh Bha 'na
ghìomanach treun air a h-earr—
ib. na frìtheachan 's na gio-
manaich 'nam bun—D. M. p.
80. Ir. *gíománach,* a yeoman,
a huntsman. servant ; a strong
fellow—Dinneen ? from Eng.
yeoman, older *yeman, yoman.*
giuig, f., 2387, a drooping of the
head to one side.
giullach, 3309, full of lads ; Ir.
giolla ; Sc. G. *giullan.*
giùran, giodhran, m., 1018, a bar-
nacle ; Ir. *giodhrán.*
giúthsach, 1421, a fir wood ; Ir.
giumhasach ; E. Ir. *gius,* pine.
glac, f., (1) the hollow of the
hand ; (2) 5284, 6339, a handful
of arrows ; dorlach ; (3) 4888,
5545, a quiver ; dorlach ; glac
throm air dheagh laghadh ort
—Duan. 109 ; glac an iubhair
ann am bianghlaic—T. 380; so
Ir.
glaodh, 1174, adhere ; *glaodh,*
glue ; Ir. *glaoidh* ; E. Ir. *gláed.*
glas, gray, green ; 4178, *Gàidheal*
g., young G. ; cf. glas ghille, a
young lad ; so Ir.
glas-làmh, f., 6470, a handcuff ;
g.-charbaid, lock-jaw, G. 190 ;
g.-ghuib, a gag, T. 204; A.M.
129 (1st ed.) ; conghlas, a
muzzle, Inv. G.S. Tr. 24, 356.
glasradh, m., 3081, lea ; Ir. *glas-
raidh,* f., verdure, greens ; *glas,*
green, and *-radh,* collective.
gleus, m., 1920, 4253, gen. gleois,
5797, 5847, trim, activity; 6344,
air a g., fitted, in trim; Ir.
gléas.
gliocair, m., 553, a wise man ; a
philosopher.
glòir, f., (1) 2639, 4436, glory ; (2)
2633, 2733, 5891, 6729, 6810,

speech ; is searbh a' gh. nach
fhaodar éisdeachd. In 4436
there is a play on the double
meaning ; so Ir.
glòir-ghleusta, 2879 of tuneful
speech.
glug, m., 1782, a swallow-hole ;
primarily, a gurgling noise ; so
Ir.
glumagan, m., 1781, a wet pit.
gnàiseach, 2413, see gràinnseach.
gnàsalachd, f., 1259, usual condi-
tion ; *gnàsail* and *-achd.*
gnìomhadh, m., 5012, action ; Ir.
gnìomhaim, I perform.
gnìomh-luaineach, 2867, of nimble
deed.
gnogach, 876, pettish, peevish ;
gnoig, a surly frown.
goic, 2838, a toss of the head.
goil, f., 2885, prowess, conflict;
Ir. *goil, gail*; Ir. *gal,* valour,
war ; hence *Galatae.*
goileam, m., 2973, prattling ;
gothlam, guth.
go nuig, 4213, till, until ; for *go
ruig* (properly *go ruige*), till
thou reach ; 2 sg. of *ruigim,* I
reach.
gòrsaid, f., 4069, 5730, a gorget,
cuirass ; Eng. *gorget.*
gothadh, m., 2918, a stately or
smart gait.
gràbhailt, f., 5951, a steel head-
piece ; chuir thu a' ghràbhailt
chruadhach air gruaig nan
ciabh amalach—E. 179 ; bhiodh
gràbhailt mhath chinnteach ort
A dhìon do chinn an comhraig
—Duan. 109 ; *gràbhadh,* engrav-
ing ; *gràbhalta,* engraved ; Ir.
grábhail, act of engraving.
gradan, m., 1903, rigour, danger ;
grad, hasty ; Ir. *grod, grad.*
gradcharach, 4930, quick turning,
nimble.
graide, f., 85, hastiness.
gràin, f., 4439, sulky look.
gràinnseach, gnàiseach, m., 2413,

corn ; 5880, a grange.

gràisg, f., 3429, the rabble ; Ir. *gráisg, gramhasg.*

grathunn, m., 2131, 5606, 6642, 6830, a space of time.

greadan, m., 3867, a low-burning fire.

greadhan, m., 578, a jovial band ; an uair a chuirte leat faghaid Bhiodh àrd uaislean le greadhain—Duan. 197.

greadhnach, cheerful ; 329, magnificent ; le greadhnachas is glòir—Ps. 45, 3; *greadhan;* Ir. *greadhnach,* exulting.

greann, m., 198, ruffling of the plumage ; rising of a dog's hackles ; dh' éirich g. air (Bran) gu cath—D.G. 138; cf. *friogh* ; Ir. *greann,* a beard.

greannmhor, 204, comely, lovely ; *greann,* mirth, love, &c.

greanntaidh, 34, ruffled, surly ; *greann.*

greanta, 4706, neat, beautiful ; Ir. *greanaim,* I engrave.

greas, to hasten, urge ; 5756, *greasta,* part. passive ; Ir. *greasuighim;* M. Ir. *gressim.*

greidlean, m., 5751, a bread-stick for turning bannocks on the griddle (*greideal*) ; poetically a sword. Duncan Macintyre says of the sword he lost at Falkirk " 's ann bu choslach i ri greidlein."

greòd, m., 106, a band ; in E. Ross, *sgreòd.*

grìd, f., 2790, substance, quality ; *grit.*

grinn, 4185, accurate, exact ; so Ir.

grinne, f., 5813, exactness ; g. na gaoithe, a wind that is just right.

grinneas, m., 4442, fine neat work.

gruag, f., 4564, 5168, 5266, 5344, 5423, the hair of the head ; a wig ; so Ir.

gruagach, f., 3858, a maiden

(whose hair is bound only by the snood, as opposed to *bréideach,* a married women, whose hair is covered with the coif or kertch) ; *gruag.*

grunnach, 176, act of sounding water.

gual, 1849, for *gualainn,* shoulder ; Ir. *guala.*

guamach, 1555, neat, comfortable.

guanach, 4986, giddy ; so Ir.

gucag, f., a bubble ; 5014, a bumper.

gur, gura, shortened from *gurab,* " that it is " ; used (1) in dependent clauses ; (2) initially, strongly assertive : 2331 gura mór mo chuid mhulaid— stronger than " is mór," &c.

guth, m., 5418, an aon ghuth, one and the same voice ; dh'aon ghuth, unanimously.

guth-cinn, m., 1355, voice ; cf. ceòl-cluaise.

ial, f., 1281, a season.

iall, f., 191, iall de lachaibh, a flight of wild ducks.

ian, m., (*eun*), a bird ; 4121, an eagle ; see *eun, fìreun.*

iargain, f., 3516, pain ; *iar,* after, and *gon,* wound.

iargalta 738, 2407, churlish, surly ; Ir. *iargcúlta,* remote, churlish, from *iargcúil,* a remote corner, a backward place.

inisg, m., 209, a reproach ; (f. in the Dicts.) ; O. Ir. *insce,* speech ; root *sec,* say ; whence *caisg, toirmisg.*

inneal-séididh, m., 313, a bellows.

innseag, 1249, little haugh, green spot ; *innis,* island ; haugh.

innsgin, f., 3087, courage, mind.

inntinneach, 18, 2805, high-spirited, hearty.

Innse, Gall, the Hebrides.

iola, f., 84, a fishing bank ; a fishing rock on shore.

iomadaidh, 636, a multitude.

iomadan, 2453, a combination of disasters.

iomain, f., 5713, a driving ; E. Ir. *immagim,* from *imm-,* about,and *agim,* I drive ; cognate with Lat. *ambages,* from *ambi,* and *ago,* I drive.

iomairt, f., 30, 3679, 5712, a game, gaming; E. Ir. *imbert,* from *imm-* and *berim,* I bring.

iomchorc, m., 2146, regards, salutation ; Ir. *iomchomharc* ; O. Ir. *iomchomarc,* an enquiry, salutation.

iomluas, m., 4150, 6613, fickleness, inconstancy ; from *iom-luadh,* act of moving about, stirring.

iomrachadh, m., 4396, bearing ; *iomraich,* carry.

ion, 2672, fit, meet ; chan i. nì 'sam bith a dhiùltadh—1 Tim. 4, 4 ; so in compounds : *ion-mholta,* fit to be praised, laudabilis, &c.

ioraltach, 2725, well jointed ; ingenious ; ceòl iorailteach ait— R.C. II., 339 ; ceol iorailteach driothlannach luath—*ib,* 340 ; a' seinn an fheadain ioraltaich— —A.M. 17 ; *air* and *alt,* a joint.

iorram, m., 133, 5396, a rowing song ; i. àrd-bhinn shuas aig Eumann Ann an cléith ràmh bràghada—A.M. 164 ; *air* and *ràmh,* oar.

iosgaid, f., 1831, the hough, back of the knee ; Ir. *ioscaid.*

iotadh, m., 2519, thirst ; Ir. *iota,* a devouring thirst, g. *iotadh.*

ire, f., 3231, progress, degree of growth ; see *cuir.*

islead, m., 5438, lowness ; cuir an i., bring low : *iosal.*

isneach, f., 5277, a rifled gun.

iteach, m., 3709, plumage, feathers.

iteach, 4958, finned.

iubhar, m., 5540, yew ; 5067, 5097, 5278, 6058, a yew bow.

iubhrach, f., (1) 639, 5818, a barge, trim vessel ; gun cuirte an i. dhubh dhealbhach an àite seòl-aidh—A.M. 168 ; (2) a fair, handsome maid ; an i. Anna Nic Phail—C.D. 94 ; *iubhar.*

iuchair, f., key ; with 5899 cf. iuchair nam bard, rìgh nam filidh—Duan, 114; i. ghliocais— T. 248 ; i. ghléidhte nach dìob-radh 'nan càs iad—T. 266.

iùl, m., 818, a course ; Ir. iúl, knowledge, guidance ; droch iùl ort !

iùlchairt, f., 4806, a compass ; Ir. *iúl-chairt,* a chart for sailing ; see cairt-iuil.

iunntas, m., 4151, wealth, treasure; seems connected with Ir. *ionnmhas,* O. Ir. *indmass,* Sc. G. *ionmhas.*

labhar, 229, loud, loquacious ; common in stream names, both here and on the Continent, where it appears now as Laber, Leber, Gaulish *Labara,* loud-voiced one.

labhariud, 4193, for *labhair iad,* they spoke.

lachag, f., 1453, a little wild duck ; *lach* ; Ir. *lacha.*

làdach, m., 681, volleying ; *làd,* Eng. *load.*

ladar, m., 6318, a ladle ; Eng. *ladle,* by dissimilation.

laghadh, m., 4430, act of putting in order, playing (strings) ; cf. air lagh, ready strung as a bow; *lagh,* law.

laimhrig, lamraig, f., 1033, a landing place ; N. *hlad-hamarr,* loading rock, pier ; Shetland *Laamar.*

làmhach, m., 680, 1632, 2568 (1) casting of spears ; (2) volley ; so Ir.; *làmh,* hand ; hence Achadh na Làmhaich, near Callander.

làmh-dhearg, f., 3900, 5144, the Red Hand of Ulster, also of the Macdonalds.

langa, f., 119, a ling ; Norse *langa*.

lann, f., 440, 1855, a blade, sword ; 5047, a plate, a washer ; chan 'eil calp innt' gun lann air 'S e gu teann air a chalcadh—Cl. na C. 20 ; the primary meaning is something flat ; cf. Lat. *lamina*, a thin piece of metal, &c. ; a plate, saw-blade, sword-blade.

lannach, 4958, scaly ; from *lann*, a fish-scale.

lannair, lainnir. f., 530, a gleaming, glitter ; Ir. *lainnir*.

lanndair, 3125, 6565, a lantern ; Eng. *lantern*.

lasag, f., 2984, an incitement ; *las*, kindle.

lasan, m., 5590, anger, passion ; Ir. *lasán* ; *las*, kindle.

lasgar, m., 2860, sudden noise.

lastan, m., 5637, pride, sauciness, empty boasting.

làthach, f., 1784, mire, clay ; Ir. *lathach;* cognate with Lat. *latex*, liquid.

làthair, f., gen. *làthrach, làrach*, a site, battle-site ; 3258, 3395, buaidh-làrach, victory in the field.

leac, f., a cheek, 6092, d. leacainn.

leadairt, liodairt, m., 1854, act of mangling ; v. n. of *leadair*.

leadan, m., 6374, long flowing hair.

leanbaidh, 5903, innocent, guileless, ingenious ; *leanbh*, in sense of an ingenious, guileless person, is common in the older poetry ; compare Eng. *childe* in ballad poetry.

leanbail, 2736 ; see leanbaidh.

learg f., 4748 (title), a plain ; a slope, declivity ; so Ir.

learg, learga, f., 189, the black-throated diver.

leasaich, 5078, augment, fill ; literally, improve ; Ir. *leasuighim*, I amend ; *leas*, profit.

leathtaobh, m., 3207, 6094, one side.

leathar, m., leather ; 6428, skin (common in Irish) ; borrowed by Teutonic from Celtic.

léibh, 4008, levy, lift.

léibhidh, f., 4691, a race, multitude ; levy ; an uair thogas Uilleam lēibhidh Gun ēirich an cabar ort—T. 25.

léidigeadh, 4572, act of smoothing down, levelling (so used in Skye).

leigeadh, 3120, 6373, fíon 'ga leigeadh, wine being let run, being broached.

leughas, 4798, do leughas, I have read ; lsg. past ind.

léigheann, m., 5882, reading ; learning ; Lat. *lego, legendum.*

léine-chrios, f., 4550, an intimate, attendant, bodyguard ; cf. mar léine-chneas aig a bràthair—T. 19—the true form ; "the garment next to the skin."

léir, clear ; so Ir.

léireadh, 2480, act of tormenting, painting ; v.n. of *léir*, to pain ; Ir. *léir*, ruin ; *léirighim*, I beat, subdue.

leug, m., 1622, a precious stone, jewel ; Ir. *léag.*

leugh, read ; 4523, 5745, understand, consider, learn, practise; mi leughadh mo chunnairt— M.C. 243 ; Domhnallach nach l. an giorag—M.C. 243 ; Ir. *léighim* ; Lat. *lego.*

leum, 6339, glac nach leumadh, a quiver that would not spring, i.e. warp, split, crack.

leus, m., a light, a torch ; 6533, a blister ; Ir. *léas*, a bright spot, a ray.

liagh, m., 1024, the blade of an

oar; see n.; Ir. *liaghan*, a trowel; cf. Lat. *ligula*, a spoon, ladle; Eng. *lick*.

lighlais, 1775, pale-coloured; *lì*, sheen, colour.

linne, f., 29, 185, part of the sea near the shore; bay; d. linnidh; Ir. *linn*; linntidhe ruadha na fairrge, the brown waters of the sea—Din.

linne, f., 3709, 5348, 6078, a brood; sinn mar linne gun mhathair—S.O. 77a; dat. acc. *linnidh;* thug dhinn ar n-iteach 's ar linnidh —T. 17.

liomhta, 2648, 4187, 4196, 4218, 5284, polished; Ir. *liomhtha*, from *liomhaim*, I polish; cognate with Lat. *lima*, a file.

liomharra, 2009, 5142, polished, glittering.

liutha, 6558, more numerous; O. Ir. *lia*, more, compar. of *il*, many.

lobhar, m., 6649, a sickly person, a weakling; Ir. *lobhar*; *lobhaim*, I rot.

locradh, m., 6291, act of planing; Norse *lokar*, Ag. S. *locer*, a plane.

lòd, m., 5802, a load, cargo; Eng. *load*.

lòdail, 6359, bulky, stout; dòmhail; *lòd*.

lòghmhor, 2805, 3024, 3492, precious, brilliant, excellent; Ir. *lóghmhar*, precious.

lompas, m., 4488, penury; *lom*, bare.

lòn, m., a meadow; marsh; 1367, a small brook, especially with marshy banks; tha bean agam, is tha tigh agam, is tha lòn an ceann an tighe agam, is mo léine salach grannda.

lòn, m., 5817, food; so Ir.

lon, m., 6896, a rope of raw hide.

lorg, m., track; 4021, 5590, 'n an l., after them, on account of them; so Ir.

luaidh, 1880, full cloth, see n.,; 3079, luaidhte, fulled.

luaidh, m., 2734, 6040, mention; Ir. *luadhaim*; root as in Lat. *laud-o*, praise.

luaineach, 1389, restless, volatile; Ir. *luaimneach;* E. Ir. *luamain*, flying.

luaithead, m., 3422, quickness.

Luan, f., Monday; 5553, l.-chàsga, Easter Monday; là luain, Doomsday; Lat. *luna*, the noon.

luasgan, m., 2095, tossing, 4430, quick varied motion.

luathair, m., 2098, air l., in haste; Ir. *luathar*, speed.

luathlàmhach, 4140, quick-handed.

lùb., f., (1), a bend; 5032, 6909, dh'iomradh l. air a h-àlach, would make her oar-banks bend; (2) a youth; a lùb ghasda a' chruadail—T. 85; (3) 572, a trick.

lucharmunn, m., 5024, a pigmy, a dwarf.

luchd-ealaidh, 6019, poets, men of song.

luchd-tighe, 5032, men of the chief's household or teaghlach; 6408, 6442, folk of one sept.

lughadh, luthadh, m., 4430, act of quick motion or quickly moving; O. Ir. *lúud* (two syllables); dan-am-lúur, if I stir myself— Táin Bó Cuálnge, line 1342; sinibh tairnibh is luthaibh Na gallain liaghleobhar giuthais— *Birlinn*, 150; lughadh a ghlùn ris a' phàirc (flexing his knee) —A.M. *Urnuigh*, &c.; 5543, nam biodh lughadh 'na crannghail (flexibility).

luideach, rugged; 3284, tufty, shaggy; molach; so Ir.

luinneag, f., 143, 1267, a ditty, burden of song, chorus; luinneag, f., 1186 appears to refer to the moans and struggles of

the stricken stag ; Ir. *luinneóg,*
a song, chorus.

luisreadh, m., 628, wealth of
herbage ; *lus* and *-radh,* collec-
tive.

lunn, 3895, l. air, invade ; 5418,
pressing on ; compare lunnadh,
an invasion ; a pressing on—
A.M.

lùth, f., 5753, a sinew ; Ir. *lúth,* a
nerve, vein, tendon.

luthaig, 1827, 2182, 154, permit,
grant.

lùthmhor, 1841, active, vigorous ;
Ir. *lúthmhar, lúth,* pith.

mac-alla, mac-talla, 4367, echo,
literally, son of rock ; *all,* cliff ;
cf. mo dhòigh gun deachaidh
mac nan Creag O bhith freag-
airt mar bu chòir—W.R. 2 ; Ir.
mac-alla, mac-thalla.

macanta, 3945, 5155, meek, mild ;
is beannaichte na daoine m.—
Matth. 5, 5.

macaomh, macamh, m., 4868, 5599,
a gallant ; a goodly youth ;
mac (adjectival), and *caomh*
(used as noun), "a lad-friend,"
"a dear youth."

Mac na praisich, 772, whisky,
"son of the pot " ; *praiseach,* a
pot ; from *prais,* brass.

macnas, m., 4233, 4398, 4440, 4867,
wantonness, sport, mirth ; so
Ir.

macnasach, 4867, gay, mirthful.

mathasach, 3931, forgiving, lenient,
benevolent.

macraidh, f., 4772, youths ; O. Ir.
macrad; mac and *radh,* O. Ir.
rad, collective suffix.

mac-samhail, m., 4742, 5615, like-
ness ; so Ir.

màdar, m., 1152, madder ; the
colour produced therefrom ; Ir.
madar.

maghar, m., 97, 6711, an artificial
fly for fishing ; Ir. *maghar,* fish

fry ; artificial bait for fish.

màille, f., 1624, a coat of mail ;
Eng. *mail.*

maillead, m., 3730, slowness ;
mall.

maireann (1) n., 6106, &c., air
maireann, surviving ; Ir.
marthain, act of living, surviv-
ing ; (2) present dependent of
mairim, I continue, survive ;
6110, ochòn nach maireann na
suinn ; cf. is lochd ni chaid-
reann tu—Ps. 5, 4 (Dr. Thomas
Ross's ed.).

maistreadh, m., 249, churning ; an
fhairge 'g a m. is 'g a slois-
treadh—A.M. 182 ; Ir. *maistrim,*
I churn.

màl, m., 5527, 6043, rent ; mac a'
mhàil, a rent-payer ; cha b'e
fuath mhic a' mhàil fear do
ghnàth—T. 230 ; Ag. S. *mál,*
tribute, black-*mail.*

malairt, f., 4104, 4298, exchange,
present ; glac gheal a mh. nan
crùn—M.C. 341 ; so Ir.

mall, slow moving ; dignified,
stately, ; 3340, calm, modest ;
of eyes, opposed to luaineach ;
so Ir.

mall-rosgach, 6662, calm-eyed ; Ir.
mall-rosg, a slow-moving eye.

mànran, m., 514, a tuneful sound ;
Ir. *manrán.*

maoidheadh, m., 5588, bragging ;
Ir. *maoidhim,* I announce,
boast.

maoim, maidhm, f., 701, a burst,
eruption ; Ir. *maidhm,* a breach,
eruption, rout.

maoim, 6360, be afraid ; from
maoim, above.

*maoiseach, maoilseach, maois-
leach* (by metathesis), f., 2156,
a hind ; *maolsech,* hornless one ;
-sech, fem. suffix, e.g., *Gaillsech,*
a Saxon woman ; *òinnseach,* a
foolish woman, &c.

maothchrith, f., 361, a quivering.

mar, 1273, mar cheud, a hundred times ; b'fhearr leam uam e mar cheud—T. 45 ; naoi naoinear mar sheachd, seven times nine enneads ; corresponds to Ir. *fá*, in fá dhó, fá thrí, &c.

marbhphaisg, f., a death shroud ; 3890, m. air, woe on ; Ir. *marbh-fháisc*, a band used to tie the hands or feet of a corpse ; a shroud.

marcan-sìne, 37, spin-drift ; cf. marcachd-sìne, A.M. 164.

màrsadh, m., 3664, march of troops ; Eng. *march*.

masgal, masgull, m., 2168, 2293, flattery ; Ir. *masgal*.

mathan, m., 437, a bear ; hence MacMhathain, Mathanach, Matheson : Gaulish *Matu-genos*, bear-sprung.

meachar, 5947, 6839, soft, tender, kindly.

meallach, 5424, knobby ; cf. 5160, 6337 ; *meall*, a lump ; Gaulish *mellos*, in Mello-dunum.

meallach, pleasant, agreeable ; sùil mheallach ; E. Ir. *meldach* : ceol meldach n-áilgen, pleasing gentle music—LU 1800 ; Mag Meld, the Plain of Pleasures, the old Celtic Elysium.

meallanach, 5961, knobby ; cf. 6058 ; *meallan*.

meanbh, 2737, slight ; craobh mheanbh, a tree of small diameter ; buntàta meanbh ; esp. of rounded things.

meanbh-bhreac, 6654, 6661, finely dappled.

meanbhluath, 3300, deliberate.

mearganta, 6671, brisk, lively ; Ir. *meargánta*, obstinate ; spirited : sportive ; based on *mear*.

meas, m., 2315, fruit ; in Irish especially acorns ; mast.

measarra, 4922, temperate ; Ir. *measardha*, from *measair*, a measure ; *meas*, judgment, esti-mation.

meath, 6040, decay, fade ; Ir. *meathaim*.

meirbh, 2745, slim, feeble.

meirg, rust ; 4556, foul conduct.

meirgte, rusted ; 4705, dull, gloomy.

meòghail, meadhail, f., 596, mirth, jollity ; thàinig m. gu bròn duinn—G. 99.

meur, m. or f., finger ; f. in 4893, o d' mheoir.

miadh, m., 1326, 2376, 4394, honour, esteem ; Ir. *miadh* ; O. Ir. *míad*.

miarchruinn, 2843, close-fingered.

mi-chomhdhail, f., 2362, ill luck ; cf. droch comhdhail ort ; *comhdhail*, a meeting ; *dàil*, a tryst.

mi-fheart, f., want of attention, negligence ; *mi* and *feart*, heed.

mìleanta, 6842, soldier-like, stately ; Ir. *mílidh*.

mìlidh, m., 1309, a warrιor ; Ir. *míleadh*; Lat. *miles, milit-is*.

mìlteach, m., 3266, sweet hill grass ; *milis*, sweet.

minim, 4949, a note (formerly the shortest) equal to two crotchets.

mìochuis, 2935, coquetry, flirtation ; preference, fancy ; mìochuis is sodan—A.M. 32 (1751).

mìodar, miadan, m., 3288, a pasture ground, meadow.

mìogshuil, f., 529, a smiling eye ; Ir. *míog*, a smirk, a smile.

mìomhodh, m., bad manners, disrespect ; *mi* and *modh*, manners.

mìonrosg, m., 1432, a sweet or gentle eye ; *mìn*, gentle, and *rosg*.

mìorath, m., 4762, ill luck ; so Ir. ; *mi* and *rath*.

mìorunach, 955, malicious, spiteful ; *mi* and *rùn*, intention.

miosar, m., 5270, a measure for powder; flasg-fhùdair a bhios

24

innealta, is beul miosair air a ceann—Rob. Stew. 90, x.; Ir. *miosúr*, a measure ; *meas*, judge.

miosguinn, f., 4619, spite ; Ir. *mioscais*.

miotagach, 2744, mincing (of step); Ir. *miotógach*, pinching, from *miota*, a bit, morsel.

misde, 4551, is misde leam, I would prefer ; cf. Ir. *an duine as measa liom*, the person I like most ; is measa liom mo mháthair 'ná m' athair, I prefer my mother to my father (Dinneen).

misg-chatha, f.. 2989, battle-drunkenness.

mì-shealbh, m., 4577, ill-luck.

mith is maith, 2652, peasant and noble ; gentle and simple.

mithich, f., 842, 6028, proper time ; Ir. *mithid*, urgency ; high time.

mocais. f., 421, a moccasin.

modh, m., 4446, measure, time in dancing ; Ir. *modh*, system, mode ; Lat. *modus*, measure.

mòdhar, 1768, gentle, soft ; Ir. *modhmhar*, from *modh*, manner ; civility.

moirear, morair, m., a lord., a lord ; usually pronounced *mor(mh)air*, with *r* trilled and followed by parasitic vowel ; rhymes with monmhor, corramheur, foirmeil, &c.—D.M. 38, 40 ; with Morbhairn Edin. MS. L11. The phonetics prove the *o* to be originally short : *mor-maer* of Book of Deer, " sea-steward," " sea-officer " ; *mor-*, compositional form of *muir*, sea. (After a long vowel there is no trilling of consonant, &c., e.g. *mór-dhálach*, pronounced *móralach*, magnificent; *mór*, great, and *dáil*, an assembly), *mor-maer*, early rendered by Lat. *comes*, is the equivalent of the

Roman British official *Comes Litoris.*

mòisin, 2966, motion ; Eng.

mol, to praise ; 1417, recommend ; Ir. *molaim.*

mo nuar, 4200, alas !

móramh, 4949, the longest note in music ?

mórdhalachd, móralachd, f., magnificence, dignity ; *mór* and *dàil*, an assembly.

mórdhalach, móralach, 329, 3820, 4485, 5382, magnificent ; Ir. *mórdhálach*, haughty, majestic, magnificent.

morghail, 4314, sea-prowess ; *mor-*, compositional form of *muir*, and *gail*, valour ; bu mhór morghail, who was great in sea-prowess, sea-fighting. E. has " bo mhoir moraghail." T. " bu mhor moraghail." Or *mor-dháil*, " sea assembly."

mór-sheisear, 6546, seven persons ; " a big sextette " ; *seisear*, six persons.

mór-shluagh, m., 5661, a host ; so Ir.

mór-shoirbheas, 5026, 5044, a gale.

mosgaideach, 2884, dull, slow.

mucag, f., 5263, the hip, fruit of the wild rose.

muc-creige, f., 86, a wrasse.

mùin, instruct ; mùinte, 3606, well instructed, polite ; (Dicts. muin) ; Ir. *múinim, múinte* ; cognate with Lat. *mon-eo.*

muinghin, 4825, trust, confidence ; am m. mo nàmhaid, at the mercy of my enemy ; cf. dul i muinighin a ngeas, to have resort to their spells—*Rosg G.*172

muinntearas, m., 4389, service ; Ir. *muinnteardhas* ; *muinntir*, folk, following.

muirichinn, 2764, family, children.

mùirn, f., 3327, 3359, 3941, 4395, 6222, 6261, joy, affection ; often, in the older language, noise, clamour ; Ir. *muirn.*

mùirneach, 1972, 2798, hilarious, cheerful, joyful ; with 1972 cf. 5664.

mùiseag, f., 670, 4102, 4176, 5461, a threat.

murbhuachlach, 4969, haunted by the Great Northern Diver ; *murbhuachaill,* from *muir,* and *buachaill,* a herdsman, lad.

mùr, m., 6682, a wall, rampart ; mac-talla nam mùr ; so Ir. ; from Lat. *murus,* a wall.

musgar, 6379, plenty, routh.

mùtan, m., 3033, a small bag, a fingerless glove.

muthach, m., 841, a herdsman ; a " bower," " boman," milk-contractor ; for *buthach*; cf. Ir. *bùthaire,* a dealer in cattle, whence " bower."

mùthadh, 1709, a change ; Lat. *muto,* I change.

nàbuidh, m., 2056, a neighbour ; coimhearsnach ; N. *ná-bùi,* " nigh-dweller."

nàire, f., 5056, shame, modesty ; 6940, honour, exactly, Gr. αἰδώς, sense of shame, honour ; so Ir.

neamh-lùbach, 4471, not crooked ; straightforward, sincere.

neimhnead, f., 2145, venom ; *neimh,* poison.

neo-ascaoin, 5576, not unkind.

neo-fhàilteamach, 520 without flaw, perfect ; *fàilteam,* a blemish, deficiency ; gun chron gun fh. ri luaidh ort—Duan. 84 ; a by-form of *fàilling.*

neo-éisleanach, 4892, healthy, sound.

neo-fhoilleil, 688, without deceit.

neo-ghloiceil, 3015, not silly ; sensible ; Sc. *glaik,* a silly woman.

neo-liotach, 2703, not stammering, easily sounded.

neo-lomarra, 1932, not stingy.

neo-mheata, 2837 bold, daring ; Ir. *meata,* cowardly.

neo-roghainn, m., 1406, a thing one would not choose.

neul, m., a cloud ; 4252, hue, complexion ; Ir. *néal.*

nì, m., 6127, &c., cattle, goods ; a specialised usage of *nì,* a thing ; tagh do stoc 's do nìth gluasaid —T. 209 ; ged a ghoideadh mo nìth—T. 276 ; cha phòs mi cailleach gan nì—R.C. II., 360.

nìor, for *nì-ro,* with pres. subj. expressing a negative wish : 5251 nìor chluinneam, may I not hear. So *nara, nar* (*na* and *ro*) : nara gonar fear an éididh nara reubar e gu bràth—Carm. Gad. ; m'éideadh nar mhealadh mi—Cabar Féidh.

nimheil, neimheil, 427, 731, 1921, venomous. bitter ; *neimh,* Ir. *nimh,* poison.

och òn, alas ; literally, alas that ; often with forward reference to a noun or noun clause ; O. Ir. *òn,* that (dem. pron.).

ògan, m., 1765, a sapling ; 145, a lambkin (Eriskay and Barra).

oide-mùinte, m., 4198, instructor ; *oide,* a foster-father ; instructor.

oil, f., 3739, vexation, pain ; ge b'oil leis, " though it should be pain in his view," in spite of him ; Ir. *oil,* reproach, offence.

oineach, m., 4792, generosity ; same as eineach ; so Ir.

òinid, f., 2882, a foolish woman ; Ir. *óinmhid ;* E. Ir. *ónmit ; ón-,* foolish, as in *òinnseach,* and *ment-,* mind.

oir, f., 294, 5697, dat. *uir,* edge, border.

oircheas, m., 5911, pity, charity ; Ir. *oircheas,* fit, right ; *oircheasacht,* need, charitableness.

oirfeid, f., 2893, music, melody ; b' o. éibhinn seirm na còisridh

—A.M. 83 ; Ir. *oirfid* ; E. Ir.
arfitiud, v.n. of *ar-petim*, I
amuse, entertain.

oitir, f., 90, a shoal, sand bank ;
Ir. *oitir*, from *ad-, to, and *tir*.

òlach, m., 2286, a hospitable man ;
òl, drink.

òradh, m., 1246, act of gilding ;
òr, gold ; Lat. *aurum*.

ord, m., order, arrangement, rank ;
4848, order or rank of battle.

ordon, m., 1916, order ; Lat.
ordo, ordin-is, an order.

organ, orghan, m., 4317, 4951,
6003, an organ ; Engl *organ* ;
Lat.-Gr. *organum*.

organach, 4404, with music of
organs.

orraichean, 2954, o. séitreach,
charms of power ; le cuid
orrachan, with her charms or
spells A.M. 224 (1924) ; *ortha*,
pl. *orthanna*, a prayer, incanta-
tion ; charm, e.g. ortha an
déididh, charm for toothache ;
Lat. *oratio*.

osan, m., 1824, 5174, hose ; A. S.
hosa, gen. *hosan* ; Eng. *hose,
hosen*.

ostal, m., 6209, an apostle ; astle,
i.e., *astal*, Fernaig MS. ; *easpul*,
Carswell ; reith nyn nostill
(rígh nan ostal), Dean of Lis-
more ; Ir. *abstal*, aspal ;
Lat.-Gr. *apostolus*.

paidir, f., 2778, 3089, the Lord's
prayer, the paternoster ; so Ir.

paltog, f., 1427, a cloak ; cf.
peall*tag*, a patched cloak,
H.S.D.

pannal, m., 5926, a band of
women ; woman-folk ; 1570,
5792, a band, company ; bu
ghrinn leam am p.—D.M., 182,
337 ; by-form of bannal.

pasgadh, m., 2539, wrapping up,
covering.

péacan, m., 4560, a beacon.

pealladh, 1572, air a p., clotted ;
peall, hide, hairy skin ; Lat.
pellis, hide.

peidseachas, 3426, properly *peid-
eachas*, music ; M. Ir. *peiteadh*,
music ; E.Ir. *ar-petim*, I amuse ;
cf. *oirfeid*.

pìc, f., 5668, a pike ; but else-
where a bow : 5540 ff., 5424
ff., 6336 ff. ; pìc ùr de iubhar
na Meallraich Is glac nan ceann
sgaiteach o'n cheardaich.—T.
382.

pige, m., 139, an earthen jar ;
Eng., Sc. *pig, piggin*, a jar.

pillein, 1275, 5730, 5801, a saddle-
cloth, pillion ; Lat. *pellis*, a
hide.

pilleagach, 5800, shaggy, having
matted hair ; by-form of
peallagach, also *piullagach*, from
peall, a hairy skin, hide ; Lat.
pellis.

pìos, m., 2094, 4322, 5157, 5563,
5867, 5996, 6141, a cup, a silver
cup ; 3638, 3871, p. òir ; 6211,
the pyx, the receptacle of the
sacred elements after consecra-
tion ; Ir. *píosa;* Lat. *pyxis*, box.

plabraich, f., 2902, a soft noise,
as of fluttering ; cf. Eng. *plop*.

plam, m., 1784, curdled or clotted
stuff.

plang, 6164, one-third of an
English penny ; a plack ; Sc.
plack.

pléid, f., 527, 1844, 6860, spite,
wrangle ; Ir. *pléid*, spite.

ploc, m., 6459, a clod, a grave-
clod ; am ploc, mumps ; Ir.
pluc ; Eng. *block*.

plosg, m., palpitation, throb ; Ir.
blosc, a noise, explosion, clear
voice ; E. Ir. *blosc*.

pong, m., 2890, 2926, a note in
music ; Ir. *ponnc;* Lat. *punc-
tum*.

pòr, m., 2801, 4446, a pore ; Gr.
πόρος, a passage.

pòr, m., 4761, seed ; Gr. σπόρος, seed ; so Ir.

postadh, m., tramping with the feet ; Sc. *post, posting.*

prabaire, m., 5665, a low fellow ; *prab*, rheum in the eyes ; *prabach*, blear-eyed ; Ir. *práib*, rheum, discharge from the corner of the eye.

pràbar, m., 5781, a rabble.

pràmh, m., sleep ; dùisgte as mo ph.—W.R. 58 ; 618, 4863, heaviness of sleep, grief, dejection.

pràmhail, 2884, sleepy.

prasgan, m., 2559, a troop, group ; used mockingly, "a contemptible little army" ; ged a thuirt thu le blasbheum Ruinn "Prasgan nan Garbhchrioch," Chum sinn cogadh ri Sasunn, Ré tacain 's ri h-Albainn— Celt. Rev. V., 125 ; thàinig am p. is Coirneal MacAoidh—T. 72 ; Ir. *broscán, broscur* a heap of fragments ; a mob, rabble ; crowd, crew.

preas, m., 892 (1) a bush ; (2) a copse ; chan 'eil mo làir am p. —G. 121 ; so regularly in place-names ; (3) a wrinkle, fold ; tha t'fholtan donn dualach 'Na chuachaibh 's na phreasaibh— G. 68 ; hence, am féile preasnach, the pleated kilt ; Welsh *prys*, a copse ; not in Ir.

priobairteach; f., 3958, meanness, avarice ; M. Eng. *bribour*, rascal, thief ; O. Fr. *bribeur*, beggar, vagabond, *bribe*, a morsel of bread ; Eng. *bribe.*

prìs, f., 786, 1164, 1749, 1830, 2792, value, esteem ; M. Eng. *pris*, price ; Lat. *pretium.*

procach, m., 2144, a year-old stag ; *prog*, a sharp pointed instrument ; a tine.

pronn, vb., pronn, adj., 2962, pounded fine ; pound ; Ir. *pronnaim*, I eat ; smash ; Lat.

prandium, a meal.

pronnadh, m., 586, 2890, pounding (often of music played with the fingers).

prosbaig, f., 2132, a spy-glass, telescope ; Eng. *prospect.*

prosmunn, m., 4381, incitement ; by-form of *brosdadh* ; cf. *brosluim*, incitement, H.S.D.; E. reads brosluinn.

prostan, m., 4928, a band ; cf. Ir. *prosnán*, a troop, company ; *brosna*, a faggot.

pudhar, m., 3842, 5505, harm, scathe ; Lat. *pudor.*

purp, m., 560, sense, intelligence ; Eng. *purpose.*

purpais, m., 5364, theme ; Eng. *purpose.*

ràbhartach, 506, full of hilarious exaggerated talk; *ro* and *ber*, as in *abair*, say.

rabhd, f., 2489, idle talk.

rac, rag, f., 2274, a rag ; Eng.

ràcadal, m., 2883, screeching.

rag, 2336, r. mhéirleach, an arrant thief ; cf. dearg mhéirleach, 2489.

ragachadh, 107, act of tightening (fishing lines) ; *rag ;* root of Lat. *rigeo.*

ràitinn, 403, saying ; *ràdh.*

ràmh-bràghad, m., 5029, the bow oar, the oar next the prow of the boat.

rannt, pl. *ranntaidh*, 5513, supporters, allies ; is mór gu'r dìth fear do rannt o'n dh'eug thu—T. 70 ; dheanainn seanchas mu'n cuairt duit Air do ranntainbh farsaing—T. 85 ; (the Munroes, Dunbars, &c., are enumerated) ; Nis o sgìthich mo cheann Sìor thuireadh do rannt —T. 90 ; Gura farsaing do ranntaibh Ri sheanchas 's ri shloinne ; Gur tu oighre an Iarl Ilich, &c.—cruinnighid **a** rannta, they assemble their supporters—Keat. *Hist.* II., 194; Manx *raantagh*, a surety; pl. *raanteenyn*; *rann*, a division; compare Eng. partisan.

rasgaich, f., 2808,? vaunting; *rosg*, a dithyrambic poem.

rathail, 1119, 4269, fortunate; **rath-amhail.*

reachdmhor, 3820, 4485, commanding, puissant; literally, law-giving; Ir. *reachtmhár*, legislative; *reachd*, law; Lat. *rectum.*

réalta, 2289, clear, visible.

reamhar, 6912, thick, stout; uisge r. trom tlàth—G. 63; dùrdan r. ro-shearbh—G. 292; lùgail do mheoir r. ruaidh—G. 292; Ir. *reamhar*, thick, fat.

réiceil, m., 2957, a roaring; *réic* roar.

réidhbheartach, 4682, level of deed, equable; òigfhear . . bhios calma an uair as éiginn da, Is r. da réir—W.R., 24.

réidhlean, m., 1528, 1748, 5064, 6471, a small plain, a green; Ir. *réidhleán*, a green for games; *réidh*, even.

reilig, f., 3750, a burying ground; bidh dùil ri fear fairge, ach cha bhi dùil ri fear reilge; Ir. *reilig*, a churchyard, church; Lat. *reliquiae.* Also *roileag.*

réis, f., 1826, a span; the distance between the extremities of the *òrdag* and the *lùdag* when the fingers are at full stretch; nine inches; gun bhith fo na ghlùn ach réis, a mark of a good steer—Duan. 56.

réite, 5478, for réidhte, older gen. sg. of réidheadh, act of clearing up.

réite, f., 5154, concord, peace.

réiteach, m., 460, a clearance; 6626, an arranging; Ir. *réidh-*

teach, a reconciliation, clearing up; *réidh*, clear.

reothairt, f., 89, the time of spring tide; also *rabhairt;* Ir. *rabharta ; ro* and *beir.*

riadh, m., 5725, the interest on money.

riagh, m., 192, a streak; Ir. *riabh.*

rianadair; m., 4415, a controller; a' sùgradh . . ri r. feadan nan gleus (i.e. a piper)—W.R. 49, *rian*, order, control; Ir. *rian*, a way, path.

riasgach, m., 6683, a morass with sedge or dirk-grass; *riasg;* Ir. *riasg, riasgach*, a marsh, moor.

riataich, 2219, bastard; Eng. *riot.*

rifeid, f., 2901, a reed; Ir. *ribheid.*

(1) *rìghleadh*, m., 64, a reel in dancing.

(2) 52—*rìghleadh*, act of splicing a hook to a fishing line.

rinncholg, 2873, a sharp-pointed sword.

rinngheur, 3130, sharp-pointed.

riobadh, m., 99 ensnaring; *rib*, a snare; Ir. *ribe, ruibe*, a hair, bristle.

riobag, f., 140, a rag.

rìoghail, 3089, on the side of the king, loyal, royalist.

rìoghairc (rìgh-airc), 5929, a royal coffer (of liberality).

rìoghalaich, 713, the royal troops.

rìoghalachd, f., 1938, 3085, loyalty to the king.

rìoghchrann-sìthe, 5897, kingly tree of peace, kingly peace-maker.

rochrann, m., 1226, a great tree; *ro* and *crann ; ro*, Lat. *pro.*

ròd, m., 6143, r. nan cliar, an anchorage of poets; a resort of poets; Eng. *road, roads.*

ròiceil, 1513, festive, luxurious; *ròic*, a rough and ready feast.

roidean, 1934, tricks, wiles.

roigheanach, 1284, of excellent good humour ; *ro* and *gean.*

roinn, rinn, f., 440, 727, a sharp point ; Ir. *rinn.*

rònanach, 4971, abounding in seals ; *ròn,* a seal.

rosad, f., 91, 6076, mischief, mis chance ; "uisge an easain air mo dhos, Cha tig rosad orm a chaoidh."

ro-seòl, 5123, highest sails of a ship ; top gallants (but aspir ation ?)

rosg, 2694, prose, tha mi an geall air rann is rosg ann (rhymes with *mòintich*)—G. 186 ; nach d'rinn rann no grinneas rosg dhuit (rhymes with *fòghlum ; mòrthir*)—G. 191 ; Ir. *rosg.*

ruadhan, m., 1785, red scum on water ; *ruadh.*

ruaim, f., 2914, a flush (of anger).

ruaimh(e), 6739, f., a burial place ; literally, "a Rome" ; E. Ir. *rúam, rúaim,* a burial ground ; from Lat. *Roma,* Rome ; *Ruaim Letha,* Rome in Italy ; Glen daloch is styled *ruaim iarthair betha,* the Rome of the Western world.

ruaimle, 1788, muddied state ; *ruaim,* a red flush.

rùchan, m., the throat, gullet.

rùisg, 5103, strip, lay bare ; 3226, 3570, v.n. rùsgadh ; Ir. *rúisgim.*

ruiteach, 5262, ruddy.

ruithteach, 2702, fluent.

rùsg, m., 1760, a fleece ; Ir. *rúsg.*

sabhs, m., sauce ; 6161, thin fish soup (Lewis); 6161 ? a skinful, bellyful ; cf. Eng. *soused, pickled,* i.e. intoxicated.

sadadh, m., 5832, dusting, thump ing.

saithe, f., 4782, a swarm ; so Ir.

samh, m., 5312, the ocean ; N. *haf,* n., the sea, the ocean.

sàmh, 5840, pleasant, tranquil,

quiet ; Cill-Dubhthaich mo thàmh, cha laighe dhomh s.— Fernaig MS., R.C. II., 114 ; Ir. *sámh,* pleasant.

samhain, f., 3653, 6914, Hallow mas, Hallowe'en ; so Ir.

saodachadh, m., 1264, driving cattle to pasture ; *saod,* a jour ney.

saoi, m., 857, 1120, 1384, 3583, 5736, 5812, a worthy man, a warrior ; Ir. *saoi,* a sage, scholar, nobleman ; opposite of *daoi ; saoitheil,* 4484, learned ; Ir. *saoitheamhail.*

saoir, vb., 2210, free from debt.

saothair, f., 1609, pains ; g. saothrach (originally m., but, like other nouns in *-air,* it has followed the analogy of *cathair*); Ir. *saothar,* m.

saothaireach, 1900, painstaking, diligent ; 6543, triubhas s., a well-fashioned trews.

sàr, 1846, surpassing, excellent ; Gaulish *sagros ;* Ir. *sár.*

sàradh, m., 5862, harassing, arrest ment, broaching.

sàs, m., 3401, a hold, a grasp ; an s., fixed, in grips ; Ir. *sás,* an engine ; trap.

sàsd, 5879, contentment ; Ir. *sásta,* contented.

seach, 375, 3033, compared with.

sealbh, m., 4526, possession, in heritance ; 5291, good fortune ; 1955 dhol 'nan sealbhaibh, take to do with, intromit with them ; *macsheilbh,* the stock secured on a foster son ; "macalive cattle," Dr. Johnson's *Journey to the Hebrides,* 118 (Morrison's edn.) ; *sealbh.*

sealbhach, 2079, fortunate.

sealbhaich, 1988, win ; Ir. *sealbh uighim,* I inherit, own.

sealbhan, m., 1493, a flock of sheep or small cattle ; so Ir.

seangmhear, 4036, lithe and mettled

scangheall, 6529, mo sh., pro-
nounced *mo sheanngheall*,
perhaps for *mo theanngheall*, my
firm wager ; see *teann.*

seanns, m., 2505, good fortune,
T.56 ; luck ; Eng., chance, mis-
chance, chancy.

seannsail, 208, prosperous, lucky ;
an tir fhaoilidh sheannsail—
A.M. 89 ;

seann-todhar, m., 6560, sop s., a
wisp of old straw used for
bedding cattle.

seirbhead, 2177, bitterness ;
searbh.

séideag, f., 2823, a puff ; Ir.
séideog.

séitreach, 6909, strong, sturdy ;
2954, potent.

sèimhidh, 5904, mild, calm ; Ir.
séimhidh.

seirm, f., 5535, music, melody.

séisd, 4533, a siege ; Eng. *siege.*

seisear, 6546, six persons.

seisneil, 4964,

seòl, m., 172, mode, manner ; is
mairg a chitheadh air s. calla
Caismeachd chaithriseach nan
curaidh—D.M. 334.

seòlaid, f., 5311, a starting point
for sailing ; *ionad séolaidh* ; a
harbour ; a dh' aisigeas le
réidh ghaoith Gun bheud thu
gu s.—W.R. 89 ; ach nan
gabhadh iad an t-s.— M.C.
341 ; an am dhomh tighinn do'n
t-s.—*ib.* 188 ; *ib* 308 ; s. acair—
Dàin Iain Gobha 2 36 ; cf. an
t-Seòlaid, P.N.R.C. 221.

seòl-mara, m., 5007, a tide.

sgàinteach, f., 516, gnawing pain ;
rheumatism ; *sgàin*, rend.

sgalag, f., 2668, farm-labourer ;
thug mi bóid nach fhiach leam
bhi ann am sgalaig—D.M. 18,
38 ; (mas. in Dicts) ; Ir. *sgológ*,
f., a rustic ; M. Ir. *scolóc—
gille*, an attendant, farm ser-
vant ; a student.

sgalanta, 315, shrill-sounding ;
sgal, Ir. *sgalaim*, howl, yell.

sgalghaoir, 2853, a shrill cry,
yelling cry.

sgallach, 6853, bald ; *sgall*, bald-
ness ; Norse *skalli*, a bald head.

sgallaidh, 120, the bare rock ;
Norse *sgalli*, a bald head.

sgapach, 2714, bountiful ; cf.
làmh sgapaidh òir is airgid thu,
3966.

sgaradh, m., 5989, separating,
rending asunder.

sgar, m., 5825, the seam in the
overlap of a boat's planks ; cf.
sùdh.

sgarbhnach, m., 4969, cormorant-
haunted ; *sgarbh*, Norse *skarfr*,
a cormorant.

sgathadh, m., 2008, lopping off,
pruning.

sgeallag, f., 2337, wild mustard
(E. Ross, *sgiollag*).

sgeilm, f., 4878, boasting ; root of
sgal.

sgéimh-dhealbhach, 547, pictur-
esque ; *sgiamh*, beauty.

sgeòd, f., 1827, a corner, angular
piece ; by-form of *sgòd.*

sgiabail, 1719, a starting, writh-
ing ; *sgiab*, a snatch ; *sgiobag*,
a playful slap.

sgiath, f., 6034, a wing ; 1718,
5074, 6843, armpit ; 5074, a
ridge curving out from a hill ;
common in place-names.

sgiathach, 6351, having wings,
winged.

sgibidh, 2836, smart ; sgiobalta ;
cf. *sgioblaich*, to adjust the
dress ; tidy up.

sgleò, m., 4255, vapour, dimness
of the eyes ; with sgleò féile
compare na rìoghbhrugh ní
h-aisling ól, in his kingly man-
sion, drinking is no dream—
R.C. II., 286.

sgleò (scleó), m., 4180, boasting ;
reputation.

sgòd, m., the corner of a garment 3445, fo'r s., under your authority ; bidh gach sguab d'ur fearann fo'r s.—T. 142 ; 5985, the sheet of a sail ; 1898, a blemish ; gu fardaich bhig gun s.—C.D. 16 ; 6902 *sgòdlin*, sheet-rope ; Norse *skaut*, the sheet or corner of a square cloth ; the sheet, i.e., the rope fastened to the corner of a sail, by which it is let out or hauled close; cf. m. ; Ir. *linscóit*, a linen sheet, fr. N. *línskauti*.

sgoinn, f., 781, 810, care, esteem.

sgoinneil, 2929, effective.

sgonn, m., 461, a short log of wood.

sgonnan, m., 125, the peg of the cas-chrom, on which the right foot is placed.

sgoth, m., 205, a boat, a skiff ; McB. compares Norse *skúta*, which, however, should yield *sgùd*, not *sgoth*.

sgrubaire, m., 2473, a niggard, a " scrub " ; chaoidh cha sgrubair 's an tigh-òsd iad—W.R. 39 ; an uair a ghabhadh tu mu thàmh Cha bu sgrubaire clàir (niggard at table)—T. 270 ; Ir. *sgrub*, hesitate ; Eng. *scruple*.

sian, f., 761, a charm ; modern form of *seun* ; O. Ir. *séin* ; Lat. *signum*, a sign ; the sign of the cross ; cf. Loch Sianta, the Holy Loch, Cowal ; na h-Eileanan Sianta, the Shiant Isles.

sian, f., 536, storm ; 6690, ri sìn, exposed to storm.

sianail, 1716, act of screeching, squawking.

siar, 2831, behind ; taobh siar, the back (also, of course, the west side ; as the Celtic people took direction with face to the east, the west was behind them —*iar n-*, behind, whence *siar*,

am fear ud shiar, the Devil.

sibht, 3648, a plan, contrivance ; Eng. *shift*; cf. *gibht*, from *gift*.

sic, f., the prominence of the belly, H.S.D. ; the peritoneum, McA. ; màm-sic, a rupture ; 5441, the membrane covering the brain.

sine, f., 6847, old age ; Ir. *sine; sean*, old.

sinteag, f., 150, a stride, a skip, a long pace ; *sìn*, stretch.

sìol, 1027, to sink, subside ; cf. Ir. *síolaim*, I descend (in family line).

sìoladh, m., 1774, 2537, straining, filtering ; M. Ir. *siothal*, an urn ; Lat. *situla*, a bucket.

sìolaich, 4499, to propagate, multiply ; *sìol*, seed.

sìolchur, m., 4905, seed-sowing.

sìomanaich, f., 6725, act of twisting, twining ; opposed to *caolruith*.

sìoth-shàimh, f., 4301, 5238, peace, tranquillity ; cha bhi sìoth-shàimh re d' bheo dhuit— G. 158 ; bu bhlàth an am na siochthaimh thu—S.O. 76a ; fo sheul do shiochai'—T. 111 ; bha e mur sheula an am sioth-chai'—T. 192 ; iarrmaid s. (shichawe) agus iochd—Fern. MS., R.C. II., 84 ; iarrmaid s. (shichaiwe), iarrmaid iochd— *ib.* 92; Ps. (metrical) 4, 8; 122, 6.

sireadh, 6669, act of ranging.

siùdan, m., oscillation ; 3602, 3695, variation of fortune ; Sc. *showd*, swing, a lift in a cart.

slacadh, slachdadh, m., 1577, beating.

slachdraich, f., 241, the noise of beating or ponderous hammer-ing ; thudding.

slad, m., 2767, robbery, theft.

slaod, m., 943, a snare worked by a cord held in the hand.

slaodaireachd, f., 2809, slovenli-ness.

slaodanach, m., 5740, sloucher ; cf. E. Ir. *slaedan*, influenza ? teidhm galair coitchinn ar fud Erenn uili, risi n-abairtea s., re h-edh trí latha nó cethair air gach nech gur 'ba tánaisti báis é—A.U., *anno* 1328.

slapraich, f., din, noise ; Eng. *slap*.

slat, f., a wand ; 6145, a handsome man ; cf. *fiùran*.

slige-chreachainn, f., 1529, scallopshell, used for drinking ; Lìon a suas an t-slige chreachainn :
Chan ion a seachnadh gu dram ;
Is olc a' Ghàidhlig oirre an creachann :
An t-slige a chreach sinne at' ann.—A.M. 51.

sligheach, 4555, wily, deceitful ; Ir. *slightheach* ; Ps. 55, 23.

slinn-chrann, f., 5413, a flag-staff ; *slinn*, a weaver's sley or reed, and *crann*, tree, shaft.

sliopraich, 101, a swishing noise.

sliosréidh, 6893, smooth-sided.

sloisreadh, *sloistreadh*, m., 116, dashing, as water ; sruth ag osnaich bho shloistreadh a h-earrlainn — A.M. 171 ; an fhairge 'ga maistreadh 's 'ga s.—A.M. 182 ; fosghair a toisich a' s. Mhuca mara—A.M. 183 ; Sc. *slaister*, bedaub.

slugan, m., the gullet ; 242, 293, a whirlpool ; *slug*, swallow.

smàl, m., 6510, eclipse, darkness.

smearach, 117, a lusty lad.

smeoirn, f., 4896, 5549, the end of an arrow next the bow-string ; cho cinnteach ri earr na smeoirn.

smeurach, 4939, rich in brambleberries ; Ir. *sméar* ; E. Ir. *smér*.

smòis, f., 4599, by-form of smuais.

smuais, f., 2852, marrow, juice of the bones ; Ir. *smuais*, marrow.

smùdan, m., 5196, a ring-dove.

smùd, f., smoke, 4604, '*na smùid*, smoking, in hot action.

smùidreach, f., 227, spray, smoke.

snaidhm, snaim, f., 5117, a knot ; an eddy.

snapach, 3308, provided with triggers ; Eng. *snap*.

snasta, 4282, elegant, gallant, polished ; *snas* from *snaidh*, new.

sneachdgheal, 233, snow-white.

sneachdaidh, 3343, snowy ; Ir. *sneachtaidhe*.

snighe, f., water oozing through a roof ; 2429, falling tears.

snodhach, m., 6082, sap of a tree ; fhrois an s. bu phrìseil— T. 17.

snuadh, m., 4275, hue, appearance.

soc, m., a snout ; 2026, a spur.

socair, f., 5878, ease, comfort ; 2251, gun s., hard up, badly off ; dean air do sh., go quietly.

socair, 94, quiet, leisurely ; cho s. 's tha do nàdur, your nature is so well balanced—T. 252; ràimh sh., well-hung oars—A.M. 168; 4738, gu s., well-balanced. M. Ir. *soccair*, for *so-ad-cor* ; *cuirim*, place, arrange.

socair dhàna, 3562, "sochdairdàna, a species of melody suitable to laments or hymns," *An Laoidheadair Gaelic* (1836), p. 102 ; "common measure or Sochdair Dàna," *ib.* p. 84.

sochair, f., a benefit, privilege ; 92, a plenteous supply ; *so* and *cor*.

socrach, (1) 5175, 5385, 5797, 5818, well-balanced, well-fitted ; (2) comfortable ; (3) easy — both secondary meanings.

so-iarraidh, 5228, easily ascertainable.

soighne, *soighneas*, m., 142, pleasure, delight ; *so* and *gne-*, from root *gen* of *gean*, humour, good humour.

soirbh, 2065, cheerful, pleasant ; *so-*, and *reb*, *reabh*, a feat, sport (in Sc. G. a wile, trick.)

solar, m., 6367, provision, pur-
veying ; Ir. *soláthar*, provision
so and *láthair*.

solladh, m., 109, throwing crushed
shell-fish into the sea to attract
fish ; N. *soll*, swill.

solta, 3324, 3464, pleasant, comely;
5380, lusty, vigorous ; *sult*, fat,
joy. (In Lewis, docile).

solasta, 4704, radiant, brilliant.

sòmhail, 930, tight, strait, con-
tracted ; opposed to *dòmhail*,
bulky.

sonn, m., primarily a stake, an
upright in the wickerwork of
early houses ; sonn catha, a
stake or post of battle, like
ursann chatha ; hence a stal-
wart man, champion, hero, as
in 6112. In 6669, 6750, 6780,
applied to the stag. Cf. the
British hero Pabo Post Priten,
Pabo the pillar of the Britons.

sòr, to hesitate, grudge ; 1384,
4114, 6357.

sòradh, m., hesitation, 3970.

soraidh, f., 1337, 2019, &c., a
blessing, greeting, farewell ;
soiridh soir go h-Albain uaim—
R.C. I., 119 ; E. Ir. *so-riad*,
good faring.

Spàinneach, Spàinteach, f., 2830,
3685, a long fowling-piece of
Spanish make.

spàl, m., 1553, a weaver's shuttle;
Ir. *spól ;* Norse *spóla*, a
weaver's shuttle ; M. Eng.
spole, Eng. *spool*.

spalpadh, m., 2966, act of trussing
or hitching up.

spalpaire, spealpair, 1098, 4594, an
active, trim fellow ; Ir. *spalp-
aire*, a strong, well-formed,
active man.

sparradh, m., 5967, fixing, driv-
ing in ; Ir. *sparraim* ; Norse
sparri, a spar.

spéic, f., 1128, blow, stroke ;
esp. a cleaving or rending blow.

spéiceadh, m., 4522, 5451, smiting
or cleaving asunder ; air s.,
riven, e.g., of the fork of a
tree or branch.

spéilearachd, f., 4609, game ; Sc.
spiel, play ; Germ.*spielen*, play.

spéireadail, 4587, spirited.

spìdeil, 534, contemptible ; *spìd* ;
Eng. *spite*.

spìd, f., 1132, 1196, speed, activity;
so probably, 6670.

spioladh, m., plucking ; *piol*,
nibble, pluck, with prosthetic *s* ;
Eng. *peel*.

spòltadh, m., 703, 4119, hacking,
tearing ; bha iomadh s. salach
ann—T. 31 ; Eng. *spoil* ; Lat.
spoliare.

spòrsail, (1) 1098, sportive, gay,
(2) foppish ; gun bhith s. no
uaibhreach—T. 232.

spreadhadh, m., 2032, 5437, loud
sound of bursting, report of a
gun ; a thunderclap ; Ir.
spréidhim, scatter, spread ;
burst suddenly ; M. Eng.
spraeden, Eng. *spread*.

spreig, incite, instigate ; 57, 3888,
6372, pìob 'g a spreigeadh ;
5564, clàrsach 'g a s. ; pipe, harp
being stirred to make music ;
Ir. *spreagaim*, incite ; play on
a musical instrument.

spreigearra, 542, expressive,
spirited.

spreigeil, 2724, expressive,
spirited ; Ir. *spreagamhail*,
spirited, bold.

spreòd, 2818, 2924, goad on, in-
cite ; from *spreòd*, a projecting
beam.

spreòd, m., 1025, a bowsprit ; M.
Eng. *spreod*, a sprit.

sprochd, m., 1318, 2403, 4408,
sadness, dejection ; M. Ir.
brocc, sadness, with prosthetic
s.

spuacadh, m., thumping.

srac, 3071, tear, rend.

srannraich, f., 669, 2905, snoring ;
srann, a snore, buzz ; Ir. *srann* ;
O. Ir. *srennim,* I snore.

sreang, f., 3422, a string ; cognate
with Eng. *string,* Lat. *stringo,*
I bind.

srideagach, 233, falling in fine
drops, spirting.

sruth-tràghaidh, m., 5444, 5991,
ebbing tide.

sruthladh, m., 1774, a dirty muddy
stream ; *sruthladh,* rinsing ; Ir.
sruthluighim, I rinse ; *sruth.*

stadhadh, m., 2920, 2965, erect
position ; Eng. *stay.*

stagh, m., 6899, a stay, a certain
rope in a ship's rigging ; Norse
stag, a stay.

staghmhor, 4982, abounding in
stays.

staimhnte (stainnte), 210, confined,
narrow ; cf. staointe, shallow
(Beauly dist.) ; ? Eng. *stinted.*

stairsneach, f., 6419, a threshold ;
stepping-stone ; fr. *tarsuinn,*
across, with prosthetic *s.*

stang, f., 1724, 6563, a pin on
which things are hung ; cabar
stangach, T. 32 ; Sc. *stang,* a
sting ; Norse *stong,* a pole ;
stanga, to prick, goad.

stang, f., 1788, a ditch, pool ; Sc.
stank ; O. Fr. *estang ;* Lat.
stagnum, a pond.

stiall, f., a streak, a strip ; 1136,
'n an still, at full speed ; cur
a dharaich 'na s.—T. 74.

steòrn, 1096, to direct, guide ;
Norse *stjórn,* a steering ;
stjórna, to govern.

steud, m., a steed ; 938, dol 'na
steud, to go at full speed.

stìomag, f., 5181, a head-band, or
fillet for the hair ; *stìom,* a
head-band ; aig am biodh an
s. air son anairt—T. 205.

stiuirbheirt, f., 5986, steering-
tackle ; stiuir, from Norse *styra,*
steer.

stoc, m., (1) 1162, 2172, 2252, stock,
kin ; cuir an stoc, enrich ; (2)
5010, the deck or gunwale of a
ship ; (1) is from Eng. *stock* ; (2)
from Norse *stokkr,* the gunwale
of a ship.

stòldachd, f., 1918, sedateness,
quietness ; *stòl,* settle, from *stòl,*
a stool, settle.

storach, storrach, 5547, rugged,
uneven, jagged ; often of
broken teeth.

stròiceadh, m., 4121, 5417, 5981,
tearing asunder.

stuadh, f., (1) 518, 2747, 5821, a
wave (2) 4466 (stuadhaidh, acc.
pl.), 5443, a gable, pinnacle ;
thu bhith laighe 's an uaigh
Ann an eaglais nan s.—T. 11.

stuaim, f., 4442 skill, dexterity,
ingenuity ; elegance.

sturtail, 2836, haughty.

suaicheantas, m., 2904, 2455.
3659, 6289, 6733, ensign, badge ;
Ir. *suaitheantas,* blazonry
badge ; *su* and *aithne,* know-
ledge.

suaithneas, m., 1285, an s. ban,
the White Cockade, the Jaco-
bite badge ; another form of
the above. (For *th, ch,* cf. Ir.
teithim, I flee ; Sc. G. *teich.*)

suanach, f., 1470, 3036, a cover-
ing, a fleece ; dh'fhàg lom mi
gun lunnaich gun suanach (*sic*),
explained as 'a coarse cover-
ing'—Cl. na C., 203 ; Is maith
a thigeadh an t-s. ghlas uaine
gu feur dhuit (or, Air uachdar
do léine)—G. 299.

suas, 4582, erect, standing up,
above the sod, alive ; lìonmhor
an taic na tha suas diubh—
D.M. 310, 51.

subhach, 4939, rich in raspberries ;
Ir. *suibh,* a straw-berry plant ;
hence *sùibheag,* the stump of a
rainbow, called in E. Ross, a
tooth.

suchta, 5118, filled, saturated.

sùdh, m., 5825, a suture; the seam (rivetting) of a boat's planks; cha'n 'eil sgar dhith gun s. air—Cl. na C. 19; a' ruith suas air na sùdhan—*ib.* 16; Norse *súdh*, a suture, clinching of a ship's boards.

1. *sùgh*, m., 6812, juice, sap; Ir. *súgh*; Lat. *sugo*, suck; Eng. *suck.*

2. *sùgh*, m., 5989, a billow, described as "the base of the hollow of a curling wave;" chumas a ceann-caol gu sgibidh Ris na sùighean—A.M. 173.

sùghadh, m., 1029, pith.

sùghan, m., 1783, sowans; the liquid from which sowans is made; *sùgh*, sap.

suilbhir, 3047, gu. s., cheerily, pleasantly; *so-labhar*, pleasant of speech, jolly.

sùip, m., 464, a sweep; Eng.

sùlaire, m., 161, a gannet; Norse *súla*, *súlan*, the gannet.

sùlghorm, 1419, blue-eyed.

sùrd, m., 2609 good order; see 2606 n.; 4585, order, condition: gu s. millte, to a ruined state; 3981 good cheer, good form; bidh sùrd orra daonnan; old dative sg. of *sord*, used as nom.; *so-ord*, good order.

sùrdag, f., a skip, bound; a reduced form of M. Ir. *surdgail*, act of leaping; surdgail laegh breaca, the leaping of dappled fawns—*Acall. na Sen.* 347; also *surdlach*: meisi ag surdlaigh, ag lémendoigh, I a-leaping and a jumping—*Buile Suibne* (Ir. Text Soc.), p. 126; ag gearradh sùrdaig, leaping, skipping.

susbaint, f., substance, pith, essence; in 5365, *s.* may mean the ground wherein qualities subsist or exist.

suthain, 1213, eternal, everlasting; Ir. *suthain; su* and *tan*, time.

tàbhachd, f., 1088, 1905, efficiency, substantiality.

tàbhachdach, 2699, effective.

tabhann, 6829, barking, chasing, the chase; 3257, swift play (of fingers on a musical instrument); cf. 5580; Ir. *tafann.*

tacaid, f., 4584, a tack, driven bullet; Eng. *tacket.*

tàchair, m., 1777, weed.

tàcharan, m., 1808, a ghost, sprite, pithless person; cha b'iad na tàcharain chrìon—G. 55.

tadhail, 1521, t. air, call upon.

tadhal, m., visiting.

taic, f., support: is lìonmhor an taic—D.M. 310, 51. In idiomatic phrases: (1) an taic a' bhalla, leaning on the wall; 4639 an taic còrach, leaning on, or, under guise of justice; 4657 an taic bhur mìoruin, depending on, as a result of, your malice; (2) 383, an taic an t-sàile, by the seaside; but in Lewis and Uist, an tac an teine, beside the fire, at the fireside.

taiceil, 6617, solid, strong; Ir. *tacamhail*, firm, solid, staunch.

taifeid, f., 4893, 5279, 5963, a bowstring; ? *taffeta*, silk stuff.

tàileasg, m., 3121, 4849, 4906, 5586, 6001, 6412, chess; Ir. *táibhleis*, backgammon; Adv. Lib. MS. LII., 33a, *táiflisg* (pl.); Eng. *tables*, backgammon; Norse *tafl*, game, chess.

tailmrich, f., 2960, bustle, noise; E. Ir. *tairmrith*, a running across; from *tairm-*, the compositional form of *tar*, across, and *ruith.*

tàin, f., 5880, cattle, herd of cattle; thugadh uaith re h-aon

oidhche A chreach is a mhór
thàintean—G. 45.

tàinistear, m., 4603, an heir ; Ir.
tánaiste, a lieutenant, second
in command ; heir presumptive ;
tánaiste, next, second.

tairgneachd, f., 4027, a prophecy ;
O. Ir. *tairngire*, promise ; Ir.
tairngire, a promise, prophecy ;
Tìr Tairngire, the Land of
Promise.

tairis, 6933, trusty, loyal.

tairrneach, tairgneach, 4982, well-
nailed ; each crùidheach, dlùth-
thairgneach—D.M. 68, 29.

taisbein, 2087, appear (intransi-
tive), come into view ; usually
trans.

talach, 929, act of complaining,
murmuring.

tàladh, m., a caressing, a lullaby ;
1702, act of enticing, act of
making friendly ; 6507, tàladh
Dhomhnaill Ghuirm, the fond-
ling of Domhnall Gorm ; Norse
tál, allurement.

talmhaidh, 4670, 5129, mighty ;
talamh, earth.

taobhadh, m., 5887, siding with,
taking one's side ; *ceapair
taobhaidh*, a bannock spread
with butter, &c., to conciliate
the love of man or woman—
Reay.

taod-sgòid, m., 5603, the sheet-
rope at the lower corner of a
sail for regulating its tension.

taoitear, m., 4461, an oversman,
tutor, guardian ; Lat-Eng. *tutor*.

taom, f., the water in the bottom.
of a boat ; freasdladh air
leaba na taoime Laoch bhios
fuasgailt'—A.M. *Birlinn*, 1.
327.

taoman, m., 6318, a baler ; *taom*,
empty, pour out.

tapadh, m., 2278, 3101, 5689, 5719,
cleverness, activity, manliness ;
1883, t. leat, thank you.

tapaidh, 2108, active, vigorous.

tapag, f., 3099, accident.

tàrmaich, 537, dwell ; 6428, settle.

tarrgheal, 2327, white-bellied.

tasgadh, m., 4327, storing, bury-
ing.

tasgaidh, f., a deposit, a treasure ;
5336, a th., thou treasure.

tathaich, 1273, 5097, 5329, a visit-
ing ; frequenting ; Ir. *taithighe*,
act of visiting, haunting.

teachd-an-tìr, 458, livelihood ; in
this phrase *tìr* retains its old
neuter gender, as in *tir-mór*,
mainland.

téagbhail, teugmhail, f., 4524, an
encounter.

teanal, m., 42, 146, 5339, a gather-
ing ; by-form of *tional*.

teann-ruith, 200, 3617, full speed,
hot haste ; *teann*, stiff, tense,
with intensive force ; cf. *tend-
medón*, exact middle—*Táin Bó
Cúalnge* 1. 193 (Windisch);
na cuir do theann-gheall 'san
eucoir—G. 295.

teann-shàth, m., 6799, full satiety,
full fill ; a seang sáith dóib, let
them have a bare sufficiency ;
a tenn sáith dóib, let them
have a full sufficiency—*Ir.
Laws* ii, 150.

tearb, 2055, to separate.

tearmad, m., 5551, an t., in safety,
security ; by-form of *tearmann ;*
hence Termit, in Petty.

tearmann, tearmunn, m., 4791,
6611, a sanctuary, place of
refuge ; Lat. *termon-, ter-
minus*, boundary.

tèarnach, 3276, ? sloping down.

teibnigh, 4950, smart, lively, neat.

teinn, 5160, f., 'na t., in tension ;
teann, cognate with Lat. *tendo*,
I stretch.

teinntean, m., 461, a hearth ;
teine.

teirbeirt, f., 3216, sending forth,
letting slip.

téis, f., 583, a musical air; Ir. *séis*, a musical strain; *seinn*, sound.

teist, f., 4879, testimony, esteem; Lat. *testis*, a witness.

teòchridheach, 3972, warm-hearted.

teòghradhach, 4472, affectionate, loving.

teómachd, f., 1901, expertness; *teò-*, root of *teth*, hot; *teothad*, heat.

teudbhinneach, 1210, of melodious strings.

teudbhuidhe, 4294, yellow as harp-strings (which were gold-gilt).

theasd, 5900, died; Ir. *teastuighim*, I fail, die; O. Ir. *testa*, fails; (*do-ess-tá*).

tì, m., a point; marking of a chess-board or draught-board; 6375, foireann air thì, set of chess-men arranged on their squares; cf. 6009, foirm (?foireann) air thithibh; see n. air tì, "ready set," on the point of; 6051, air do thì, ready to help thee. With hostile notion: air tì mo sgrios; &c.

tic, f., 5456.

tigh-geamhraidh, m., 5510, winter-house; the grave.

tigheadas, m., 4640, house-keeping.

tìm, 5144, soft, timid; Irish form of *tiom, tioma*.

time, f., 3836, fear, dread.

tioma, 5398, soft, timid; 3334, tiom.

tiomadh, m., 4535, softness, tenderness.

tionnail, m., 1130, 1923, likeness; cha'n fhaca mi riamh tionnail Moraig so—A.M. 14; cha'n. fhaighear a tiunnail—*ib.* 10; also, sunnailt, siunnailt; s. t'eugaisg, S. 329; is s. thu do Bhenus, S.O. 433b.—f., from M.Ir. *inntshamail*, resemblance;

ionnshamhail (Keating), modern Ir. *ionnamhail*, with prosthetic *t*.

tionnsgainn, 3597, to begin.

tioradh, m., 119, drying; *tioraim*, - O. Ir. *tirim*.

tiorail, 1802, kindly, generous; Ir. *tioramhail*, native, kindly, from *tír*, land, country.

tirte, 1296. earthed ?

titheach, 4175, 4437, bent (on), keen, eager; *tì*.

tlàm, m., 1523, a handful (of wool); tlàman, 1546, a small handful.

tobhta, f., a rower's bench; Norse *thopta*, a rower's bench.

todhar, m., (1) 5787, manuring; (2) 111, seaweed for manure.

togbhalach, 6673, haughty ? Ir. *tógbháil*, raising; *togail*.

toidheachd, m., 4051, coming, act of coming; now *tigheacht, tidheacht*.

toirbheartach, 1237, 4998, bounteous; *to-air-ber*.

toirm, f., 2844, a noise, sound; Ir. *toirm, torman*.

toirmghaoth, f., 6586, a cyclone.

toirt, f., 2300, 4354, 6280, 6721, respect, esteem; Ir. *toirt*, quantity, bulk, value, respect.

toirteil, 1141, bulky, stout, strong; Ir. *toirteamhail*, bulky, stout.

toiteal, m., (1) 5746, a fray; ann an tùs an totail—T. 231; totail sgian, toiteal sgian—R.C. I., 405; ann an toiteal nan claidhean—T. 146; (2) splashing; chunnaic iad a' bhéist a' t. am meadhon an loch— W.H.T. I., 91; from *toit*, smoke of battle; anns an toit le mire-chath— A.M. 158; cf. *ceò*, 5646.

*tolg, f., pride; 5394, dat. *tuilg*; cf. E. Ir. tolgda .i. dimsach, haughty—O'Dav. Gl; Wind. Wört.

tolgach, 573, haughty, from *tolg*, pride; possibly, hollow, from *tolg*, a dent.

toll-cluaise, m., 1738, a touch-hole.

tom, m., (1) 4769, 4932, a bush, a thicket ; Is math thuigeas fear lombair Ciod am feum th' anns an tonn (*read* tom) ri là fliuch —T. 249 ; (2) 6626, tom-sealga, a hunting-hillock, hunting-station, corresponding to Ir. *dumha-sealga*, a hunting-mound. Ir. *tom*, a bush, thicket ; Welsh *tom*, a mound. The latter is the more usual meaning in Sc. G.

tomadh, m., 111, 167, dipping ; by-form of *tumadh*.

tomanach, 588, bushy-haired.

tonn, f., 1438, covering, here the maiden's snood ; skin : tha uaisle fo thuinn an Clann Lachlainn, the MacLachlans have nobility beneath the skin, i.e. more than skin deep.

tonnag, f., a loose shoulder-plaid worn by women ; 5018, a sail.

tòrachd, f., 16, 89, 1912, 1986, &c., pursuit, enquiry ; *tòir*, pursuit.

torman, m., 6655, a musical sound ; *toirm*.

tràth, m., 4809, 4817, time, season, hour ; 1606, meal-time, a diet.

tràth-nòine, 4432, 5473, evening.

treabh, m., 4210, tribe, race ; root of *treabh*, a dwelling ; Lat. *tribus*, a tribe.

treachladh, m., 5043, out-wearing, rough usage.

treaghaid, f., 4351, a sharp darting pain, a stitch ; Ir. *treagh*, a fish-spear.

treall, f., 4186, a short space or time.

treas, 392, a stroke, a bout ; cf. tuc t. adhmolta ann sin air Chonan, " he sang a fit of praise for Conan ;—B. of Ventry, 763, tucadar tres eile óil ocus aibnesa, they took another spell of drinking and of joyousness. *Celtic Review* II., 106.

treis, f., 3896, a while, spell ?dat. sg. of *treas*, f., a combat, a bout ; but may be—Ir. *treimhse*, a space of time (so Macbain).

tréitheach, 6908, accomplished, vigorous, courageous ; Ir. *tréith*, an accomplishment.

treoir, f., 2745, vigour, strength.

trìchlaiseach, a sword with three flutings along the blade.

trileanta, 2844, thrilling.

trógbhail, f., 1910, a quarrel ; na tog trógbhail air t'aineol, provoke not a quarrel in a place strange to thee (i.e. where you are far from your friends)— Rel. Celtic. ii, 358 ; G. 295.

troid, f., 1857, gen. *troda*, fight, conflict ; (the Irish form of Sc. G. *trod*, m., gen. troid, truid).

tromchradh, m., 3221, 4707, grief, melancholy ; *trom* and *cràdh*.

tromdhaite, 1239, vividly coloured.

trù, m., 6678, a wretch; E. Ir. *trú*, a person fated to death ; pl. *troich*.

truideach, 4968, frequented by starlings ; G. *druid*, E. Ir. *truid*.

truimid, 832, the heavier, heavier thereby ; *truime* and *de* ; cf. *misde*, *feàirrde*.

trusadh, m., 1714, collecting, gathering ; literally, bundling ; Eng. *truss*.

trusdar, m., 3033, filthy fellow.

tuairgneadh, 4419, would disturb.

tuairisgeul, m., 396, a description, report ; a made-up story ; Ir. *tuarasgbháil*, i.e. the prefixes *to-for-as* and *gabháil*.

tuairmeas, m., a guess, aim ; onset; 728, mu'n t., towards them, against them ; Ir. *fá thuairim ;* prefixes *do-fo-air* and *meas*, estimate.

tuam, *m.*, 1288, a tomb, grave ; Magh-thuaim is the site of the

old graveyard at Lawers on
Loch Tayside.

tuar, m., 1217, hue, appearance ;
fìon geal as maith t., white
wine fine of hue—D.M. 74, 130;
Ir. *tuar*, an omen, presage.

tuathcheathairn, f., 4142, tenantry ;
a bhi trusadh do thuaith-
chearn—T. 249 ; bha thu . . .
ro mhath do'n tuaithchearn—
T. 233 ; an am bhi foirneadh
(raising) na tuaithcheairn—T.
234.

tuigsear, m., 5365, one who under-
stands.

tuilbheum, m., 3049, a water-
burst.

tuilg, see tolg.

tuilleadh, m., 1882, 3101, 4829,
an addition, more.

tuineadh, m., 3, 6629, an abode.

tulach, f., 1591, a hillock ; (m. in
Dicts., but f. often in literature
and in place-names ; f. in Irish).

tulg, tolg, m., 5029, a dent, a bend;
compare *tulgadh* ; is duilich tolg
a chur 'na chruaidh stuth—A.M.
127 ; fear t'fhasain gun tuilg
(dent, flaw)—T. 9.

tulgadh, m., (1) 4986, swaying or
rocking of a ship ; (2) the
initial spring in rowing ; an on-
set ; thugaibh t. neo-chladharra
dàicheil—A.M. 170 ; *tulg*, a
dent, bend.

tùr, m.f., a tower ; 5430, a war-
rior ; cf. ursann chatha; Lat.
turris.

turnais, 4297, a job, a smart turn
(Skye).

tùs-clèithe, m., 5029, the bow end
of a bank of oars ; see n.

uachdar, m., 1487, cream ;
uachdar a' bhainne ; so barr,
barr a' bhainne ; the old term
cé, céath, is still used in Strath-
errick.

uachdrach, 4927, rich in cream.

uchdshnaidhm, 5868, a breast-
knot.

ùdail, 3965, churlish, inhospitable.

udal, m., 6885, wavering, rocking,
distress.

ùdlach, m., 2048, a full-grown
stag ; also *ùltach* : le gunna
snaipe nach diùltadh, dh'
fhàgadh ùltach gan anam—
E. 344.

ùidh, f., heed, attention ; 1356 a'
tighinn fo 'm ùidh, coming
to my mind ; 2106, air m'ùidh,
well remembered, dear to my
memory.

uidheam, f., 3149, accoutrements,
equipment, dress.

uirghioll, m., 4881, the faculty of
speech, speech ; *air* and Ir.
fuigheall, a word, sentence.

ùiseil, 3951, 4716, worthy; gu h-u.
's gu h-urramach—T. 24 ; *ùis*,
use ; Eng. *use ;* Lat. *usus*.

ulag, f., 4983, a pulley.

ulagach, 4983, rich in pulleys.

ulaidh, f., primarily a tomb ; also
a charnel-house (Dinneen) ;
6087, a place of dead bodies.
In Sc. G. now a treasure, esp.
a treasure lit upon more or
less unexpectedly : nach tu
fhuair an ulaidh !—a semantic
development ; tombs sometimes
contained, or were thought to
contain, treasure.

ullamh, 6867, ready ; for *urlamh*,
E. Ir. *erlam ; air* and *làmh*,
" on hand."

ùmaidh, m., 3556, 4605, dolt,
blockhead.

ùmhlachd, f., humility ; 5475, cf.
fhir nach leughadh a' ghealt-
achd—T. 13 ; *umhal*, Lat.
humilis.

urchoid, f., 3048, hurt, mischief.

ùrlann, f., 2835, the countenance ;
a bhith 'g amharc air t'ùrluinn
—G. 117 ; *air* and *lann* ; for

meaning cf. *clàr-eudainn*, fore-head.

ùrlar, m., 2807, theme or ground-work of a pipe tune ; *air* and *làr*.

urra, urradh, f., 6129, a respon-sible person ; *air* and *ràth*, surety. The opposite term is *deòradh*, from *di*, privative, and *urradh*. Hence " chan urra mi," I am not able.

urrainn, m., 3508, 5403, 5493, 6943, guarantee, authority ; *air*, and *ràthan*, a security, guaran-tee. Hence the common modern usage, " is u. domh " and " is u. mi," and their negatives.

urranta, 1113, reliable, powerful, bold ; from *urra, urradh*.

ursgeul, m., 4910, a tale, especi-ally one of the romantic Fenian tales ; *air* and *sgeul*.

usgar, m., 6380, a jewel.

ursann-chatha, 5898, a pillar of battle, a champion ; u.-c. thu roimh mhìltean — T. 19 ; ursainn-ch. (pl.) nach géilleadh —T. 181 ; u.-c. a' chruadail— T. 183.

NOTE A.

VERBAL NOUNS.

In modern Scottish Gaelic the genitive of verbal nouns in -*adh* ends regularly in -*(a)idh*, e.g., *marbhadh*, gen. *marbhaidh; briseadh*, gen. *brisidh.* In older Gaelic, and still to a large extent in Irish, these genitives ended in -*tha*, -*the ;* or when the nature of the preceding consonant prevented aspiration, in -*ta*, -*te.* Examples :—

1. Stems with broad vowel—

	Noun.	*Ir. Gen.*	*Sc. G. Gen.*
bacaim, I hinder	bacadh	bactha	bacaidh
cumaim, I shape	cumadh	cumtha	cumaidh
líomhaim, I polish	líomhadh	líomhtha	lìomhaidh

2. Stems with slender vowel—

básuighim, I slay	básughadh	básuighthe	bàsachaidh
sáruighim, I harass	sárughadh	sáruighthe	sàrachaidh

3. Stems (broad and slender), which end in a consonant which prevents aspiration—

báidhim, I drown	bádhadh	báidhte	bàthaidh
sáithim, I thrust	sáthadh	sáithte	sàthaidh
molaim, I praise	moladh	molta	molaidh
líonaim, I fill	líonadh	líonta	lìonaidh
céasaim, I torture	céasadh	céasta	ceusaidh

Modern Scottish Gaelic literature has little trace of the older genitive forms illustrated in (1) and (2).

Instances of (3) are not uncommon, and are to be distinguished in meaning from the passive participle, which is identical in form; e.g., *la reòdhta* or *reòta* is "a day of freezing" *(reodhadh); tha an loch reòdhta* or *reòta*, is "the loch is frozen."

The genitive of the verbal noun has often the force of an English relative clause. *Fear rannsachaidh* is "a man who examines"; *Fear rannsachaidh nan sgoil* is "a man who examines the schools," "an Inspector of Schools."

Examples from our text are :—

405 naigheachd mheallta, news that deceives; gen. of *mealladh.*

698 uchd buailte, the breast or forefront of smiting, the van of the battle; 2827, an arm 's am brat buailte, into armour and garb of smiting; gen. of *bualadh.* But in 3868, uchd bualaidh.

1294 muir-bhàidhte, muir-bhàite, a sea that drowns, a whelming
   sea; in districts where *muir* is masculine, muir-bàite;
   gen. of *bàdhadh.*

1745 fear-gléidhte, a man who keeps, a guardian; gen. of
   gléidheadh; now fear-gléidhidh.

2815 maduinn fhuar reòta—see above.

3874 lothagan cliatha or cliata, fillies for harrowing; gen. of
   cliathadh.

4198 oide mùinte luchd gach dùthcha, the foster-parent who
   instructed folk of every country; gen. of *mùnadh*
   verbal noun of *múinim,* I instruct.

5478 ceann réidhte (or réite) gach facail, the head (or authority)
   that made every expression clear, or, made every
   problem plain; gen. of *réidheadh.*

5939 gair-bhàidhte, gair-bhàite, a cry of drowning, a drowning
   cry. Here the verbal noun is intransitive; in *muir-
   bhàite* it is transitive.

1495 sgobadh creachaidh, the sting that harried me.

NOTE B.

VERBAL ENDINGS IN -AS.

The ending -as is (1) past passive; 1291, leughas, was read;
1669, na chualas, all that has been heard; 2360, deachas
(impersonal), "a going was made," we went; 3255, chualas, that
has been heard; 3671, an naidheachd so chualas, may belong
here or to (2); 3345, air nach facas, on whom was not seen;
3664, chunnacas sibh, ye were seen.

(2) The old 1 sg. ind. active (s-preterite); 3905, d'am facas,
of all that I saw (or, have seen); 4353, rinneas, I made; 4362,
do chunnacas, I saw; 6614, chunncas, I saw; 4798, do leughas,
I have read; 6702, fhuaras, that I obtained; 6943, cha d'fhuaras,
I have not found; 6823, ghabhas, that I took; 6944, dh'iarras,
I have sought; 6946, thriallas, I have fared.

The old 2 sg. is seen in 6177, thugais, that thou hast given.

AINMEAN DHAOINE.

Achan, 2488.

Adhamh, 2658.

Ahaliab, 4220 n.

Ailean, Coirnealair, 675 n., 1062 n., Colonel Allan Cameron of Erracht.

Ailean Mùideartach, 3386 n., 3457, 3622, 3768, 3802 ff., Allan of Moidart, Chief of Clan Ranald, mortally wounded at Sheriffmuir.

Alasdair Carrach, 6623 n. (Carrach, rough-skinned, e.g., as in very fair men the skin of the face roughens under sunburn).

Alasdair Dubh, 4606 n.; Alasdair Liath, 3581 n., of Glen Garry.

Alasdair mac Colla, 1950 n., 5611 ff., and n.

Alasdair nan Gleann, 6731 n., 6747.

Alasdair Ruadh na Féile, 2471 n.

Aonghas, 6627, 6622 n.

Aonghas, 6068 n., 6085.

Aonghas mac Sheumais, 6261 n., 6265.

Aonghas mac Mhic Raghnaill, 5627, Angus MacDonald of Keppoch, probably the same as in 6085.

Aonghas Mac Aoidh, 2102, etc., Angus Mackay, Master of Reay.

Barr Breac, 5765 n.

Bàrasdal, 2446, MacDonald of Barasdail.

Besaleel, 4221 n.

Bricin, 3155 n.

Brian Boroimhe, 3155 n.

Cailein Liath, 6464 n.

Cailein Og, 6106 n., 6241 n., Earl of Seaforth and Chief of the Mackenzies.

Cailein, 6221 n., Chief of the Mackenzies.

Caiptein Chlann Raghnaill, 3640; see Ailean Mùideartach.

Calum a' Chinn Mhóir, 2650 n., King Malcolm Canmore.

Caoilte, 3166, a warrior of the Fiann of Fionn mac Cumhaill.

Clébheris, 4573, John Graham of Claverhouse, Viscount Dundee.

Colum Cille, 4195 n., St. Columba.

Coinneach, 3322 n., 3328, Sir Kenneth Mackenzie of Scatwell.

Coinneach, 3971 n., 3985, Kenneth Mackenzie of Coul.

Coinneach, 6225 n., Kenneth Mackenzie, Lord of Kintail.

Colla, 4320 n., Colla Uais.

Colla Ceudchathach, 1652 n.; in error for Conn C.

Conan, 3158 n., a Fenian warrior.

Conn Ceudchathach, 1652 n., 4501, 5096, 5900.

Cù Chulainn, 3111, 6580, the Ulster hero, c. A.D.1; see 3102 n.

Deòrsa, 1872, 2340, 2991, 3186, King George II.

Diarmaid Ua Duibhne, 3166, 4096, 4694, a Fenian hero contemporary with Fionn.

Diùc Gordon, 3193, 5137, the Duke of Gordon.

Iarla Antrum, 1975; Iarla Aondruim, 5975, the Earl of Antrim.
Iarla Chrombaidh, 2445, the Earl of Cromarty.
An t-Iarla Duibhneach, 4642, the Earl of Argyll; see Gille Easbuig.
Iarla Ile, 6011, Earl of Islay, a poetic style of MacDonald.
Iarla Shìphort, 3330 n., the Earl of Seaforth, i.e., Mackenzie.

Sir Lachlann, 5492 ff., 5574, Sir Lachlan Maclean of Duart.
Lachlann Mac an Tòisich, 1994, Lachlan Mackintosh, Chief of that name.
Lachlann MacFhionghuin, 3514 ff. and n., the harper.
Lachlann MacFhionghuin, 6022, Lachlan Mackinnon of Strath Swordale, Chief of that name.
Sir Lachlann Mac Ghille-Eathain, 3637 n.

Mac a' Bhritheimh, 6615; unknown.
Mac Alasdair Triath na Lùibe, 4463 n.
MacAoidh, 2000, 3245, 5138, Mackay of Strath Naver, Reay, etc.
MacAoidh Domhnall, 3255 n., a Chief of Clan Morgan or Mackay.
MacCailein, 1492, 3410, the style of Argyll.
MacCoinnich, 1999, 3397, 3619, 5137, the style of the Chief of the Mackenzies.
MacDhomhnaill, 1940, 3619, the style of the Chief of Clan Donald.
MacDhughaill, 1971, Chief of the MacDougalls of Lorne.
MacComb, 2730 n., the Rev. David Malcolm, minister of Duddingston.

MacFhionghuin, 3398 n., 3986 n., 5980, 6020, the style of the Chief of the Mackinnons of Skye and Mull.
Mac Ghille-Eathain, 1993, 3610, 5138, the style of the Chief of the Macleans.
MacLeoid, 3397, 3620, 3947, 4866, 5429, MacLeod—the Chief.
MacLeoid Leódhuis, 6918, MacLeod of Lewis.
MacLeoid, Sir Tormod, 3922 n., 5200 n., 5212, 5333, 5472 n., Sir Norman MacLeod of Bernera.
MacIain, 1967 n., the style of MacDonald of Glen Coe.
Mac Iain Stiubhairt, 2560, Stewart of Appin.
Mac Mhic Ailein, 1947, 2447, 5978, the style of the Chief of Clan Ranald.
Mac Mhic Alasdair, 3812, 5979, the style of MacDonald of Glen Garry.
Mac Mhic Raghnaill, 2558, the style of MacDonald of Keppoch.
MacMhuirich, 5494 n.
Mac Ruairidh, 3238, John Mackay, the blind piper and poet.
Mac Shaoir, 1645 n., 1659, for Mac an t-Saoir, Macintyre.
Mac Shimidh, 3397, 5681, the style of Lord Lovat.
Mac Uibhilin, 1986 n.
Maighistir Mhiodhraidh, 2035, the Master of Reay.
Mànus, 5380, Magnus, an ancestor of the MacLeods.
Manus mac Cairbre, 2540 n.
Maois, 4740, Moses.
Maol Ciarain, 3676 n.
Marcus na h-Einne, 2555, the Marquis of Huntly.
Mars, 2908.
Moirear Deòrsa, 2389 n., Lord George Murray.
Moirear Dhrumainn, 3804, Lord Drummond.

Moirear Gordon, 698, Lord Gordon.

Moirear Hunndaidh, 649 n., 666, the Marquis of Huntly.

Moirear Marr, 3416, 3648, the Earl of Marr.

Montròs, 1950, 5515 n., 5670, the Marquis of Montrose.

Mór, 3538, a friend of Sìlis na Ceapaich.

Mórag, 2787, a name for Prince Charles Edward Stuart.

Morna, 3161, father of Goll.

Mùr, 655, 649 n., Major-General Moore.

Naoi, 2746, 2753, Noah.

Oisein, 6079, 6101, 6583, Ossian, son of Fionn.

Olghar, 4313 n., an ancestor of the MacLeods.

O Liath, 4206 n., O Luid, 4222, Edward Lhuyd; see 4178 n.

Osgar, 3142, 3159, 5643, 6584, Oscar, son of Ossian, and grandson of Fionn.

Pàdruig, 4194 n., 6079, Patrick, the apostle of Ireland.

Pàdruig, 5317 n., Patrick Mac-Crimmon.

Pàruig, 1805 n.

Peadar, 6196, St. Peter.

Phàro, 447, 5492, Pharaoh.

Pòl, 6196, St. Paul.

Raghnall Bàn, 1042, an Uist-man.

Raghnall, 3811 n., brother of Allan of Clan Ranald.

Raghnall Dhùn nan Ultach, 5623, a Kintyre noble.

Raghnall mac Dhomhnaill Ghlais, 6742 n., Chief of Keppoch, d. 1547.

Raibeart, 2472, Robert Mac-Gillivray; see 2469 n.

Raibeart, 3219 n., Robert, son of Lord Reay.

Raoghalt, 6148 n. (for Raghnall), Ranald MacDonald of Ben-becula.

an Ròsach, 2405. ? Rose of Kilravock.

Ruairidh Dall, 3244 n., Ruairidh MacMhuirich, harper and poet.

Ruairidh Garbh, 5977, not identified.

Ruairidh Gearr, 6114 n., not identified.

Ruairidh Mór, 3332 n., 6110 n., 6225, Sir Roderick Mackenzie, Tutor of Kintail, an Taoitear Taileach.

Ruairidh Mór, 4271, 6141 n., Sir Roderick MacLeod of Dun-vegan.

an Ruadhanach, 6464 n., 6465, Lord Ruthven.

an Saor Sléiteach, 1645 n., the Wright of Sleat, traditional ancestor of the Macintyres.

Scot, 4496; see 1652 n.

Seònaid, 3538, a friend of Sìlis na Ceapaich.

Seòras Og, 6167 n., George, Lord Seaforth.

Sir Seumas, 1995, Sir James MacDonald of Sleat; see 1947 n, ; d. 1766.

Sir Seumas, 5150, 5405 n., Sir James MacDonald of Sleat; d. 1678.

Seumas, 3377, James Mac-Donald, son of Sir Donald MacDonald of Sleat, and brother of Sir Donald of 1689 and 1715.

Seumas Mac an t-Saoir, 1675 n., James Macintyre of Glen Noe.

Seumas nan Ruaig, 6923; see 6867 n.

Righ Seumas, 2495, 3186, 3420, James Francis, son of King James II.

Righ Seumas, 4617, 4546, King James II., d. 1701.

Righ Seurlas, 4156, King Charles II.; see Tearlach, 5374.

an Siosalach, 3399, Chisholm of Strath Glass.

Siùsaidh, 1463, a friend of Duncan Macintyre, apparently living in Coire Uanain on an Linne Dhubh.

an Sutharlach, 2180, a Durness friend of Rob Donn, named Sutherland.

an Taoitear Tàileach (or Sàileach), 3332 n., Sir Roderick Mackenzie, Tutor of Kintail; see Ruairidh Mór.

Tearlach, 10, 1307, 1878, 2339 (Tearlach Ruadh), Prince Charles Edward Stuart, d. 1788.

Tearlach, 5374, King Charles II.; see Seurlas, 4156.

Tómas, 2018, Thomas the Rhymer; see 2017 n.

Tormod Mac Leoid, 3922 n.; Sir Norman MacLeod of Berners; see MacLeoid.

Torradan, 6617, a notable, unidentified, who was connected with Brae Lochaber and Loch Treig.

Ua Duibhne, 6913, the patronymic of MacCailin, Chief of the Campbells.

Uilleam, 3377, William MacDonald, son of Sir Donald MacDonald of Sleat, and brother of Seumas, 3377.

Uilleam, 4545, 4615, William of Orange.

AINMEAN AITEAN AGUS FHINEACHAN.

Abhainn Bharnaidh, 387, in Nova Scotia.

Abhart, 4915, Dunaverty, Mull of Kintyre.

Achadh nam Breac, 5693, Loch Fyne side.

Achadh an Todhair, 5741, near Fort William.

Aithne, 2670, Athens.

Alba, 465, 619, 1863, 1979.

Allt Eireann, 5640, 5661, Auldearn.

Allt Ghartain, 1499, Glen Etive.

Allt Làire, 6630, in Brae Lochaber.

Allt Pàruig, 4784 n., in Kintyre.

Allt nan Sionnach, 4785 n., in Kintyre.

Alltan Riabhach, 3210, 3206 n., Reay Country.

Almhuinn, 3103 n.

An t-Arthar, 1526, on Loch Etive.

Antrum, 1984, Antrim.

an Apuinn, 2560, Appin, Argyll, gen. na h-Apunn (C.P.N.S.).

Arcaibh, 3934, 4583, Orkney (dat. pl.) (C.P.N.S.).

Ard Gharadh, 4607, in Glen Garry, Inverness-shire.

Aros, 3672, in Mull (Norse *ár-ós*, water's mouth).

Babel, 2627, 2685.

Bac nan Craobh, 6807, on north side of Ben Alder Burn.

Baile Bhóid, 3935, Rothesay.

Baile Mhanaich, 3776, in Benbecula.

Baile Mhic Dheòrsa, 4562 n.

Bànaich, 2001, the Bains of Tulloch, Dingwall.

Banbha, 4501, a name for Ireland.

Barraich, 2001 n., 4052, the Dunbars.

Bealach, Bealach nan Laogh, 6469, 6471, Taymouth Castle.

Bealach na Féithe, 3211 n.

Bealach nan Sgùrr, 6808, at head of Allt a' Choire Chreagaich, Loch Oisein.

Beinn Allair, 6787, Ben Alder (C.P.N.S.).

Beinn na Craige, 6692.

Beinn Nimheis, 3488, 6767, Ben Nevis (C.P.N.S.).

Beinn Sheasgach, 6683, ? near head of Glen Lyon.

Beinn Spionnaidh, 2112, in north of Sutherland.

A' Bheinn Bheag, 6691.

A' Bheinn Bhreac, 6764.

Bidein nan Dos, 6775.

Biogais, 2018, Bighouse in Sutherland (Norse, *bygg-hús* barley-house).

Blàr a' Chaorainn, 5757, near Fort William.

Bòinn, 1976, the Boyne river.

Borghlaidh, 2164, in north Sutherland (Norse, *borg-hlídh*, fort-slope).

Am Bràighe, 3393, 3536, 5722, 6073, Brae Lochaber.

Bràigh Mharr, 2463, 4153, Braemar (C.P.N.S.).

Bràigh Raithneach, 5193, Brae Rannoch.

Na Bràighich, 5062, the men of Brae Lochaber.

Clachan an Dìseirt, 6403, now Dalmally (the Kirktown of the Hermitage of St. Connan). (C.P.N.S.).

Cluainidh, 2552, Clunie, Kingussie, Macpherson's seat.

Cnoc an Fhraoich, 5755, near Fort William.

Cnoc nan Aingeal, 6265 n.

Cnòideart, 1958, 3534, Knoydart.

Cóig Uladh, 3808, the Province of Ulster.

Coille Chros, 2302, etc., in Morar.

Coire Charmaig, 6094, in Glen Lochay, Killin.

Coire Dearg, 6771.

Coire an Easa, 3214 n., Sutherland.

Coire na Cloiche, 6803, at head of Alder Burn, Ben Alder.

Coire na Snaige, 6694.

Coire Ratha, 6763, near head of Glen Nevis, famed for pasture.

Coire Uanain, 1469, on east side of An Linne Dhubh (Loch Linnhe).

Creag Uanach, 6643, etc., at head of Loch Tréig.

Cruachan (in full Cruachan Beann, "C. of Peaks"), mountain by Loch Awe ; it has five peaks.

Cuil Eachaidh, 5718, near Fort Augustus.

Cuil-lodair, 1860, Culloden (for Cuil-lodain).

Cuil Rathain, 5635, Coleraine in Ireland.

An Dail, 6489 n., on Loch Tay.

Dail an Easa, 1547, in Glen Etive.

An Déabhadh, 6637, Loch Tréig.

Diùraidh, 5207, Jura.

An Dreòllainn, 2548, 4082, 5138, a poetic name for Muli.

Druim a' Chothuis, 1541, in Glen Etive.

Dubhghaill, 4199 n.

Duibhnich, 4090, 4675, 4687, 5752, 5789, the Clan Campbell (from an ancestor named Duibhne).

An Dùn Aorach, 4643, Inverary Castle, seat of Argyll.

Dùn Bheagain, 3938, 3947, 4362, etc., Dunvegan, MacLeod's seat.

Dùn Bhuirbh, 6148, in Benbecula (Norse, *borgr*, a fort).

Dùn Chailleann, 5187, Dunkeld (C.P.N.S.).

Dùn Chrombaidh, 2470 n.

Dùn Dealgan, 3111, Dundalk in Ireland; Cù Chulainn's seat.

Dùn Eideann, 1459, 5186, Edinburgh (C.P.N.S.).

Dùn nan Ultach, 5623, North Kintyre ("the Ulstermen's Fort"). (C.P.N.S.)

Dùn Sgàthaich, 5059, in Sleat, Skye (Fort of Sgathach, a traditional female warrior who taught Cu Chulainn).

Dùn Tuilm, 3949, 5124, 5164, 5395, Duntuilm, Trotternish, Skye ; a seat of MacDonald of Sleat.

An Dùnan, 2041, in north of Sutherland.

Dùthaich Mhic Aoidh, 4145, 6557, Mackay's Country, or the Reay Country, in north of Sutherland.

Dùthaich Mhic Shuibhne, 6557, MacSween's Country in north of Ireland.

An Eadailt, 540, 3779, Italy.

An t-Eadarbhealach, 6809, a pass between Loch Ericht district and Brae Lochaber.

An Ealaidh, 3748 n.

Earra Ghàidheal, 4648, 5793, 1660, 6871, Argyll (C.P.N.S.).

An Eighpheit, 2507, 4190, 4620, Egypt (also Eiphit).

Eigneig, 1045, in N. Uist.

Eilean Bheagram, 3778, in a fresh-water loch near Howmore, S. Uist, an ancient seat of the Captains of Clan Ranald, with Caisteal Eilean Bheagram.

Eilean na h-Oige 4, Father Allan's name for Eriskay.

Eilginn Muireibh, 1459 n., Elgin of Moray.

An Einne, 2555 n., the Enzie in Banffshire.

An t-Eireachd, 675, 1063, Erracht, near Fort William (C.P.N.S.)

an Eòrpa 2, Europe; gen. of Eòruip; adj. Eòrpach, 2692.

Faisbheinn, 2104, a hill in north of Sutherland (*fas*, a firm level spot, and *beinn*, a peak: "Stance-peak").

an Fhearsaid, 6622, Fersit on Loch Treig (*fearsaid*, a sandspit; *Beul feirste*, Belfast).

An Fhraing, 750, 3387, 3412, 3779, 6163, 6930, France.

Fionnghoill, 5163, the people of the Hebrides.

Fir na h-Iubhraich, 2017 n.

Flànras, 5550, Flanders.

Foirbisich, 2015, 3418, the Forbeses of Culloden.

Francaigh, 4196; Frangaich, 656, 671, 721, 4040, Frenchmen.

Frisealaich, 4130, Frasers.

Fuaran a' Bhàird, 2088, in north of Sutherland.

A' Ghàidhealtachd, 4034, 4916, Gaeldom, the Gaelic-speaking part of Scotland, opposed to A' Ghalldachd.

Gailbhinn, 5287, 6341, Galway in Ireland.

Gairbheach, 1989, 3632, 4136, 5497, the Garioch district of Aberdeenshire; Cath Gairbheach, the Battle of Harlaw (C.P.N.S.).

Gall, pl. Goill, 2371, 5375, 5641, 5649, an English-speaking Lowlander or Saxon; dat. pl. Gallaibh, 5189, 5784, etc.

Garbhbheinn, 6783, east of Loch Tréig.

Na Garbhchriochan, 4500, the Rough Bounds.

Gearrloch, 3355, Gairloch, in Ross-shire.

A' Ghiùthsach, 3411, the south side of Loch Rannoch (*An Slios Garbh*), famous for its pine timber.

Glaschu, 3053, 5706, Glasgow.

Gleann Ceitilein, 1527, off Glen Etive.

Gleann Comhann, 1967, 3540, Glen Coe.

Gleann Garadh, 1957, 3446, 5167, Glen Garry, in Inverness-shire (C.P.N.S.).

Gleann Lìomhunn (Lìobhunn), 6286, Glen Lyon (C.P.N.S.).

Gleann Eite, 1557, Glen Etive (C.P.N.S.)

Gleann Lòcha (open *a*), 3181, Glen Lochay, Killin (C.P.N.S.).

Gleann Nodha, 1674, Glen Noe, off Loch Etive (C.P.N.S.).

Granndaich, 3334, 4122, 6053, the Grants—Clann Phadruig.

A' Ghreug, 539, 2693, Greece.

Greumaich, 4154, Grahams.

Gordonaich, 4154, Gordons.

An Grianan, 6762, near Loch Tréig.

Guala Chuilinn, 1537, in Glen Etive.

An Goirtein Odhar, 5786, near Fort William.

Hanna, 114, in Eriskay (Norse, *höfn*, gen. *hafnar*, a haven).

Na Hearadh, 3620, Harris, S. of Lewis; also Na Hearadh Rumach and Na Hearadh Ileach, in Rum and Islay.

I, 4195, 6017, Iona; gen. Idhe (for *Ie*, two syllables): Idheach, an Iona man; Caol Idhe, the strait between Iona and Mull (C.P.N.S.).

Ile, 6011, 6556, Islay (C.P.N.S.).

Inbhir Charnain, 1543, in Glen Etive.

Inbhir Ghinneachd, 1521, in Glen Etive.

Inbhir Lòchaidh, 5715, etc., Inverlochy, near Fort William (C.P.N.S.).

Inbhir Mheuran, 6686, at head of Glen Lyon.

Inis Fàil, 4194, a name for Ireland.

An t-Inneoin, 5070 n., an anvil-shaped hill in Glen Coe.

An Innse, 6636, on left bank of Spean; dative-locative of *innis*.

Innse Gall, 4807, 5445, 6138, 6925, the Hebrides.

Labhar, 5726, Lawers on Loch Tay, primarily the name of the stream from Ben Lawers (C.P.N.S.).

Lapbheinn, 6784, north-east of Loch Oisein ("bog-peak").

Latharn, 1971, Lorn, Argyll (from Loarn, son of Erc, one of the early leaders of settle-ment from Ireland (C.P.N.S.).

An Learg, 4748, Largie in Kintyre.

Leòdaich, 12, 2012, 4066, the MacLeods.

Leódhus, 6918, Lewis.

Lìte, Leith; adj. Lìteach, 6003 (C.P.N.S.).

An Litir Dhubh, 6785, on east side of Loch Oisein.

Loch Abar, 1457, 6632, Lochaber (C.P.N.S.).

Lòchaidh, 14, 1136, 1954, 5746, the river Lochy (C.P.N.S.); see Inbhir Lòchaidh.

Loch Eireachd, 6789, Loch Ericht in north Perthshire ("loch of assemblies").

Loch Fìne, 6401, Loch Fyne, Argyll (C.P.N.S.).

Loch Iall, 4107, Loch Eil, near Fort William.

Lochlann, 5226, Norway.

Lochlannaich, 5378, Norsemen.

Loch nam Madadh, 1005, Loch-maddy in N. Uist (from three rocks in the bay, called Na Madaidhean).

Loch Tatha, 6083, Loch Tay (C.P.N.S. "Tay").

Loch Tréig, 5063, 6760, in Brae Lochaber (C.P.N.S.).

Loch Shubhairn, 1961, Loch Hourn, in West Inverness-shire (C.P.N.S.).

Na Lùban, 1748, 6422 n., on Lyon below Loch Lyon.

Lunnainn, 1870, 3441, London.

Am Màm Bàn, 6781, south-east of Loch Oisein.

Manchainn nan Lios, 6233 n., Beauly Priory.

Maol na h-Odha, 1974, the south-east point of Islay.

Meall Horn, 2042, in North Sutherland (Norse, *horn*, a horn; compare Cruachan Beann).

Meall na Làirce, 5074, perhaps at An Làirig Leacach, between Coire Choingligh and Loch Treig; compare Carn na Làirce.

Meall nan Leac, 6766; compare An Làirig Leacach above.

A' Mhaorainn, 5190, the Mearns; gen. Na Maoirne (C.P.N.S.).

A' Mhormhoich, 5685, Lovat, Beauly (C.P.N.S.).

A' Mhórthir, 6555 n., the main-land of Scotland.

Miodhradh, 2035, Reay, in North Sutherland (C.P.N.S.).

Monadh an t-Siorraim, 3190, Sheriffmuir, Dunblane.

Morar, 1962 n., 3535, a district in the west of Inverness-shire (C.P.N.S.).

Muile, 3809, 5779, Mull (C.P.N.S.).

Muireabh, 5684, Moray (C.P.N.S.).

Mumhann, 6556, Munster.

Niallaich, 2013, 4078, the Mac-Neills of Barra.

Nimheis, v. Beinn N., Bun N. (C.P.N.S.).

Obar Dheadhan or Obar Dheathan (for Dean, two syllables), 5708, Aberdeen (C.P.N.S.).

An t-Ord, 4601, Ord in Skye.

Am Parbh, 2022, Cape Wrath; in Lewis An Carbh (Norse, *hvarf*, turning-point).

Peart, 2554, 3664, 5644, Perth (C.P.N.S.).

Raithneach, 5193, Rannoch (C.P.N.S.).

Raon Ruaraidh, 4570; 4540 n. ; at head of the Pass of Killie-crankie.

Ratharsaidh, 6145, Raasay.

An Ròimh, 1295, 6556, Rome.

An Roinn Eòrpa, 1924, the Continent of Europe; see Eòrpa.

Roinn Ghallaibh, 1997, the district (*rann*) of Caithness (possibly for *rinn*, point).

Roinn Ile, 1997, the Rhinns of Islay—Na Ranna ; Rannach, a Rhinnsman.

An Roinn Ileach, 1974, as above.

Ros, 6013, 6134, Ross-shire.

Rosaich, 2002, 4050, 5136, the Rosses of Easter Ross.

Rothaich, 2002, 2407, 4050, 5136, the Munros of Ferindonald (C.P.N.S.).

Ruadhshruth, 6285 n., Roro, in Glen Lyon.

Ruaidh, 5066, the river of Glen Roy in Brae Lochaber.

Rudha Làrinis, 1041, a cape in N. Uist.

Rudha na Caillich, 5036, a cape in S.E. of Skye, so named from A' Chailleach, a sea-rock between Kyleakin and Kylerhea.

Rudha Eubhadh, 1049, a cape in N. Uist.

An Rùta, 1983, the Route, in Co. Antrim; of old Dál Riada.

Sasunnaich, 683, Saxons, Englishmen.

Seannabhad, 2179, in Durness, Sutherland.

Sgarbaidh, 5207, the Isle of Sgarba, N. of Jura; 5200 n.

Sgrìn, 37, 124; gen. Sgrìne, in Eriskay.

Sgurr a' Chóinnich, 6777, east of Ben Nevis.

Sgurr Lìth, 6776.

Sìol Chuinn, 4065, 6733, the seed of Conn Ceadchathach, i.e., Clan Donald.

Sìol Leoid, 6059, the seed of Leòd, i.e., the MacLeods. (Norse, *Ljótr*).

Sléite, 2549, 3527, 3859, 5058, 5151, Sleat in Skye (often spelled Sléibhte; but most probably from Norse *sléttr*, smooth).

Sliabh a' Chlamhain, 2570, Gledsmuir, Prestonpans.

Sliabh an t-Siorraim, Sheriff-muir.

An Spàin, 4178, Spain.

Spé, 3336, Uisge Spé, 4123, the Spey (C.P.N.S.).

Na Sraithibh, 6400 n., Strath-fillan.

An Srath, 6144, Strath Swordale, Skye; Mackinnon's Country.

Srath a' Chruidh, 6779.

Srath Bhalgaidh, 5769, Strath-
bogie (C.P.N.S.).
Srath Chuailte, 3398 n.
Srath h-Ardail, 6409, Strath
Ardle in E. Perthshire.
Srath na Dìge, 1773, on N. side
of Glen Lochay.
Srath na Làirce, 1815, position
uncertain; perhaps connected
with the làirig or pass at head
of Coire Cheathaich.
Srath Nabhair 2000, Strath
Naver (C.P.N.S.).
Srath Oisein, 5064, 6765, at Loch
Oisein.
Srath Spé, 3329, 6053, Strath
Spey.
An t-Sròin, 6363, 6599, 6606,
6617, Strone Milchon, in Glen
Strae.
Srùthan, 3411, Struan, in Perth-
shire (C.P.N.S.).
Stiùbhartaich, 4098, the
Stewarts.

Tàilich, 2002, also Sàilich,
Kintail men.
An Tairbeart, 4915, Tarbert,
Kintyre (C.P.N.S.).
Talasgair, 6143, Tallisker,
Skye.

Teamhair, 6017, Tara in Ireland
(*teamhair*, gen. *teamhrach*, an
elevated place in a plain).
Tigh na Sròine, 1525, in Glen
Étive.
Tìr Chonaill, 6935, Tirconell, in
N. of Ireland.
An Todhar, 5632 n.
Tom na h-Aire, 5742, near Fort
William.
Tréig, 6799, the river Treig, from
Loch Treig (C.P.N.S.).
Tròi, 550, Troy.
Tuaid, 4583, the river Tweed.
Tuath Danmhuinn, Tuath
Danann, T. dé Danann, 4503
n.
Tunga, 2022, Tongue in N.
Sutherland; also called Cinn
tSàile Mhic Aoidh.
An Tùr Sléiteach, 4601, "The
Tower of Sleat," a seat of
MacDonald of Sleat.

Uibhist, 3859, 5041, Uist.
Uisge Labhar, 6805, a stream
falling into Loch Oisein; com-
pare Labhar.
Uisge Leamhna, 6793, the river
Leven, falling into Loch Leven,
Ballachulish (C.P.N.S.).

NA H-UGHDARAN.

A. LEARMONTH & SON
Printers
9 KING ST., STIRLING